图书在版编目（CIP）数据

道器兼具：全球化与金融信息披露行政规制研究/朱淑娣，柯静著. —北京：时事出版社，2017. 4
ISBN 978-7-5195-0068-9

Ⅰ. ①道… Ⅱ. ①朱…②柯… Ⅲ. ①金融全球化—研究 ②金融市场—信息管理—研究—中国 Ⅳ. ①F831. 6②F832. 5

中国版本图书馆 CIP 数据核字（2017）第 039401 号

出 版 发 行：时事出版社
地　　　址：北京市海淀区万寿寺甲 2 号
邮　　　编：100081
发 行 热 线：（010）88547590　88547591
读者服务部：（010）88547595
传　　　真：（010）88547592
电 子 邮 箱：shishichubanshe@ sina. com
网　　　址：www. shishishe. com
印　　　刷：北京市昌平百善印刷厂

开本：787 × 1092　1/16　印张：24　字数：370 千字
2017 年 4 月第 1 版　2017 年 4 月第 1 次印刷
定价：96. 00 元

耶鲁—复旦国际福克斯基金项目“WTO 体制下的国际行政法”研究成果，项目编号：（04）纽教（文）证字 960

上海市人大项目“国际金融中心建设规制立法比较研究——以中美金融消费者保护为中心”研究成果，
项目编号：2010RD10LX075

国际经济行政法视野下的金融行政规制（代自序）

对象世界，只有经过多维度、多层次的理性阐释，才可能在知识形态、理论结构中再次趋于完整和全面，达致思维具体[①]。金融行政规制，包括信息披露领域的行政规制，可以从多维度、多层次进行理性阐释。

国际经济行政法视野下的金融行政规制在对全球化的动态回应过程中显示出其特征的五个范畴：即金融行政规制的经济性、金融行政规制的行政性、金融行政规制的法律性、金融行政规制的公法性以及金融行政规制的全球性。以下逐一分述。

一、金融行政规制的经济性

金融行政规制的经济性特征主要体现在四个方面：

首先，从金融行政规制的必要性来看，一方面基于全球经济一体化赋予金融市场的不稳定因素，另一方面金融市场主体追求高额利润的本性使得金融创新产品不断更新，最终会触及市场规则的底线，因此全球化中的国际金融市场势必需要行政规制。金融体系的脆弱性及负外部性使得其自身的发展是不完备的。金融业对于信用体系的依赖一方面能使其打破生产扩展的限制，同时基于这个特点使其自身不能解决实体经济

① 参见《马克思恩格斯选集》第 2 卷，第 103 页中关于思维具体的解释："抽象的规定经过思维的综合，导致具体的再现。这最后得到的再现的具体，就是思维具体。"

中产生的结构性问题。[①] 在经济全球化的浪潮下，金融市场诸多要素的创新使得其系统性风险倍增。此外市场本身的缺陷以及市场主体理性假设的不稳定，加之市场主体之间信息不对称的因素，放大了金融市场运行中所面临的内部风险。基于上述原因，就需要通过规制手段对金融市场中的不经济、非理性、不规范的行为予以矫正。

其次，从金融行政规制对象的视角来看，金融行政规制的对象即是金融市场主体及其行为。尽管对于行政规制对象的研究并没有在学界形成共识，“守法情况”说、“市场失灵”说、“社会活动”说、“市场行为/机制”说、“特定领域/行业”说百家争鸣，[②] 但诸多学说本质上都是围绕经济活动所展开。金融行政规制的对象决定了“经济性”的特征，这与行政在其他领域的规制，如“社会性规制”有本质的区别，同时，经济性的特征也使得金融行政规制更加复杂和专业。

再次，从金融行政规制原则的层面来看，相对于社会性规制和一般的经济行政规制，金融行政规制更加关切于利益平衡原则。在国际金融行政规制中不仅需要平衡行政规制权力和金融市场自由之间的利益平衡问题，还需要关切金融市场参与者的个体利益和社会公共利益平衡、国内金融市场主体与国外市场主体之间的利益平衡、私人社会的私利益和主权国家的公共利益之间的利益平衡、金融创新与金融秩序之间的利益平衡等问题。

最后，从金融行政规制方式的角度来看，经济性特征表现为金融行政规制领域运用一些经济领域特有的方式。例如，银行规制领域有资本充足率的规制要求，金融行政规制机构通过可以通过资本充足率来监控商业银行的抗风险能力，资本充足率的计算就涉及经济领域的多个指标和比率。

二、金融行政规制的行政性

金融行政规制体系的实践是围绕行政权的运行展开的。从权力运行

① 柯静：“经济全球背景下金融行政规制的新对策”，载《行政与法》，2013年12月。

② 江必新：“论行政规制基本理论问题”，载《法学》，2012年12月。

的层面看，立法机关因其行为的宏观性并不能直接监督和管理金融市场参与者的活动，而司法机关基于其行为的被动性也不能主动干预经济主体的活动，相比而言，金融行政规制并不包含立法机关和司法机关的规制，其注重的是行政主体的动态规制过程，主要是针对金融市场参与者的直接干预。行政性的规制并没有将合法的规制主体限定在传统的行政机关上，从行政权的配置的运行来看，在国际范围内来看主要包括四种模式：由传统的行政部门行使、由隶属于传统行政部门的规制机构行使、由独立与传统行政部门的规制机构行使、由被授权的非政府组织行使。传统行政部门规制权的垄断地位被打破，在专业性、效率性方面更具优势的独立规制机构和社会组织逐渐获得规制权力的分享，并充分发挥了积极作用。从行政规制的具体措施来看，“行政性”并不意味着片面的“命令—服从—强制”模式，以“行政指导”、“行政契约”为代表的柔性规制手段越来越发挥重要作用，其与行政确认、行政许可、行政给付、行政处罚、行政裁决、行政复议等规制措施共同构成了一个较为完整的行政规制体系。从行政权运行环境的角度看，金融行政规制的行政性体现为行政权力运行受到行政性的约束，即利益平衡的考量。金融领域公共利益的广泛存在使得金融规制领域行政权的干预具备了先天正当性和实现的可能性，然而，金融领域的公共利益并非能够简单呈现，往往表现为多种利益形式的交织与融合，诸如金融秩序、金融安全、规制的效益、效率、效果、成本等，再加上公共利益自身范畴界定之模糊，需要金融行政规制过程中结合具体情形进行辨识。此外，金融领域又充斥着纷繁复杂的个人利益，公共利益和个人利益的平衡在金融工具创新化、复杂化的时代呈现出多元而崭新的面相。因而，金融行政规制必须深入探索规律，凝聚高超智慧，科学而艺术性地把握行政权力运行的边界，在权力运行的过程中实现金融行政规制的利益平衡。

金融行政规制的“行政性”还体现在另一个方面，即金融市场主体的合法权益受到经济行政法的保护。作为行政法的基本原则，正当程序原则与平等保护原则为市场主体提供了全方位的法律保护体系。作为公平正义理念在程序领域的体现，正当程序原则要求充分保护当事人的权利，以及行政规制行为的作出必须体现公开、公正、正当、参与、效率的要求。[①] 国家权力应当站在中立的立场上，通过客观、自动的程序，让当事人在自治中解决法律问题。此外，平等保护原则要求行政规制主体致力于创造和维持非歧视性的、不受扭曲的市场竞争，使得个体对同样的权利有相同的权利实现期待，并在相同条件下具有相同的权利获取机会。

三、金融行政规制的法律性

从传统的行政规制体系的视角来看，金融行政规制本质上是一个单纯的法律实施过程，其法律性体现在权力行使主体的职权法定、规制行为依据的法律属性、规制程序和方式的法定化等方面。但在全球经济一体化的背景下，仅仅依靠传统模式下的行政行为来规制国际金融市场，在规制的合法性判断标准、管辖范围、正当程序、救济手段方面都遇到较大的困难，这种困难某种程度上就是国际软法治理兴起的直接动因。在国际金融市场的规制问题上，就规制手段而言，从国内层面单一的行政行为规制逐渐走向以硬法规制为主，包含跨国经济组织、政府间公约组织、非政府组织、私营企业在内的多元化规制体系。多元化的规制手段使得金融行政规制在属性上有了社会性规制的因素。社会性规制克服了单一行政规制的缺陷，提高了金融规制效率，丰富了金融规制需求的选择。但在统一国际金融市场机制尚未完备、不同国别市场主体力量尚不均衡的外部环境下，其规制收益将取决于同传统行政规制的关系定位。

从经济全球化的发展程度以及国际金融市场的完备程度出发，法律性的硬法规制为主流，多元化的社会性规制为补充是较为合理的规制原则，在这种规制原则的要求下，国际金融行政规制最终的具体实施主要落脚在国内法规制层面。因此对主权国家的自身规制体系将提出更高的要求：首先，要不断完善国内法的规制体系，不断与国际先进水平接轨，同时对于规制主体而言需要合理的处理国内法与其参与的公约、条约、协定的效力关系，及时做好相关法律的“立改废”。其次，对于金融市场参与者而言，遵守国内金融规制的秩序和立法是第一层次的要

① 朱淑娣、周诚：“国际经济行政法的基本原则”，载《北方法学》，2011年第5期。

求，此外在国际市场上，也应遵守国际公约确定的或者其他主权国家立法确定的法律义务。

四、金融行政规制的公法性

全球化/信息化时代金融业高度发展，亟待公法规制。在金融发展的初级阶段，金融产品相对简单。一般只需应用水平型的私法来调整金融关系。随着金融技术的发展，金融已经呈现出极为复杂的面相，所以需要垂直型的公法，特别是行政法对金融业、金融关系进行法律调整。各国经济中适用金融工具的行业的比重以前大大提高，金融对整个国家经济而言，有举足轻重的作用，且金融业系统性风险发生，不仅使金融业自身遭受重创，甚至会导致全国乃至世界范围内的金融危机，此时，只有国家公共机构作为公共利益的代表，进行公法规制，庶几可能奏效。

金融行政规制的公法性主要体现为公权力主体为了公共利益，乃至整个公共经济秩序，借助公法调整金融产品复杂化时代各主体之间的权利义务关系，主导公平竞争，构建安全、稳定、高效、和谐与可持续发展的金融市场体系。

金融行政规制的公法性还体现为金融领域比以往更加重视依托公法保护路径来强化传统金融领域私主体的权益保障。本轮全球金融危机蔓延后，以美国金融领域改革方案为代表的国际金融规制领域普遍认识到金融消费者权益保障的重要性以及现有规制方式对金融消费者权益保护的不足。2010 年 7 月美国国会通过的《多德—弗兰克华尔街改革与消费者保护法案》（Dodd-frank Wall Street Reform and Consumer Protection Act）直接推动了消费者金融保护局（Consumer Financial Protection Bureau，CFPB）的设立，CFPB 承接了美国金融行政规制机构原有的对金融消费者保护的功能，并基于消费者相比金融机构而言的弱势地位以及金融市场不透明的现状给消费者带来的巨大损害，赋予 CFPB 对于金融机构发布金融产品的信息披露标准以及金融领域的交易行为规范方面广泛的监管职权①，保护金融消费者在金融市场的权益。专门性的金融消

① 参见本书第二章第一节有关“美国金融信息披露行政规制主体类型”论述。

费者权益保护机构的设立，进一步推动了金融消费者权益公法保护路径的落实，CFPB 给予金融消费者的保护进一步印证了公法方式对于私主体权益保障的优势和可行性。

国际金融行政规制在范畴上隶属于经济行政规制。国际经济行政法所调整的国际经济关系，是经济行政规制关系和国际协调关系，基本上不包含平等主体之间的民商事交往关系。从公法与私法相区别的视角来看，这种关系本质上是公法性的，而非私法性的。① 具体从国际金融行政规制关系来看，规制行为所涉及的是主权国家政府与国际金融市场参与者的关系、国际性组织与金融市场主体之间的关系、非政府组织与金融市场主体之关系，这些关系本质上反映的都是公共利益与个体利益之间的关系。金融行政规制关系的公法性决定了在具体的规制过程中公共利益需要得到优先的考量。当然在公法关系中公共利益的优势地位绝不意味着个体利益被漠视。国际金融行政规制的目的，即是通过矫正和完善国际金融市场秩序来促进金融创新，推动社会进步乃至于增强国际的竞争力。这些目的的落脚点最终不仅关涉公共利益，同时也关注对个体利益的保护。在国际金融行政规制中，不允许各国政府基于本国利益而干涉合法的金融交易行为，基于此种考量，通过国际公法条约来约束主权国家的行为是必要的。

五、金融行政规制的全球性

金融行政规制全球性的直接动因在于经济全球化推动下金融市场问题特别是金融危机的全球蔓延。金融危机跨地域的传导性以及金融危机对世界经济的重创，表明金融市场问题是当前国际社会所应共同面对的时代课题之一，各国或地区难以独善其身；同时也表明金融行政规制远非一国或地区力所能及，需要全球力量的聚集，特别需要国际层面金融行政规制制度与框架的完善。然而，经济全球化对于金融行政规制带来的首要挑战，即在于传统分散的国内规制及其机制难以有效地应对全球化带来的跨政府金融规制在范围和形式上的扩展。基于此种现状，一些

① 朱淑娣：《中美知识产权行政法律保护制度比较》，知识产权出版社，2012 年 6 月版，第 5 页。

国际层面的行政性机构（包括：国际货币基金组织、巴塞尔委员会、反洗钱金融行动特别工作组、WTO 的行政管理和委员会等）以非正式的政府间合作网络框架以及众多多边服务贸易协定为基础应运而生。虽然在国家主权观念构建的国际政治体制下，国际性行政组织对于私人主体的规制措施较大程度上还有赖于通过主权国家的国内层面的行政机制具体实施，但不可否认的是国际行政性组织在跨国金融规制过程中所具备的透明度、正当程序、标准认定、参与程度等要素；使其正当地承担了跨国金融规制的任务。由此金融行政规制的规则制定以及规制决策过程已部分地从国内层面转移到国际层面。

传统行政规制体系对于国际性规制组织的出现有两种回应。其一是将国内行政法确立的规制体制扩展到对能够影响国家决策的政府间决策中，具体而言这种回应宜通过构建和完善涉外行政规制体系来实现。其二是在全球层面发展新的行政规制体系，以应对民族国家间/政府间涉外行政规制体系产生的决策和规则，具体而言宜通过构建国际行政法规制体系来实现。此外在跨国金融行政规制中，私人性质的国际标准制定机构以及那些可能由各类企业、非政府组织、国内政府和国际组织的代表参与的公私混合型机构实施的规则也变得越来越重要。有学者将此称为全球性的行政规制，或全球行政法，它可划分为五种形态：（1）正式的国际组织的行政；（2）基于国内官员之间合作安排的跨国网络所实施的共同行动的行政；（3）由国内规制者在条约、网络和其他合作机制下实施的分散行政；（4）政府间和私人混合型安排的行政；（5）具有规制职能的私人机构的行政。[①] 此五种规制形态在实践中的具体表现各有其特点，但“国际性”、“涉外性”特征即为其共同的特点。“全球性”的因素使得跨国的行政规制行为在某种意义上相较于国内层面的行政规制应具备更高的标准。

金融行政规制的全球性还体现为金融行政规制在动态发展过程中逐渐形成了在全球范围内具有一定共识性的金融行政规制的理念与规则，并通过国际层面软法规制形式对各国产生一定影响。例如，巴塞尔银行

---

① ［美］本尼迪克特·金斯伯里：“全球行政法的产生（上）”，范云鹏译，载《环球法律评论》2008 年第 5 期。

监管委员会发布《有效银行监管核心原则》（简称《核心原则》）在全球具有广泛的适用性，许多国家会对照其中的要求，对本国法律体系中的相关内容是否符合该原则和标准进行评估，2012 年 9 月发布的第三版《核心原则》尤其突出了银行业信息披露和透明度的要求。①

综上所述，国际经济行政法视野下金融行政规制的五个特征范畴共成一体，相得益彰，形成了金融行政规制特有的逻辑体系。金融行政规制的经济性是领域本色，彰显了金融行政规制与其他领域行政规制的区别差异；金融行政规制的行政性是动态运行，凸显了金融行政规制的优势所在；金融行政规制的法律性是本质特征，显示了金融市场依靠行政法律调整的必要之举；金融行政规制的公法性是补充力量，意味着在传统金融领域横向水平型调整方式基础上增加以公法性纵向垂直规制的必要性；金融行政规制的全球性是时代所趋，代表了当前金融行政规制的前沿动态。

道器兼具、理论与实务兼顾是我们的追求，倘若该领域的研究能对促进全球化语境下金融规制领域公法学的理论创新与制度完善有所裨益，则不枉我们研究团队的一番探索。

作者谨识

2017 年 1 月

---

① 参见本书第五章第二节中有关“国际金融信息披露行政规制中的重要制度概览”的论述。

目　录

前　言[①]

一、问题的提出[②]

（一）研究背景

自人类进入资本社会以来，金融风险从未真正远离我们。按照传统认识，虚拟经济是服务于实体经济的。但在当今世界，虚拟经济，即马克思所说的在生产过程以外独立（相对独立）地作为货币出现的资本为重要媒介的经济，和实体经济紧密联结。金融体系的状况一方面反映实体经济，另一方面还会通过各种机制强化这种反应并最终反馈到实体经济中去。[③] 这是由于金融资本并不是直接的产业资本，其发展必有限度，须有一定的实体经济作为支撑。一旦超越经济增长的限度，就必然导致泡沫的产生。其之所以可以称为资本，某种程度和范围内可以打破生产扩张的限制，是需要以可被信赖的信用制度为前提。而信用是有其限度的，当整个社会的信用一旦不复存在，而必须进行现金兑付时，危机必然来临。经济全球化所带来的金融一体化加深以及不断追求高额利润的贪婪本性所带来的金融产品的不断创新，使得金融风险和现代资本社会如影相随。

---

① 本书的内在理路：社会经济基础——法律制度——行政法制度——法治政府——社会与经济规制（监管）。参见张文显著．法学基本范畴研究［M］．北京：中国政法大学出版社，1993：43；［英］威廉·韦德著．行政法［M］．徐炳等译．北京：中国大百科全书出版社，1997：5－7。

② 此节部分内容请参见本人所发表论文：柯静．经济全球化背景下金融行政规制的新对策［J］．行政与法，2013（12）。

③ 陈雨露，马勇著．现代金融体系下的中国金融业混业经营：路径、风险与监管体系［M］．北京：人民大学出版社，2009：220。

1. 全球金融危机

(1) 过程描述

席卷全球的国际金融危机自2007年夏天开始初出端倪，从最初次贷风险的暴露到英国北岩银行的挤兑事件，再到美国“两房”事件的爆发，最终发展成为波及全球的国际金融海啸。在欧洲，希腊、葡萄牙、西班牙、爱尔兰、意大利相继陷入水深火热的主权债务危机之中。随着德国作为欧元区一直相当坚挺的龙头老大也开始受到危机影响之时[①]，整个欧元区开始显得岌岌可危。欧元区之外，英国只能算是勉强艰难度日。大洋彼岸，美国的经济状况虽缓慢复苏，失业率却仍高居不下，财政赤字问题令两院头痛不已。[②] 而一向保持强劲发展势头的中国，2013年度GDP增长速度以及PMI数据都较往年较大幅度缩水[③]。事实告诉我们，在面临严峻的国际实体经济背景以及内部经济增长结构亟需调整的过程中，中国也正面临着前所未有的挑战。

(2) 成因分析

有学者将引发本轮全球金融危机的美国次贷危机的根源归因于社会体制的失误，提出贫富差距是一切的根源。[④] 而美国金融危机调查委员会[⑤]撰写的《美国金融危机调查报告》中明确指出，透明性不足等因素

---

① 参见李扬，王国刚．中国金融发展报告（2013）[M]．北京：社会科学文献出版社，2012：7. 该文指出，2012年“就连欧洲经济的火车头德国的GDP增速也持续下滑，从第一季度的1.2%跌至第三季度的0.5%”。

② 参见“美元兑日元大跌 因美国经济数据令人失望”，路透中文网2013－4－1，http：//cn.reuters.com/article/CNIntlBizNews/idCNCNE93009G20130401（最后访问：2013－7－20）。

③ 参见“中国一季度GDP同比增长7.5%——国家统计局”，路透中文网2013－4－15，http：//cn.reuters.com/article/chinaNews/idCNCNE93E03R20130415，该报道指出：“中国国家统计局周一公布，中国一季度国内生产总值（GDP）同比增长7.7%，略低于路透调查预估中值8%。”（最后访问：2013－7－20）

④ [美] 拉古拉迈·拉詹著．断层线——全球经济潜在的危机[M]．北京：中信出版社，2011：XXX。

⑤ 美国金融危机调查委员会的成立是《欺诈强制执行与复苏法案》（公共法111－21条）所规定的内容之一。该小组由来自房地产、经济学、金融、市场管理、银行以及消费者保护等领域具有丰富经验的10个人组成。

的结合最终导致金融危机的爆发①。报告认为，此次危机是人类的作为和不作为所导致，而不是大自然或者是计算机模型出现混乱所导致。尽管经济周期不可避免，但如此规模的危机却是可以避免的。导致这场“人祸”的根源在很大程度上来自一种被人们普遍接受的观念，即认为市场有自我调节的能力，金融机构能够进行有效的自我监管。因此，监管者长期放松管制，没有履行好职责，酿成了系统性金融风险②。国际货币基金组织在2008年4月8日发布的《全球金融稳定报告》中也指出，美国次贷危机中，私人部门风险管理、信息披露和金融监管部门都滞后于金融创新和商业模式的转变，从而导致过度冒险、担保薄弱、期限错配和资产价格膨胀。因此，无论是从短期解决次贷危机还是从中期改进银行治理来看，加强信息披露和银行的透明度都是必须的③。曾任中国银行业监督管理委员会主席的刘明康也指出，美国次级按揭贷款证券化问题成为全球性危机的一个突出原因在于相关金融产品存在严重的信息不对称，有关次级房贷的大量真实信息都为贷款公司和经纪公司所掌握，但信息并没有很好地传递给投资者。投资者完全依靠评级公司来定价，而评级公司的评级又出了很大问题④。

（3）应对措施

危机爆发之后，国会问责之时，格林斯潘承认过去抗拒对金融市场的规制也有部分过错。如果格林斯潘更深一点领会在“南海泡沫事件”之后，大科学家牛顿所发出的“我能计算出天体的运行轨迹，却难以预料到人们如此疯狂”感慨，也许当初他会对金融市场采取更为严厉的行政规制。

这场来势汹涌的经济危机告诉人们，减少政府对经济社会干预为主

---

① 该报告中提到，在金融体系内，由于对透明度没有要求，贷款的风险被扩大了。大量的短期借贷和不为市场所知的债务，增加了系统迅速崩溃的可能性。

② 美国金融危机调查委员会著．美国金融危机调查报告［M］．俞利军等译．北京：中信出版社，2012：XI。

③ IMF：Global Financial Stability Report：Containing Systemic Risks and Restoring Financial Soundness. April 2008.

④ 刘明康：《在南开大学公司治理国际研讨会讲话》，http：//www.cbrc.gov.cn/chinese/home/docView/20071103D2EDAFF7265F9C2CFF32A7252346BC00.html. 最后访问：2015－3－23。

要经济政策目标的新自由主义经济政策，在金融结构多元化、金融产品创新化的国际金融市场面前，亟需做出调整，由此引发了新一轮对在经济全球化背景下金融行政规制的研究。

基于对金融危机背后原因的深层次探析，许多国家都掀起了一股旨在加强金融领域规制的改革浪潮，其中金融信息披露的行政规制成为改革中的重要关注点之一。美国国会于2010年3月通过了《2010年金融稳定法案》，根据该法案，设立了金融稳定监督委员会（Financial Stability Oversight Council，FSOC），并在法案的112条，赋予了FSOC从其成员机构、联邦保险办公室（Federal Insurance Office，FIO），以及其他联邦和州监管机构搜集信息并评估美国金融体系的风险，并赋予金融研究办公室（Office of Financial Research，OFR）从银行控股公司和非银行金融机构搜集信息的职权，同时建议对由美联储监管的非银行金融机构和大型、相互关联的银行控股公司设立更为严格的审慎监管标准，其中包括了更为严格的信息披露管理①。同年7月，美国国会通过了《多德—弗兰克华尔街改革与消费者保护法案》（简称多弗法），根据该法案第1011条，设立了消费者金融保护局，其目的即在于保证消费者可以在金融市场中获得更为及时和准确的信息，从而保护金融消费者的权益。而在英国，于2010年4月通过了《金融服务法》（Financial Service Act 2010），强化了金融服务监管局（Financial Supervision Authority，FSA）的信息收集权，它可以要求受监管组织以外的机构或者个人提供与金融稳定有关的信息，并且赋予了FSA强制信息披露和一定的惩罚权②。

与此同时，针对全球金融市场和规制领域近些年来发生的重大变化以及出于建立更为完善的规制体系的考虑，巴塞尔委员会对《有效监管核心原则》进行修订，增加了关于公司治理、信息披露和透明度原则。在原则28条之中明确规定，“监管机构确定，银行与银行集团在并表基础上，或适当时在单个法人基础上，定期发布容易获取的，公允反映其

① 刘士余等主编．美国金融监管改革概论——《多德—弗兰克华尔街改革与消费者保护法案》导读［M］．北京：中国金融出版社，2012：2－3。

② 廖凡，张怡．英国金融监管体制改革的最新发展及其启示［J］．金融监管研究，2012（02）。

财务状况、业绩、风险暴露、风险策略与公司治理政策和程序的信息。”①

2. “光大乌龙指”事件

究其本质而言，资本市场可谓一个信息市场。市场的运作过程实际上是一个信息处理的过程。只有当市场上的信息是真实、及时、公平的，市场参与者才能够最有效地参与市场，形成价格，促使资源有效配置。因此，信息披露可谓是资本市场的灵魂。

然而，一个理想的市场状态往往鲜少存在。相反，自资本市场形成以来，信息不完全和不对称却成为常态。从微观层面的公司治理而言，缺乏充分、真实的信息，一方面会导致股东无法了解公司运营状况，从而难以做出正确的决策；另一方面，必然无法对公司的代理人即董事会、运营管理层的行为形成有效制约，造成公司内部控制困难的局面，引发道德风险。更进一步而言，从宏观经济层面来说，缺乏充分、真实的信息，将难以形成有效的价格机制，市场资源配置的功能从而会削弱甚至错配。与此同时，一个信息披露制度不完善的市场，将会导致投资者对市场的信心不足。而资本市场很大程度上就是建立在信用的基础之上，公众对于市场的信心是资本市场可以健康有序发展的重要前提。缺少了这种信心的支撑，资本市场必然会停滞不前，在经济动荡之时，将极易形成系统性风险，造成宏观经济的巨大损失。

目前我国金融市场有关信息披露的规范依据主要为《中华人民共和国证券法》(1999)、《商业银行信息披露暂行办法》(2006)、《上市公司信息披露管理办法》(2006)以及其他一系列上市规则和格式指引。从形式上看，我国已经建立起一套包括法律法规、部门规章和自律性规则在内的多层次的金融信息披露的制度体系，但相比世界其他主要国家，我国金融市场起步较晚，体制上还较为落后，整个市场信息披露的完整程度和透明度都亟待提高。

书稿落笔之时，正值“光大乌龙指”行政诉讼案沸沸扬扬之际。该案发生背景为金融市场尚起步不久却处于迅速发展期的中国，案件中

① 巴塞尔银行监管委员会．有效银行监管核心原则（2012）．中国银行业监督管理委员会译．北京：中国金融出版社，2012：15。

一个重要的争议焦点即光大证券公司在申购其他公司证券时发生的错单交易信息是否属于应予披露的内幕信息。对此，我国《证券法》《期货交易管理条例》并没有明确界定，从而引发较大争议。此外，若该信息属于内幕信息，应该以何种方式予以披露，我国《上市公司信息披露管理办法》（2006）第六条规定与《中国证券监督管理委员会证券市场内幕交易行为认定指引（试行）》（2007）第十一条规定则形成了规范冲突，进一步加大了案件的复杂程度。

该案凸显了我国金融市场对于信息披露和公司风险内控的理解和应对相对不足，规制法律体系的不够完善以及规制人员的专业素质还有待提升等诸多问题。在资讯极其发达、信息来源多渠道的复杂金融产品市场中，小概率事件发生后，若规制层面应对不足，就极易引发市场投资者的重大损失，大大侵蚀金融消费者的信心，从而导致整个市场的震荡。因此，希望借此案能够促进金融信息披露行政规制的发展，完善相关行政法规规章，理顺该领域行政执法体制，培育顺应市场监管要求的金融监管从业人员队伍，着力构建符合我国国情的该领域的法律体系。①

3. 股票发行注册制改革

本届政府在十八届三中全会上宣布，将推进我国股票发行注册制改革。而在2015年两会上，该项改革已经写入政府工作报告。这也就意味着，股票发行注册制将会成为2015年政府工作的内容之一，待相关条件具备之后，就会真正落实。而实施股票发行的注册制度，首先需要清理的障碍就是《证券法》相关条款的修改。全国人大代表、全国人大财经委副主任委员吴晓灵此前曾透露，《证券法》修改已经列入2015年人大的立法计划，根据立法安排应该会在4月份进行一审，按照立法程序需要三审通过，最快应该10月份可以完成三审。② 修订草案的主要内容即为确定股票发行的注册制度。

该项制度的推行是我国资本市场的重要改革，同时也是我国金融监

① 阿里巴巴在美上市的IPO文件信息披露问题为关涉金融信息披露行政规制问题的另一个重点案例，将根据案情发展，另撰文探讨，在此不做赘述。

② 参见陈健．绘制股票发行注册制改革蓝图．载上海金融报，2015－3－20。

管领域的重要改革，是我国政府推进职能转变的重要举措。一方面，说明我国正努力构建宽进严管、放管结合的资本市场规制体系。在放松资本市场准入管制的同时，需要加强对违法行为的监管措施和执法力度。另一方面，在进一步开放市场的同时，其配套机制包括完备的信用制度、完善的市场主体约束机制、健全的权利救济体系等方面需要增加新的监管维度。这意味着我国将进一步厘清政府和市场之间的关系，逐渐建立起一套适应高风险开放市场的监督管理体系。尤为重要的是，该项制度的顺利实施必须以资本市场上有效的信息披露机制为前提。股票发行由核准制转为注册制，意味着让市场上的投资者自行选择。而只有发行人将有关企业的重要信息进行充分、准确、及时的披露，才可谓真正将选择权交给投资者，形成有效价格，优化资源配置，形成市场约束机制。因此，信息披露将成为各项业务的核心要素，而金融信息披露的行政规制则更显必要。加强或者放松规制必须根据市场发展情形而定，不可一概而论。也即，政府需要从以往对市场一味管制转变为采取符合市场化发展规律的规制方式，立足于本国国情，对于市场失灵和市场不足进行纠正，该放权时要放权，管好该管的事情。①

（二）研究主题

当今世界已经进入资讯社会，其特色为复杂性、多样性、信息的关键性以及时间的决胜性。② 信息技术的发展极大地改变了信息传递的方式和人们的生活方式。信息时代的到来已经成为不可逆转的历史潮流并很大程度上改变着当今世界的面貌和格局。而信息的快速流通使得经济进一步走向区域化、共同体化和全球化。资本在全球之间的流动和竞争愈发激烈，一国的金融市场发展是否成熟，是否有一整套完善的能够保障金融市场稳健、安全、高效运行的制度并能够得到切实遵守，对于一个国家的经济发展有着不言而喻的重要作用。这是任何一个国家宪法所欲求实现的经济目标之一，对于行政法而言，这也必然是其致力于完成

---

① 参见柯静．中国（上海）自贸试验区的建设与我国政府职能转变［J］．行政与法，2014（04）。

② 参见［台湾］翁岳生著．行政法（上册）［M］．北京．中国法制出版社，2009：58。

的具体任务，故而对该领域的政府规制权力提出了新的挑战和机遇。现代行政法是否具备这样的能力，反映并且能够解决这样的复杂状况？行政法律制度能否用法治国家所能够允许的手段，去解决不断面临的新问题？行政法需要对此做出回应。因此该问题的研究具有重要现实意义。

我们知道，当面临一个高风险的不确定的环境时，由于原先所积累的经验的意义变得不那么能够发挥作用，原本熟悉的法律的概念也面临考虑是否需要重新定义，法律原本所具有的确定性的功能以及透明性相对来说就会有所削弱。然而，作为法治国的法律的任务而言，应该是立基于宪法的框架之内而可以持续性地发展。不论社会面临怎样的变化，知识和技术上有怎样的突破，法律的制定应该是要努力减少不确定性并且能够容纳社会新的发展。行政法，其本身就不应该被看作是一个既存的体系结构而对其进行已知的推论和演绎，而应随着时代的变化努力去寻找解决问题的办法。但是，不应改变的是，法的创新应该是在既有的基础之上进行的发展，而非割裂。对于行政权来说，尽管权力行使的手段和方式发生了变化，但是有效执行行政任务这一点不会改变；而另一方面，对于行政法来说，在法治国中，保护公民权利始终是对行政权行使的框架界限，由此带来了行政正当性和合理性的要求。

本书将从行政规制的角度对金融领域的信息披露进行研究，寄希望于该研究能够从公法角度，进一步完善和发展相关领域行政规制的理论体系，同时希望能够为我国在当前的经济体制改革中实行切实有效的行政规制措施提供有益参考，为我国解决当前金融市场中诸多不规范现象加以助力，推进我国金融市场安全稳定有效运行，保护投资者的合法权益。

二、文献述评

（一）国外相关研究综述

1. 有关金融规制基础理论的研究

（1）著作类

20 世纪 20—30 年代，奈特和凯恩斯提出了不确定性理论，认为金融市场具有不确定性，需要政府进行微观干预。

20 世纪 70—90 年代，海曼·明斯基在其《金融脆弱性假说：资本主义的进展和经济行为》一书中提出了金融脆弱性理论，揭示了金融领域具有天然的脆弱性。①

保罗·克鲁格曼、茅瑞斯·奥伯斯法尔德和麦金农等学者分析了不同类型金融危机的产生机理，表明金融领域具有明显的市场失灵和严重的信息不对称，需要市场以外的力量进行干预。②

安东尼·奥格斯在其《规制——法律形式与经济学理论》（1994）一书中，从分析规制与传统公法学的联结点入手，融合了法学与经济学的理论与方法，阐述了规制的两大理论根基——公共利益理论和私人利益理论，并对社会性规制与经济学规制各自模块下不同的规制工具进行“行为形式化”的分类、整理和阐述，论证了在不同的规制目标下，政府应该如何选择最相匹配的规制工具以达成行政目的。此外，该书提及了在证券与金融规制体系下，强制信息披露具有特殊的意义。③

（2）论文类

Harry McVea 在其《Financial Services Regulation under the Financial Services Authority：a Reassertion of the Market Failure Thesis?》（2005）一文中指出，将政府干预市场的理由仅仅限定于对市场失灵的矫正是有失偏颇的，更不应该局限于成本利益狭隘的衡量。对于金融市场的规制，除了经济上的理由之外，还需要从政治角度的价值判断进行考量：如何更好地维护民主，促进自由。由于金融市场复杂的技术性特征以及这个市场本身的重要性和敏感性，需要金融部门的监管者，站在民主政府的代理人的立场，去更好地促进公民权利，实现民主社会价值。诸如维护市场信心、增强公共意识、保护消费者、减少金融市场欺诈等有关公民价值的考虑，都应纳入市场追求的目标之中。④

① 向新民著．金融系统的脆弱性与稳定性研究［M］．北京：中国经济出版社，2005：138－139。

② ［美］托马斯·赫尔曼，凯文·穆尔多克，约瑟夫·斯蒂格利茨著．金融约束：一个新的分析框架［J］．经济导刊，1997（5）。

③ ［英］安东尼·奥格斯著．规制——法律形式与经济学理论［M］．骆梅英译．北京：中国人民出版社，2008。

④ Harry McVea. “Financial Services Regulation under the Financial Services Authority：a Reassertion of the Market Failure Thesis?”［J］. 64 Cambridge Law Journal 413（2005）.

Hans von Reden 在其《Regulation of Securitized Products Post the Financial Crisis》一文中指出，金融产品的证券化一直都是促发金融危机的主要原因之一。该文系统性地分析了结构性市场金融规制的发展，以及本轮危机爆发以来立法机构针对金融市场的弊病所采取的补救性和完善性的措施。作者认为，市场上主要存在的问题可归纳为以下 4 个方面：(1) 发行人与投资人之间的利益冲突；(2) 能够真实反映市场暴露风险的资本规则不足；(3) 金融市场上同时充斥着信息披露不足以及对于普通投资者而言的信息泛滥现象（即无法在大量信息中筛选出有效信息）；(4) 信用评级机构未能正确评级。正因此，需要市场以外的政府力量的干预，推进金融市场的健康发展。①

2. 有关金融风险的原因分析及规制必要性研究

(1) 著作类

学者诸如拉古拉迈·拉詹，在其《断层线——全球经济潜在的危机》提出金融风险最终的原因在于社会体制的失误，提出贫富差距是一切的根源。但更多学者将金融风险产生的原因归之于经济全球化所带来的金融一体化加深，以及不断追求高额利润的贪婪本性所带来的金融产品的不断创新。而集体行为的非理性导致了风险更进一步的加剧，在一旦信用链出现问题的时候，容易造成多米诺骨牌效应。而金融市场对于一国的实体经济有着重要的支撑意义，关系着一国宏观经济的稳健运行，因此金融安全是各国政府都极为关注的重要问题。相对于一个不受规制的市场和私法救济的结合体，由实际上拥有必要的专业技术和经验的集中的公共机构来进行引导和规范，更为有效。这也是规制正当性的一个基础。②

美国金融危机调查委员会在其调查报告中指出，本次金融危机是人类的作为和不作为导致，根源在于人们认为市场有自我调节的能力，金融机构能够进行有效的自我监管的理念。金融调控和监管的普遍缺失给国家金融市场的稳定带来巨大的破坏，并且在许多具有全局重要性的金

① Hans von Reden. "Regulation of Securitized Products Post the Financial Crisis" [J] . 2 UCL Journal of Law and Jurisprudence 112 (2013) .

② [德] 施密特·阿斯曼著．秩序理念下的行政法体系建构 [M]．林明锵等译．北京：北京大学出版社，2012。

融机构的公司治理和风险管理上存在严重失误。而过度借贷、风险投资和透明度不足等因素的结合使经济危机最终爆发。基于此，证明把“一切交给市场”来解决的自由主义政策是行不通的，政府必须要干预市场。①

（2）论文报告类

Llewellyn 和 David 研究了金融规制的经济学理论框架，并在此基础上指出金融规制在一定程度上存在客观必然性。②

Yesha Yadav 在《The Specter of Sisphus：Re-making Internation Financial Regulation after the Global Financial Crisis》一文中指出，金融规制的主要原因在于：（1）抑制金融市场的外部性，尤其是系统性风险的可能性；（2）金融市场信息不对称的特征，使得加强对投资者的保护尤为重要；（3）限制金融市场上的道德风险现象。③

国际货币基金组织在 2008 年 4 月 8 日发布的《全球金融稳定报告》中也指出，美国次贷危机中，私人部门风险管理、信息披露和金融监管部门都滞后于金融创新和商业模式的转变，从而导致过度冒险、担保薄弱、期限错配和资产价格膨胀。因此，无论是从短期解决次贷危机还是从中期改进银行治理来看，加强信息披露和银行的透明度都是必须的。④

3. 有关金融规制路径的研究

（1）著作类

Mattial Rattaggi 倡导的是金融规制的双层结构体系，他认为双层风险监控是国际风险规制规则的可能发展方向，在这种体系内，大型的、复杂的金融机构必须满足更高的规制要求和资本标准，但应允许其自主

① 美国金融危机调查委员会著．美国金融危机调查报告［M］．俞利军等译．北京：中信出版社，2012。

② Llewellyn, David. “The Economic Rationale for Financial Regulation” ［J］. Occasional Paper Series 1. London：Financial Services Authority. 1999（4）.

③ Yesha Yadav. “The Specter of Sisphus：Re-making Internation Financial Regulation after the Global Financial Crisis”［J］. Emory International Law Review. Vol. 24. 89（2010）.

④ IMF：Global Financial Stability Report：Containing Systemic Risks and Restoring Financial Soundness. April 2008.

选择适合的模型和风险控制机制来安排当局所要求的资本金；而其他一些金融机构可以按照当局制定的一种简单的、便于理解的规则安排资本。①

Stephen G. Breyer 等在《Administrative law and regulatory policy: problems, text, and cases》的书中述及，规制必须考虑成本和效益的问题。只有当行政规制的效益大于成本的时候，或者说长远来看，其效益必然大于成本的时候，规制才是有效率的。该书介绍了大量美国行政法中的案例，进行行政规制的时候，符合效益原则是规制正当性的要求之一。②

国外对金融规制有代表性的系统研究主要来自 Dimitri Vittas，John Eatwell 和 Lance Taylor。Dimitri Vittas 在《金融规管——变动中的游戏规则》一书中，从理论上分析了 20 世纪 80 年代以来世界范围内金融规制变革的原因、内容、影响和方向等问题，并分别对金融规制变革过程中的典型国家进行了深入的案例分析，从中总结出了一些金融规制变革的成功经验和失败教训。③

John Eatwell 和 Lance Taylor 两位学者在共著的《全球金融风险监管》一书中，对布雷顿森林体系瓦解后近 20 年来频频出现的国际范围金融危机（如东南亚金融危机）的爆发是否与国际金融体系有关这一问题做了深入细致的分析和研究，运用制度比较学的方法并通过实证分析，阐述了全球金融风险的背景、性质和缘由，从微观和宏观两个角度提出了金融规制的重要性，并透彻分析论证了缓解、防范金融风险、金融危机及如何加强金融规制。④

霍华德·戴维斯和大卫·格林在《全球金融监管》一书中，介绍了目前国际监管的基本框架、基础原则和实践经验，比较了欧盟，七国

---

① 李宏．金融管制的经济学分析［J］．财经研究，2006（1）。

② 参见 Stephen G. Breyer, Richard B. Steward, Cass R. Sunstein, Matthew L. Spitzer. "Administrative law and regulatory policy: problems, text, and cases"［M］. Aspen Law & Business. 198 - 203（2002）.

③ 李延振．证券业规制的变革研究［D］．暨南大学博士学位论文，2002.4。

④ 张威．中国银行监管的问题与对策研究［D］．天津财经大学博士学位论文，2008.6。

集团以及包括中国在内的有国际影响力的经济实体的金融监管体制，并且对其中的大部分都进行了深入的分析。[①]

大卫·G. 梅斯和丽莎·海尔姆在其《改进银行监管》一书中指出，产生于银行的风险是无法根除的，但激励银行良性运营，并鼓励所有由于管理不善而存在某些风险的银行转向以市场行为来谨慎经营却是可行的。在快速发展的全球化世界中，信息技术的进步以及产品和组织的创新，使得管理整个银行体系更为困难。解决这些问题需要跨境合作并且获得全面的信息。作者根据欧盟以及美国的经验，提出通过综合方法加强银行监管，包括建立透明的公司结构；加强信息披露，使市场能够对银行进行评估；采取有效手段，使银行能够以可接受的成本退出等。[②]

（2）论文类

Dimity Kingsford Smith 在其《A Harder Nut to Crack? Responsive Regulation in the Financial Services Sector》（2011）一文中，提出通过回应性监管的方式来完善当前的金融监管。回应性监管，旨在构建监管者和被监管者之间一种回应性的关系，即强调民主，加强协商，实现规制双方之间良好的互动关系，能够彼此互相信任，从而对对方的行为有善意的回应，促进监管目标的实现。这种监管方式一开始只是一个概念的存在，但是伴随着其内涵的丰富，逐渐形成了一种监管执法的策略，且包含了多维度多层次的意义。它一方面使得被监管者在被监管的过程中能够拥有尊严，获得尊重；另一方面，该监管机制的设计需要保障监管者手中握有威慑性手段，在需要的时候可以确保执行，从而使该监管方式在具有理想化色彩的同时，也具备务实性。[③]

Eric. J. Pan 在其《Structural Reform of Financial Regulation》（2010－2011）文中指出：对于一国金融监管规制来说，尤其重要的是明确监管

---

① ［英］霍华德·戴维斯，大卫·格林著．全球金融监管［M］．中国银行业监督管理委员会国际部译．北京：中国金融出版社，2009。

② ［芬兰］大卫·G. 梅斯等著．改进银行监管［M］．方文等译．北京：中国人民大学出版社，2006。

③ Dimity Kingsford Smith. "A Harder Nut to Crack? Responsive Regulation in the Financial Services Sector"［J］. 44 U. B. C. Law Review. 695（2011）.

目标和责任。在此基础上，监管机构之间需要实现信息的自由共享，彼此可以相互协调。这种信息的共享和协调，不仅仅体现在国家内部的各规制机构之间，同时还体现在国家层面的规制机构与外国规制机构之间双边与多边的信息共享和协调。作者详细介绍了英国的金融服务管理局以原则为导向的监管模式，并指出金融监管也有其边界，不能超过必要的限度，否则会造成监管的成本代价过高，致使金融资本外流，最终必然导致本国经济受损。①

Cristie Ford 在其《Principles-Based Securities Regulation in the Wake of the Global Financial Crisis》（2010）一文中指出，在一个活跃的快速发展的金融体系中，以原则为基础的监管模式应对极端复杂和结果具备不确定性的市场，效果会更好。它更具备灵活性，注重监管双方的合作，彼此之间可以实现更为深入、广泛的沟通，从而能够找出监管中存在的问题，实现监管目标。②

Markus Brunnermeier 等在《The fundamental principles of financial regulation》（2009）一文中提出，金融体系本身的性质以及市场主体的动物效应等因素使得金融体系具有典型顺周期性。在经济状况良好时，进一步扩大繁荣的景象，而当经济衰落时，市场主体的“动物效应”等因素则会进一步加深危机。因此，构建一个逆周期性的宏观审慎政策框架尤为必要，比如降低金融交易的频率，提升系统重要性金融机构的额外资本要求等等。③

（二）国内相关研究综述

1. 著作类

陈天本所著《行政法对金融规制的调控——以银行规制为主要考察

① Eric. J. Pan. “Structural Reform of Financial Regulation” ［J］. 19 Transnational Law & Contemporary Problems796（2010－2011）.

② Cristie Ford. “Principles-Based Securities Regulation in the Wake of the Global Financial Crisis” ［J］. 55 McGill Law Journal. 257（2010）.

③ 参见 Markus Brunnermeier, Andrew Crocker, Charles Goodhart, Martin Hellwig, Avinash D. Persaud&Hyun Shin. “The fundamental principles of financial regulation” ［R］. Geneva Report on the World Economy 11. 38（2009）.

对象》一书从公法行政法角度，对金融领域的政府规制及其行政法调控进行了较为详尽和深入的探讨。研究主要涉及了行政法中的行政主体、行政行为以及行政法制监督与法律救济这三大知识板块在金融规制领域的具体体现，具体包括行政主体职权的产生，权限范围；行政行为的种类，行政行为的程序；行政法制监督和行政法律救济的途径和方法等等[①]。

陈雨露、马勇所著《现代金融体系下的中国金融业混业经营：路径、风险与监管体系》一书，着眼于全球金融发展的趋势，且基于中国金融业实际上呈现出的混业经营的局面及其背后的特殊性，提出我国应该秉持适度的开放保护和国家控制原则，混业经营应该确保在监管水平约束下渐进有序的发展。[②]

周小川所著《国际金融危机：观察、分析与应对》一书中，对金融风险发生的原因进行了深入细致的分析，诸如集体行为的非理性，动物效应，羊群效应等等，由此也可以看作是对金融规制的必要性论证；并对如何进行金融规制进行了探讨，诸如加强央行的独立性以及对于评级机构进行更为有效的监管，发展更为合理的评估模式等等，最为重要的是要设计一套审慎的逆周期的监管模式。[③]

杨松等著《银行法律制度改革与完善研究——调控与监管的视角》（2011）以本轮世界性金融危机和金融全球化为背景，针对我国银行业宏观调控与监管制度的发展，结合目前中国金融体制改革和银行法制建设实际，重点研究分析了银行业纵向调控和监管法律关系问题，继而提出金融监管制度的合理性和有效性的关键在于金融监管权力的配置结构。与此同时，作者指出本次金融危机中凸显的最大问题即为金融市场的不透明，信息披露制度的不够完善。在比较分析后金融危机时期欧盟、英国、美国等相继修改金融监管法律的基础上，聚焦于我国银行业

① 陈天本著．行政法对金融规制的调控［M］．北京：人民公安大学出版社，2007。

② 陈雨露，马勇．现代金融体系下的中国金融业混业经营：路径、风险与监管体系［M］．北京：人民大学出版社，2009。

③ 周小川．国际金融危机：观察、分析与应对［M］．北京：中国金融出版社，2012。

的调控与规制，对该领域的发展路径提出若干设想，其中包括银行业信息披露规制的完善重点。①

朱淑娣与万玲所著的《全球化与金融消费者权益行政法保护》一书中，首次尝试从国际经济行政法学理论解读全球化语境下的金融消费者权益保护问题。该书指出，金融消费者行政法律保护制度具备国际经济行政法的重要属性：国际性、法律性、经济性、公法性、行政性。作者运用系统行政法学分析工具，阐释了金融消费者权益行政法保护问题，以金融消费者权益行政法保护的主体、客体（利益）、规范、程序为主线，分析我国金融消费者权益行政法保护制度的现状，并借鉴了英美国家的改革经验，为我国金融消费者权益行政法保护制度的完善提出了宝贵的建议。②

赵立新、黄燕铭等著的《构建以投资者需求为导向的上市公司信息披露体系》（2013）一书中指出，需要构建一个以投资者需求为导向的上市公司信息披露制度，并将投资者需求的信息披露标准概括为重大性、相关性、变化性和关联性这四个方面。作者认为，需要深入全面地了解投资者的需求并对需求进行层次划分，从实际出发满足各类投资者对信息披露的要求。既要考虑信息披露的内容与逻辑，也要考虑披露的方式，从而进一步提升信息披露的针对性和有效性，完善资本市场的制度建设。③

赵威、孟翔所著的《证券信息披露标准比较研究：以“重大性”为主要视角》（2013）一书中指出，“重大性”标准为信息披露制度的基础性标准。因此，需要分析相关学说、判例以及各国对“重大性”标准的不同规定进行细致分析和考察，最终得出结论，认为我国应当施行“证券价格标准”和“投资决策标准”并行的双轨制，同时应该借鉴美国所采用的定量和定性分析相结合来判断何为“重大性”。④

---

① 杨松等著．银行法律制度改革与完善研究［M］．北京：北京大学出版社，2011。

② 朱淑娣，万玲著．全球化与金融消费者权益行政法保护［M］．北京：时事出版社，2013。

③ 赵立新，黄燕铭等著．构建以投资者需求为导向的上市公司信息披露体系［M］．北京：中国金融出版社，2013。

④ 赵威，孟翔著．证券信息披露标准比较研究：以“重大性”为主要视角［M］．北京：中国政法大学出版社，2013。

瞿旭在其《中国上市银行内部控制实质性漏洞信息披露机制研究：基于公司治理及银行监管视角》（2013）一书中提出，实质性漏洞是上市银行内部控制失效的主要原因，是妨碍其抵御内外部风险和对企业经营进行有效控制的重大障碍，因此我国上市银行需要建立内部控制实质性漏洞的信息披露机制。作者认为，该机制需要银行、会计师事务所以及金融监管机构三方共同努力来完成。银行通过内部控制实质性漏洞自查，可以完善自身的治理结果。会计师事务所和监管机构通过外部审查，可以保证该信息披露机制能够切实有效执行，且可以降低监管成本，保证金融体系的稳健高效发展。①

庄玉友所著的《日本金融商品交易法信息披露制度研究》（2010）一书，介绍了2006年日本的《金融商品交易法》，该法体现了信息披露制度的基本理念与制度的重大变革，实现了信息披露制度的公正化与透明化。作者对日本证券立法模式转向背后的国际背景与国内原因进行了深入和细致的探讨，并对该法的立法过程以及主要内容等进行了介绍和总结，对相关制度的特色做了深入的剖析，基于此，构建了中国版《金融服务法》的立法构想。②

邱艾松在其《商业银行信息披露的层次与边界——兼论商业银行信息披露中的权利冲突与平衡》（2010）一书中，首次提出从利益相关者角度而非商业银行本身对信息披露进行研究，不同的利益主体不仅知情权内涵有所区别，而且商业银行为此信息披露的内容和方式都有所区别，并将商业银行的公开信息披露与非公开信息披露纳入利益相关者保护的统一框架之下。该做法有利于纠正对利益相关者知情者保护不足的现状，并且促进商业银行信息披露理论研究的拓展。其次，作者对信息披露成本约束与权利约束两个维度的讨论有利于细化商业银行信息披露的边界，从而也有利于我国商业银行信息披露制度的完善。③

---

① 瞿旭著．中国上市银行内部控制实质性漏洞信息披露机制研究：基于公司治理及银行监管视角［M］．成都：西南财经大学出版社，2013。

② 庄玉友著．日本金融商品交易法信息披露制度研究［M］．北京：人民出版社，2010。

③ 邱艾松著．商业银行信息披露的层次与边界［M］．北京：中国金融出版社，2010。

中国银行业监督管理委员会所译的《有效银行监管核心原则(2012)》，详细介绍了巴塞尔委员会所发布的第3版《核心原则》，该修订体现了本次金融危机爆发之后，国际社会对银行监管理念、方式和实践的深刻反思，更为注重防范系统性风险，强化宏观审慎监管，加强系统重要性银行和危机管理，进一步完善风险管理，提高资本和流动性水平。值得一提的是，从第3版的修订中，我们可以看到对银行信息披露和透明度要求的强化。[①]

刘士余主编的《美国金融监管改革概论：多德－弗兰克华尔街改革与消费者保护法案导读》一书中，对美国《多德－弗兰克法》进行了系统的概述，包括系统性风险监管、如何解决“大而不能倒”问题、银行业监管改革、证券业监管改革、衍生品监管改革、保险业监管改革、金融消费者保护以及美联储体系改革，并且对该法案的实施情况和总体效果做了初步分析，对美国金融监管体系的演变做了历史回顾。除此之外，该书还收录了有关英国和欧盟的监管改革、央行在金融危机中的角色、《巴塞尔协议Ⅲ》等系列文章，为读者了解各主要发达国家及地区金融监管体系的改革历程颇有助益。[②]

2. 论文类

江必新在《论行政规制基本理论问题》(2012）一文中，对行政规制概念做了明确的界定，认为对行政规制的研究，需要从行政法自身的学科特点出发，重点研究行政规制的主体、行政规制行为的合法性、行政规制权及其界限、行政规制的法律救济等内容，并着重指出，我国行政规制的现实发展路径，不能简单借鉴和移植他国制度，必须立足于中国的基本国情，科学构建符合我国市场经济现状的行政规制制度体系和实现机制。[③] 本书的思路，正是循着该论文中所指出的行政规制领域的重点理论问题，以金融信息披露领域为切入点，进行了较为系统和深入的探讨。

相关度高的从公法角度出发体系性地研究金融市场行政披露规制的

① 有效银行监管核心原则（2012）银行监管的国际标准．中国银行业监督管理委员会译．北京：中国金融出版社，2012。

② 刘士余等主编．美国金融监管改革概论——《多德—弗兰克华尔街改革与消费者保护法案》导读［M］．北京：中国金融出版社，2012。

③ 江必新．论行政规制基本理论［J］．法学，2012（12）。

论文并不多。吉林大学王鹏的博士生论文《中国金融规制问题研究》以政府规制和金融规制的相关理论研究及金融规制问题的分析范式为前提，立足于我国金融规制的变迁过程，并以国外政府实施金融规制的发展历程为经验背景，力求系统全面分析我国金融规制的现状以及亟待解决的问题，提出促进我国金融稳定和金融发展的金融规制路径选择。但该文的切入角度为金融体系运行中的规制、金融机构市场准入和退出的规制、农村金融规制、中小企业融资中的规制，主要关涉的是较为微观层面的具体的规制措施，而非宏观公法层面的聚焦。①

韩龙在其《防范金融风险和危机：金融法之重任》（2009）一文中指出，金融业存在着严重的市场失灵以及金融业自身独有的战略重要性以及高风险性等特性，从而使得对金融业的监管必要、正当且合理。金融规制与监管的主要任务即在于防范金融风险与危机。金融法从早期调整当事人融资交易关系为主，转变为当今应当通过规制与监管实现防范和化解金融风险和危机等目标，主要是经济金融化和金融全球一体化作用的结果。金融法应当以规制与监管为中心，以金融风险和危机的防范为重任，以此重塑金融法的支架和内容，金融法学应当注重金融规制与监管的研究，为防范和化解金融风险和危机提供智力支持。②

漆多俊在其《当前世界金融危机与经济法的理论和应用》（2010）一文中指出，次贷危机发生的原因，其实质还是市场与政府，即市场调节机制与国家调节的关系问题。国家调节既是对市场缺陷的弥补，也是对以往国家调节失误的纠正。世界金融危机警示我们迫切需要加强金融监管法制，其中包括对金融创新的监管、信贷监管、资金流动性监管以及监管体制等问题。③

盛学军在其《我国证券监管法律制度模式》（2001）一文中指出，证券监管制度的核心矛盾是如何处理政府干预与市场自由的关系。监管

① 王鹏．中国金融规制问题研究［D］．吉林大学博士学位论文．载中国知网，2009。

② 韩龙．防范金融风险和危机：金融法之重任［J］．金陵法律评论，2009年秋季卷。

③ 漆多俊．当前世界金融危机与经济法的理论和应用［J］．政治与法律，2010（2）。

问题的提出乃至监管制度的确立，是对市场自由主义的反动，但各国对于自由放任的市场政策加以批判的结果并非是简单划一的否定，而是表现为各个国家基于不同的国情和民情形成了各自不同的制度回应。作者认为我国目前的证券监管制度体现出“政府任意型”的特质。这种法律模式在证券市场的强制性制度变迁过程中一方面发挥了积极的功效，同时也不可避免地产生一系列的弊端，如全面干预、民主的缺失等，而以上这些因素已经成为我国市场发展和法治进程中必须关注的滞碍。①

陈义真在其《证券市场信息披露制度若干问题之探析》（2004）一文中，从信息披露制度的概念、目的、最新发展趋势等方面，并结合我国证券市场信息披露监管、上市公司信息披露的现状及其存在的问题等方面进行了论述，从法学视角分析并提出了加强和完善证券市场信息披露制度富有积极意义的建议，以促进我国证券市场向标准化、国际化的方向发展。②

冯果、武俊桥在其《从“类推监管”到“网络导向”监管——论网络信息时代证券信息披露监管制度的建构》（2010）一文中，指出随着信息化时代证券信息披露技术的不断发展，原先一直基于惯性和信息披露公平性等的考量，对网上证券信息披露采用的类推纸质时代监管方式的理念已经逐步不能实现监管目标。作者认为，我国证券监管的思路应该转变为“网络导向监管”，并以此构建符合信息化时代特征的证券信息披露制度，更好地保护市场投资者的切身利益。③

（三）对现有文献的评价

从目前来看，从公法角度对整个金融市场层面信息披露行政规制的研究成果不多。相关的研究主要呈现以下特征：（1）对整个金融规制领域加以研究的成果，基本都是从经济学以及金融学的角度出发，例如模式选择，金融监管有效性分析等；（2）对金融行政规制的研究基本

① 盛学军．我国证券监管法律制度模式［J］．现代法学，2001（4）。

② 陈义真．证券市场信息披露制度若干问题之探析［J］．西华师范大学学报（哲社版），2004（3）。

③ 冯果，武俊桥．从“类推监管”到“网络导向”监管——论网络信息时代证券信息披露监管制度的建构［J］．现代法学，2010（3）。

上仅限于金融规制理论的介绍以及国内外立法比较分析；（3）对金融信息披露规制的研究成果，多分别针对银行业、证券业，且很少有从公法行政法角度进行分析；（4）一般仅聚焦于某一角度，例如公司治理方面、信息披露的标准方面。也即，从公法行政法角度体系性地针对金融信息披露行政规制方面进行研究的甚少。

笔者正是基于以上几点，以及金融领域的健康发展对一国国家实力的重要意义，并且行政规制为实现国家任务的重要手段，认为该选题具有重要的理论和现实意义。

三、研究方法与研究内容

本书从公法行政法角度对金融信息披露行政规制问题进行系统性的研究。除了借鉴其他学科诸如法经济学、国际关系学、历史学等学科的研究方法之外，更基于行政法学自身的学科特点，重点研究了金融信息披露行政规制的必要性以及可能性、行政规制主体的法律地位、行政规制行为的合法性和有效性以及行政规制的权利救济等问题。此外，笔者以金融全球化和信息化为时代背景，分析在该新形势下，金融信息披露制度的困境和挑战以及出现的新的发展趋势和路径。本书并没有进行简单的路径选择，而是指出，必须要立足于中国的现实，区分我国和国外的不同，因地制宜，以提升和完善我国金融信息披露法律体系和学科理论水平为核心，重视规制理念和方式的选择，尤其需要重视与我国国情、民情等特征的相适应性，科学构建符合我国金融市场发展现状的信息披露行政规制体系和路径，以加强我国在整个金融全球化和信息化过程中的市场吸引力和地位。从维护国家整体金融市场和经济安全、稳定和发展以及维护投资者利益和信心的目标出发，试图为我国该领域的行政规制进行一定深度的研究。

（一）研究方法[①]

第一，历史分析方法。历史总能给现实以启迪，现实总能看到历史

① 参见［德］齐佩利乌斯著．法学方法论［M］．金振豹译．北京：法律出版社，2009：中文版序第1页中提到："在法学上也如在其他科学上一样，将以理性的，因而也是可论证的方式探求开放性问题之答案的路径称为'方法'。"

之积淀。制度本身是历史实践的产物，其来源于实践，并随着实践需求的变化而变化。本书试图运用历史分析的方法，来分析金融信息披露行政规制的必要性以及可能性，为制度的变迁寻找正当性依据，也即从历史分析的过程中获得对未来发展可能模式的线索。

第二，规范分析方法。分析主要发达国家金融规制领域的规范，分析其规范制定的背景和发展过程的演变，找出其规范的合理以及不合理之处，为我国金融规制领域规范的制定寻找可供借鉴的经验。

第三，比较分析方法。相对于欧美来说，我国的金融市场还比较落后，制度还有待完善。信息披露的行政规制需要很大程度上对比研究制度上较为完善、监管机构职能上较为与时俱进的欧美国家的实践，寄希望可以更为清晰地发现我国相关监管机构职能方面存在的差距以及在制度上应如何进行选择和借鉴，在此基础上进行移植和本土化的考量。

第四，法经济学分析方法。在金融信息披露规制行为的权力运行边界问题上，除了从法学角度进行分析之外，还借助了成本——效益分析方法，对规制的必要程度进行分析。根据金融业的特点以及信息披露的现状，探索更为可行和有效率的行政规制的途径。

第五，案例分析方法。笔者选取了我国金融业内幕信息交易界定上具有特别争议的“光大乌龙指”行政诉讼案例进行分析，结合我国相关规范以及国外有关内幕信息交易的界定，指出我国金融市场对于信息披露和公司风险内控的理解和应对相对不足，证券业相关领域规制法律体系的不够完善以及规制人员的专业素质还有待提升。希望借此案能够促进金融信息披露行政规制的发展，完善相关行政法规规章，理顺该领域行政执法体制，培育顺应市场规制要求的金融规制从业人员队伍，着力构建符合我国国情的该领域的法律体系。

（二）研究内容

本书以金融信息披露的行政规制研究为主体，结构布局可以划分为三大部分，共七个章节。第一部分为基础理论部分，循着概述、行政组织法、行政行为法、行政救济法的行政法结构逻辑，展开论述，共四章。第二部分为热点展开部分，尝试深入探讨全球化时代与信息化时代金融信息披露行政规制新课题。共两章。第三部分作为结语篇，用一章篇幅研析我国金融信息披露行政规制的发展路径问题。

第一章集中阐释金融信息披露行政规制的基本原理。在基本概念的铺垫基础之上，笔者首先从必要性与可能性两个角度研究其正当性问题。

起始于美国的金融危机是自1929—1933年世界经济危机之后影响最为广泛、损失最为严重的一次危机，再一次证明金融市场的脆弱性以及国家干预的必要性，也凸显了当前金融市场领域的法律和制度的不足。笔者从市场本身的不足和金融市场的特性尤其是信息不对称现象的普遍等角度出发，指出金融信息披露行政规制对于提升金融透明性、维系金融消费者对金融市场的信心并由此更进一步提升金融市场的安全的重要性。建构于实体经济基础之上的整个金融法律制度，面对日益复杂的金融市场，层出不穷的金融创新，出现了一定程度的法律关系调整的滞后和真空，亟需加以完善。作为对于实现国家整体经济目标至关重要的行政法，必须具备随着时代发展而相应变迁并能解决新出现困境的能力。基于行政法基本原则与金融信息披露行政规制目标的契合性、行政法自身特点与该领域规制行为的契合度以及行政规制方式的灵活性和多样性，对金融信息披露进行行政规制，具备实现该领域规制目标的可能性。大体上可以说，此为从行政法角度研究金融信息披露行政规制正当性之所在。

既然从行政法的角度探讨金融信息披露行政规制，则必须要厘清该领域的行政规制主体以及对象，准确界定其内涵以及外延是进一步展开研究的前提条件。因此，第二章中，笔者沿着行政主体理论的历史发展以及行政规制主体类型的分析进路，选择地介绍和比较了世界各主要国家以及我国金融信息披露领域的行政规制主体制度，为下面进一步的研究打下基础。在本章的第二部分中，笔者参考我国学者江必新对行政规制的定义，“行政规制是特定的行政主体所采取的，直接影响市场主体及其市场行为的，设立规则、制定政策、实施干预措施等行政活动的总称”，对金融信息披露行政规制的对象做如下界定：“金融市场主体进行市场交易以及与此相关的做法和事务中重要信息的披露行为。”本书集中针对金融市场上金融机构和金融消费者间交易地位的不对等以及由此出现的严重的信息不对称现象，基于此，将文中金融信息披露行政规制对象的范围作一狭义限定，主要针对“相对于金融消费者的金融市场主体进行市场交易以及与此相关的做法和事务中重要信息的披露行为”的行政规制，并重点选取美国等具有发达金融市场的国家或者地区金融信息披露行政规制体系来加以介绍和分析。主要的背景资料为该国（地区）或者国际上通行的涉及某领域金融信息披露行为的行政规制的重要法案或者规则、标准。

第三章集中研究金融信息披露行政规制行为。行政规制行为是行政规制体系中极为重要的一个部分。作为较为新兴的一种行政现象，其概念的界定，范围与类型，尤其针对一些新出现的规制行为方式的有效性，存在着不同的观点。笔者在认同江必新有关行政规制概念界定的基础上，认为金融信息披露行政规制行为可以被界定为金融规制领域行政主体所采取的，直接影响金融市场主体进行市场交易以及与此相关的做法和事务中重要信息的披露行为，设立规则、制定政策、实施干预措施等行政活动的总称。本章接下来重点分析了金融信息披露行政规制行为的有效性，强调有效性的核心为合法性，但并不等同于合法性。例如一些基于一定的法律精神、原则或者政策规定加以实施的行政规制行为，根据具体情形，可以作为合法性的补充，纳入有效性的范畴。但这其中界限如何掌握，笔者提出必须根据一定的原则加以仔细平衡，不能恣意为之，导致对法治的侵害。

金融信息披露行政规制行为，在对金融市场进行干预的过程中，涉及到多种相互冲突利益的平衡。如何掌握合适的限度，在利益间进行取舍，是一个极其复杂和困难的过程。权力的运行必有其边界，在对金融信息披露进行规制时，首先必须尊重市场的自由和竞争，不能超越一定的度，否则则抑制了市场的创新和活力。第二，在强调对获取信息中处于劣势地位的金融消费者权益的保护同时，也应该仔细考量这种知情权与企业商业秘密间的平衡。正当的商业秘密是需要加以保护的，信息披露并不意味着企业需要披露所有的信息，否则将会导致没有竞争的市场的出现，背离规制的目的。第三，引入必要的成本和效益分析对把握规制的权力边界提供一个可行的思路，在不违背法律原则和精神的前提下，更好提升行政规制效率，实现行政规制目标。最后，在国家金融安全方面必须要做适当的平衡。

笔者认为，随着时代的发展，层出不穷的新的社会问题必然会呼唤新的行政规制方式。任何新的具有活力的行政规制行为的出现，都具备一定的合理性。对此，我们应该慎重加以看待，是否可以在现在或者未来，将其纳入大的行政法体系之中。要秉持法治的理念，始终努力寻求稳定性与灵活性之间的平衡，更好地处理好传统与创新之间的关系。

第四章集中研究金融信息披露行政规制的权利救济问题。法谚有云："无救济则无权利"。大凡权利，总是面临受到侵害的危险。因此，无论权利的主体是何者，只有在其受到侵害能够得到救济的时候，才可谓实实在在地拥有该项权利。法治行政原则的重要意义则在于，当权利为公权力侵害时，能够通过行之有效机制的运作得到救济。行政诉讼则是保障公共利益和个人利益之间平衡，对个体行政法权利进行司法救济，从而彰显法治实质内涵的重要制度。笔者从行政规制的合法性和裁量性（合理性）出发，指出行政规制领域中的权利救济极其必要，并分析了我国金融信息披露规制领域的权利救济功能不足的现象，试图提出完善的建议。

第五章集中研究全球化背景下金融信息披露行政规制的国际约束以及合作。当今社会，金融全球化的发展态势充分显现了各国金融市场在规制体系上互相影响和互相渗透的趋势。基于国家利益和国家主权原则，以及金融市场本身对于一个国家的经济命脉影响巨大等因素，该领域还未形成可以归属于传统国际公法领域的普遍适用的规则体系，但是国际合作的趋势进一步加强，且形成了多种旨在协调该领域国际协调、防范系统性风险的国际制度。尽管没有一个高于国家之上的机构可以保障该类国际机制的切实有效执行，但是由于同处于一个国际社会，从长远利益出发，无论是主动或是被动，各国基本会选择顺应时代发展，更多遵从该类国际机制，从而使得在事实层面，逐渐建立起多元互补、合作共赢的金融信息披露行政规制国际机制框架，并且对加强各国监管机构之间的协调，保护跨国交易中金融消费者的权益，防范系统性风险发挥了重要作用。笔者重点选取了一些具有代表性的金融信息披露规制领域的国际机制，例如巴塞尔银行委员会、国际证监会组织、20 国集团及其金融稳定委员会等等，尤其分析了一体化程度远远超越其他地区和欧盟，在该领域的跨国合作方式，以及它对于全球其他国家或者地区可借鉴意义方面的思考。该章中，笔者着重分析了此类国际机制的有效性，并指出，尽管更多体现为一种“软法”特征，基于其事实上发挥的作用以及整个大的行政法体系的发展等因素衡量，不应盲目否认其有效性，并期待其在全球金融市场的稳定和发展上能够承担更为重要的角色。

第六章集中研究信息化背景下金融信息披露行政规制的挑战。当前社会已经进入资讯社会，信息技术的快速发展极大地改变了人们的生活方式。对于金融市场来说，一方面信息化使得信息的生产和发布成本极大地降低，从而削弱权力对信息的控制，让个人获得了更多信息方面的自由；另一方面，互联网的普及也使得信息泛滥成灾，虚假信息发布的成本降低，传播的速度加快，严重影响了市场秩序，损害金融消费者权益，并给该领域的行政规制带来了极大的挑战。在此，笔者从美国《公平披露条例》中基本否定网络主页披露单独作为充分有效的信息披露方式出发，对信息时代中这种新型的披露方式的地位进行了深入探讨。分析其背后的诸如现实利益、公平性等因素的考量，并对如何看待时代变迁中行政规制方式的发展提出了自己的观点。在本章的第二部分，笔者分析了最近的热点案件——“光大乌龙指”事件的行政诉讼案。该案对于我们思考在信息化背景下中金融市场快速发展过程中，行政规制如何跟上时代的发展很有启发。在资讯极其发达、信息来源多渠道的复杂金融产品市场中，小概率事件发生后，若规制层面应对不足，就极易引发市场投资者的重大损失，大大侵蚀金融消费者的信心，从而导致整个市场的震荡。中国宜以该案为契机，回应复杂且变化迅速的信息时代金融市场的挑战，促进金融规制行政法治的发展，完善行政法规规章，加强金融机构的风险内控，理顺金融行政执法体制，培育顺应市场规制要求的金融规制从业人员队伍，并结合我国证券法的修改，着力构建符合我国国情的金融信息披露规制。

第七章集中探讨我国金融信息披露行政规制的发展路径。主要分为两个部分：第一个部分是针对行政规制中国家角色定位的再探讨；第二个部分深入分析了我国当前金融信息披露行政规制的现状以及建议完善的路径。

之所以要对行政规制中的国家角色定位进行探讨，是因为由于一直以来强调国家干预和市场失灵之间的关系，使得人们对于这二者几乎形成了一种必然因果论的思维理念。再加上近些年法经济学的兴起，对行政规制方式逐渐强调成本效益的衡量。这本身对于进一步提升行政规制效率，减少规制资源浪费是一种改善。但笔者在此指出，在引入法经济学思考方式的同时，必须坚守法学本身不同于经济学的价值理念。一方面，对于在行政规制中，国家角色是否仅仅在于矫正市场失灵，服务于市场进一步发挥效率，提出了不同看法。指出市场并非完全自然形成，而是一种建构的产物。对于市场中发生的各类事件如何评价，本身就带有一种价值的衡量。而此类衡量，更多基于国家任务和目的的考虑，通过法律规范的方式，来指引人们的行为，引导市场发展的方向。另一方面，法学不同于经济学，需要更多衡量公民价值、公平正义等因素。成本和效益的考量固然需要，但不能将其置于压倒一切的位置。

此外，笔者对我国金融市场上混业经营、分业监管的模式进行了深入探讨，指出由于我国金融市场发展的历史等原因，目前对信息披露的行政规制已经不能很好应对整个金融市场快速发展所伴随的各种复杂问题。笔者从一个合理的规制模式应该具备的合法性、可操作性、高效率和可问责性等因素出发，对我国金融信息披露行政规制体系的完善从行政规制权力的配置结构、适当加重原则性规制的比重、加强规制过程中的多样性和包容性以及更多参与金融规制国际机制的设计等途径给予建议。与此同时，笔者强调任何国家的制度都必须基于本国国情体制、历史传统、地理文化等特征，不能盲目和简单移植国外制度。只有当一国的制度契合本国自身的特点，才能够具备生命力和活力。

综上所述，本书的核心内容体现在：以金融全球化和信息化以及本轮国际金融危机为背景，从行政规制角度，对金融信息披露领域进行体系性的研究。立足于行政法的学科特点，同时借鉴其他学科的研究方法，根据现有国内国外该领域相关学术成果，为完善我国金融信息披露的行政规制提出对策和建议，一定程度上体现了研究视角的开放性以及创新性。

四、主要创新与不足

（一）主要创新

第一，研究角度新，具有较强的现实意义。本书将从行政法的角度，针对金融信息披露的行政规制进行研究，试图进一步完善和发展相关领域行政规制的法学理论体系，同时希望能够为我国在当前的经济体制改革中实行切实有效的行政规制措施提供有益参考，为我国解决当前金融市场中诸多不规范现象加以助力，推进我国金融市场安全稳定有效运行，保护投资者的合法权益。由于金融市场的发展关乎国家整体经济安全，也是一国宪法所欲求实现的经济目标之一，是行政法致力于完成的具体任务，故该研究具有重要现实意义；同时，国内尚未发现立足于行政法，从行政规制的主体、对象、行政规制行为的合法性和有效性、行政规制的权利救济为视角对该领域进行系统分析的研究成果，也未发现全球化时代/信息化时代金融信息披露行政规制新课题的系统研究，故该研究角度具有相当的创新意义。

第二，研究方法新，注重跨学科研究方法的灵活应用。本书立足于行政规制视角对金融信息披露进行系统性研究，除了从公法行政法的自身学科特点以及研究方法出发，还注重其他学科的研究方法。例如法经济学的成本—效益分析方法，对该领域行政规制的边界提供一种可行的思考方向；又如在论及金融全球化背景之下的该领域行政规制的挑战和发展趋势时，注重结合国际关系学中的相关理论与方法，尤其西方国际关系理论中有关国际机制与国际合作的观点，对笔者思路的开拓大有裨益。此外，本书还结合纵向历史演变发展分析方法和横向比较本国与国外规范制度，对各主要国家（地区）的金融信息披露制度进行较为整体和系统的阐释和分析，以期对我国该领域规制体系的构建和完善提供有价值的参考信息。

第三，研究内容新，紧密结合全球化以及信息化的新时代背景。本书注重国际化与本土化相结合，对金融信息披露行政规制领域进行独立性的研究。第五章和第六章中，高度关注国际金融市场规制特点以及信息化给市场带来的新的困境，选取 G20 集团及其金融稳定委员会、巴塞尔银行监管委员会、国际证监会组织、国际保险监管者协会等重要国际金融领域的规制机构，通过对其运作机制以及制定的国际标准的阐释，分析该领域行政规制的发展趋势。此外，重点介绍了美国以及欧盟的重要改革演变历程，最后以我国该领域的规制和监管为核心，结合我国的具体国情以及金融市场的实际需要，试图能够形成符合我国体制国情以及金融市场特点的研究成果，体现了视角的开放性、创新性，同时具有现实性和谨慎性。

第四，结合案例，理论联系实际。选取我国金融业内幕信息交易界定上具有特别争议的“光大乌龙指”行政诉讼案例进行分析，结合我国相关规范以及国外有关内幕信息交易的界定，提出了我国金融信息披露行政规制监管机构职能的变革和法律制度完善的建议，从而有助于促进我国该领域行政规制的发展，着力构建符合我国国情的该领域的法律体系。

（二）不足之处

其一，无论是国内还是国外，单独针对金融信息披露的行政规制领域的法律规范少之又少，大多散见于金融市场规制性法律规范文件之中或者银行业、证券业、保险业及相关领域的规制性法律规范文件之中。故此，一是在寻找相关原始性资料的过程中困难重重；二是导致所做的研究，不得不部分建立在整个金融市场行政规制的基础之上，再对其中的信息披露部分加以分析。因此，有时不免感觉论证上的艰涩。寄希望于将来能就其中部分进行更有逻辑性、针对性的研究，对金融市场上信息披露的行政规制，从制度发展上形成更有价值的成果。

其二，本书体系较为宏大，时间又颇感紧张。在短时之内，对偌大一个领域进行系统性分析，从观点的形成，资料的查阅，及至落笔论证，总有存在若干环节不够丝丝相扣、逻辑严密。虽努力加以完善，但终因能力、视野、时间等多方面的局限，存有诸多疏漏之处。

唯希望能够抛砖引玉，引发各位学友对该领域的关注和思考，形成更多有意义的研究成果，以期能够就该领域的行政规制理论研究有所创新和完善。

第一章

金融信息披露行政规制的理论概述

第一节　金融信息披露行政规制基本概念阐释

一、规制的概念界定

“规制”一词如今经常出现在各类法学以及非法学的文献之中，尤其涉及到政府和市场关系时，我们常常听到“放松规制”或者“加强规制”这样的表达方式。当我们将视线落在金融信息披露的行政规制之上时，首先必须对“规制”的概念加以解析。

“规制”，本义为规则、制度。[①] 一般情况下，我们所说的“规制”更多指“政府规制”。而政府规制包括了各种各样的产业或者非产业的活动，同样也包括了各种各样的法律形式。最早有关政府规制的理论源自于美国政府在其镀金时代为了制止当时盛行的铁路营建事业的高度投机现象而对铁路公司进行的管制。政府所采取的手段是通过《1887 年州际贸易法》，禁止铁路公司的某些被认为是不正当的活动，例如规定歧视性价格、索取回扣等，同时建立州际商业委员会，以协助执行这些禁令。[②]

---

① 参见在线新华字典有关“规制”的解释：http：//xh. 5156edu. com/html5/238029. html 最后访问时间：2015－3－17。“规”，原来是画圆的仪器，后指规则、章程等；“制”，规定，限定，制约。

② ［美］伯纳德·施瓦茨著．美国法律史［M］．王军等译．北京：中国政法大学出版社，1997：157－159。

安东尼·奥格斯在《规制——法律形式与经济学》（1994）一书中指出，“规制”基本上是一个政治经济学的词汇，它包含了一个更高主体的控制这一理念，为了达到预想的结果，私人受制于一个更高的主体——国家——并被要求按照特定的方式行为，如果违反规则，则以惩罚为后盾。且国家及其代理机构运用的主要工具是公法，实施已不能通过私主体间的私合同来达到，并指出，由于实施的主体是国家，所以该法律体系是“集中化的”。①

在日本经济学家植草益的《微观规制经济学》（1992）一书中，认为政府规制是“在以市场机制为基础的经济体制条件下，以矫正、改善市场机制内在的问题为目的，政府干预和干涉经济主体活动的行为”。②

我国学者韩龙在其《防范金融风险和危机：金融法之重任》（2009）一文中，对规制作如下定义：规制是通过制定和实施规则而实现对经济生活的调整和管理，隐含着公权力对市场的介入和干预，是国家对经济进行管理的方式，在法律上构成国家管理经济的制度。规制可以看作是政府运用权力规定的法律限制，通过这种限制，国家期冀产生在没有规制的情况下不会产生的结果，或阻止在没有规制的情况下会发生的结果。韩龙认为，规制包含了“规”和“治”这两个方面。其中“规”是指制定规则，即指国家通过法律来对经济和社会生活进行干预，包括一级立法和二级立法。一级立法通常指一国立法机关的立法，二级立法指授权立法，是政府行政机关在一级立法授权许可范围内制定的法律。“治”是指通过实施和执行规则而实现对经济生活的治理。在规制中，规则制定后往往还需要行政机关通过执法来实施规则。③

我国学者江必新在其《论行政规制基本理论》（2012）一文中，强调广义上的政府规制包括了立法规制、司法规制和行政规制。而政府规制更强调通过立法进行规制，由议会法律、法令或立法标准直接进行调

① 参见［英］安东尼·奥格斯著．规制——法律形式与经济学理论［M］．骆梅英译．北京：中国人民出版社，2008：2－3。

② ［日］植草益著．微观规制经济学［M］．朱绍文等译．北京：中国发展出版社，1992：19。

③ 韩龙．防范金融风险和危机：金融法之重任［J］．金陵法律评论，2009年秋季卷。

控，其着重于实体规则，重视标准的设定和权利的分配。但是，立法机关因为其行为的宏观性并不直接监督和管理经济主体的活动，司法机关基于其行为的被动性也不主动干预经济主体的活动。①

从以上概念解析中我们得知，有关规制的理论，一开始基本都来自于政治学和经济学。而随着对规制的目的以及性质的探讨不断深入，人们逐渐开始更多思索如何更为合理地健全规制，其构成要件应该是什么，并试图真正能够将公共利益等对人们的公共生活和社会公共秩序攸关的问题予以体现，从而使政府规制更为正当化和合理化。由此，政府规制理论除了最早的运用政治学、经济学的方法之外，逐渐结合社会学以及法学等理论。可以肯定的是，人类社会，无论是在怎样的市场体系之中，如果没有国家颁布法律并以强制力作为后盾，国家不提供最低水平的安全和命令，任何一个社会都无法维持下去。所以如果将市场体系理解为纯粹的私法领域是错误的。

二、行政规制的概念界定

韩国1997年制定并于1998年修改的《行政规制基本法》的第1条第1款规定：“‘行政规制’是指国家或地方自治团体为实现特定的行政目的，限制国民权力或增加国民义务的法令或条例、规则所规定之事项。”②

我国学者杨建顺在其《论行政规制的法制完善》（2012）一文中，将行政规制定义为“政府对社会公共事务进行规范、管理与服务的一种手段”，并认为，在我国，行政规制一般是通过行政审批和行政许可作为其实现途径。③

我国学者江必新在其《论行政规制基本理论》（2012）一文中，将行政规制与政府规制和经济规制进行了区分。相比上文中所提及的政府规制，江必新认为，行政规制范围小于政府规制，因为它不包括司法机关和立法机关的规制，而注重行政主体的动态的规制过程，主要是对经

① 江必新．论行政规制基本理论［J］．法学，2012（12）。
② ［韩］规制改革委员会．规制改革白皮书［Z］，2000：43－46。
③ 杨建顺．论行政规制的法制完善［J］．理论与研究，2012（9）。

济主体活动的直接干预，也即从规制主体的范围上进行区分，将行政规制从广义的政府规制中区分出来。

该文中，江必新更进一步从规制的内容和领域上进行分类，指出经济规制强调的是对经济领域的规制。经济规制的主体即可能是公共权力机关的规制，也可能是私人组织的规制。由此，区分出行政规制与经济规制的不同。第一，行政规制既包括经济领域的规制，也包括了特定的非经济领域的调整，比如日本植草益为主的经济学家就指出，行政规制也包括社会性规制。社会性的规制是以确保国民生命安全、防止灾害、防止公害和保护环境为目的的规制。[①] 第二，行政规制是基于国家的统治权的行政作用，而经济规制的主体也包括了私人组织非基于国家统治权的规制。[②]

江必新认为，行政规制（包括经济领域和非经济领域）是指特定的行政主体通过对特定行业的市场主体以及其行为进行干预的方法，以避免其负外部性，从而解决在该领域的市场失灵问题。行政规制行为包括三大类：（1）制定行政法规、规章等规范的行为；（2）制定相关具体政策的行为；（3）具体的干预行为。

本书认同江必新在其《论行政规制基本理论》（2012）一文中对行政规制的概念界定，此外，结合韩龙在其《防范金融风险和危机：金融法之重任》（2009）一文中对规制与监管的辨析，在此强调行政规制不同于行政监管，行政监管指的是具体的干预行为，不包括抽象性的制定相关行政法规、规章等规范以及具体政策的行为。

三、金融信息披露的概念界定

对于证券法来说，其核心通常被认为有两个——披露和反欺诈。因此，披露一直以来是贯穿证券法的一根红线，可谓是证券法的灵魂。很多学者都是从证券市场的角度来研究信息披露制度。

我国学者庄玉友在其《日本金融商品交易法信息披露制度研究》

① 参见［日］植草益著．微观规制经济学［M］．朱绍文等译．北京：中国发展出版社，1992：22。

② 参见江必新．论行政规制基本理论［J］．法学，2012（12）。

(2010) 一书中，指出信息披露制度“要求证券发行人、证券交易所以及上市公司法定比例的股份持有人与收购人必须按照法律的规定，及时、真实、准确、完整地报告或公开其有关的信息资料，以使投资者能获得充分的信息，便于做出投资判断。”①

赵威在其《证券信息披露标准比较研究：以“重大性”为主要视角》(2013) 一书中，将信息披露制度定义为“证券市场上的相关主体为保障投资者利益而在证券的发行、上市和交易等一系列环节中，依照法律、证券主管机关或证券交易所的规定，以一定的方式将公司的经营、财务、投资结构、董事会构成等信息完全、真实、准确、及时地向证券监督管理部门，并向社会公众投资者公告，供市场理性判断证券投资价值以维护公司股东或债权人的合法权益的法律制度。”②

本书研究的对象为金融业信息披露的行政规制，而证券业的信息披露行政规制仅为其中一个部分。在银行业信息披露行政规制部分，巴塞尔银行监管委员会发布的《有效银行监管核心原则》在全球具有广泛适用性，成为指导各国提高银行监管有效性的可谓纲领性的文件。在本轮世界性金融危机之后，巴塞尔委员会再次对《核心原则》进行了修订，修订后的该原则更突出了银行业信息披露和透明度的要求。原则28条指出：监管机构确定，银行与银行集团在并表基础上，或适当时在单个法人基础上，定期发布容易获取的，公允反映其财务状况、业绩、风险暴露、风险管理策略与公司治理政策和程序的信息。③

我国学者邱艾松在其《商业银行信息披露的层次与边界》(2010) 一书中指出，我国中国人民银行有关负责人就施行《商业银行信息披露暂行办法》答记者问中将商业银行的信息披露定义为“商业银行依法将反映其经营状况的主要信息，如财务会计报告、各类风险管理状况、公司治理、年度重大信息等真实、准确、及时、完整地向投资者、存款

---

① 庄玉友著．日本金融商品交易法信息披露制度研究［M］．北京：人民出版社，2010：43。

② 赵威著．证券信息披露标准比较研究：以“重大性”为主要视角［M］．北京：中国政法大学出版社，2013：15。

③ 巴塞尔银行监管委员会．有效银行监管核心原则（2012）．中国银行业监督管理委员会译．北京：中国金融出版社，2012：70。

人及相关利益人予以公开的过程”①。

需要注意的是，信息披露有广义和狭义之分，狭义的信息披露一般仅指会计财务方面信息的披露，而广义的信息披露则包括有关公司经营相关的风险管理、公司治理等多方面信息。随着对市场相对人利益保护的更多关注，对信息披露的标准以及涉及面呈逐渐加强和加广的趋势。此外，信息披露可以区分为向不同对象为之的披露，比如仅针对市场公众的披露，又如包括对相关规制机构的披露等。

本书所指金融信息披露，采广义的界定，包括金融业各行业的信息披露，并有选择地以银行业、证券业、保险业为重点，加以分析。在此须加以说明。

四、金融信息披露行政规制概念界定

接上文所采江必新对“行政规制”概念的界定，金融信息披露的行政规制是指，金融规制领域行政主体所采取的，直接影响金融市场主体进行市场交易以及与此相关的做法和事务中重要信息的披露行为的方法和手段，从最大程度上避免因信息不对称所引起的市场失灵问题。它包括设立规则、制定政策、实施干预措施等一系列行政活动，既涵括了消极的限制性规制行为，又涵括了积极的引导性规制行为，作为一种综合性的行政活动，可以被归入广义的行政行为概念的体系之中。

第二节　金融信息披露行政规制的必要性

一、国家干预还是自由放任？

如果说整个经济学史几乎就是国家干预或是自由放任的争论史也许有些夸大，但从国家成立之初至今，对市场究竟应该更多干预还是任其自由发展，始终没有一致的答案。更多时候，我们看到在不同时期，伴

① 邱艾松著．商业银行信息披露的层次与边界［M］．北京：中国金融出版社，2010：20。

随国内国际形势的变化，政府在这两者之间徘徊。自人类社会迈入20世纪以来，运输和通信技术迅猛发展，从而使得物资与信息的流动可以跨越空间障碍，经济交往的规模和频率大幅度提高，由此促进了传统经济组织的革新，主要体现为以跨国公司为代表的经济力量对生产要素和世界市场进行了新的整合。在此进程中，许多问题的解决变得牵一发而动全身，甚至跨越国界，复杂程度是以往几个世纪中不曾预见到的。

面对市场经济出现的经济危机等各种问题，国家应该如何回应，我们可以从凯恩斯和哈耶克的旷日持久的论争中窥知这种决策的困难。凯恩斯并非不承认市场经济的作用，而是认为它并不完善，存有缺陷，因此需要政府进行适当的干预，这就是所谓的“市场和政府的结合”；哈耶克则认为市场经济是完善的，对市场的干预只会导致对它的扭曲，应该让市场按其机制自由运作，它会纠正自己的错误，确保所有人得到繁荣，因此并不需要政府进行干预。

从整个行政规制的历史来看，没有哪种理论占据永久的上风。纵观西方几个主要发达国家所采取的经济政策，强化规制和放松规制通常是相互交替的。在经济危机爆发之时，政府会强化规制，而后又逐渐放松规制。回顾整个20世纪，我们看到，国家宏观调控在应对1929—1933年资本主义世界经济危机的过程中获得了良好的效果，因此导致了凯恩斯主义的盛行。而在20世纪70年代之后，经济的滞胀困境又使得新自由主义逐渐成为西方经济学的主流。其理论的核心主要就是市场化、自由化、私有化以及全球化，认为市场机制可以发挥自动调节的功能，通过放松规制可以自发达到充分就业和经济的均衡发展。

如不是本次缘起于美国而后波及全世界的金融危机的爆发，人们还可以继续在新自由主义带来的一片欣欣向荣的景象中继续沉浸。而现在人们不得不深刻反思，一味地进行金融创新而忽视规制，放任自由，难道真能够自我修复和弥补所有的市场缺陷吗？几乎在一夜之间，经济深受重创的国家都决定加大对市场的规制力度，遏制之前几乎毫无节制的金融创新，强调不能因盲目追求效率而忽视市场的风险和整个国家宏观经济的稳定。比如，美国在金融危机之后，对该危机的爆发原因进行了深刻的探讨，试图总结出可供将来避免类似危机发生的途径，由此出台了一系列的规制改革方案。

至于究竟应该是采取国家干预还是放任自由的路线，恐怕将会永远周而复始地争论下去。凯恩斯当年在读完哈耶克《通往奴役之路》一书之后，曾经给哈耶克写了一封表示赞赏的信件，并在信件中提醒，不要低估中间路线的可能性。而至于这条中间路线究竟是怎样的，界限应该定在何处，恐怕也是难以决断的。但现如今，对于自由市场经济的周期性调整本身就是市场经济规律的重要组成部分这一点，应该是无法否认和回避的。在尊重和最大程度上保障一个自由竞争的市场的同时，我们也必须认识到市场自身有其无法解决的问题。由此，至少有一点可以肯定，针对市场出现的诸多问题，适当的国家干预是必要的。

二、市场失灵与国家干预的必要性[①]

支持国家对市场进行干预的通说是基于市场自身无法克服的缺陷，比如垄断、外部性以及严重的信息不对称等现象。这些缺陷或者失灵使得社会生产无法达至最效率，因此需要政府进行一定程度的干预，从而实现社会边际效应的最大化，最大程度发挥社会生产的效率。

（一）遏制市场垄断权力

我们知道，一个完全竞争的市场可以产生大量的信息，根据这些信息，可以形成有效的价格机制，通过价格机制，又将信息传递给市场上大量的生产者和消费者。亚当·斯密“看不见的手”在现代经济中仍然有着不容置疑的意义。然而，现实并不尽如人意。要保持一个竞争的经济其实并不容易，价格体系并不能解决所有的问题。随着市场的发展，垄断也逐渐产生，影响亚当·斯密“看不见的手”作用的发挥。

垄断是竞争的对立面，它强化的是短缺的逻辑而不是生产率，强化的是僵化而不是灵敏，强化的是对消费者剥削而不是消费者主权。[②]

缺少规范约束的垄断必然会导致社会整体福利的损失。因为垄断企

① 此处内容部分参考本人已发表文章：柯静．经济全球化背景下金融行政规制的新对策［J］．行政与法，2013（12）。

② ［美］默里·L．韦登鲍姆著．全球市场中的企业与政府（第六版）［M］．张兆安译．上海：上海人民出版社，2006：9。

业可以无所顾忌地抬升价格，限制生产，从而损害消费者的权益和其他生产同类或者相似产品的厂家利益，从而导致整个社会陷入困境。在这种情况下，市场显然是缺效率且不公平的，由此产生国家进行干预的必要性。

（二）纠正市场外部性

由于各市场主体在经济行为中都会追求自身利益的最大化，容易给其他无辜者带来不利，而该种不利却并非由行为人承担。一般情形下，市场价格机制并不能自发解决该问题，由此造成无辜者要替行为人承担后果的非公正现象。典型者即为工业发展随之带来的环境污染。而谈判并不能解决所有问题，某些情况下，高昂的交易成本也会使得谈判并不现实。行政规制则是对市场外部性进行纠正的有效措施之一。比如应对环境污染问题而出台的一系列环境方面的行政规制。

（三）减轻信息不对称现象

信息不对称是市场失灵的常见表现之一，它是指市场交易中的一方持有相关信息而另一方却并不知情，不知情的一方对于信息的验证成本往往代价过高，由此造成信息弱势群体在市场上得不到充分的信息来帮助他们做出准确的决策。

信息不对称现象广泛存在于各国经济之中。或由于各市场参与主体对于信息获取的能力不同；或由于缺乏足够的激励机制，一些企业为了在产品交换的过程中以及市场竞争中保持优势地位，刻意封锁信息，甚至去制造一些虚假信息来迷惑竞争对手和消费者。这种信息不对称很大程度上会对市场经济运作机制造成扭曲而使之无法发挥正常作用，导致市场失灵。信息披露制度则是可以有效减轻信息不对称现象的途径。该领域的行政规制措施往往可以在加强信息的透明度，降低交易成本，提高市场参与主体的参与度方面起到良好效果，从而可以更好地提升各方面对于市场交易的信任度，创建良好的市场运作氛围。

三、金融市场信息披露行政规制的必要性

金融业主要包括银行业、证券业、保险业等等，它们和市场中的其

他行业一样，也存在着上述市场垄断、外部性以及信息不对称等现象，由此产生了政府进行干预的必要性。与此同时，需要加以强调的是，金融业自身具有的某些特性，使得金融市场的危机更加难以避免，几乎具有某种程度的必然性。这种必然性一方面来自于全球经济一体化给金融市场更增加了不稳定性，另一方面人类追求高额利润的贪婪本性使得金融创新产品不断出现，最终会触及发展的底线。

（一）金融市场自身的脆弱性

1. 金融市场的健康运行对信用的高度依赖。金融业属于高负债率的行业，它依赖于强大的信用体系，可以打破生产扩张的限制。但信用本身并不能解决实体经济中的结构性难题，不能转变生产过剩需求不足的经济局面。信用的发展有其限度。

2. 金融产品的不断创新使得系统性风险倍增。随着金融市场的发展，金融产品不断推陈出新，证券化的趋势极其显著，它深刻改变了整个金融市场的格局。过去简单的吸收存款发放贷款的业务模式，逐渐转变为通过金融中介进行投资。而通过将抵押产品证券化，打包再出售，整个金融市场的链条无限延伸，交易频率大幅增加，从而使得系统性风险也越来越大。债券的相互持有，如果一旦出现问题，会引起市场极大的连锁反应，如同多米诺骨牌，一发而不可收。

3. 市场主体理性的假设并不十分牢靠。美国自由市场的理念一向鼓吹市场主体的理性以及市场本身的有效性，认为在市场中进行交易的个体，出于自身利益的最大化，自然会最为有效地发挥规制作用。但通过这次金融海啸，人们发现，源于人性的贪婪，市场主体的理性假设是靠不住的。而市场信息的不对称和滞后，使得交易主体更多地依赖各种计算程序模型以及几大垄断机构的评级。这些程式化的计算模型计算出来的趋于一致的结果，导致几乎所有人都投资在大致相同的金融产品上。在市场情况良好的时候，更大地激发了泡沫；而在市场情况恶化的时候，评级机构对某金融产品的滞后性降级，使得根据盯市原则会计准则计算出来的资产价值大幅度减记，造成市场恐慌效应，市场的顺周期性影响从而发挥到极致。最新的金融行为学开始研究微观市场的金融行为，说明了在金融市场上人类的动物效应。这种动物效应解释了人们在顺风时一窝蜂地进行投资，而在情况逆转时又集体性撤出的行为。这种行为主要基于一种恐慌性的非理性行为，导致市场环境更为恶化。[①] 由此可见，金融市场自身并不能够创造出一个能够自动运行良好的市场环境。如果一味指望市场自身调节，发生问题之后再去规制，金融安全将不复存在，而后果则会造成社会成本的巨大浪费，极为严重地侵害整体社会福利和公共利益。

（二）信息不对称现象的普遍性

如前所述，信息不对称问题在各国经济中广泛存在。而在金融市场上，信息不对称更是普遍现象。金融市场、金融体系中的信息不对称现象，是指包括金融规制机构、金融企业、中介机构、投资者、借款人和存款人及其他客户在内的参与主体在整个交易过程中存在信息掌握不对称、不一致的现象，从而使处于信息劣势的一方受损失，处于信息优势的一方则借此获益，甚至出现非交易参与主体通过向交易主体传递信息而获得收益的现象。[②] 这种信息不对称主要表现在以下方面。

1. 金融机构与金融消费者之间存在信息不对称

所谓金融机构，通常指提供金融商品和金融服务的机构，大致包括政策性银行、商业银行、金融资产管理公司、保险公司、信托投资公司、证券公司、财务公司、信用合作组织等各种金融企业。而所谓金融消费者，可以简单地界定为购买或者使用金融机构提供的金融商品或者金融服务的自然人、法人或者其他组织。[③]

金融机构与金融消费者之间存在的信息不对称表现是双向的。一方面，金融创新日新月异，金融产品层出不穷且相当复杂，消费者必须具有相当高的专业知识，才可能较为准确地理解所要购买的金融产品或者

① 参见周小川．国际金融危机：观察、分析与应对［M］．北京：中国金融出版社，2012：214－216. 有关“集体失误”的分析，内提及“羊群效应”以及“动物精神”。

② 陈锦．我国商业银行信息披露监管研究—基于银行监管部门视角的分析．西南财经大学博士学位论文［D］．载中国知网，2008。

③ 朱淑娣，万玲．全球化与金融消费者权益行政法保护［M］．北京：时事出版社，2013：45。

服务，对金融产品的收益尤其是风险程度并不清晰。即使现在消费者的教育较之从前更为普及，但对于如此专业的金融领域，还是远远不够。尤其在各国更多地采取混业经营的局面下，集团内部信息不透明，关联交易屡屡发生，极容易给投资者带来重大损失。另一方面，金融机构对于购买其商品或者使用其服务的金融消费者的信息，也并非都能尽数掌握，例如银行在决定是否放贷给企业贷款人或者个人贷款人时，对于对方的真实营业状况或者个人资信情况，通常也只能根据对方提供的资料进行判断，这时也存在资料的真实性和完整性以及情况发生变化之后的信息更新的及时性问题；又如之前所述及的保险公司对于被保险人的有关提供保险服务的相关领域的信息，也存在信息不对称的问题。

2. 金融机构与社会公众之间存在信息不对称

长期以来，基于金融机构和国家整体宏观经济命脉的紧密牵连，对于金融机构的信息披露工作也往往相当谨慎，常常将很多涉及企业的重大财务和经营状况的信息都视为机密，担心一旦披露过多，会影响公众对整个金融体系的信心，造成整个宏观经济面的不稳。我国在相关方面的信息披露制度起步较晚，进展缓慢，也很大程度上是基于此种考虑。社会普通民众对于金融机构的经营状况往往并不了解，给投资等决策方面都带来了很大程度的不便。很多时候，往往是基于对国家整体信誉的信心来进行判断，带有很大的盲目性。

3. 金融机构与金融规制机构之间存在信息不对称

金融机构与金融规制机构之间存在信息不对称的原因主要有两方面。一方面，作为被规制对象的金融机构基于自身运行机制以及经营层面的考虑、传统文化的束缚、信息披露的成本和效益等的考量，要主动向规制机构进行信息披露，确实需要在认识上加以转变且需要来自法规范层面上的约束。另一方面，金融规制机构也囿于其信息系统和操作流程的局限，有时也无法全面收集金融机构有关经营策略、经营现状、制度建设、业务发展、风险控制乃至企业文化建设等各方面的信息，并且由于金融业本身就是一个信息高度不对称的行业，专业性以及复杂性都远远高于其他行业，金融创新的节奏也大大快于其他传统行业，规制机构自身有时也很难及时把握和筛选需要的信息。

信息不对称现象的存在，从信息经济学的角度出发，通常会引发两种典型后果：逆向选择和道德风险。

（1）逆向选择。所谓逆向选择，是指由于交易双方信息不对称和市场价格下降产生的劣质品驱逐优质品，进而出现市场交易产品平均质量下降的现象。在金融市场上，逆向选择是指市场上那些最有可能造成不利（逆向）结果（即造成违约风险）的融资者，往往就是那些寻求资金最积极而且最有可能得到资金的人。①

举例来说，在银行借贷市场上，往往资金实力雄厚、信誉良好、行事风格谨慎的企业由于不愿意支付利息从而选择不向银行贷款。但是这些企业恰恰是还款能力较好从而是银行更愿意借款的对象；相反，向银行贷款的通常是缺乏资金并且更愿意从事冒险投机的企业，而这些企业的还款能力与前述企业相比，较为逊色。同样道理，在保险市场上，身体更为健康的人通常不愿意支付较高的保险费用来购买健康保险；相反，身体常抱恙的人则更愿意去保险公司购买健康保险。由此产生的结果则是银行坏账呆账的风险加大，保险业支付保险金的风险也加大，从而都不得不进一步提高贷款利率或是保费来抵御概率增大的风险。

（2）道德风险。对道德风险的最早阐释可以追溯到亚当·斯密的《国富论》。只是当时，斯密并没有使用该词汇，而是用这样一段话来表述："无论如何，由于这些公司的董事们是他人钱财而非自己钱财的管理者，因此很难设想他们会像私人合伙者照看自己钱财一样警觉，所以，在这类公司事务的管理中，疏忽和浪费总是或多或少存在的。"②

《新帕尔格雷夫经济学大辞典》对道德风险的解释是："从事经济活动的人在最大限度地增进自身效用时做出不利于他人的行动。"③

北京大学中国经济研究中心的卢锋在其《经济学原理》一书中提到："道德风险也是和信息不对称相联系的问题，如果存在完全信息，保险公司可以免费获得承包人行为的所有信息，并准确判断由于承包人

① MBA智库百科．逆向选择．http：//wiki.mbalib.com/wiki/%E9%80%86%E5%90%91%E9%80%89%E6%8B%A9.

② ［英］亚当·斯密著．国富论［M］．郭大力等译．上海：上海三联书店，2009：700。

③ 参见《新帕尔格雷夫经济学大辞典》"道德风险"辞条．Y科托威茨．张晓慧译．http：//doc.mbalib.com/view/1f25e783270f6665c62f57f6a363bf00.html。

行为不当造成的事故，便可能即时调整不同行为承包人需要支付的保险费水平……正是由于存在信息不对称，保险公司难以准确地监督承包人行为变化，才会广泛发生道德风险问题。”①

金融市场上道德风险现象屡见不鲜，这和金融商品所具有的特点密不可分。金融商品或者服务不同于其他行业的商品，很多金融合同的履约情况都取决于购买金融商品或者服务之后，例如投资者投资基金取得的回报，取决于进行投资后，基金经理的表现。合同条款对该表现无法约束得过于严苛，毕竟金融市场的表现情况无人可以事先掌握，履约状况基本依赖于金融服务提供者的诚信。因此，银行业、证券业等企业常常会发生管理层不顾投资者利益，将投资者的资金用于风险很高的冒险性投资事业或者进行过度的在职消费。在此过程中，这些金融服务或者金融产品的提供者常常进行选择性披露或者从事提供虚假财务报告等违规行为，损害投资者的利益。这和消费者购买其他有形产品有本质的区别。在保险业，上述卢锋教授书中提及的保险市场上被保险人缴纳保费之后便对风险发生的可能性常常视而不见的也是常见之事。当风险被转嫁到他人身上之后，被保险人行为的审慎程度会明显下降，由此引发道德风险问题。

（三）金融信息的公共物品属性

金融信息是一种典型的公共物品，具有消费的非排他性和非竞争性特点。增加信息分享者的数量，并不会带来成本的显著增加，而排除对其他个人和机构对于信息的分享却可能要支付昂贵的代价。因此，公共产品领域便不可避免地具有外部性以及信息不对称的现象。在金融市场上，金融机构财务报告、经营状况等信息的披露，必然会产生相应的“搭便车”现象。金融机构不能要求这些搭便车者为信息的提供支付成本。当信息披露之后，也无法阻止这些搭便车者利用这些信息谋取利益。因此便产生提供信息的动力不足问题，在没有强制性的约束之下，很难说服金融机构自愿地进行信息披露，使得市场失灵不可避免，资源的配置会缺乏效率，侵害社会整体福利。由此，信息披露行政规制显得

① 卢锋．经济学原理（中国版）［M］．北京：北京大学出版社，2002。

极有必要，以对该市场失灵现象予以纠正。

（四）全球化与信息化的时代特征

除上述金融市场的诸多特性构成信息披露行政规制的成因之外，全球化与信息化的时代特征更给本已相当复杂的金融信息披露带来了更多挑战。

1. 全球化

当今世界的全球化，最为重要的特征就是资本的全球化。一个国家要发展强大，必然要融入全球化，在国际市场中进行竞争。全球经济的一体化使得各国之间经济形势休戚相关，牵一发而动全身。而金融市场不同于传统的商品市场，后者进行交换的是有形的商品，而前者是看不见摸不着的，往往依据合约来界定。合约的有效性有赖于其背后的制度支撑，需要有清晰的产权界定、公平竞争的交易平台以及解决纠纷的机制。在经济金融化和全球金融一体化的条件下，金融远不是具体当事人之间金融交易的问题，也不再仅仅是一个产业性、行业性、专业性的局部问题，甚至不再是一国问题，而成为影响全球各国经济与社会发展稳定的、具有极端战略重要性、全局性、全球性的问题。一国政府在金融领域进行行政规制时，必须权衡考虑多种因素，信息披露行政规制领域也不例外。①

首先，经济全球化带来的机遇与风险并存。在全球经济进一步迈向区域化、共同体化、全球化的过程中，国际金融市场机构准入的自由化，市场利率的自由化以及资本流动的自由化使得资本在全球的调拨更为便利，与此同时也加大了金融业的系统性风险。

第二，各国对金融市场的规制都会首先出于本国利益的考虑，坚持一定的国家控制原则。金融是一国经济特别敏感和复杂的领域。一方面，在资本流动逐渐自由化的今天，国际资本的流入流出带来了高度风险，没有适度的国家控制，很容易再次引发类似当年东亚的金融危机。另一方面，在金融产品不断创新的今天，相互持有债券的行为

---

① 韩龙．防范金融风险和危机：金融法之重任［J］．金陵法律评论，2009秋季卷。

以及之前允许裸卖空等投机行为，大大加强了系统性风险。因此，基于本国利益的角度，在金融市场开放的同时，各国都对金融领域进行适当的控制，主要以行政规制的手段，逐步形成一整套规范合理的专项法规，形成完善的管理体系。而这样的管理体系和其他有形商品行业的管理体系相比，更带有本国控制的特点，强烈地带有本国国情的特色和坚持本国利益至上的特点，很难形成各国都普遍接受的国际通行标准。

第三，不同的信息披露行政规制体系必然会导致“监管套利”的出现。经济全球化时代，投资地之间以及法律制度之间的竞争越来越激烈。若要更好地吸引投资，在制定发展战略时，就必须考虑如何在社会、生态、技术、信息等各个方面营造良好的投资和贸易的环境。对于金融市场而言，投资者进行投资时，投资地的法律制度监管要求必然是考虑的重中之重。过于严苛的规制要求，会大大增加投资者的成本，削弱可能实现的利润。投资者通常都会选择对其较为有利较为宽松的规制环境。因此，从这个层面来说，一国在构建信息披露的规制体系时，必须要衡量吸引外资和保护投资者权益等不同层面的平衡。

第四，不断加深的经济全球化亟需各国监管机构在信息披露规制领域的密切合作。当今世界，资本在世界范围内自由流动。一国金融机构在他国开设分支机构或者子公司，为他国金融消费者提供金融商品和金融服务的现象越来越普遍，由此产生了如何协调母国和东道国法律制度的问题。各国从保护本国利益和本国金融消费者的立场出发，都会更希望适用本国的法律制度。然而，在一个国际化的金融市场中，各国的经济主权都需要一定的让渡，才可能从长远的角度实现各方利益的最大化。因此，我们看到除了国际组织在不断努力进行相关方面的协调，制定适用某些领域的监管标准之外（该监管标准的执行有赖于各主权国家的承认和执行），各国也都在自己的法律法规中，对涉外的信息披露规制也有所规定，并且就与他国的监管合作也有相应的规定，致力于构建一个更为健康和透明的全球金融市场，并尽可能更大程度上保护本国金融消费者权益和本国的经济利益。这些情况表明，以往所倚重的民商法对于以上问题是无能为力的，需要国家适当、有效地介入，进行规制和监管。

第五，后金融危机时代国际经济救援措施致使泡沫性风险加剧。面对不容乐观的全球经济形势，各国似乎在某种程度上取得了一个共识，即放弃多年来对于价格稳定的坚持，而将首要任务让位于经济的复苏。日本央行首先强势出招，用极为宽松的货币政策，企图刺激国内多年来的紧缩局面，扩大国内需求，同时寄希望于日元的贬值可以带动其本国的出口；[①] 欧洲央行于2013年5月2日宣布降息，更于2014年6月5日将银行在央行的存款利率调降至负数；[②] 与此同时，美联储宣布，将维持目前的超低利率以及量化宽松政策。美国、日本、欧元区三大经济体均先后启动量化宽松政策，全球流动性进一步宽松，澳元降息，韩元也闪电降息，越南、斯里兰卡也加入降息浪潮，全球似已进入又一轮货币战争之中。在全球量化宽松政策之下，泡沫性风险加大。虽说目前各主要国家通胀指数并不高，但仍隐藏着又一轮泡沫风险的加剧。政府对此必须时刻警惕，谨防新一轮危机的到来。

2. 信息化

从法学角度研究信息问题，有其必要性。法理学家指出：信息是法律关系的重要客体，它是指一切有价值意义的情报或资讯，[③] 如科技信息、金融信息等。

20世纪后期，世界逐渐步入信息化时代。互联网的出现是人类历史上的一次重要革命。网络技术的发展日新月异，随着上网条件的逐渐普及，网络逐渐成为金融消费者获取信息的重要方式。一方面，我们看到，互联网电子通讯的方式给金融市场带来了巨大的便利，使得各类信息的传递更加便捷、及时和廉价，对于增强整个金融市场的透明度和效率大有裨益。另一方面，这也给信息披露的规制方式带来了诸多挑战。第一，通过网络散发虚假信息也同时变得更加容易，传播速度更快且成

① 参见"日本央行承诺向经济挹注约1.4万亿美元". 路透中文网 2013-4-5. http://cn.reuters.com/article/CNAnalysesNews/idCNCNE93402320130405。

② 参见"焦点：负利率导致欧元失宠 全球央行开始降低外储欧元占比". 路透中文网 2014-10-9. http://cn.reuters.com/article/CNAnalysesNews/idCNKCS0HY05U20141009。

③ 参见张文显著. 法学基本范畴研究［M］. 北京：中国政法大学出版社，1993：174-179。

本低廉，波及范围广；第二，网络披露信息方式的公平性问题也有待商榷，考虑到上网不便的地区和人群，对这一披露方式的可行范围就需要重新加以考虑；第三，网络信息的安全性问题，例如黑客攻击、病毒入侵等问题使得网络信息披露的安全性难以得到保证，也给信息披露的规制带来了更多挑战；第四，信息化时代中信息披露便捷的同时，也同时产生了信息泛滥的现象，从而使得投资者面对过量未经筛选的信息更加摸不着头脑，从而更难以做出理性的投资决定，也给规制者的规制无形中增加了更多的成本；第五，信息化时代中信息披露的规范性要求亟需完善。诸如此类的问题存在，更使得对该领域的公权力干预显得极有必要，且要跟上时代发展的步伐，不断提高和完善规制的水平，从而更好地规范整个金融市场的信息披露。

（五）透明的金融市场是保护投资者利益维护公共利益的基本要件

自市场诞生以来，公正始终是其所欲追求的目标之一。而只有当所有的市场参与者都拥有均等、公平的机会去获取与交易相关的信息，市场才可能是公平、公正的。否则，一方可以利用他方不知情的信息进行交易，从而在竞争中占据优势地位。然而，完全通畅的信息始终是一种理想目标。金融消费者和金融机构在信息获取地位上并不平等，金融机构天然地垄断着多种金融商品和服务的信息，并且通过选择性披露甚至刻意隐瞒、散播虚假信息来维持自身的竞争利益，严重地损害金融消费者权益。因此，仅仅依赖自愿性的信息披露无法解决所有的信息不对称问题，金融消费者的权益更需要公权力进行某种倾斜性的保护，才能够达至实质意义上的公正，也即引入信息披露的行政规制，进行强制性披露，约束金融机构及时、完整、真实地披露有关信息，减少内幕交易、操纵市场和虚假陈述等行为，塑造一个更为透明的金融市场，才能更好地保护投资者利益，维护公共利益。

（六）透明的金融市场对维护宏观经济稳定的重要意义

频繁爆发的金融危机告诉我们，即使实体经济大体健康，市场中个体健康，宏观上仍然可能出现大规模、深层次的危机。而金融业不同于一般行业，其背后需要以完备的信用制度和公众对于市场的信心为支撑。缺乏这种信心，单个金融机构的信用危机会快速蔓延至整个行业，造成大规模的挤兑危机从而引发系统性风险。而一个公开、公正、透明的操作环境，是公众信心建立的基础。金融业恰恰是一个信息高度不对称的行业，尤其在各国更多地采取混业经营的局面下，集团内部信息不透明，关联交易屡屡发生，极容易给投资者带来重大损失，而信息的不对称性会极大地妨碍流动性和加剧流动性风险。对此，必须要进一步完善信息披露制度，加强规制的力度，以进一步改善公司内部治理行为，提升各项金融交易透明度，建立公众对金融市场的信心。从长期来看，稳定的规制反过来又能促进增长、效率和创新，最终有助于维护国家宏观经济的稳定和健康发展。

（七）透明的金融市场是划清政府权力边界的有效途径

若直接言及金融信息披露行政规制恰恰是放松行政规制、回归有限政府法治政府的有效途径，似乎有些逻辑上的悖论。但若将这句话放在我国目前正努力推行的股票发行注册制度改革的背景之下，则再正确不过。股票发行从核准制走向注册制，一方面是在股票发行领域中政府行政审批权限的下放，进一步加大市场开放度的体现。另一方面则是需要在该项制度高度依赖的信息披露规制领域，增加新的规制维度。这正体现了我国逐步厘清政府与市场之间关系的努力，市场能够做好的事情就交给市场，而政府则在需要管好的事项上提高规制能力，实现以市场为基础、法治为保障的社会主义资本市场的管理体制与管理模式，在确保市场安全的同时，最大程度上发挥市场的发现功能。该项制度的改革是典型的以信息披露为中心，下放政府行政审批权，从而进一步划清行政权运行边界，回归有限政府、法治政府的努力。

由此可见，金融信息披露的行政规制恰恰是某个领域中政府放松管制，替代政府强制性手段的一种方式。其目的并非是要取代市场机制，排斥竞争和效率，相反，该领域有效的行政规制可以最大程度上减少市场主体的信息成本，保障交易公平。而没有监管和规制的金融市场，必然会产生市场失灵现象，演变成一个无序混乱的市场，从而妨害社会整体福利的最大化，导致极端无效率结果的发生。

第三节 金融信息披露行政规制的可能性

调整金融关系的法律规范最早主要是调整当事人融资交易关系，在金融市场还比较弱小、简单和零散之时，主要依靠民商法，基本能够满足调整的需要。然而当金融市场逐渐变得庞大、复杂、专业化之后，单一部门法的调整就显得捉襟见肘。如今各国经济都出现金融化现象，也即在全部经济活动中，适用金融工具的比重变得越来越大。经济和金融已经密不可分，金融逐渐成为现代经济的核心。在这种状况之下，金融早已不再局限于具体当事人之间金融交易，也不再仅仅是一个产业性、专业性的局部问题。资本的全球自由流动使得金融跨越地理意义上的国界，而成为对于全球各国经济与社会发展极具战略重要性、全局性、全球性的问题。金融市场问题的解决有时超出一国能力的范围，必须在国际间进行有效的协调与合作，需要国家进行适当的干预和介入，进行规制和监管。

而金融业信息不对称问题的普遍存在以及金融信息公共物品的属性更凸显了信息披露行政规制的必要。当这种市场失灵现象极大损害了投资者的合法权益，侵害了社会公共利益，甚至引发整个国家宏观经济面的系统性风险之时，世界各国的目光都从之前一味地追求效率与创新，不遗余力地推进市场自由化而聚焦到如何更有效地对金融市场进行有效规范，减少金融市场的不透明性，维系社会公众对于市场公平公正和稳定的信心，从而促进经济稳定健康发展。

前已述及，法治国的法律的任务，应该是立基于宪法的框架之内持续性地发展。不论社会面临怎样的变化，知识和技术上有怎样的突破，法律的制定应该是要努力减少不确定性并且能够容纳社会新的发展。当私法层面的救济已经无法满足日新月异的金融市场的发展需求，需要通过公法体系来进行干预之时，我们需要考量，作为具体运作层面的宪法——行政法，是否具备解决以上困境的能力。对此，笔者认为，首先法律本身就不应该看作是一个既存的体系结构而对其进行已知的推论和演绎，而应要随着时代的变化努力去寻找解决问题的办法；其次，行政法保护公共利益的原则和其自身结构特点及金融信息披露行政规制路径的多样化，能够较好地弥补私法层面的调整困境。

一、行政法基本原则与金融信息披露行政规制目的的契合

在公民法治国家，随着共同体给个人提供的给付越来越多，国家所须参与和进行规制的领域也逐渐增多。如今，行政的范围已经不再局限于对公民个人生活领域进行最小程度的干预，而在于如何给予公民的生活最好的福利。因此，行政的范围越来越为广泛，而公民个人和行政之间的关系也越来越为密切。

与存在了两千多年系统发展的民法不同，行政法作为公法，通常涉及到为数众多的利益主体，其首要规范的对象为公共利益，这是行政法和作为私法的民法最大的不同。诺伯特·波比奥在其《民主与独裁：国家权力的性质和限度》一书中提及："无论公法和私法这一经典区分的起源是什么，始于何时，适用于这一区分的群体的情况大同小异：该群体区分了什么属于群体，什么属于成员个人；区分了社会整体和附属的次群体（如家庭）；区分了高级中心权力和仅仅享有（如果有的话）相对自治的低级边缘权力。实际上，最早对'公'和'私'进行区分时就肯定了前者相对于后者的优越性。"[①] 而西塞罗对"公"所下的著名定义中就指出，"公"为"人民之事"，而此处"人民"不仅意味着个人的累加，更是通过公共利益和法律聚合在一起的社会。因此，公法的存在及其目的就始终和公共利益紧密相连。

公共行政的范围尽管广泛，但是其行使方式并不自由，并非出于行政工作人员的任意，而是要受到整个公共行政的职能目标的约束。在现今民主法治和社会福利国家，公共行政的基本目的之一是维护和促进公共利益。人民之所以会赋予国家公共利益代表的身份，就是为了要实现公共利益。由此，维护和促进公共利益是所有行政活动的理由，也成为所有行政活动的边界。

公共利益对于行政法来说，是其核心概念，也是支撑整个行政法的

① ［意］诺比特·波比奥著．民主与独裁：国家权力的性质和限度［M］．长春：吉林人民出版社，2011：18。

基本原则之一，是其适用、解释和对具体情形进行权衡的普遍准则。因此其界定也是行政法的重点关注点。施密特·阿斯曼认为，“行政法应当恢复对利益的关注”①，行政法制度的构建中不能不考虑利益的概念②。就一般来说，利益表现为某个特定的（精神或者物质）客体对主体具有意义，并且主体自己或者其他评价者直接认为、合理地假定或者承认对有关主体的存在有价值（有用，必要，值得追求）。③ 而就公共利益的概念，由于其蕴含利益的多样化、涉及的层次多元化、具体情形的复杂化、内部可能存在的冲突以及随时代发展而不断变化的内涵和外延，很难对其有明确的界定。如王明扬教授所言：“公共利益有时候容易确定，有时候比较困难。”④ 但诸多学者试图对公共利益所做的界定仍然对行政法上公共利益的确定以及公共行政活动的目的、范围及其边界有举足轻重的价值。早在 1984 年，德国学者 C. E. Leuthold 在其《公共利益与行政法的公共诉讼》一文中，将公共利益界定为“任何人，而不必是全体人们的利益”，并提出了“地域基础”理论，将一定的地域空间作为界定“人群”的标准，将公共利益界定为“相对空间内关系人数的大多数人”的利益。⑤ 德国的另一位学者诺伊曼在《公私法中关于税捐制度、公益征收之公益的区别》一文中，将“公益”分为两种：一种为主观的公益，即基于“文化关系”而形成的利益；另一种是客观的公益，是基于国家目的和任务而形成的公益，在判断什么是国家目的和任务的时候，必须考虑当时社会的文化关系。⑥

更多的思想家试图从整体上宏观地认识公共利益。18 世纪的社会功利主义学派代表边沁认为，公共利益并不是独立于个人利益的特殊利

① ［德］施密特·阿斯曼著. 一般行政法的改革［M］. 霍夫曼. 李穆主编，1933：37。

② ［德］施密特·阿斯曼著. 行政法［M］，第 137 页以下。

③ ［德］汉斯·J. 沃尔夫等著. 行政法［M］. 高家伟译. 北京：商务印书馆，2002：324.

④ 王名扬著. 美国行政法（下）［M］. 北京：中国法制出版社，1995：598。

⑤ 参见陈新民《公共利益的概念》. 载其所著《宪法基本权利之基本理论（上）》［M］. 台湾：三民书局出版社，1992：137。

⑥ 参见陈新民《公共利益的概念》. 载其所著《宪法基本权利之基本理论（上）》［M］. 台湾：三民书局出版社，1992：138－139。

益，而是“组成共同体的若干成员的利益的综合”，国家的目的就是最大程度地促进公共利益，实现社会“最大多数人的最大幸福”。[①] 德国学者阿尔弗雷德·弗德罗斯则认为，公共利益既不是单个人利益的总和，也不是人类的整体利益，而是一个社会通过个人的合作而生产出来的事物价值的总和。[②] 美国学者 E. 博登海默对公共利益的理解是，公共利益“意味着在分配和行使个人权利时绝不可以超越的外部界限，否则全体国民就会蒙受严重的损失”[③]，强调了全体国民利益的至上性构成了公共行政在分配个人权利以及公民行使个人权利时候的界限。英国的自由主义学者哈耶克认为，公共利益只能定义为“一种抽象的秩序，作为一个整体，它不指向任何特定的具体目标，而是仅仅提供最佳渠道，无论哪个成员都可以将自己的知识用于自己的目的”。[④]

尽管对于公共利益没有一致的定义，但就普遍的“一般的”客观的共同利益，主要指正确认识的共同体利益，比如和平的社会秩序，人类尊严、自由和财产的追求，经济、社会、文化、教育、环境等条件的促进等，通常是可以作为立法以及执法的一般性抽象原则。[⑤]

如前所述，自市场存在以来，维护市场自由公平的竞争秩序一直是市场本身所追求的目标。然而由于人类逐利的本能以及市场自身天然的缺陷，不可避免地存在市场失灵的现象，由此产生了国家进行干预的必要。而需要公众信心支撑的金融市场，由于信息不对称现象，使得投资者利益遭受严重侵害的事件屡屡发生。个中原因，除金融市场本身的复杂程度和日新月异的创新程度以及金融信息的公共物品属性使得金融机构披露的动力不足之外，普通金融消费者和金融机构之间的地位的不对

---

① ［英］边沁著．道德与立法原理导论［M］．时殷弘译．北京：商务印书馆，2000：58。

② 转引自［美］E. 博登海默著．法理学：法律哲学与法律方法［M］．邓正来译．北京：中国政法大学出版社，1998：298/316。

③ ［美］E. 博登海默著．法理学：法律哲学与法律方法［M］．邓正来译．北京：中国政法大学出版社，1998：298/317。

④ ［英］哈耶克著．经济、科学与政治——哈耶克思想精粹［M］．冯克利译．南京：江苏人民出版社，2000：393。

⑤ 此处有关公共利益界定的探讨，参见本人硕士毕业论文：柯静．行政程序中的公共利益与个人利益的平衡．复旦大学，(2007)．载中国知网。

等以及普通投资者承受风险的能力远低于金融机构也是重要因素。因此，金融信息披露的行政规制对于促进市场透明度，从而维护金融市场的健康发展，有着不言而喻的重要意义。

而维护金融市场的稳健发展，不仅是维护金融消费者的利益，更是维护和促进公共利益。这是因为：第一，前已述及，当今世界经济金融化现象普遍发生。各国经济中适用金融工具的行业的比重较以前大大提高，金融对整个国家经济而言，有举足轻重的作用。第二，金融业系统性风险的可能性。即使单个机构的实力不足，发生危机，都有可能引发整个行业的震荡，甚至会导致波及世界范围内的金融危机，将国家宏观经济拖入严重困境。高失业率、物价膨胀等困境的发生必然最终影响到全体公民的社会福利和生活水平。在本次金融危机之后，美国国内的论调从放任自由主义回归至国家干预主义，也是因为意识到私人利益与公共利益并不能等同，个人追求自身利益的理性主义并不必然带来公共利益的实现，甚至在很多时候会引发无法调和的矛盾。而在此时，只有国家才可以作为公共利益的代表。

由此可见，行政法作为国家进入公民法治社会以来逐渐发展的公法体系中的重要部门法，维护公共利益的基本原则，与金融信息披露的行政规制的目的高度契合。因此，行政法在调整金融市场关系上具有得天独厚的优势，可以更好地促进金融市场的信息披露。这点我们可以从《美国 1934 年证券交易法》第 2 条有关监管必要性的规定中得到明确的佐证："……在证券交易所和场外交易市场进行的证券交易通常涉及国家公共利益，因此必须对这种交易以及与此相关的做法和事务（包括公司高管人员、董事和主要证券持有人进行的交易）进行监管与控制；须要求提供合适的报告……确保维护该等交易中的市场公平与诚实。"①

二、行政法自身特点与金融信息披露行政规制行为的契合

（一）行政主体的公权力

行政法和民法一样，也要调整为数众多的法律关系。但与平等主体

---

① 美国 1934 年证券交易法（中英文对照本）．张路译．北京：法律出版社，2006：3。

之间的民事法律关系不同，公共行政是需要在特定条件下或者为了实现特定的目的，对公共事务进行处理，做出相应决定。最重要的是，行政主体在处理高权事务之时，在法定权限范围内享有公权力，较之行政相对人，具有优越地位，甚至具有某种强制权力。这是公共行政的特性。正如诚实信用原则是民法的主导型原则，行政法的主导原则是对具体社会生活事务的公共利益和个人利益能够进行公正权衡，并在此基础上更好地维护公共利益，而采取的主要方式之一就是高权行政。①

我们知道，民法在调整民事关系时，各方主体之间处于平等地位。民事权利义务的实现基本依赖于意思自治而非依赖于公权力。然而，金融产品和服务很大程度上都依赖于当事人且相对更依赖于处于优势地位的金融机构的诚信履约。然而经济一体化和经济金融化的时代背景下，对于存在严重信息不对称的金融市场而言，金融并非仅仅是具体当事人之间的金融交易问题，也不再仅仅是一个产业性、专业性的局部问题。资本的全球自由流动使得金融跨越地理意义上的国界，而成为对于全球各国经济与社会发展的极具战略重要性、全局性、全球性的问题。金融市场问题的解决有时超出一国能力的范围，必须在国际间进行有效的协调与合作。这些都远远超出私法调整的能力范围。

行政主体于行政相对方，行政权相对于公民权，具有单方性、强制性以及优越性，可以有效地平衡市场各方主体的利益，化解多方冲突，最为重要的是，拥有国家的强制力作为后盾来保证实施。具体而言，金融信息披露的行政规制可以通过对金融机构以及金融监管机构的职责和职能设定，实现对金融市场的有效监管；通过对行政程序的规定，对行政规制行为的行使进行有效规范；通过行政复议、行政诉讼等制度，对金融市场主体提供权益救济途径，在制度威慑的同时，也防止行政权力的滥用。

（二）行政的独立性和专业性

现代社会，若将行政严格限制在单纯去执行法律和适用法律并不符

① 参见［德］汉斯·沃尔夫、奥托·巴霍夫著．行政法（第一卷）［M］．北京：商务印书馆，2002：中文版序言第1页。

合社会情形，也不符合行政的本质目标。社会生活的复杂性和变化性，使得立法机关无法对其加以完全限定。因此，授权性的行政行为普遍存在，以便于合理便捷地对现实情况作出迅速处理，为增进社会共同福利提供便捷有效的服务。由此可见，行政某种程度上的独立性——也即在某些核心领域内的自负其责，使得其可以较好地适应不断发展变化的社会现实。这一点，对于金融产品日新月异、金融创新层出不穷的金融市场而言，具有极其重要的现实意义。此外，由于生产的高度社会化，现代社会出现了极其复杂的工业体系和国民体系。现代化的生产方式、交换方式以及消费方式，使得各个国家的经济结构都发生了天翻地覆的变化。与此同时，社会生活方式也随之改变，之前时代中所未发生的各种社会问题也随之出现。例如城市化进程中所出现的诸多问题，住房改革、能源供应、环境保护、劳动技能以及教育水平的提升等等，使得行政专业化和知识化逐渐成为一种必须。作为管理公共事务、维护公民福祉的政府，必须要顺应时代的变化，跟上发展的节奏，不断提高自己的专业管理水平。随着国家职能的扩大，各国都出现了行政权力不断增强的趋势，组织系统也逐渐严密。行政相较于立法和司法而言，对于社会公共事务更为专业化的职能部门的设立，使得其在履行管理社会公共事务、为公民提供服务以及满足公民的生活需求等方面，都发挥着难以替代的重要作用。

为维护瞬息万变的金融市场良好有序发展，各国都成立了相应的专门规制机构，拥有一批具有专业知识背景的工作人员，来负责处理金融市场上纷繁复杂的各类关系和事件。这些专门的规制机构都有明确的职能和职责设定，且具有一定的独立性，能够较好地实现公共行政的目标，构建安全、透明、高效、稳定的金融市场。

三、金融信息披露行政规制路径的多样化与目的的可实现性

行政规制的路径主要包括3类：（1）制定行政法规、规章等规范；（2）制定相关具体政策；（3）具体的行政执法，也即具体干预市场的行为。从传统的行政法学观点来看，既包括了行政立法行为和行政规范行为的抽象行为，也包括行政执法的具体行为。行政立法行为是指法定行政机关依照立法程序制定行政管理规范的行为，比如国务院制定的行

政法规行为，国务院各部委制定行政规章的行为以及较大市的地方人民政府制定行政管理规范的行为。而行政规范行为则是指各级行政机关依法制定行政法规、规章之外的规范性文件的行为。[①] 行政执法行为是指行政主体依法实施的直接影响对方权利义务的行为，或者对个人、组织的权利义务的形式和履行情况进行监督检查的行为。[②]

比如我国证监会的职能中规定有“制定有关证券期货市场监管的规章、规则和办法”，“研究和拟定证券期货市场的方针政策、发展规划”，“制定有关机构高级管理人员任职资格的管理办法并组织实施”，“依法对证券期货违法违规行为进行调查、处罚”；银监会的职责主要包括“依照法律、行政法规制定并发布对银行业金融机构及其业务活动监督管理的规章、制度”，“对银行业金融机构的业务活动及其风险状况进行现场检查，制定现场检查程序，规范现场检查行为”等，就是涵盖了上述 3 大类行政规制的路径。由此，我们看到金融行政规制的路径并不局限于抽象行为，也包括具体行为。

与此同时，在高度分工和复杂的现代社会中，传统的监督、控制和制约的行政规制方式已经不能很好解决一些新出现的社会问题。由此，行政规制的路径逐渐开始拓宽。尤为值得一提的是，在规制中不仅有限制性的制约机制，也引入了相应的激励机制。例如，行政指导和行政合同得到了广泛运用，并且还出现了诸如政府贷款、行政性补贴等激励性的积极引导行为，而这些对于改变和影响被规制的市场主体行为，有良好的效果。

在金融信息披露行政规制领域，除了传统制约性的规制措施，也同样开始采用积极性的引导措施，并且在设计相应的管制措施的时候，引入相应的激励和协商的机制。规制机构在面对被规制对象时，也更注意运用协商和对话的方式，加强交流。这些对于提高信息披露的规制效率，更好实现规制目标，具有不容忽视的促进作用。

---

① 应松年主编．行政法学新论［M］．北京：中国法制出版社，1998：200；叶必丰，周佑勇著．行政规范研究［M］．北京：法律出版社，2002：30 - 33。

② 朱淑娣，万玲著．全球化与金融消费者权益行政法保护［M］．北京：时事出版社，2013：78。

第二章

金融信息披露行政规制主体和对象

第一节　金融信息披露行政规制主体

一、行政主体理论概述

（一）行政主体的概念

随着民主国家的建立以及个人和团体独立地位的逐渐确立，主体的概念逐渐诞生。行政主体的概念最早产生于西方。德国的行政法教科书普遍使用“行政主体”这一词汇。但该词汇有两种含义：其一，行政主体是指国家、直辖市、县市、乡镇市等。这层含义主要是从行政机关的设置权力这一角度来界定行政主体。其二，行政主体是指在行政程序或者一般行政生活中行使行政权者。① 法国行政法学将行政主体界定为：“享有实施行政职务的权力，并负担由于实施行政职务而产生的权利、义务的责任主体。”② 我国台湾行政法学认为：“行政主体是指在行政法上享有权利、承担义务，具有一定职权，并可设置机关以便行使，

① 参见［台湾］翁岳生著．行政法（上册）［M］．北京：中国法制出版社，2009：355。另，沃尔夫所著《行政法》第一卷第48页中述及：“最终的（法律要素意义上的）公共行政主体是公共行政所在的共同体主体。从国家的角度来看，公共行政的主体是国家；从民主的角度来看，公共行政的主体是国民和以民主方式组成乡镇的地方居民。就此而言，行政主体只是执行权的组成部分。”

② 王名扬著．法国行政法［M］．北京：中国政法大学出版社，1989：38。

藉此实现行政任务的组织体。”①

行政主体具有法律上的权利能力，但是并没有行为能力。在法律上具有行为能力的只能是自然人。这点和民事主体不同，需要加以区分。行政主体本质特征还在于其具有独立人格，通过其设立的组织，可以独立地行使行政职权并且承担相应的法律后果。

我国引入行政主体概念较晚，罗豪才教授将行政主体定义为“享有国家行政权，能以自己的名义行使行政权，并能独立地承担因此产生的法律责任的组织”；应松年教授将行政主体定义为“依法享有国家行政职权，代表国家独立进行管理并独自参加行政诉讼的组织”。在这些学者的定义中，突出了行政主体能以自己的名义行使行政职权且能独立地承担相应的法律责任，享有国家行政权的特征。需要注意的是，在我国的行政法理论上，“行政主体”、“行政机关”常常混用，需要对此进行辨识。行政主体和行政机关为不同概念。行政机关为行政主体的下位概念，为行政主体所设置的、在功能上属于行政、区别于立法和司法机关的机关。行政主体的类型中包括行政机关，但不限于行政机关。在台湾学者翁岳生的《行政法》一书中，指出“行政机关则系各级政府所设置之组织体，得对外行文，并得提起争讼与应讼”。在该定义中，突出了两点：一是为各级政府所设置；二是具有法律上的权利能力，具有独立人格。至于行政主体的范围之所以大于行政机关，在下文有关行政主体类型的概述中，可以有更为清晰地了解。故此处不宜赘述。

（二）行政主体理论发展的历史沿革

现代行政以及行政法是一个历史发展的过程，基本而言，是一个连续的过程。伴随着社会的变迁，行政的目的和任务也随之发生变化，而这种变化也相应反映在行政法理论和体系之中。行政主体理论也不外如是。

在古代社会，很少有通过政治力量来进行公共事务的管理任务，主要是国家在面临内乱或者外敌入侵时，需要强大的军队来进行抵御，当

① ［台湾］吴庚著．行政法之理论与实用［M］．自版，1996 年增订版：第 154 页。

时主要是氏族自治以及贵族进行统治，还没有形成现代意义上“行政”的概念。随着人口增长，经济发展，需要处理的公共事务也日益增多，在早期发达的日耳曼帝国，出现了专门组成的组织来行使一定公共事务的管理，主要是以联邦和领主统治的形式。到古罗马帝国时期，由统治阶级、司法、财政、警察以及省总督来执行帝国的公共行政任务。但在当时，行政并没有从整体国家职能中区分出来，都是混合在维持统治所需要的各种国家任务之中。

当历史发展到中世纪时，城市行政开始出现，意味着政治生活和公民个人的生活之间逐渐有所区分。国家除国防的任务之外，在城市中生活的居民开始需要国家提供财政、秩序、建设、学校、养老等各方面的支持。某种程度上也就是有了最早的福利行政的缩影。而行使这些行政任务的主体也不仅仅是早先的国家官僚行政组织，部分是由城市生活中逐渐发展起来的行会等组织来进行的。从这个角度来看，现代行政的因素应该可以说产生于西方自治的城市行政之中。

14—17 世纪，大陆等级制国家逐步产生。这个时期公共行政逐步成为一种国家设施，按照计划和既定的目标行动，逐渐和地方分离，并且产生了以“国家”名义任命的公务员队伍和行政机关，推行非个人化的行政管理，由公务员独立地以君主的名义来行使高权。① 但由于此时并没有超越国家权力至上的统一的被认可的法律约束，因此还没有产生现代意义上的行政法。

行政法主要沿着西方逐渐进入警察国家再演变到自由法治国家再至社会福利国家的轨迹发生和发展。行政法上的“警察国家”主要是指 18 世纪中期到 19 世纪中期。之所以称之为“警察国”，是因为该时期的集权行政范围非常广泛，可以针对一切社会秩序和安全方面的事务。而“警察”一词，并非是当今社会人们理解中的一种职业，而是泛指所有的行政机关。奥托·梅耶在其《行政法》一书中指出：“警察国家的法，是一个概括的名词，使得所有的管理都成为可能。”在 19 世纪拿破仑一世时期，通过建立划分专业的部作为最高中央行政机关，实行独

① 参见［德］汉斯·沃尔夫、奥托·巴霍夫著．行政法（第一卷）［M］．北京：商务印书馆，2002：67。

任制的部、中级和基层行政机关的划分，一个统一的、层级分明的行政组织由此逐步形成。[①] 也是在警察国时期，现代意义上的职业化的公务员队伍开始形成，执行行政任务，行使国家权力。随着经济和社会的进一步发展，自由主义思潮以及民族国家开始逐渐兴起，国家理念也随之变迁。国家进入了一个快速建设的时期，所从事的各项任务更加专业化、复杂化。高度的工业化带来的是政治和社会结构的更进一步变迁，市民阶级在社会中的地位越发牢固，而各项职业的劳动保障等也逐渐更为完善。国家需要比以往任何一个时期更加意识到并且保障公民的人身、自由、财产以及劳动等各方面的权利。伴随着君主立宪与权力分立理论的发展，行政权开始受到立法权的制约，法治概念逐渐深入人心。但此时，国家行政的最主要的任务，受到自由主义思潮的影响，还不在于更广泛地提供社会福利，更是维持社会的安全和秩序，加快经济发展，因此还是有别于二战之后社会福利国家。当自由发展国家进入社会福利国家之后，行政法经历了一个稳定和深入发展的时期。行政的触角几乎无所不在，不再限于消极地保障公民不受到国家过度干预而造成的侵害，而要求国家为公民积极地提供全方位的社会保障与社会福利。国家目的和国家任务的变化带来的是行政法各领域的理论也随之变迁，相关行政立法工作也进入了一个繁荣时期，从制度上来说变得更为完备。与此同时，行政组织也快速膨胀。行政主体理论也突破了传统框架，政府不再是行使公共权力的唯一主体，公共行政的发展、国家权力结构的调整引发了行政主体的多元化。Hulmut Klages 明确指出：“今日的行政正由马克思·韦伯的组织决定世界，亦即由高度形式化与高度中央集权化的、层级结构的‘官僚组织’世界，移民至广泛非形式的、分权的、通过水平网络及合作关系决定的‘花体’组织世界。”[②] 也即整个行政组织开始呈现出多元化的趋势。多元化的行政主体是对错综复杂的现代社会关系的一种回应。

---

① 参见［德］汉斯·沃尔夫，奥托·巴霍夫著．行政法（第一卷）［M］．北京：商务印书馆，2002：70。

② Klages，in：Hill/Klages，Reform der Landeseverwaltung，S. 7（12），转引自［德］施密特·阿斯曼．秩序理念下的行政法体系建构［M］．林明锵等译．北京：北京大学出版社，2012：229。

（三）行政主体的主要类型

各国有关行政主体的概念大体上差不多，但基于制度传统、国情、文化等原因，行政主体的类型并不一致。在法国，基于中央和地方的分权原则以及公务分权原则，行政主体主要为以下三类：（1）国家；（2）地方团体；（3）公务法人。三类行政主体依法行使权利并且承担相应的义务，互不干涉，相对独立，独自承担法律责任。以上这三类行政主体都是属于公法人，依据公法而成立。其中国家是最为主要的行政主体，地方团体包括市镇、省和大区，是基于地域而进行划分的独立行政主体，享有相应的地方公共事务管理的自治权力。[①] 公务法人则较为特殊，是基于不同的公务分权进行划分的公法人。其区别于私法人之处主要在于其提供的是公共服务。除此之外，公务法人提供的服务具有专业性，而非泛泛的普通服务。在法国，公务法人分为四类：（1）行政公务法人，这类公务法人为实现公共管理的任务，有一定的自治空间和独立的地位，但是其在组织和业务活动上受到创设其的行政主体的约束和监督程度比较高；（2）地域公务法人，通常是跨越某一区域的两个或者两个以上的地方团体专门设立，通过区域间的合作，实施某种行政任务；（3）科学和文化职业公务法人，是指管理高等教育公务的机关，专业化程度较高；（4）工商业公务法人，即管理特定的工商业活动。随着公共行政的发展，在法国出现了相当多的私法主体参与公务活动的现象。这些私法主体是否应该被纳入行政主体范畴，尚存在争论。但就其为实施公务的特殊组织这一点，是无法否认的。

同属于大陆法系的德国受其民法法人理论的影响，强调行政主体必须具备行政法上的权利能力，主要分为：第一，国家。这里要注意的是，德国是一个联邦制国家，由 16 个联邦州组成。而这些联邦州不同于我们所理解的“省”，而是具有国家权力的政治组织体，因此具有国家的性质。因此，此处作为行政主体的国家，即包含了联邦和州。执行国家任务的典型形式是设置科层制的行政机关。第二，公法人。其又可

---

① 王名扬著．法国行政法［M］．北京：中国政法大学出版社，1989：39－40。

以进一步划分为公法社团、公营造物、公法财团。公法社团，是指由国家高权设立、以社员为基础的公法组织，其存在的目的在于履行一定的行政任务。公营造物，是指结合人与物，提供一定的专业给付的非社团组织体。其并非传统科层体制之下的行政单位，其目的在于完成特殊专业化的行政任务。虽然其在组织方式上、工作性质上、组织文化上都与传统的行政机关有所不同，是服务性的机构，提供的服务范围很广，例如科研、教育、民生等等，都可以涵盖其中。其本质就是为特定目的而存在的行政机构。公法财团，是指国家或者其他的公法社团，为履行一定的公共任务，依据公法而捐助一定的财产成立的组织体。最为普遍的可见各种具有公法性质的基金会。

在我国台湾，行政主体主要分为以下几类：（1）行政机关，包括“中央各部会”、县市政府、乡镇市公所等，也即包括了国家、地方自治团体以及其他具有权利能力，从事公共事务管理，具有独立法定地位的组织。（2）独立机关，是出于正当的管理公共事务事由，且以法律为依据而设立，独立行使职权的机关。（3）“公营造物”。公营造物这一概念，最初来源于德国。（4）“受委托行使公权力”与“行政助手”。但需要注意的是，其必须是以自己的名义而为行为，具有独立决定的权限，才能被归入行政主体。若仅仅是辅助行政人，单纯是一个协助的角色，而没有独立决定的权限，则非为“行政主体”。（5）公法上社团、财团等。[①] 台湾的行政主体制度基本来源于德国和日本，因此与德国和日本的行政主体类型呈一脉相承的特征。

英美法系国家较为特殊，由于是不成文法传统，而且没有严格的公私法的区分，一直以来没有形成严谨的行政主体的概念。但这并不意味着英美法系国家没有行政主体。长久以来，行政分权以及地方自治传统在英美法系根深蒂固，事实上形成了其特殊的行政主体法律制度。在英国，行政主体可以分为国家（中央政府）、地方政府和公法人。英国的公法人制度较为特殊，是指国家和地方各级政府之外，具有独立法律人

① 参见［台湾］翁岳生著．行政法（上册）［M］．北京：中国法制出版社，2009：308－316。

格、从事某种特定的公共事务，并享有相应权利义务的行政机构。[①] 美国和英国又有所不同，其为联邦制国家。联邦和州政府是同等的行政主体。因此需要从联邦和州两个层面对其行政主体进行划分。在联邦层面，主要包括总统、总统的执行机构、内阁、部、独立的控制机构、政府公司。在州层面，州政府行使很大的行政权力，并且为了联邦和州之间的平衡，保证整个联邦国家的稳定和统一，州政府的行政权需要和联邦政府的行政权进行紧密地合作，很多时候，需要共同执行一定的行政任务。美国的行政主体制度中，最为特殊的是独立的控制机构和政府公司。[②] 独立的控制机构，是存在于联邦政府的部之外，或者即使在部之内，但是具有相当的独立地位，行动上具有很高程度的独立自主的权力，很少受到部长的控制。这是由于其所需要执行的行政任务通常需要具备独立的权力，从而保证不受政治的影响和束缚，更为公平地执行各项政策。很多学者都支持这种独立机构的组织形态，认为独立性使得该主管机关在形成决定的时候不会受到上级部门相关指示的约束，而且独立机关可以持续地、较为固定地同被规制者进行接触，对被规制者的专业领域更为熟知，可以更全面获取规制所需要的信息，有助于形成更为合理的决策。而这样一个规范领域的存在也扩展了一般行政法学的指导理念，尤其是独立行政空间存在的容许性。政府公司是经由法律设立，其董事需要经过总统提名且经过参议院通过之后方可认命。其从事的业务范围带有显著的公务特征，为了执行具有一定公共目的的事务，例如电力，运输、收购剩余的农产品等等。这些业务都必须是法律所允许的，不同于普通的企业。

我国行政法理论公认的行政主体类型主要为两类：一是行政机关；二是法律、法规授权组织。通说认为，以上主要包括：（1）国务院；（2）国务院各组成部门；（3）国务院各直属机构；（4）经法律法规授权的国务院办事机构；（5）国务院部门管理的国家局；（6）地方各级人民政府；（7）地方各级人民政府的职能部门；（8）经法律、法规授

① 王名扬著．英国行政法［M］．北京：中国政法大学出版社，1987：86。

② 参考王名扬著．美国行政法［M］．北京：中国政法大学出版社，2005：117 - 189。

权的派出机关和派出机构；（9）经法律、法规授权的行政机关内部机构；（10）法律、法规授权的其他组织。对于掌握我国的行政主体理论，关键在于是否行使“公共权力”。目前为止，我国行政法理论的通说，并没有体现出“公共权力”向“公共服务”的发展轨迹，从这个层面上说，依旧是传统的行政法学时代，虽然在一些学者的论文中越来越多地论及积极行政、给付行政等公共服务的观念，但是这些尚还处于学理阶段，并没有真正贯穿到整个行政法的规范体系之中。

二、行政规制主体主要类型：理论概述

行政规制作为综合性的行政活动，从属于广义的行政行为体系，是基于国家的统治权的行政作用。对行政规制主体的研究，也在整个行政法学体系的范围之内。从整个世界范围来看，行政规制主体主要可以分为以下几类：（1）传统的行政部门；（2）隶属于传统行政部门的规制机构；（3）独立于传统行政机关的规制机构；（4）被授权的非政府组织。以上主体并不包含私主体。[①]

各国行政规制主体由于其规制权力的结构、运行等都有所不同，主体也有所不同。美国的行政规制主体，主要是由独立的规制机构行使。这就和行政主体的范围有所区别。独立的规制机构一般都是依据某一规制法的特别决定，独立性和权威性都很强，其核心领导都是一般来自于相应被规制领域的专家，任命一般需要经过总统提名、参议院通过，且一经任命，非因法定事由不得罢免。我国的行政规制主体制度，体现了多年来我国行政集权的特征，行政的任务和目的主要为管制和管理，因此行政规制主体基本为政府部门或者隶属于政府部门的相关规制机构，很少具有独立性。近年来，随着公共行政的兴起，行政法理念也有了一定程度的变迁，体现在行政的任务和目的上除了管制之外，还应有为公民提供积极服务。这种行政任务的发展，也逐渐体现在规制主体上也有了相应的改革，根据被规制对象的特征，成立了一些具有相应专业性的也具备一定程度独立性的规制机构，比如国家烟草专卖局、国家质量监督检验检疫总局等等。由于我国多年来中央集权的特色，这些规制部门

① 江必新．论行政规制基本理论［J］．法学，2012（12）。

的独立性并不强，仍旧从属于中央政府或者中央政府部门。因此，各国的行政规制主体和各国国家权力的运行方式、运行结构有着密切的关系。在进行行政法学体系的研究时，切记应该从本国实际出发，在和国外进行比较时，要分析不同理念、制度背后深层次的原因，不能简单认为国外的制度一定更为先进，从而盲目得出应该移植其他国家制度的结论。但随着公共行政任务的不断扩展，我国行政规制的主体在符合我国行政规制权力运行的特征以及现实国情的基础之上，根据被规制对象的特点，可以涵盖传统的政府部门以及某种程度上更为独立的其他规制机构。在某些情形下，根据需要，也可以包括被授权的非政府组织。

三、金融信息披露行政规制主体类型：欧美国家（地区）

（一）美国金融信息披露行政规制主体类型

美国金融信息披露的行政主体类型在本次金融危机之前和危机之后有所不同。在危机发生之前，该领域的规制体系为双轨分业多头制。之所以称之为“双轨”，是因为美国的联邦和州都有权对金融机构的信息披露义务进行相应的规制，但需要注意的是，联邦和州规制权力的划分在不同的金融领域有所不同。具体来看，美国对保险业的信息披露监管，主要在州层面上进行，并没有一个联邦层面的保险监管机构。证券业则有所不同，虽然美国各州都设有证券监管机构，可以对本州的证券发行以及其他证券交易活动中的信息披露实施监管。但美国联邦层面的证券交易委员会（SEC）承担了绝大部分证券机构的信息披露监管权能，从事证券业务的证券公司、投资银行基本上只受联邦层面的证券交易委员会的监管。而银行业的情况则最为复杂。银行的基本功能是对分散存款人的流动性债务转化为对借款人的非流动债权，对外部资金以及公众的信任度的依赖性极高。且银行经营面临的汇率、利率、信用等风险会伴随其业务的全球化很容易在全球多个地域广为扩散，因此对银行业的规制一直都是各国金融规制中的核心。[①] 美国的国家银行通常要受到联邦货币监理署、联邦储备委员会和联邦存款保险公司的监管，而州

① 参考杨松等著．银行法律制度改革与完善研究［M］．北京：北京大学出版社，2011：2。

立银行除了受到州的银行监管部门监管之外，也仍然受联邦储备委员会和联邦存款保险公司的监管。所谓多头，是指无论是在联邦层面还是在州层面的金融市场的信息披露行政规制，都由多个部门承担。各个监管部门承担的监管权能在重点上有所区分，但并非是泾渭分明，常常有所交叉。此外，美国实行银行业、证券业、保险业分业监管模式。各监管机构执行机构监管与功能监管相混合的监管方略。

金融危机发生之后，美国开始反思原先金融监管体制的漏洞，探求改革路径和新的制度的构建，并于 2010 年 7 月 21 日通过由奥巴马总统签署《多德—弗兰克法》。该法旨在对美国的金融监管体制进行全面改革。从该法案的整体体系来看，主要从金融监管机构的架构调整、加强金融监管、规范金融机构破产、金融消费者保护四个方面进行了改革。改革之后的美国金融监管机构和之前相比，主要区别在于：

1. 新设金融稳定监管委员会，负责监控、评估与处置危及金融系统稳定的风险，就金融领域方面的重大事件和进展等信息方面的获取、发布和分享做出了相关规定；

2. 在财政部下面新设联邦保险办公室，负责对整个保险业领域的监管，监测保险业风险以及协调有关的监管政策；

3. 扩大联邦储备系统理事会权力，赋予了中央银行全面的监管职能，而不仅仅限于原先的银行领域，还扩大至证券、保险等领域，由此大大增强了中央银行在整个美国金融监管体系中的核心地位；

4. 设立金融消费者保护局（Bureau of Consumer Financial Protection），并基于消费者相对于金融机构的弱势地位以及金融市场不透明的现状给消费者带来的巨大损害，赋予该保护局对于金融机构发布金融产品的信息披露标准以及金融领域的交易行为规范方面广泛的监管职权；

5. 撤销储蓄机构管理署，将其原先的监管职能，按照国家银行、州立成员银行、州立非成员银行 3 类，分别转移到货币监理署、联邦存款保险公司和联邦储备体系委员会；①

① 参考杨松等著. 银行法律制度改革与完善研究［M］. 北京：北京大学出版社，2011：54－66。

6. 授权美国证监会和商品及期货交易委员会对场外衍生品市场进行监管，其中对于改善衍生品市场透明度规定了更高的行为准则。[①]

改革之后的美国金融监管体制，其立法基础仍然源于美国现有的分权制衡理念，整个监管方案的设计依旧遵循分业监管的思路，但由于美国金融业混业经营的实际状况以及原有金融分业监管体制的应对不足，新设了金融稳定监督委员会，希望能够改善原本各自为政的各金融领域监管机构在信息共享和沟通等方面匮乏的问题，并且强化了美国联邦储备委员会在整个金融监管体系中的领导地位，其扩大的监管范围也是对于监管集中趋势的回应。而新设的金融消费者保护局则给予金融消费者倾斜性的保护，在信息获取等各方面加大了保护力度，以促进一个更为透明公平公正的市场环境的形成和发展，保护金融消费者的合法权益，并最终服务于整个金融体系稳定的目标。

除了以上述及的监管机构之外，美国证券市场上的自律型组织也承担了很大部分的监管职责，也是证券市场领域信息披露的主要行政规制主体。纽约证券交易所以及2007年以前的全美证券交易商协会都是强大的监管机构。2007年以后，全美证券交易商协会的监管职能与纽约证券交易所进行了合并，形成了美国最大的非政府证券业自律监管机构——美国金融业监管局，该监管局的监管对象包括美国5100多家经纪公司、17.3万家分公司和66.5万名注册证券代表，[②] 这在一定程度上也是为了简化美国证券业复杂的监管格局，[③] 更大程度上促进监管效率。

（二）英国金融信息披露行政规制主体类型

在1997年英国金融监管体系改革之前，其监管架构极其复杂。1997年，英国政府将原先的9个金融监管机构进行合并，成立了一个

① 参考刘士余主编．美国金融监管改革概论——《多德—弗兰克华尔街改革与消费者保护法案》导读［M］．北京：中国金融出版社，2011：1-2。

② 参考刘士余主编．美国金融监管改革概论——《多德—弗兰克华尔街改革与消费者保护法案》导读［M］．北京：中国金融出版社，2011：297。

③ ［英］霍华德·戴维斯、大卫·格林著．全球金融监管［M］．中国银行业监督管理委员会国际部译．北京：中国金融出版社，2009：86。

综合性的监管机构——金融服务局（Financial Service Authority，FSA），其角色为微观金融稳定的监管机构。而英国央行——英格兰银行则主要负责宏观的金融体系的稳定，首要职责为制定和实施货币政策。除此之外，英国的财政部负责金融监管的制度设计，提出相应的立法建议，并且就金融体系中出现的严重问题及其相应的管理措施，向议会进行汇报。由此，英国建立了一个三方协调的组织体系，来负责对于金融领域的监管职责。在本次金融危机之中，英国政府意识到系统性风险是金融业乃至整个国家经济中最具有破坏性的根本根源，而其现有的金融业监管体系仍然存有相当漏洞，并认为漏洞主要在于宏观和微观监管之间的联系上认识还不充分，监管机构之间的责任、权能方面还不够清晰，且缺乏有效的针对系统性风险的预警机制。2009 年金融体系的改革主要是肯定了中央银行在整个金融监管体系中的核心地位，并且加强了微观和宏观审慎监管之间的联系，将金融监管的职责更为全面地授予了英格兰银行。

在 2001 年之前，英国金融领域的行业自律机制非常强大，在其 1986 年的《金融服务法》中，确立了行业自律组织的法律地位，但是在 2001 年的《金融服务与市场法》中，则开始实行单层次的法定监管，并撤消了之前的行业自律组织。但是这些市场参与者可以通过加入金融服务局的决策委员会的正式席位，转入法定的监管模式之中。此外，在英国，政府和金融服务局管辖和任命之外的证券学会以及银行守则实施委员会，其制定的规则事实上被很大程度上认可并且遵循。但是英国的法定监管机构金融服务局拒绝赋予此类行业自律组织所制定的准则的法定地位。①

（三）欧盟金融信息披露行政规制主体类型

本次金融危机爆发之前，欧盟金融信息披露的行政规制主体主要包括四个层级，其依据是 2000 年启动的莱姆法路西框架。第一层级是由欧洲议会、欧盟理事会和欧盟委员会组成，这是欧盟的立法层级，制定

① 参考［英］霍华德·戴维斯、大卫·格林著．全球金融监管［M］．中国银行业监督管理委员会国际部译．北京：中国金融出版社，2009：110。

适用于欧盟范围内所有金融机构的整体框架性、原则性指令，从立法层级上来说，处于最高级。第二层级是由欧盟银行委员会、欧盟证券委员会、欧盟保险及职业年金委员会、欧盟金融集团委员会组成。这四家机构的职责主要是将第一层级的整体框架性、原则性指令加以细化落实，制定具体的实施细则，尤其是如何实施的具体程序的规定。第三层级由欧盟银行监管机构委员会、欧盟证券监管机构委员会、欧盟保险及职业养老金监管机构委员会三家监管机构组成，体现了分业监管的监管方略。这三个机构负责对欧盟的金融机构进行日常的微观审慎监管。但事实上，其发出的监管指示并没有强制力，即不具备法律的约束性。第四层级并非由专门机构组成，而是欧盟委员会来负责整个欧盟层面法律的实施，审查欧盟成员国对欧盟法的遵守情况，其不涉及对成员国市场的微观审慎监管，主要任务在于促进将欧盟法转化为内国法。尽管依据莱姆法路西框架，欧盟形成了对金融市场监管的框架建构，但是具体的金融监管权仍然掌握在各个成员国手中。欧盟并没有一个具有强制力的超国家层面的监管机构来直接执法。在本次金融危机发生之际，这种各自为政的局面加速了金融危机在整个欧盟层面的扩散，暴露了欧盟层面上对金融体系监管存在的诸多问题。危机充分证明了金融领域的信息披露若不够充分、及时和准确，将会使广大的金融消费者承受莫大的损失。而对此负有微观审慎监管权的欧洲银行业监管机构委员会、欧洲证券监管机构委员会以及欧洲保险与职业养老金监管机构委员会由于缺乏实质性的监管权力，所发布的没有约束力的指引和建议并不能有效解决和预防金融领域的信息不对称现象。

为此，2009 年 9 月，欧盟委员会提出了有关欧盟金融监管机构改革的系列立法建议，并于 2010 年 11 月，欧洲议会和欧盟理事会，通过相关法律，最终设立了两个新的机构来加强金融领域的监管。这两个机构分别为欧洲系统性风险委员会①和欧洲金融监管机构

① 2010 年 11 月 24 日，欧洲议会和欧盟理事会通过《欧洲议会与欧盟理事会关于欧盟对金融系统的宏观审慎监控以及设立欧洲系统性风险委员会的第 1092/2010 号（欧盟）条例》（简称第 1092 号条例）；2010 年 11 月 17 日通过《欧盟理事会关于赋予欧洲中央银行有关欧洲系统性风险委员会运行方面的特定职责的第 1096/2010 号（欧盟）条例》（简称第 1096 号条例）。

体系[1]。欧洲系统性风险委员会主要负责从整个欧盟层面上评估以及监控系统性风险。欧盟金融监管体系并非一个单独设立的机构，而是由各个成员国国内的金融监管机构和新设的欧洲金融监管机构组成。新设的欧洲金融监管机构由原先的第三层级欧洲银行业监管机构委员会、欧洲证券业监管机构委员会和欧洲保险与职业养老金监管机构委员会转化而来，但其名称有所变化，分别为欧洲银行业管理局（European Banking Authority）、欧洲证券与市场管理局（European Securities and Markets Authority）以及欧洲保险与职业养老金管理局（European Insurance and Occupational Pensions Authority）。新设立的这三个欧盟层面的监管机构具有法人地位，在各个成员国内部，享有相应的民事能力，主要作用在于收集成员国金融机构微观审慎方面的监管信息，促进各成员国监管机构之间的信息交流和监管合作。从设立以上三个监管机构的欧盟第1093号、第1094号、第1095号条例来看，新设的欧洲监管机构并没有被授予对成员国或者金融机构直接的监管权，但是在特殊情形下，它们有权对成员国和金融机构做出决定，要求后者采取必要的行动，且对于成员国之间的监管机构间的冲突可以进行法律仲裁。该改革可以有力推动欧盟成员国之间的金融领域各方面监管的趋同，有效改善监管套利现象的频繁发生，提升欧盟金融市场的透明度，防范系统性风险的发生，并最终促进欧盟金融业的一体化。

四、金融信息披露行政规制主体类型：中国制度

从某种程度上来说，我国的金融业并非是市场自发形成，而是行政

---

① 2010年11月24日，欧洲议会和欧盟理事会通过《欧洲议会与欧盟理事会设立欧洲监管机构欧洲银行业管理局并修正第716/2009/EC号决定和废止欧盟委员会第2009/78/EC号决定的第1093/2010号（欧盟）条例》（简称第1093号条例）；2010年11月24日，欧洲议会和欧盟理事会通过《欧洲议会与欧盟理事会设立欧洲监管机构欧洲保险与职业养老金管理局并修正第716/2009/EC号决定和废止欧盟委员会第2009/79/EC号决定的第1094/2010号（欧盟）条例》（简称第1094号条例）；2010年11月24日，欧洲议会和欧盟理事会通过《欧洲议会与欧盟理事会设立欧洲监管机构欧洲证券与市场管理局并修正第716/2009/EC号决定和废止欧盟委员会第2009/77/EC号决定的第1095/2010号（欧盟）条例》（简称第1095号条例）。

规划的产物。从总体而言，我国的金融体系采取的是分业经营、分业监管的体制。这并非是自始如此。事实上，在1979年以前，我国并没有形成现在意义上的金融市场，所有的可以归于金融方面的业务都由中国人民银行来执行。直到20世纪80年代，人民银行的单一金融业务垄断的状况才被打破，出现了以产业分工为依据的各个专业银行，各类金融结构的业务分立，不允许混业经营。但后来，随着社会主义市场经济的初步建立，资本市场逐步形成，金融市场经历了一个较为蓬勃发展的时期。各个金融机构为了进一步巩固和发展自己的竞争优势，纷纷扩大和拓展业务范围，出现了混业经营的局面，虽然在一定程度上也推动了金融业的发展，但是由于监管跟不上发展的节奏，也导致了市场的混乱。

针对该情况，中共中央于1993年11月发布的《关于建立社会主义市场经济体制若干问题的决定》中明确指出，银行业与证券业实行分业管理。同年12月，国务院在《关于金融体制改革的决定》中进一步指出，强化金融监管，对保险业、证券业、信托业和银行业实行分业经营。在随后出台的《商业银行法》《保险法》和《证券法》中，以法律的形式进行了相应的规定，确立了我国金融业分业经营的体制。与此相一致，我国逐步建立起分业监管的金融业监管体系。1986年《银行管理暂行规定》中首次以行政法规的形式确立了中国人民银行的全面金融监管职能，并在1995年的《中国人民银行法》中，以法律的形式，再次确立了中国人民银行的金融监管职能。早先，是由中国人民银行作为央行，对整个金融业实施监管。随着1992年我国成立了证券监督管理委员会，1998年成立了保险监督管理委员会，按照银行业、证券业、保险业分业经营分业监管的思路，证券业的监管以及保险业的监管职能从中国人民银行分离出来，转移至以上两个监督管理委员会承担。证监会以及保监会，作为国务院直属事业单位，具备根据国务院的授权履行相关领域的金融监管职能。2003年，我国成立了银行业监督管理委员会，负责对银行业金融机构及其业务活动进行监管。由此正式形成了我国现今的“一行三会”金融领域的监管格局，其中一个重要的职能即为金融信息披露方面的行政规制。

美国次贷危机的爆发使各国深刻意识到金融领域信息严重不对称将会引发金融消费者对市场的信心不足，在危机发生时，恐慌心理会造成局面更加难以控制，金融消费者权益的保护和国家整体宏观经济稳定息息相关，由此纷纷开始关注对于金融消费者权益的保护。在我国，中国人民银行以及证监会、银监会和保监会之下，也分别成立了金融消费者保护与市场管理局，由专业的行政机构加大对于该领域消费者的保护力度，其中对于市场透明度的行为准则方面都有更为全面的规范。

需要注意的是，随着行政主体理论的发展，行政规制主体也已经不再限于政府组织，呈现了多元化的特点。在我国金融信息披露行政规制领域，主要包括金融行业组织，证券交易所、期货交易所等自律型的管理法人。而金融行业组织中包括行业协会和专业协会，通过建立自律性的机制以及行业的信息披露标准和相关章程，维护行业的健康有序发展。此类行业组织根据政府授权，拥有相应的监督管理职能，逐渐成为我国金融信息披露行政规制的主体，是我国在新形势下行政法体系的发展。

第二节　金融信息披露行政规制对象

一、行政规制对象的概念界定

对于行政规制对象究竟是什么，也是众说纷纭，这点从各国学者有关行政规制概念的界定中就可见一斑。归纳起来，大致可以分为以下几种观点：（1）认为行政规制的对象是特定“经济主体及其活动”①；（2）认为行政规制的对象是“微观经济层面的市场失灵”②；（3）认为

① 胡税根. 论新时期我国政府规制的改革［M］. 载《政治学研究》，2001（3）：“政府规制是政府部门依据有关法规直接对微观经济主体及其活动进行规范、约束和限制的行为。”另参见植草益［日］著. 微观规制经济学［M］. 朱绍文等译. 北京：中国发展出版社，1992：19：“政府规制是‘在以市场机制为基础的经济体制条件下，以矫正、改善市场机制内在的问题为目的，政府干预和干涉经济主体活动的行为’。”

② 参见王健，王红梅. 中国特色政府规制理论新探［J］. 载《中国行政管理》，2009（3）。

行政规制的对象是“特定领域的社会活动”[①]；（4）认为行政规制的对象为“被管制者”[②]；（5）认为行政规制的对象即为“市场”[③]。

针对以上几种观点，笔者认为：

1. “微观经济层面的市场失灵”为行政规制权力介入的原因，即行政规制存在的一个必要条件。但必要条件和存在的原因并不等同于规制的对象。行政规制作为广义行政行为体系中的一员，行为的对象应该是最终所欲实现的某种目标的事物性的存在。而“市场失灵”正是行政规制权力所欲削减甚至根除的一种消极性的现象，显然不是“所欲实现”的目标。因此，将“市场失灵”视为对象，是发生了混淆规制对象和行为发生原因的错误。

2. “某一领域的社会活动”应该包含了经济活动和非经济活动。该界定相对于上述将“市场失灵”作为规制对象而言，没有发生明显混淆的错误。但此界定的不足之处在于：其一，范围过于含糊不清，特定领域的社会活动范围极其广泛，几乎可将所有行为纳入其中，使得对行政规制对象的研究难以具有针对性；其二，社会活动的主体并没有包括在对象之中。而活动必然应该是某一类人类主体所为。强调了作为客体的“活动”，而控制该“活动”的主体却遗漏在规制对象之外，并不符合规制逻辑。

3. “被管制者”这一界定的问题和上述两类类似，但为一个问题

① 参见湛中乐．简论法治政府与行政监管［J］．载《行政规制论丛》系列丛书（2009 年卷）．北京：法律出版社，2009：54：“在某种行政监管活动中……必然存在特定的社会活动作为监管对象…行政监管是……为使某一领域的社会活动符合一定公共目的而进行。”

② 参见王俊豪著．政府规制经济学导论［M］．北京：商务印书馆，2001：导言第 1 页：“行政规制行为是指‘政府管制者……依据一定的法规对被管制者……所采取的一系列管理和监督的行为’。”又例如，根据韩国 1997 年制定并于 1998 年修改的《行政规制基本法》的第 1 条第 1 款规定：“‘行政规制’是指国家或地方自治团体为实现特定的行政目的，限制国民权力或增加国民义务的法令或条例、规则所规定之事项”，行政规制的对象则为“国民权力和义务”，比较贴近“被管制者”。

③ 参见［美］丹尼尔·F. 史普博著．管制与市场［M］．余晖，何帆等译．上海：三联书店，2008：44。管制即为“行政机构执行的施加于市场的一般性法规和特殊行为”。

的另一个方面。即强调了规制对象的“主体”，却忽略了主体所为的“行为”，此为其一；其二，“被管制者”范围过于空泛，而且其作为“行政规制主体”的相对方而言，则更为准确，但也需要更为详细的界定。

4. 将行政规制的对象直接界定为“市场”，等于是没有界定。市场包括市场主体、市场行为、各种市场现象等，我们所谓的“行政规制权力介入市场”就是一种最为普遍但同时也是最为空泛的说法，而要对行政规制的对象进行研究，则必须要对其进行更为准确的认定。当所有一切都成为研究范围的时候，恰恰是等于失却了研究的焦点，此为任何研究的大忌。

在此，笔者参考我国学者江必新对行政规制的定义，“行政规制是特定的行政主体所采取的，直接影响市场主体及其市场行为的，设立规则、制定政策、实施干预措施等行政活动的总称”。[①] 根据该定义，行政规制的对象应为特定的市场主体及其市场行为，最为贴近于上文所归纳的第一种界定。笔者认同江必新对行政规制的界定，由此也认同其对行政规制对象所做的界定。

首先，当需要特定的行政规制行为介入时，一般而言，是因为存在市场失灵的现象。此时，行政规制行为所规制的目标，应该是导致产生这种市场失灵现象的主体及其活动。行政规制的目的，正是要通过矫正该主体及其活动，达到减少乃至最大程度上消除市场失灵的现象。因此，行政规制对象，应当是特定的主体及其行为。该行为应作广义理解，包括作为，也包括不作为。比如说，现下闹得沸沸扬扬的我国台湾地区“黑心油”事件，台湾当局将采取的一系列行政干预的措施，都是具有强烈的目标针对性，也即针对食品市场上的特定生产企业的生产行为。

其次，行政规制的对象，应该是特定的市场主体及其行为。此处，可能容易导致混淆的是，当行政规制并非针对经济领域而针对社会领域时，行政规制的对象是否还应该是“市场主体及其行为”。社会性规制，规制的领域通常都具有特别重要的公共价值，比如食品药品安全、

① 江必新．论行政规制基本理论［J］．法学，2012（12）。

环境污染、稀缺能源等等。而对这些领域进行规制的主要方式有行业许可制度，标准认证制度，强制透明性要求以及收费补偿制度等等。而这些仍然主要是通过对市场参与主体参与市场活动的行为进行干预，以达到减少其行为的负外部性，维护公共利益的目的。比如为了防治日益严重的温室气体排放问题所采取的收费补偿制度，就是通过对特定排放温室气体的企业的生产性行为进行干预的方式，来实现防治空气污染，增进社会福利的目的。由此可见，无论是经济领域抑或其他社会领域的行政规制，其对象仍然是特定的市场主体的特定作为或者不作为。

二、金融信息披露行政规制对象阐述

既然行政规制对象为“特定的市场主体的作为或者不作为”，那么金融信息披露行政规制的对象则可以被界定为“金融市场主体进行市场交易以及与此相关的做法和事务中重要信息的披露行为”。一般说来，金融市场主体不仅包括金融机构，还包括其他的市场参与者，例如政府、企业、家庭以及中央银行（中央银行地位较为特殊，其既为金融市场的监管者，同时也是某些公开性操作行为的交易者）。而基于本书集中针对金融市场上金融机构和金融消费者之间交易地位的不对等，以及由此出现的严重的信息不对称现象，因此拟将本文将讨论的金融信息披露行政规制对象的范围作一狭义限定，主要针对“相对于金融消费者的金融市场主体在进行市场交易以及与此相关的做法和事务中重要信息的披露行为”的行政规制。对于该讨论对象，目前从行政法体系的角度专门对此展开研究的论著以及文章基本没有。笔者基于金融市场的成熟发达度以及金融信息披露行政规制的完善程度，同时考虑研究资料的获取便利程度等方面的考虑，重点选取美国等具有发达金融市场的国家或者地区金融信息披露行为规制来加以介绍和分析。据以分析的背景资料为该国（地区）或者国际上通行的涉及某领域金融机构信息披露行为的行政规制的重要法案或者规则、标准。

（一）银行业信息披露行政规制对象分析

银行在金融体系中居于核心重要地位。美国财政部在次贷危机后对银行作用的评估认为，“银行在美国的经济中扮演着重要角色，它为消费者和商人将来之用的储蓄提供便利，保护和抵消风险，为消费和新的投资机会而筹措资金提供便利。……在美国的经济中扮演着非常重要的功能，使资本能够按有效率的方式获得最大化收益的利用。”① 但银行业信息不对称现象也极其普遍。而这种信息不对称在银行发生危机时，将极容易引发公众恐慌，从而导致挤兑，某一家或者几家银行的资金周转困难立刻就会蔓延至整个银行业的危机。整个金融市场都会因此受到极大拖累，甚至演化成全球经济衰退。因此，银行业信息披露行政规制的目标基本可以概括为：保障金融消费者权益以及保障整个金融系统的安全和稳健。根据该行政规制目标，对银行业信息披露行政规制对象基本可以划分为两大类：一是针对银行资产信息的披露；二是针对银行交易行为的信息披露。

《有效银行监管核心原则》是巴塞尔银行监管委员会发布的在全球具有广泛适用性的银行监管国际标准，成为指导各国银行监管的纲领性文件。该《核心原则》于 1997 年发布第一版之后，进行过两次修订。2012 年 9 月，巴塞尔委员会正式发布了第三版核心原则。该原则的修订背景为本次国际金融危机爆发之后，各国对银行监管方面存在的诸多不足进行了深刻的反思。根据全球金融市场领域发生的重大变化以及在危机中凸显的各国对于银行业系统性风险防范不足以及银行业透明度严重缺乏等现象。巴塞尔委员会在原来的《核心原则》的基础上，对其结构和内容进行了进一步的完善，其中包括对银行信息披露和透明度要求的强化。鉴于《核心原则》在各国银行业监管中的指导性地位，其对银行业信息披露要求的强化也必然会逐步转化为各国国内对该领域进行规制的纲领性要求。

《核心原则》的第 28 条即有关信息披露和透明度的要求。该条规定：“监管机构确定，银行与银行集团在并表基础上，或适当时在单个法人基础上，定期发布容易获取的，公允反映其财务状况、业绩、风险暴露、风险管理策略与公司治理政策和程序的信息。”

① The Department of the Treasury. Blueprint For an Modernized Financial Regulatory Structure, Practicing Law Institute, Corporate Law and Practice Course Handbook Series, PLI Order No. 14587, November 12, 2008 New York City.

有关该要求的必要标准有 5 个方面。

1. 法律法规或者监管机构要求银行在并表基础上，或适当时在单个法人基础上，定期公开披露能够充分反映其真实财务状况与业绩的信息，并遵循能够提升信息可比性、相关性、可靠性和及时性的标准。

2. 监管机构确定，银行应披露的信息包括定性信息和定量信息，涵盖其财务表现、财务状况、风险管理策略与实践、风险暴露、对关联方的总体风险暴露、关联交易、会计政策、基本业务以及管理公司治理和薪酬情况。信息披露的范围、内容及其分解和详细程度应与银行的风险状况和系统重要性相匹配。

3. 法律法规或监管机构要求银行披露集团中所有具有实质性意义的实体。

4. 监管机构或其他政府部门有效评估和督促银行遵守各项披露标准。

5. 监管机构或其他相关机构定期公布银行业的总体信息，推动公众了解银行体系并发挥市场约束作用。这些信息包括反映银行主要经营情况的总体资产负债信息和相关统计数据（资产负债结构、资本充足率、盈利能力和风险状况等）。

附加标准中还要求“披露要求促进信息披露，有助于了解银行财务报告期间的风险暴露情况，例如报告期间的平均风险暴露水平或业务发生额”。[①]

（二）证券业信息披露行政规制对象分析

有效资本市场的价格发现功能可以有效优化资源配置，促使企业完善内部治理，从而最终促进整个经济的发展。但是这些必须建立在信息能够充分、准确和及时披露的基础之上。一个信息高度不对称的市场，投资者无法获取关涉投资决定的重要信息，从而无法做出理性选择，因此，会动摇对整个资本市场的信心。证券法存在的基本理念以及核心目标即在于此。美国拥有世界上最为发达的证券业，其证券市场赖以运行的一系列证券法中不变的主题就是“披露”。对美国首次联邦证券监管

① 有效银行监管核心原则（2012）银行监管的国际标准．中国银行业监督管理委员会译．北京：中国金融出版社，2012：70。

的披露理念产生最大影响的人是路易斯·D. 布兰代斯，其在《他人的钱财》一书中，坚定地推崇信息公开是救治一般社会和行业疾病的良方，更是解决承销商过度收费的灵丹妙药。“阳光是最好的消毒剂，电灯是最有效的警察”。[①] 尽管在美国证券法制定历史上有关是否需要强制披露的理念也有所争议，但在国会立法之时，罗斯福总统最终选择了这一理念。因此，今天我们所看到的《美国 1933 年证券法》和《美国 1934 年证券交易法》的基本内容就是强制披露和禁止欺诈。众所周知，这两部法律构成了美国资本市场信息披露规制的基础，是美国证券市场运行的核心法律文件。依据《美国 1934 年证券交易法》第 2 条的规定，笔者将证券业信息披露行政规制对象界定为“在证券交易所和场外交易市场进行的证券交易以及与此相关的做法和事务中重要信息的披露行为”。[②] 此外，“安然事件”之后美国国会通过的《2002 年萨班斯 - 奥克斯利法》可谓是联邦证券法新政十年中最为重要的法律，该法在《美国 1934 年证券交易法》基础之上，大幅度扩展了证券披露的要求。在此，笔者主要选取美国这三部制定法，对其中信息披露规制做一介绍，基本可就证券业信息披露行政规制对象获得较为直观的认识。美国之外，欧盟这些年在推进欧洲资本一体化进程中，就证券监管领域标准的协调和统一所做出的努力，代表了资本市场监管地区一体化趋势的最高水平，有相当的示范和借鉴意义。因此，笔者就其有关证券信息披露的规制方面也略作介绍，以期对我国逐渐成熟的资本市场信息披露规制的完善有所帮助。

1. 美国证券监管法律体系中的信息披露规制对象

（1）《美国 1933 年证券法》

《美国 1933 年证券法》是美国第一部有效的公司融资监管法，其最引人注目的地方就是以法律的形式确立了信息披露制度，且在该法的附件 A 中，对证券发行人必须披露的具体内容做出了详细的列举。该法

---

① L. Brandeis, Other People's Money ch. 5 (1914).

② 参见《美国 1934 年证券交易法》第 2 条“在证券交易所和场外交易市场进行的证券交易通常涉及国家公共利益，因此须对这种交易以及与此相关的做法和事务（包括公司高管人员、董事和主要证券持有人进行的交易）进行监管与控制……”。

除了所规定的一些例外之外，要求向公众发行的所有证券一般都要予以注册；此外还设计了一种“等待期”的机制，即发行人提交注册申报材料后，需要等待20天，让证券交易委员会有足够的时间对该注册申报材料进行审查。如果发现有在重要事项方面披露的不完整或者不准确的情况，证券交易委员会有权发布停止令，以暂停该证券的公开发行。这种机制的设计，正是对证券发行人需要完全、真实披露其所发行证券的信息要求的体现。

整个《美国1933年证券法》的核心为该法第5条注册条款。其余的各条其实都是为了实施该条，因此可以说，对该法的理解主要就是对第5条注册条款的理解。第5条实质上是用两种方式向投资者公开有关发行的信息：第一，注册说明书提交后的20天期间的目的，并非是为了出售发行证券，而是要向所有潜在的投资者公开与发行有关的重要信息，且要保证该信息的完整性、准确性；第二，承销商和交易商需要向潜在的投资者提供招股说明书，该招股说明书需要以注册说明书中的信息为基础。

有关的注册方法和程序在该法的第6条和第8条中予以规定。有关注册说明书和招股说明书的具体内容，则需要依据证券交易委员会的规则制定权，在该法的第7条、第10条和附件A中详细规定。若为外国政府发行的证券，有关注册说明书和招股说明书的具体内容，在附件B中予以规定。该法的11条规定，若在注册说明书中包含重大错误陈述或遗漏重大事实情形，该发行人、董事、高管、承销商、会计师、工程师和其他专家均要承担民事责任。第12条将该民事责任的范围扩大到通过重大错误陈述或遗漏重大事实发售或出售证券（无论是否已注册）的任何人。也即，《美国1933年证券法》其余各条围绕着第5条注册条款，为保证证券在发行时能够准确、充分向投资者公开相关信息，制定了一系列实施以及保障条款。

（2）《美国1934年证券交易法》

该法对投资者的保护范围相比《美国1933年证券法》更为广泛，不仅涉及证券的发行监管，还包括对证券交易以及证券市场各个方面的监管。除了对特定证券的发行人[①]施加了登记和报告等披露要求，对证

① 参见《美国1934年证券交易法》第12条规定。

券市场上的证券交易商、经纪商[①]以及其他专业人员（例如证券分析师就其研究报告等[②]）、公司董事、高管人员和主要股东[③]、全国证券交易所、证券交易商协会等自律组织[④]以及市政证券自营商[⑤]和政府证券自营商[⑥]等都施加了注册、信息披露等方面的监管。此外，与《美国1933年证券法》相比，该法将会计信息披露的要求进一步具体化。在会计审计方面，该法要求公司在交易所上市之前，应进行有价证券的发行登记，并向证券交易委员会报送经过审核的年度财务报表，并对会计审计的法律责任进行了明确的规定。这是由于在经历了20世纪30年代的经济大萧条时期，美国政府普遍认为，财务报表信息的可信度程度低下也是引发此次危机的重要原因之一，因此在制定证券法时，必须将其纳入法律强制干预的范围，以维护整个资本市场的健康运行。

《美国1934年证券交易法》至今为止仍可谓是美国资本市场中有关信息披露监管最为重要的基础性法律，其中尤为需要一提的是，该法确立了就已经向公众发行的证券、已有证券在全国性交易所上市或者已有证券被公众广泛持有的发行人持续披露制度。该制度对于证券市场的持续健康运行无疑至关重要。该法要求公众发行人必须就发行的证券进行年度和季度披露，并且规定其以更加频繁的方式报告其他重要信息。为了保证投资人进一步更为及时获取有关投资的重要信息，该法就现时披露也做出了规定。[⑦]

此外，《美国1934年证券交易法》第17条规定了记录与报告制度。

---

① 参见《美国1934年证券交易法》第15条规定。

② 参见《美国1934年证券交易法》第15D条规定。

③ 参见《美国1934年证券交易法》第16条规定了对依据本法第12条登记的任何类别权益证券（豁免证券除外）拥有超过10%股份的直接或间接受益所有权人，或该证券发行人的董事或高管人员，应向证券交易委员会进行报备。

④ 参见《美国1934年证券交易法》第19条规定。

⑤ 参见《美国1934年证券交易法》第15B条规定。

⑥ 参见《美国1934年证券交易法》第15C条规定。

⑦ 参见《美国1934年证券交易法》第13（l）条："本法第13（a）条或第15（d）条项下提交报告的每一发行人，应以简易的英语快速、及时地向公众披露与其财务状况或运营重大变化有关的附加信息，该信息可能包括证券交易委员会通过规则确定对保投资者和维护公共利益确属必要或有用的趋势、定性信息和图表说明。"

根据该条，各全国性证券交易所、其会员、通过任何该等会员中介进行证券交易的各经纪商或交易商、注册证券协会、注册经纪商或交易商、注册市政证券交易商、注册信息处理人、过户代理人、注册结算机构和市政证券规则制定委员会都需要就证券交易委员会制定的规则，在规定时期制作并且保存适当的记录，提供该记录的复制件并且编制和分发必要或者适当的报告；且以上机构或者个人就其进行检查的记录、报备其他监管机构的报告复制件、其资产负债表和损益表、其他财务报表与信息、控股公司的风险评估等报告都需要保存适当的记录。该记录对于各监管机构之间针对发行人及其管理层、业务、财务状况等信息的获取都是重要的来源，可以使得各监管机构之间更为有效地进行合作，信息沟通和分享，同时对于公众而言，可以构成对其进行投资决策时进行估值的基础，但需要建立在该信息允许被披露的前提之上。

（3）《2002 年萨班斯—奥克斯利法案》

提到美国证券业信息披露规制的法律体系，不能遗漏国会通过的《2002 年萨班斯—奥克斯利法案》。该法案出台的背景是“安然事件”等一系列的财务虚假案震惊了美国整个资本市场，暴露出当时的证券法律体系对审计的有效性、公司财务以及证券经纪商、证券交易商责任追究的失灵，从而致使美国资本市场存在重大系统和结构性薄弱环节。法案开门见山指出该法目标即在于“通过提高公司依据证券法律做出的披露的准确性，达到保护投资者和其他相关目的”。[①]

该法案一方面强调加强公众公司的信息披露力度来减少证券市场信息不对称的现象，另一方面则通过加大对公司相关的高级管理人员以及与会计从业人员的责任惩处力度来保障信息披露的真实、完整和及时。

法案的第四编就强化公众公司的财务信息披露做出详细具体的规定，其中很多内容都是建立在《1934 年证券交易法》相关条款基础上进行的修订，主要涉及（1）对定期报告的信息披露中增加了（a）财务报告的重大调整的披露，（b）对发行人财务状况等具有重大影响的资产负债表表外业务、安排、义务和发行人与未纳入报表合并范围的实

① 参见《2002 年萨班斯——奥克斯利法案（中英对照本）》. ZETA-CIA 研究中心译. 北京：法律出版社. 2004：1。

体或其他个人的其他关系的披露；（2）SEC 对财务预测数据披露的要求；（3）管理层和主要股东交易的信息披露的进一步规范；（4）年度报告中需要包括管理层的内部控制报告的要求；（5）发行人的审计委员会中符合 SEC 要求的财务专家情况的信息披露要求；（6）强化对发行人定期信息披露的复核；（7）强化对发行人实时信息披露。[①]

此外，针对“安然事件”引发的对分析师的独立性和客观性的质疑，法案在第五编做出了回应，规定分析师必须就其在研究报告和公开出版物上推荐证券时已知或者应当知悉的利益冲突进行披露。

2. 欧盟证券监管法规中的信息披露规制对象

欧盟委员会于 1999 年 5 月 11 日发布了《落实金融市场框架：行动计划》，明确提出，为了完善统一的金融市场需要采取的一系列行动。2000 年 3 月，欧洲理事会会议在里斯本召开，会议呼吁在 2005 年之前落实该《行动计划》。2003—2009 年，针对欧盟证券市场中招募说明书的信息披露水平、内幕交易市场操纵、发行人透明度、评级机构监管等问题，欧洲议会与欧盟理事会通过了若干重要的法律文件。这些法律文件对提升欧盟证券市场的监管水平发挥了重要作用，且对协调欧盟各国证券监管制度，推进欧洲资本市场一体化进程大有裨益。以下笔者就有关证券信息披露规制方面选取若干重要法律文件加以介绍。

（1）《欧洲议会与欧盟理事会第 2003/71/EC 号指令》

该法令于 2003 年 11 月 4 日通过，法案中明确指出，该法案的目标之一在于保护投资者，凡是以公众为对象的转售或获准在受监管市场进行的任何公开交易，都应该公布招股说明书。招股说明书之所以重要，在于其对于投资者而言，是一种提供信息的适当方式。而信息的披露，能够有效地保护投资者，增强公众对证券信息的了解，促进证券市场的稳健运行及发展。

法案对于证券市场上以公众为对象的公开交易中招股说明书的信息披露，要求充分、客观地反映发行人的财务状况以及与证券有关的权

① 参见《2002 年萨班斯——奥克斯利法案（中英对照本）》. ZETA-CIA 研究中心译. 北京：法律出版社，2004：第四编第 401 – 409 条。

利，并且要以能够为公众容易理解的方式呈现。在招股说明书公布后、发行截止前或者证券开始在受监管市场交易前，出现的重要新增事项，应该在补充文件中向公众进行披露；此外，为了确保公众能够获得可靠的信息，法案规定了发行人的持续披露义务，发行人应该至少每年列报一次前 12 个月期间内公布过的或向公众公开过的所有相关信息，包括其他欧共体立法所制定的各种报告规定所要求提供的信息。

法案充分考虑欧盟各成员国之间标准不统一，在实施监管过程中必然出现的困难，在尊重各成员国国内金融市场差异的基础上，就各成员国监管机构之间的协调合作方面，制定了诸多原则指引。与此同时，对于证券市场公开交易中的信息披露要求，也尽可能地避免过多加重发行人的负担。

（2）《欧洲议会与欧盟理事会第 2003/6/EC 号指令》

该法令于 2003 年 1 月 28 日通过，主要目标在于打击内幕交易和市场操纵行为，强调诚信对于金融市场健康运行的重要意义。而内幕交易和市场操纵行为正是通过利用市场上有关发行人或者金融工具的未公开重要信息进行交易，获取不正当利润。该行为会严重妨碍市场的透明度，打击投资者对资本市场的信心，破坏金融市场的健康，因此需要对以上行为进行规制。

法令第 6 条规定，“各成员国应确保金融工具的发行人尽快通知公众直接涉及该发行人的内幕信息”；为了避免“选择性披露”，规定“如果发行人或为其自身账户或为第三方账户行事的人在正常履行其工作、职业或职责过程中向第三方披露任何内幕信息，则必须在故意披露的同时或在非故意披露之后立即完整、有效地公开披露该等信息”；[①] 发行人内部管理人员以及与其有密切联系的人，若通过自身账户对该发行人的股票或者其他相关金融工具进行交易，必须向主管部门披露该交易，且需要确保公众能够方便查阅到该等交易信息；分析人员或者其他提供投资战略建议人员，就其与该发行人或所发行的金融工具的利益冲突必须予以披露；任何专职从事金融工具交易安排的人，如果发现或者

---

① 参见欧盟证券监管法律汇编（中英文对照本）．中国证券监督管理委员会组织编译．北京：法律出版社，2013：119。

合理怀疑存在内幕交易情况，应该及时通知主管部门。

由此，该法令对内幕交易及市场操纵行为形成了一系列较为完整的规制原则和措施，以减少利用信息不公开侵害投资者利益的现象，增强市场的透明度。同样，法案也充分考虑欧盟各成员国之间标准不统一，在尊重各成员国国内金融市场差异的基础上，就各成员国监管机构之间的协调合作方面，制定了诸多原则指引。

(3)《欧洲议会与欧盟理事会协调关于证券获准在受监管市场交易的发行人的信息透明度要求的第2004/109/EC号指令》

该法令于2004年12月15日通过，旨在协调欧盟内部关于发行人信息透明度的标准，目的在于提升投资者信息，完善欧盟内部市场。

法令第二章的目的在于协调各成员国发行人定期信息披露的要求：(a)年度财务报告规定，发行人最晚于每个会计年度结束后4个月内公布年度财务报告，并确保该报告在5年期间的可公开获得性，且审计报告需要连同年度财务报告一起公开披露；(b)半年度财务报告规定，发行人最晚于每个会计年度上半年结束后2个月内公布半年度财务报告，并确保该报告在5年期间内的可公开获得性。此外，审计报告也需要包括在半年度财务报告之中；(c)中期管理报告规定，其中包括前半年发生的重要事件及其影响说明以及未来半年风险和不确定性的说明。对于股票发行人，中期管理报告需要包括重大关联交易。

法令第三章的目的在于协调各成员国持续信息披露的要求。法令要求发行人股票在位于欧共体境内或在欧共体境内运营的受监管市场交易的，发生大额股票变动时，应向公众披露。该信息的披露可以有效提升市场透明度，使投资者及时了解重要的资本动向，帮助其做出更为合理的投资决策。此外，该披露应该遵守平等待遇原则，即对于处于相同情况的股东等利益相关人，应该保证其都能够收到有效的通知，避免在信息披露的环节由于披露方式等原因，而造成一部分处于相同境况的股东或者其他相关人无法知悉该重要信息的情形。

以上法律文件对欧洲金融市场监管具有深远的影响，特别在于协调招股说明书、市场透明度标准和要求等方面，为各成员国相应的监管主管机构确立了统一的原则和架构，对欧洲资本市场的一体化具有重要意义，同时也对世界各国在该领域的监管合作有积极的示范作用。

（三）美国《多德—弗兰克法》概述——从金融信息披露行政规制对象的角度

金融危机之后，经历多次多个部门之间的争执以及多种方案的调整之后，奥巴马政府最后签署通过了《多德—弗兰克法》。该法案的通过象征着美国以往查缺补漏的监管理念发生转变，更加注重“防患于未然”的预防性监管哲学，明确了金融规制作为国家干预金融市场的手段，对于保护金融市场广大消费者的合法权益以及整个市场的安全和稳定是不可或缺的，且金融发展必须要建立在金融安全的前提之上。

以下就该法案中金融信息披露行政规制对象方面较为重要的改革做一介绍：

1. 系统性风险信息披露行政规制的改革

《多德—弗兰克法》的首要目的就是针对本次金融危机凸显的最大问题——系统性风险的监管的缺失，进行相应的改革。该改革措施集中体现在通过设立金融稳定监督委员会并且赋予其对系统性风险的监管权来加以实现。由于本次风险中所暴露出来的金融市场严重的信息不对称现象是引发和加剧金融危机的重要因素，法案赋予了金融稳定监督委员会（Financial Stability Oversight Council，FSOC）很大的信息获取权，用以识别威胁美国金融稳定的风险，包括大型、相互关联的银行控股公司（包括被当作银行控股公司的外国银行）或具有系统重要性的非银行金融机构出现重大财务困难、倒闭或正在进行的活动对美国金融稳定构成的危险，以及金融业以外其他威胁美国金融稳定的风险。

（1）从相应监管机构渠道的信息获取权

法案第112条规定，FSOC有权从金融研究办公室（Office of Financial Research，OFR）[①]、成员机构以及法案新成立的联邦保险办公室（Federal Insurance Office，FIO，在财政部下设立）获取所需的数据和信

① 法案第152条规定，在美国财政部内部设立金融研究办公室作为FSOC的支持机构，其职责中包括为FSOC及其成员机构搜集数据和其他相应服务。

息，来监测金融服务市场，是否有存在威胁美国金融稳定的情况。

（2）要求被监管机构提供相应信息

法案第112（d)(3）条规定，FSOC有权通过OFR要求任何银行控股公司或非银行金融机构提供定期报告和其他报告，以评估该公司其参与的金融活动或市场是否对美国金融稳定构成威胁。

法案第116条，FSOC有关通过OFR要求资产为500亿美元及以上的银行控股公司或受美联储监管的非银行金融机构提交机密报告，内容包括财务状况，控制财务、操作和其他风险的制度，与关联存款机构的交易，以及公司或其下属企业的活动和运作可能扰乱金融市场或美国金融稳定的程度。由此可见，FSOC的信息获取权相当全面和广泛。为了能够减轻金融机构的披露负担，法案规定，以上信息在可能的情况下应该首先通过该金融机构主要的金融监管机构处获取。如果是外国金融机构，在对其直接提出信息报告要求前，FSOC将通过OFR与有关外国金融监管机构进行协商，以取得所需的信息。

此外，法案第115（f）条和第165（f）条分别规定，FSOC有权建议，美联储也有权自行决定以条例形式要求系统重要性金融机构进行公开的信息披露，以支持市场对其风险面、资本充足率和风险管理能力的评估。

2. 证券业信息披露行政规制的改革

《多德—弗兰克法》中所体现出的金融监管的改革被视作美国自20世纪30年代“大萧条”以来最严厉的改革措施，集中体现在对于在本次危机中凸显出来的监管真空的填补上——即对冲基金和私募基金以及金融衍生品交易的监管。该金融产品是美国金融危机发生之前金融市场利润的重要来源，同时其高度的信息不透明也是引发本次危机诸多因素中颇为关键的根源之一。因此，法案重点强调了对以上金融产品交易的信息披露规制。

（1）强化对对冲基金和私募基金的监管

法案第404条对私募基金投资顾问的信息披露与报告做出了有关信息真实性、报告和披露的强制性要求。商品期货交易委员会、金融稳定监督委员会有权要求私募基金和对冲基金保留记录并且要向其报告，监管的事项范围包括：管理的资产数量、杠杆运用的情况、交易对手信息风险、贸易和投资头寸、估值方法、基金业务、持有资产类型等。该条还规定，SEC 和 FSOC 协商后认为对公共利益和投资者保护，或对系统性风险评估必要和适当的其他信息，SEC 可以根据私募基金的类型和规模的不同对私募投资顾问提出不同的报告要求。①

（2）修订了证券经纪商——自营商对零售投资者的披露要求

法案第 919 条对《1934 年证券交易法》第 15 条做出了修订，授权证券交易委员会规定经纪商——自营商在零售投资者购买投资产品或服务前必须向其提供文件和信息，并且规定信息披露必须以简要的方式来提供，内容具体包括投资目标、策略、成本和风险，经纪商和其他中介收取的报酬以及其他财务激励等。②

（3）针对公司治理层面信息披露的行政规制

法案第 952 条为《1934 年证券交易法》新增了新的第 10C 条授权证券交易委员会以及证券交易所针对上市公司（被控制公司除外）适用薪酬顾问、律师和其他顾问，制定额外的程序和披露要求；第 953 条修订了《1934 年证券交易法》第 14 条，要求证券交易委员会就管理层的薪酬进行相应的披露要求规定；第 929R 条修订了《1934 年证券交易法》有关受益所有权和短线收益的报告制度；第 955 条修订了《1934 年证券交易法》第 14 条，要求证券交易委员会制定规则，规定发行人在其股东年会的委托声明书或同意征求材料中披露发行人的雇员以及董事套期保值的相关信息；第 956 条要求对存款机构和存款机构控股公司、注册经纪商——自营商、注册投资顾问、信用社、房利美、房地美以及任何被其他相关监管者共同确定为应纳入监管范围的金融机构，加强业绩薪酬安排的报告和监管，其主要针对的是以上受监管实体的“过高薪酬”信息披露；第 972 条对股东投票权增加了新的披露要求，要求证券委员会发布规则，规定发行人在送达投资者的年度投票代理书中披露发行人董事会主席和 CEO 结构。

---

① 参考杨松等著．银行法律制度改革与完善研究［M］．北京：北京大学出版社，2011：57。参考刘士余主编．美国金融监管改革概论——《多德—弗兰克华尔街改革与消费者保护法案》导读［M］．北京：中国金融出版社，2011：85－86。

② 参考刘士余主编．美国金融监管改革概论——《多德—弗兰克华尔街改革与消费者保护法案》导读［M］．北京：中国金融出版社，2011：78。

(4) 针对贷款发放机构发行资产支持债券①的信息披露行政规制

法案的第942条修订了《1933年证券法》第7条以及《1934年证券交易法》第15(d)条，增加了新的资产支持债券报告和披露要求。授权SEC制定规则，要求每一个资产支持债券发行人就每一份额或者每一证券种类披露该证券背后支持资产的信息；第943条要求SEC规定证券化机构"披露汇总的横跨所有信托的实现或未实现的回购请求，以使得投资者可以确认有明显承销缺陷的资产发起人"；第932条规定，资产支持债券的发行商和承销商必须公开披露其获得的第三方尽职调查报告的发现和结论；第945条规定，SEC制定规则，要求资产支持债券的发行人进行基础资产的审查并且披露审查的情况。

(5) 针对全国认可的统计评级机构的信息披露行政规制

法案要求每个全国认可的统计评级机构都必须以可比的格式公开披露每一类型被评级的债务人、证券和货币市场工具的评级历史记录，且需要建立书面的政策和程序，清楚界定和披露其所使用的信用评级符号的含义；每个全国认可的统计评级机构都需要按照证券交易委员会规则的要求为每个信用评级附带表格，用于披露相关的数据和假设的大量定性和定量的信息，具体包括评级程序和方法背后的假设、评级的潜在限制(包括未被评级覆盖的风险)、背后数据的可靠性、利益冲突、第三方禁止调查服务的适用情况和相关发现，以及包括违约、波动性和敏感度矩阵的数量信息。根据"公平披露条例"，发行商向信用评级机构披露的信息也必须同时向社会公众披露。②

3. 场外衍生品交易的信息披露行政规制的改革

美国金融市场上庞大的衍生品交易是虚拟性极强的金融产品交易，在带来庞大利润的同时，其严重的信息不对称现象也给市场积聚了极大

---

① 法案将资产支持债券定义为"以任何可自我实现的金融资产(包括贷款、租约、抵押贷款或担保、未担保的应收款项)作担保的固定收益或其他证券，证券持有者主要从该资产所产生的现金流中获得收益"，比如(1)贷款抵押支持凭证；(2)债务抵押证券；(3)债券抵押证券；(4)资产支持债券的债务抵押证券；(5)债务抵押证券的债务抵押证券。该法案还赋予了证券交易委员会根据规则确认属于资产支持债券的确认权。

② 参考刘士余主编．美国金融监管改革概论——《多德—弗兰克华尔街改革与消费者保护法案》导读[M]．北京：中国金融出版社，2011：77－129。

风险。在市场出现问题之时，不透明的市场使得不信任的情绪蔓延并且引发公众的恐慌，最终导致整个衍生品市场的崩溃，并在极短的时间内引发了金融市场的海啸。危机之后，《多德—弗兰克法》的第七章《2010年华尔街透明度和问责法案》着重加强了对场外衍生品交易的监管力度。法案规定商品期货交易委员会和证券交易委员会必须制定互换交易机构或者证券基准互换交易机构的信息披露要求，将有关价格、交易量和其他互换交易数据及时公开披露，并且授权两个监管机构规定有关信息披露要求以便利价格发现，强制要求清算机构对交割清算的衍生品交易信息，包括具体交易的价格、数量、交易对手的每项交易和条约的条款、未平仓合约数量，甚至收费、保证金等进行披露。此外，对衍生品的交易实行大户报告、设置最大头寸数额限制等措施。①

4. 保险业信息披露行政规制的改革

根据法案，在财政部设立的联邦保险办公室（Federal Insurance Office, FIO），并规定了FIO从保险业和在保险业收集数据的权力，从另一个角度来说，也就是规定了要求保险业和保险公司提供相应的数据。

法案授权FIO要求保险业和保险公司（包括再保险公司）以及它们的关联人提供FIO合理要求的数据或者信息（包括财务数据）。但是，在收集相应的数据或者信息前，FIO必须先确定这些拟收集的信息无法从各相关联邦机构和州保险监管机关（或者对象为保险公司的关联人时，负责监管该关联人的相应监管机关）及时获取。如果可以从前述渠道获取，则应从前述机构获取有关信息。也即规定了获取信息的优先渠道应为保险业和保险公司以及它们的关联人的相应监管机构。只有在以上渠道获取信息不能满足FIO要求时，才有权向被监管对象要求数据和信息。

5. 美国金融消费者金融保护局（Bureau of Consumer Financial Protection, BCFR）对金融信息披露的行政规制

《多德—弗兰克法》中尤为被关注的改革措施之一为美国金融消费者金融保护局的成立。该机构的职责明确规定了要为所有类型的消费者

① 参考杨松等著．银行法律制度改革与完善研究［M］．北京：北京大学出版社，2011：59。

开创一个公正、透明、有竞争力的参与金融市场、获得金融产品和金融服务的渠道。若要能够实现该职责设定的目标，需要做到：

（1）确保消费者及时、清楚地获得有关信息；

（2）禁止不公正的、欺诈的、侮辱性的和歧视性的商业行为；

（3）识别并标明过时的和繁琐的规则；

（4）促进透明、高效和有竞争力的消费者金融产品市场。

美国金融消费者金融保护局作为所有消费者金融市场的监管者，有权识别并且收集与公共利益相关的金融市场上的重要信息，并且将这些信息提供给商业机构、消费者和监管者作为决策的依据。[①] 通过掌握这些信息，金融市场上的消费者可以了解更多有关金融机构的财务状况、操作风险、运营风险等事关做出投资等决策的重要信息，从而可以更为合理和准确地进行决定。对于监管机构来说，也会因为得到相关信息，作为制定更为完善的规制规定的依据。

① 参考刘士余主编．美国金融监管改革概论——《多德—弗兰克华尔街改革与消费者保护法案》导读［M］．北京：中国金融出版社，2011：226－228。

第三章

金融信息披露行政规制行为

第一节　金融信息披露行政规制行为类型

一、金融信息披露行政规制行为概述

（一）行政规制行为的概念及属性

行政规制是一种新型的行政现象，因此在传统行政行为的分类理论中并没有行政规制。对于行政规制行为的属性，也存在不同的观点。这主要取决于对行政行为概念理解上的差异。分歧点在于行政行为是否包含行政立法行为、行政合同以及内部行为。

行政行为是非常传统的基本法律制度观念。从比较法的视角来看，由于英美国家基本不存在法律行为的概念，其主要的聚焦点在于程序法以及诉讼方式上，更加关注审判的公正性以及程序的正当性。因此英美法系没有统一的有关行政行为的界定。“行政行为”最早产生于法国，后经由德国奥托·梅耶提炼之后，成为整个大陆法系行政法学体系的核心。奥托·梅耶认为，行政行为是“行政机关对相对人在具体事件中作出的决定其权利的优越性的宣示”。当代德国学者毛雷尔将行政行为定义为：“行政机关对具体事实做出的具有直接外部法律效果的处理行为。”① 布罗姆从决定程序的角度出发将行政行为定义为“行政行为是行政机关在履行其主权性职责时做出的，对其自身具有约束力的、结束

① 毛玮．软法视野中的行政行为［J］．载北大法律信息网．http：//article.chinalawinfo.com/article_ print.asp？ articleid＝52827。

意思形成和信息处理过程的决定，无论该决定是包含对公民的管理”。德国的《联邦行政程法》中将行政行为定义为“是行政机关为处理公法事件所采取的，对外直接产生法律效果的任何处置、命令或者其他高权性措施”。[①] 从以上对行政行为定义的特征可以归纳为：(1) 是由行政机关作出的；(2) 涉及对具体事件的处理；(3) 具有行政高权性；(4) 具有对外的直接法律效果。

在行政受现代通讯技术影响的时代，行政行为也具有特殊的适应能力。根据日本学者田中二郎的分析，行政行为可以分为最广义说、广义说、狭义说以及最狭义说四种。[②] 从广义的角度理解，行政行为不仅包括行政机关就具体事项而为的公法上的单方行为，而且还包括了立法行为、公法契约、合同行为以及事实行为等等。[③] 本书所取行政规制概念，是指特定的行政主体所采取的，直接影响市场主体及其市场行为，设立规则、制定政策、实施干预措施等行政活动的总称。其既包括消极的限制性规制行为，又包括积极的引导性规制行为。根据该概念，行政规制行为作为一种综合性的行政活动，可以归入广义的行政行为概念的体系之中。[④]

笔者赞成广义的行政行为说，由此赞成将行政规制纳入广义的行政行为的体系之中。最主要的原因在于，随着社会的发展，不断出现新兴的社会领域，会出现以前可能并未发生过的社会问题。公共行政活动的范围和形式由此不断地发生拓展。而现代行政国无论其触角有多广泛，都不应该背离法治国的精神和原则。因此，笔者认为，行政法学应当逐渐将新兴领域中发展出来的新的制度，努力纳入到行政法的总论之中，同时在各新兴的领域根据其特殊性，建立行政法各论的指导概念。不同的领域应该根据其不同的功能，在法治国宪法的框架内，寻求其各自的正当性。

---

① VwVfG 第 35 条第 1 句。

② 参见张春荣．行政行为概念的反思与重构［J］．西南政法大学学报，2004(2)。

③ 江必新．论行政规制基本理论［J］．法学，2012 (12)。

④ 参见江必新．论行政规制基本理论［J］．法学，2012 (12)。

（二）行政规制行为类型概述

1. 既包括抽象行为也包括具体行为

对于行政规制行为的类型，不同学者的观点有所不同。有学者认为，行政规制行为仅指具体的干预行为。例如我国学者王俊豪在其《政府管制经济学导论》一书中指出，行政规制行为是指“政府管制者……依据一定的法规对被管制者……所采取的一系列管理和监督的行为”。根据此界定，行政规制并不包含制定法规、规章以及其他规范性文件的行为，而仅指针对被管制对象的具体管理和监督的行为。[①] 也有学者将行政立法行为也包含在行政规制行为之中。比如我国学者韩龙认为，规制是通过制定和实施规则而实现对经济生活的调整和管理，隐含着公权力对市场的介入和干预，是国家对经济进行管理的方式，在法律上构成国家管理经济的制度。韩龙将规制理解为两个层面，其中“规”即为制定规则，而“治”则是指通过实施和执行规则而实现对经济生活的治理。[②] 根据此界定，行政规制同时包括抽象行为和具体行为。如前所述，本书对于行政规制的界定，采纳学者江必新的观点。江必新在其《论行政规制基本理论》一文中，认为行政规制（包括经济领域和非经济领域）是指特定的行政主体通过对特定行业的市场主体及其行为进行干预的方法，以避免其负外部性，从而解决在该领域的市场失灵问题。行政规制行为包括三大类：（1）制定行政法规、规章等规范的行为；（2）制定相关具体政策的行为；（3）具体的干预行为。综观国外和我国的实践，行政规制行为基本为以上三大类，既包括了具体行为也包括了抽象行为。

2. 仅包括直接行为不包括间接行为

此处容易产生混淆的是，国家宏观调控的行为是否也属于行政规制行为。对此，人们一直存有相当争议。尤其在我国，一直极其重视运用公权力来规制市场活动，国家宏观调控面相当广。特别是从中央

① 王俊豪著．政府管制经济学道理［M］．北京：商务印书馆，2001：2。

② 韩龙．防范金融风险和危机：金融法之重任［J］．金陵法律评论，2009年秋季卷。

到地方的各级政府机关几乎都有监管权力。而类似国家发改委之类的机关，既拥有宏观政策调控的职能，也同时具有具体的监管职能。在实践中，往往会导致宏观调控和微观干预行为之间含糊不清。有些学者据此认为，行政监管本身就包括了宏观调控。国外学者也有持此种观点。《新帕尔格雷夫经济学大辞典》给出的一种解释即“在经济政策领域，按照凯恩斯主义的概念，管制是指通过一些反周期的预算或货币干预手段对宏观经济活动进行调节”。①有些学者则认为，行政规制中不应该包括宏观调控行为：“政府监管是政府行政组织在市场机制的框架下，为矫正市场失灵，基于法律制定的相关规范标准，对市场主体的经济活动以及伴随其经济活动而产生的社会问题进行的微观层面的干预和控制活动”②；“政府互补的‘两只手’相辅相成地纠正市场失灵：一是宏观调控从宏观经济和国际经济视角纠正国内市场宏观失灵和国际市场失灵对宏观经济的消极影响；二是政府规制从微观视角纠正国内市场微观失灵和国际市场失灵对国内产业和民族企业的损害”。③

在此，笔者认同学者江必新将宏观调控排除在行政规制行为之外，主要基于以下考量：

（1）尽管为了顺应时代变化，行政规制行为方式已经发生了诸多拓展。但作为广义行政行为体系中涵盖的其中一部分，其内涵和外延不应做无限延伸。若过于削弱其本身应具有的法律属性，将极易导致在执行过程中的异化，成为权力滥用的根源。“规制”一词本身就凸显了它应该是基于法治的背景、是有规可循的管制活动。而宏观调控主要是国家通过运用财政金融等政策，来引导市场主体的行为，达成一定的市场目标。其政策性强，也即意味着可以根据国家宏观经济以及市场情形的变化，非常灵活地采用相应的手段，很少有制约性。且对于市场相对方来说，也少有救济的途径。这和行政行为本身旨

① ［英］约翰．伊特韦尔，默里．米尔盖特，彼得．纽曼．新帕尔格雷夫经济学大辞典（第四卷）［M］．许明月译．北京：经济科学出版社，1996：135。

② 马英娟．监管的语义辨析［J］．法学杂志，2005（9）。

③ 王健，王红梅．中国特色政府规制理论新探［J］．中国行政管理，2009（3）。

趣很有差异。因此，笔者认为应该将规制限定在不包括宏观调控在内的通过有关规则、政策等直接作用于规制对象，规范和引导其行为。

（2）宏观调控和行政规制的聚焦点不同。行政规制虽然包括行政立法行为，但更强调一种微观性，也即通过制定相应的法规、规章、规则、政策，最终要直接作用于被规制的市场主体，也即其具体执行方式是根据上述制定出来的法规、规章、规则、政策，直接作用于被规制主体，管理和监督其行为是否符合相应的法规、规章和规则和政策。若有违反，则会导致产生相应的惩罚措施。而宏观调控则更强调一种宏观性，通过灵活多变的政策，作用于整个市场，寄希望该政策本身就能够发挥作用，改变和影响相应经济主体的行为。宏观调控并不直接管理和监督被规制对象的市场行为，也并不对违反市场相应规则的被规制对象直接采取惩戒措施。两者特点迥异，若都被纳入行政规制范围，则会导致对行政规制的研究方法和侧重点上的偏离。

（3）将宏观调控纳入行政规制，则会在研究范围上过于广泛而弱化对具体规制方式的研究，最终必然会导致无法对具体规制方式进行深入透彻的研究，专业性削弱。而我国目前正处于经济结构调整的过程之中，将行政规制的研究聚焦于更直接影响市场主体的权利和利益，更具有现实意义。

（三）金融信息披露行政规制行为概念及属性

依据行政规制的概念，金融信息披露行政规制行为可以被界定为金融规制领域行政主体所采取的，直接影响金融市场主体进行市场交易以及与此相关的做法和事务中重要信息的披露行为，设立规则、制定政策、实施干预措施等行政活动的总称。其既包括消极的限制性规制行为，又包括积极的引导性规制行为，作为一种综合性的行政活动，可以被归入广义的行政行为概念的体系之中。

金融信息披露行政规制行为从属于整个行政规制行为体系，同样包括以下三种类型：（1）制定行政法规、规章等规范的行为；（2）制定相关具体政策的行为；（3）具体的干预行为。也即，既包括抽象行为也包括具体行为，基于以上所列举的行政规制行为不宜包括宏观调控类的间接行为的理由，此处金融信息披露行政规制行为的范围也限于直接行为，从而保证整个行政规制行为体系逻辑的自洽和一体性。从研究方法和研究对象上来说，也更容易抓住重点，避免不必要的混淆。

二、金融信息披露行政规制行为类型阐述

各国行政规制权力的配置、结构和运行方式存在差异，由此决定了在各具体领域的行政规制行为从概念的界定上、行为的属性上以及所包括的具体类型上都有所差异。比如美国行政规制机构是根据三权分立的理念进行设置，通常直接依法设立，直属总统，拥有很强的独立性和权威性，有固定的任期，非因法定事由不得被罢免。此类机构通常集准立法权、行政权和准司法权于一体，权限非常广泛。而我国相对来说，行政规制机构的独立性较低，由此行政规制行为的具体范围和内容上自然和其他国家有所不同。但随着各国社会和经济体制的改革，基本上世界各国在行政规制行为的类型上，从宽泛的角度而言，都大致趋同。

（一）制定规范性文件及政策的抽象行政行为

从国外和我国的实践来看，无论是美国的专门的金融领域行政规制主体还是我国该领域行政规制主体，其行政规制行为中都基本包括制定行政法规、规章等规范性文件以及政策类的抽象行政行为。

1. 美国金融领域行政规制主体信息披露规制中的抽象行政行为

（1）以美国证券交易委员会为例

《美国1933年证券法》第19（a）条规定："为实施本法各项条款，证券交易委员会有权随时根据需要制定、修订、废除相关规则和条例，包括适用于各种不同种类的证券和发行人的注册说明书及招股书的条例和规则，以及用于定义本法中使用的会计、技术和贸易术语的条例和规则。除其他事项外，为本法之目的，证券交易委员会有权规定列明所需信息的表格，有权规定资产负债表和利润表中需显示的项目及细节，并有权规定编制账户、资产与负债评估或估价、确定贬值和损耗、区分经常性收入与非经常性收入、区分投资收入与营业收入以及（在证券交易

委员会认为必要或需要时）编制直接或间接控制发行人、被发行人控制或与发行人一起直接或间接受共同控制的任何人的合并资产负债表或损益账户时需遵循的具体方法。”[①] 在19（b）条规定了证券交易委员会有权可以确认“普遍公认”的会计准则的具体条件。[②]

有关SEC可以制定相关证券领域监管规则和条例的权力，在美国证券法体系中多有涉及，例如“为维护公平、有序的市场、保护投资者和公共利益或以其他方式促进本法之目的，证券交易委员会可通过规则或条例就向任何证券提供非上市交易特权规定其他必要或适当的程序或要求”[③] 等等，在此不一一赘述。由此可见，美国证券交易委员会作为证券业最为重要的监管机构，在行使包括信息披露的行政规制权时，根据美国相应证券法律的授权，可以制定一系列为监管所需要的规则和条例以及其他标准。此外，SEC还可以授权自律组织就其主管权范围内的事务的规则制定权力。[④]

（2）以美国联邦储备委员会为例

上文提及《多德—弗兰克法》中对美国金融监管体系的重大改革时，述及该法案大大加强了美联储对金融机构的监管权。

该法案第604条废除了由《1999年金融服务现代化法案》增加到《1956年银行控股公司法》中的第10A条，即限制美联储对被功能监管的子公司不安全、不稳健经营行为的执法权和对这些子公司的审慎规制制定权，并且规定美联储在对以上公司制定审慎规则时，不需要征求该子公司的主要联邦和州监管机构的意见。[⑤] 法案第616条明确授权美联储制定关于银行控股公司资本要求的命令和条例。

以上规定赋予了美联储在进行对金融机构监管时，可以通过制定相应规则和条例的规制行为来达到监管目的的权限。

---

① 参见《美国1933年证券法》第19（a）条。

② 同上。

③ 参见《美国1934年证券交易法》第12（f）条。

④ 《美国1934年证券交易法》第17条（d）款中规定，SEC“在自律组织之间分配与无此分配时该自律组织根据本法分享其主管权的事务有关的规则制定权力”。

⑤ 参考刘士余主编．美国金融监管改革概论——《多德—弗兰克华尔街改革与消费者保护法案》导读［M］．北京：中国金融出版社，2011：60。

（3）以消费者金融保护局为例

《多德—弗兰克法》的第十章设立了消费者金融保护局，该局将承担大部分原先由银行业监管机关以及其他监管机关承担的消费者金融服务的监管职能，其中很重要的即为提高市场的透明度来保护消费者的合法权益。该法案规定消费者金融保护局可以制定有关消费者金融产品信息披露的新规则并发布示范格式。此外，消费者金融保护局宽泛的规则制定权还体现在其具有解释在消费者金融方面的联邦立法的职能，包括新制定的法案和以前指定的众多的法律。在通常情况下，消费者金融保护局也可以通过解释上述法律的方法来制定新的规则。

所有消费者金融保护局制定的规则，除非有其他的监管者提出不合法的异议的情形，否则都将被强制执行。而根据法案的1023条规定，消费者金融保护局在制定相应规则时，虽然需要和联邦审慎监管机关协商，但联邦审慎监管机关并不能阻止和直接影响消费者金融保护局的规则制定，只能在获得金融稳定监督委员会（FSOC）2/3多数的情况下暂缓执行或者驳回该规则，且该程序实施非常复杂，包括FSOC的成员机构先就规则举行公众听证，还必须基于规则“将威胁美国银行系统的文件或美国金融稳定”的前提上。即使经过2/3多数的同意，这一决议还需要经过司法复核程序。① 由此可见，对消费者金融保护局制定规则的权限很难进行制约。

2. 欧盟金融领域行政规制主体信息披露规制中的抽象行政行为

前文在述及欧盟金融领域行政规制主体时提到，金融危机后，欧盟对原来的四个层级的金融监管体系进行了改革，最终设立了两个新的机构来加强对于金融领域的监管。这两个机构分别为欧洲系统性风险委员会②和

① 参考刘士余主编．美国金融监管改革概论——《多德—弗兰克华尔街改革与消费者保护法案》导读［M］．北京：中国金融出版社，2011：227－228。

② 2010年11月24日，欧洲议会和欧盟理事会通过《欧洲议会与欧盟理事会关于欧盟对金融系统的宏观审慎监控以及设立欧洲系统性风险委员会的第1092/2010号（欧盟）条例》（简称第1092号条例）；2010年11月17日通过《欧盟理事会关于赋予欧洲中央银行有关欧洲系统性风险委员会运行方面的特定职责的第1096/2010号（欧盟）条例》（简称第1096号条例）。

欧洲金融监管机构体系①。欧洲系统性风险委员会主要负责从整个欧盟层面上评估以及监控系统性风险。欧盟金融监管体系并非一个单独设立的机构，而是由各个成员国国内的金融监管机构和新设的欧洲金融监管机构组成。新设的欧洲金融监管机构由原先的第三层级欧洲银行业监管机构委员会、欧洲证券业监管机构委员会和欧洲保险与职业养老金监管机构委员会转化而来，但其名称有所变化，分别为欧洲银行业管理局（European Banking Authority）、欧洲证券与市场管理局（European Securities and Markets Authority）以及欧洲保险与职业养老金管理局（European Insurance and Occupational Pensions Authority）。下文就这新设的欧盟层面的金融领域的监管机构的行政规制中的抽象行为权限进行简要介绍。

（1）欧洲银行业管理局

根据《欧洲议会与欧盟理事会第1093/2010号（欧盟）条例》第8条，欧洲银行业管理局促进"制定高水平的通用的规制与监管方面的标准和实践，特别是通过向欧盟机构提意见以及通过制定指引、建议以及起草以第1条第2款中的框架立法为基础的监管性和施行性技术标准草案"；"组织和开展主管部门的同行审评分析，包括发布指引和建议以及识别最佳实践，以加强监管结果的一致性"；"为濒临倒闭的金融机构指定清盘方法并制定评估对适当融资工具之需求的方法"；在该条例第9条规定，欧洲银行业管理局为提升欧盟内部市场的消费金融产品或服务的透明度，应"制定行业培训标准"以及"致力于通用披露规则的制定"。②

---

① 2010年11月24日，欧洲议会和欧盟理事会通过《欧洲议会与欧盟理事会设立欧洲监管机构欧洲银行业管理局并修正第716/2009/EC号决定和废止欧盟委员会第2009/78/EC号决定的第1093/2010号（欧盟）条例》（简称第1093号条例）；2010年11月24日，欧洲议会和欧盟理事会通过《欧洲议会与欧盟理事会设立欧洲监管机构欧洲保险与职业养老金管理局并修正第716/2009/EC号决定和废止欧盟委员会第2009/79/EC号决定的第1094/2010号（欧盟）条例》（简称第1094号条例）；2010年11月24日，欧洲议会和欧盟理事会通过《欧洲议会与欧盟理事会设立欧洲监管机构欧洲证券与市场管理局并修正第716/2009/EC号决定和废止欧盟委员会第2009/77/EC号决定的第1095/2010号（欧盟）条例》（简称第1095号条例）。

② 参见《欧洲议会与欧盟理事会第1093/2010号（欧盟）条例》第8条第9条相应规定。

（2）欧洲证券与市场管理局

根据《欧洲议会与欧盟理事会第1095/2010号（欧盟）条例》第8条，欧洲证券与市场管理局促进“制定高水平的通用的规制与监管方面的标准和实践，特别是通过向欧盟机构提意见以及通过制定指引、建议以及起草以第1条第2款中的框架立法为基础的监管性和施行性技术标准草案”；“组织和开展主管部门的同行审评分析，包括发布指引和建议以及识别最佳实践，以加强监管结果的一致性”；在该条例第9条规定，欧洲证券与市场管理管理局为提升欧盟内部市场的消费金融产品或服务的透明度，应“制定行业培训标准”以及“致力于通用披露规则的制定”。①

（3）欧洲保险与职业养老金管理局

根据《欧洲议会与欧盟理事会第1094/2010号（欧盟）条例》第8条，欧洲保险与职业养老金管理局促进“制定高水平的通用的规制与监管方面的标准和实践，特别是通过向欧盟机构提意见以及通过制定指引、建议以及起草以第1条第2款中的框架立法为基础的监管性和施行性技术标准草案”；“组织和开展主管部门的同行审评分析，包括发布指引和建议以及识别最佳实践，以加强监管结果的一致性”；在该条例第9条规定，欧洲保险与职业养老金管理局为提升欧盟内部市场的消费金融产品或服务的透明度，应“制定行业培训标准”以及“致力于通用披露规则的制定”。②

以上均为欧盟层面金融监管机构为监管市场主体的需要，可以从事制定相应规范性文件的抽象行为的具体规定。

3. 我国金融领域行政规制主体信息披露规制中的抽象行政行为

我国金融领域的行政规制主体主要为“一行三会”，其规制权限中都明确规定了可以制定相应的规章、规制和办法。例如，中国人民银行的职能中明确规定“起草有关法律和行政法规；完善有关金融机构运行规则；发布与履行职责有关的命令和规章”；“制定和组织实施金融业

① 参见《欧洲议会与欧盟理事会第1095/2010号（欧盟）条例》第8条、第9条相应规定。

② 参见《欧洲议会与欧盟理事会第1094/2010号（欧盟）条例》第8条、第9条相应规定。

综合统计制度，负责数据汇总和宏观经济分析与预测”。银监会的职责中明确包括“依照法律、行政法规制定并发布对银行业金融机构及其业务活动监督管理的规章、规则”；“依照法律、行政法规制定银行业金融机构的审慎经营规则”。证监会的职责中同样明确包括“研究和拟订证券期货市场的方针政策、发展规划；起草证券期货市场的有关法律、法规，提出制定和修改的建议；制定有关证券期货市场监管的规章、规则和办法”。保监会的职责之一即为“拟订保险业发展的方针政策，制定行业发展战略和规划；起草保险业监管的法律、法规；制定业内规章”；“制定保险行业信息化标准；建立保险风险评价、预警和监控体系，跟踪分析、监测、预测保险市场运行状况，负责统一编制全国保险业的数据、报表，并按照国家有关规定予以发布。”

由此可见，我国金融领域主要的行政规制主体在进行市场规制时，根据授权，可以制定相应的规范性文件，来调整被监管主体的市场行为，其中也包括对金融信息披露方面的相应规制。例如2007年1月30日公布的《上市公司信息披露管理办法》为我国证券业信息披露规制的重要文件，就是由中国证券监督管理委员会根据《公司法》《证券法》等法律、行政法规制定的。

（二）具体干预行为

除了通过制定相关的行政法规、规章等规范性文件以及政策的抽象行为之外，金融行政规制主体若要实现监管目标，必须要能够拥有足够的具体监管权，能够对被监管机构实施一系列的具体干预措施，才能真正将法律和其他规范性文件中制定的具体标准落实到位，保障市场的健康运行，否则无异于纸上谈兵。因此，各国的行政规制主体都被赋予了行使具体干预措施的权限和职责，金融领域的行政规制主体也概莫能外，其有权进行包括信息披露行政规制的具体干预措施，来改进金融市场上信息不对称现象，提高金融消费者对市场的信心，保证市场的正常运行。

1. 美国金融领域行政规制主体信息披露规制中的具体干预行为

（1）美国证券交易委员会

（a）调查权和裁量权：《美国1933年证券法》第20条规定，无论是否曾接到投诉，证券交易委员会或认为某人已经违反或即将违反本法规定或根据本法授权制定的任何规则或条例的规定，则可酌情决定要求或允许该人以书面形式、宣誓或其他方式就与违法事项有关的、其认为予以调查符合公共利益的所有事实和情况提交说明，并可对该事实进行调查。[①]《美国 1934 年证券交易法》第 21（a）条规定，证券交易委员会可以酌情决定进行其必要的调查，并且有权自行裁量是否公布与其所掌握的违法行为有关的信息，以及自行裁量是否需要对有关事实进行调查，以协助执行相关规则或者条例，或者获取作为与本法所涉事项有关的进一步立法建议依据的信息。[②]

（b）禁制权：《美国 1933 年证券法》第 8A（a）条规定，证券交易委员会可以要求某人停止实施或引起违法行为，还可以要求其按照证券交易委员会在命令中规定的具体条款和条件及期限遵守或采取符合该规定、规则或条例要求的措施。在行使该制止权的程序中，还可以发布要求查账和追缴非法所得的权力，且可以签发命令，附带条件或无条件或在其决定的期限内禁止相关人员出任发行人高管人员或者董事的权力。[③]

（c）临时命令：《美国 1933 年证券法》第 8A（c）条规定，证券交易委员会若确定在发起第 8A（a）条程序通知中，有关被违法行为或违法威胁或其继续可能会造成重大损害时，可以发出临时命令，要求应答人停止违法或违法威胁，并且在该程序结束前采取其认为适当的行动，以防止造成重大损害。[④]

（d）调查权的司法执行：《美国 1934 年证券交易法》第 21（c）条规定任何人藐视或者拒不遵守向其发出的传票，证券交易委员会可求助相应美国法院，要求证人出庭、作证以及出示账簿、证件、通信、备忘录或者其他记录。[⑤]

（2）美国联邦储备委员会

（a）检查权：例如《多德—弗兰克法》第 604 条规定，美联储有

---

① 参见《美国 1933 年证券法》第 20 条。

② 参见《美国 1934 年证券交易法》第 21（a）条。

③ 参见《美国 1933 年证券法》第 8A 条。

④ 参见《美国 1933 年证券法》第 8A（c）条。

⑤ 参见《美国 1934 年证券交易法》第 21（c）条。

权对任何银行控股公司及其子公司，包括对存款类子公司和已被功能监管的子公司，进行直接检查并且获知有关业务性质、财务状况、运营、财务和其他风险等情况。①

（b）报告权：美联储有关要求银行控股公司及其子公司直接向其提供财务状况、风险控制、与存款类子公司交易、遵守有关法律等方面的报告，只是要求美联储必须尽量使用银行控股公司及其子公司已向联邦监管机构提供的报告和其他监管信息、外部审计报告、公开信息以及其他可以从其他联邦和州监管机构获得的信息。

（c）执法权：美联储有权对被功能监管的子公司不安全、不稳健的经营行为进行相应的执法行为。②

（3）美国消费者金融保护局

美国消费者金融保护局设立的目标非常清晰，即要为所有的金融消费者都能够创造一个公正、透明和有竞争力的金融市场环境，保障金融消费者的合法权益。为了实现上述目标，《多德—弗兰克法》在设置该机构时，授予其一系列职权来保障该目标的实现。涉及到具体的干预行为主要有以下方面：

（a）实施金融教育计划，以保证消费者能够更好的理解他们拥有的权利，从而可以更好地做出他们的选择。

（b）对投诉进行受理、调查和回应。在处理投诉事项时，金融消费者机构有权向其职权范围内的被投诉的金融机构获取相关信息，进行调查，并且要求其尽快作出相应答复。

（c）监管权。消费者金融保护局作为所有消费者金融市场的监管者，拥有获取所需要信息的所有权力。如果该权力在执行过程中，遇到被监管机构的藐视和不遵守的情形，该被监管机构可能面临起诉并受到相应的处罚。

（d）执行权。消费者金融保护局可以通过民事或者刑事诉讼的方式对被监管者强制执行监管规则。法案为了保障消费者金融保护局的执

① 参见刘士余主编．美国金融监管改革概论——《多德—弗兰克华尔街改革与消费者保护法案》导读［M］．北京：中国金融出版社，2011：60。

② 同上。

行权，规定了“以欺诈或者教唆等方式违反消费者金融规则的行为”为犯罪行为；此外，消费者金融保护局有权禁止不公正或者欺诈性的活动。①

2. 欧盟金融领域行政规制主体信息披露规制中的具体干预行为

新设立的三个欧盟层面的监管机构——欧洲银行业管理局、欧洲证券与市场管理局以及欧洲保险与职业养老金管理局具有法人地位，在各个成员国内部享有相应的民事能力，主要作用在于收集各成员国内部金融机构微观审慎方面的监管信息，从而进一步加强各成员国监管机构之间的信息交流及监管合作。从设立以上三个监管机构的欧盟第 1093、第 1094、第 1095 号条例来看，新设的欧洲监管机构并没有被授予对成员国或者金融机构直接的监管权，但是在特殊情形下，它们有权对成员国和金融机构作出决定，要求后者采取必要的行动，且对于成员国之间的监管机构间的冲突可以进行法律仲裁。因此，有关其具体干预行为，主要体现在以上三部条例第 18 条“紧急情况下的行动”的规定之中。根据条例规定，以上三个监管机构在如果发生可能严重危害欧盟金融市场有序运行和诚信度或整个或部分欧盟金融系统稳定的不利变化状况，应积极促进并在其认为必要时协调相关的国家级监管主管部门采取的任何行动。若国家级监管主管部门在规定的时限内没有遵守欧盟层面以上监管机构的决定时，则该监管机构可以对金融机构作出个别决定，要求其采取必要的行动（包括停办任何业务），前提是欧盟该监管机构通过的相关监管性技术标准和实时性技术标准的相关要求能够直接适用于金融机构。当然，为了避免过强干涉到欧盟各国的国家主权，以上规定必须要满足一定的条件：即只有在该国的主管部门并没有适用根据欧盟框架立法通过的相关监管性技术标准和实施性标准，或者似以明显违反欧盟法律的方式适用，并且有必要做出紧急补救以恢复欧盟金融市场的有序运行和诚信度或整个或部分欧盟金融系统的稳定。②

① 参考刘士余主编．美国金融监管改革概论——《多德—弗兰克华尔街改革与消费者保护法案》导读［M］．北京：中国金融出版社，2011：227－230。

② 参见《欧洲议会与欧盟理事会第 1093/2010 号（欧盟）条例》、《欧洲议会与欧盟理事会第 1094/2010 号（欧盟）条例》、《欧洲议会与欧盟理事会第 1095/2010 号（欧盟）条例》中第 18 条规定。

此外，在各成员国的主管部门层面，有广泛的直接进行执法的权力。例如在证券信息披露行政规制中，主管部门在收到招募说明书之后，有权要求发行人、要约人或请求获准在受监管市场交易其证券的人在招募说明书中添加补充信息；在有合理怀疑时，可以在一段时间内暂停证券公开发行或交易准入，禁止或者暂停广告；在认定指令遭到怀疑时，禁止证券在受监管市场进行交易；在证券获准交易之后，有权要求发行人披露所有有关证券评估的重大信息；认为发行人的交易会对投资者造成损害时，可以暂停或者要求相关受监管市场暂停证券交易；有现场检查的权力。①

3. 我国金融领域行政规制主体信息披露规制中的具体干预行为

（1）中国银行业监督管理委员会

（a）监管权：银监会的职责中明确规定其可以对银行业金融机构的业务活动及其风险状况进行非现场监管。

（b）现场检查权：银监会有权对银行业金融机构的业务活动及其风险状况进行现场检查，制定现场检查程序，规范现场检查行为。

（c）查询及冻结权：银监会有权对涉嫌金融违法的银行业金融机构及其工作人员以及关联行为人的账户予以查询；对涉嫌转移或者隐匿违法资金的申请司法机关予以冻结。

（d）撤销及取缔权：银监会有权对有违法经营、经营管理不善等情形银行业金融机构予以撤销；对擅自设立银行业金融机构或非法从事银行业金融机构业务活动予以取缔。

（e）接管或促成机构重组权：银监会对已经或者可能发生信用危机，严重影响存款人和其他客户合法权益的银行业金融机构实行接管或者促成机构重组。②

（2）中国证券监督管理委员会

（a）监管权：证监会对证券期货市场实行集中统一监管，包括证券的发行、上市、交易、托管和结算过程中相关的有关证券业机构及

① 参见《欧洲议会与欧盟理事会第 2003/71/EC 号指令》第 21 条。

② 具体请见中国银行业监督管理委员会官网有关其职能的简介：http://www.cbrc.gov.cn/chinese/yjhjj/index.html。

其活动的一系列具体监管的权力，其中也包括监管证券期货信息传播活动，负责证券期货市场的统计与信息资源管理。中国证监会可以要求上市公司及其他信息披露义务人或者其董事、监事、高级管理人员对有关信息披露问题作出解释、说明或者提供相关资料，并要求上市公司提供保荐人或者证券服务机构的专业意见，且可以要求该保荐人或者证券服务机构就有关文件作出解释、补充，并调阅其工作底稿。被监管人员应当要根据证监会要求及时作出回复，并且配合。①

（b）从业资格审批权：证监会会同有关部门审批会计师事务所、资产评估机构及其成员从事证券期货中介业务的资格，并监管律师事务所、律师及有资格的会计师事务所、资产评估机构及其成员从事证券期货相关业务的活动。

（c）调查及处罚权：证监会有权依法对证券期货违法违规行为进行调查、处罚。② 例如《上市公司信息披露管理办法》中第 59 条规定，“信息披露义务人及其董事、监事、高级管理人员、上市公司的股东、实际控制人、收购人及其董事、监事、高级管理人员违反本办法的，中国证监会可以采取以下监管措施：（1）责令改正；（2）监管谈话；（3）出示警示函；（4）将其违法违规、不履行公开承诺等情况记入诚信档案并公布；（5）认定为不适当人选……”；该《管理办法》第 60 条规定，“上市公司未按本办法规定制定上市公司信息披露事务管理制定的，中国证监局责令改正。拒不改正的，中国证监会给予警告、罚款”。③

（3）中国保险业监督管理委员会

其具体干预行为类型基本上同中国证券监督管理委员会，故此不再赘述。

---

① 参见《上市公司信息披露管理办法》第 57 条。

② 具体请见中国证券监督管理委员会官网有关其职能的简介：http：//www. csrc. gov. cn/pub/zjhpublic/G00306215/200804/t20080430_ 246994. htm。

③ 参见《上市公司信息披露管理办法》第 59、60 条。

第二节　金融信息披露行政规制行为的创新与发展

一、金融行政规制行为创新与发展概述

在金融领域的复杂性和专业性面前，总是会遇到认知不足与判断缺漏的困难。金融风险的高发性，使得传统的行政方式在其面前受到经验不足以及预期不足的局限。当存在经验不足的困难时，法律体系中原本熟稔的法律概念的功能就会随之削弱，从而导致结果的可预期性和决定的透明性也相应地削弱。传统行政法是基于较为确定的事实和评价的基础之上。当这些事实不再确定，评价变得模糊时，相应的决策理性就需要重新进行界定。由此，行政行为的明确性要求以及存续力要求就会无法适用。“风险乃具有多面向意义的概念，其受可被预测的危险范围、危险计算时与认知程度相关之不确定因素以及错误预测下可能产生的后果代价等之影响”。[①] 风险所带来的最大的不确定因素就是一种未知性。在一切未知的事物面前，人类的理性就会显得渺小很多。然而，人类社会的进步也是在未知中不断进行探索，并不断克服可能存在的风险，以期获得更大的进步。这种风险的探索不应该作为一个封闭的过程，而需要相关领域的更多人集思广益，以其体验、评价以及可能采取的措施进行分享和合作，才能获得行政进行干预所需要的信息。行政规制方式也正是在此基本理念之下，随之进行创新。这种创新正是为了适应不断变化的现实，减少未知的风险性，并且更大程度上将新出现的情况纳入到原有的体系之中，而不应与既有的法律架构产生一种决裂。法治社会的制度应该具有这样一种适应力，能够在纷繁复杂的社会现实和不断变化的新情况之中，能够实现持续性的变迁。

关于法律面对未知性产生的反应，可以借用 Arno Scherzberg 对之进行的归纳，其将之从体系上加以划分，认为可以分为四种反应：

---

① Scherzberg，VerwArch 1933，S. 484（498）.

（1）弹性化与暂时性处理：例如制定暂时性规范、附变更保留的规范、赋予观察义务；

（2）将法律去实质化：立基于知识水平的技术条款（“知识与技术水准”），其不属于国家法律制定的范畴；

（3）决定权限的授予：扩大行政机关之任务，授权其制定规则并负责执行、改变对法明确性的要求；

（4）决定做成的程序化：不同于法律保留的程序性保障，将程序视为一种“社会理解的过程”。①

如果用简单的语言来概括，也就是在面临不确定风险的处理时，行政需要（1）更多的灵活性；（2）对专业知识技术更强的依赖性；（3）更大的自主性；（4）更强调决定形成的程序性。

二、金融信息披露行政规制行为的发展趋势

新兴的行政规制行为和传统的行政规制行为之间并没有本质的冲突。行政规制行为既然归属于广义的行政行为体系之中，原则上应该符合行政行为最为核心的标准——合法性。这种合法性是作为法治国行政最为支柱性的要素，意味着在任何情况下都不应该违反法律优位、法律保留的原则。笔者认为，这些新兴的行政规制行为不应违背以上原则，否则就失去可以被纳入法治国法秩序下的最为基本的条件。它们与传统的行政规制行为相比，不再只是单向的服从和隶属关系，而是更为讲求在一个较为对等的形式下，通过更多地沟通和协作，在分歧中寻求共识，以增进各方利益的平衡。这些新兴的行政规制行为之所以出现，不仅仅因为其顺应现代社会的专业化、复杂化、风险性剧增的特征，使得行政在管制的同时需要追求整体社会福利最大化的目标，还因为这些创新的行政规制行为都从某种层面以及某种程度上体现了法治社会的民主性原则。而这也从另一个维度上增加了行政规制行为的正当性。具体表现为：

---

① 转引［德］施密特．阿斯曼著．秩序理念下的行政法体系建构［M］．北京：北京大学出版社，2012：154. 该段引用来自：Engel/Halfmann/Schule，Wissen-Nichtwissen-Unsicheres Wissen，S. 113（124 ff. ）。

1. 增进行政规制行为的可接受性。一方面来看，新兴的行政规制行为通常都很少强制性，但强制性和可接受性并不等同，而且更多时候，随着现代民主法治社会个人意识的增强，这两者之间是一种负相关的关系。因而，更少强制性的新兴的行政规制行为由于形式上更为平等，信息上更为畅通，过程中体现出更多的尊重及合作，反而从行为效果上更具有可接受性。但这里需要提请注意的是，可接受性并不能构成行政规制行为的独立性标准，也即，不能因为追求相对方的可接受性，而将行政规制行为需要遵循法的拘束放置次位。一个能够被更好接受的行政规制行为，更能体现出行政的正当性，但正当性更多来自于合法性。这几者之间的位阶顺序不应混淆，否则就会本末倒置而背离了法治理念。

2. 扩大行政规制行为的参与度。这种参与度体现在有利害关系者能够依照事先制定的程序和方式来参加到某种决定的形成过程之中。参与本身就是民主原则的重要实现途径之一。针对不同的领域和任务的特点，参与者的范围以及参与的程度有很大的区别。“有利害关系者”这几个字究竟包括哪些个人或者群体？“参与”究竟只是在程序中可以陈述自己的立场，还是应体现一种开放的、真正倾听应纳入考虑衡量中的利益结构？笔者认为从法治国法的明确性理念出发，应该遵循特定的法规范的规定，才不至于在具体面对本身就复杂且存有诸多不确定性的行政领域时，行政裁量权力过大而不受拘束，导致对公民利益的损害以及对整个法秩序的动摇。民主有“质”与“量”两个层面，从“量”角度来说，最为广泛的民主自然是公众参与。而从“质”的角度来看，参与不仅是一种形式上的要求，更需要在最终行政决定上能够体现出相关参与者的影响力。参与度需要考虑和衡量多种因素，除了在行政权力与公民权利之间需要衡量之外，更需要仔细衡量民主和效率这对关系。传统的行政规制行为更为倚重的是权力，更为追求的是效率。而新兴的行政规制行为在参与度上有广度和深度的提高，体现了随着人类社会进入民主法治国后治理思维的转变。

3. 提升行政规制行为的公开性。这是指新兴的行政规制方式中更多将涉及相关利益影响者乃至大众的信息予以公开，保密的事项以及保密的期限等方面都较之以往有很大程度的放开。这并非是公权力的削弱，而是随着公共行政理念的转变，在行政规制行为上也体现出相应的转变。这种公开，能够增进与相对方的沟通性，也标志了现代公共行政在责任领域意识的增强，真正朝民主法治国的方向迈进。

由此，行政规制行为不应该仅仅局限于规制主体如何用高权性行为去进行管制。笔者认为，在金融信息披露行政规制领域，尤为如此。整个规制的过程涉及到不同的组织，例如金融机构、政府部门、自律组织、经纪商和交易商、专业机构投资者、普通金融消费者等等，关系错综复杂，形成一个互相牵连的大的网络。因此，若要完成规制任务，实现规制行为有效性的目标，必须要关注整个过程中市场主体、监管主体之间的互动和反馈。只有当该信息披露的行政规制行为真正能够洞察被监管主体的行为动机，契合该事件发生背后动因的刺激因素，才可能使管制真正发挥深层次的效力。而高权性的规制行为此时必须和其他的管制方式相互协调，才能够进一步提升管制的功能。现今世界一些国家金融行政规制领域，也逐渐出现了以下发展趋势。

（一）合作协商模式的兴起

这种行政规制方式体现了民主法治国中，行政法整体理念的转化。早先行政和公民之间的关系只是单纯的管理与被管理的关系，公民相对于国家行政而言，处于一种下属地位。而今，虽然国家权力仍然具有高权特征，但是行政与公民之间的关系及其行使的方式发生了改变，逐渐强调从民主参与的形式程序中获得更多的正当性，也即在行政法中必须体现出现代民主国和法治国的精神和理念。民主意味着一国的国民拥有自我决定自我统治的形式，拥有可以平等参与的权利，并且需要建构和遵守体现民主的形式和程序；法治意味着所有的民主原则和理念是经由法来体现和进一步地开展。所以才逐渐出现了这种将行政决定置于言谈理性之下，形成一种有秩序的交流和协商的平台，从而使得行政规制主体和相对方之间可以形成一种更为持续性的关系。在某些领域中的规则制定程序中，也引入了行政机关、专家以及相关的利益群体代表进行协商，且协商的结果可以最终能够体现在新制定的程序之中。在该模式之下，除了约束力较低的协商和商议的形式之外，更注重在若干规制领域构建一种综合性的谈判体系，让个别行政决定不再是以一种上级和下级的命令方式作出，而是在合作型的程序中达成。对于这种新兴行政规制方式，不仅仅是一种来自理念上的支撑，也确实在实践中逐渐提升一国公共行政的效率，促进公共行政效能的发挥。因此，这种方式逐渐成为现代国家在面临更多不确定性以及更大风险的领域而需要进行干预时的重要方法。在金融市场，我们看到，为了取得更好的执行效果，和被管制方事先进行更多的沟通，从而能够就该干预领域了解更为深刻，也取得相对方的同意和理解，以期达到事半功倍的效果。

《欧洲议会与欧盟理事会第2003/6/EC号指令》（关于内幕交易和市场操纵）中第（36）项说明中，明确指出，为更好地实现证券业的监管，各成员国需要指定单一的主管部门来负责对本国的证券市场上的合规情况进行监管。该主管部门“应对国内立法可能发生的变更做好充分的咨询安排，如设立由发行人、金融服务供应商及消费者代表组成的咨询委员会，以充分了解其意见和关注的问题”。[①]《欧洲议会与欧盟理事会第1092/2010号（欧盟）条例》中第（29）项说明中指出：“市场参与者能够对理解金融系统的发展提供有价值的信息。因此，适当时，在由欧盟委员会或欧盟立法所确立的金融服务领域里，欧洲系统性风险委员会应征求私营部门利益相关者的意见，包括金融行业代表、消费者协会、用户小组在内，并给与其发表意见的公平机会”。[②]《美国1934年证券交易法》第11A（a）款第（3）项下规定，为促进全国证券市场系统的建立，证券交易委员有权根据《联邦咨询委员会法》建立一个或一个以上的咨询委员会，并聘用一名或一名以上的外部专家。依据该法同条（d）款设立全国市场咨询委员会，15名委员需要有地域的代表性，包括与经纪商和交易商关联的人以及与之没有关联的公众代表，而公众代表在可能的限度内拥有相应美国证券市场的知识。该咨询委员会可以就证券市场建立、运营和监管等广泛方面提出建议和观点，且为履行其职责，咨询委员会应与自律组织、经纪商、交易商、证券信息处理人、证券发行人、投资者、政府机关的代表以及其他有关人员或可能参与全国市场体系建立、运营和监管的其他人员进行协商。[③]《欧洲议

① 参见《欧洲议会与欧盟理事会第2003/6/EC号指令》中第（36）项说明。

② 参见《欧洲议会与欧盟理事会第1092/2010号（欧盟）条例》中第（29）项说明。

③ 参见《美国1934年证券交易法》第11A条（a）款以及（d）款规定。

会与欧盟理事会第2004/109/EC号指令》第（26）项说明中提到，为了进一步简化投资者在各成员国可以方便地查阅到相关公司披露的信息，各国家层面上的监管机构应该与其他所涉当事方（特别是证券发行人、投资者、市场参与者、受监管市场运营者以及金融信息提供方）紧密磋商，制定建立电子网络的指引。① 以上咨询委员会以及紧密磋商的程序都是为了更好地制定相应领域的规范，让更广泛层面的利益相关人一起参与进来，提供一个可以交流对话的平台，从而对所需制定的规范有更为深刻的理解，了解其制定的理由，制定的目的，这样可以增强所拟定的规范的民主性以及合理性，减少不当决策的可能性。又如《美国1934年证券交易法》第15C条中，在制定和实施有关受联邦银行机构检查或报告要求约束的关联人的报告要求时，财政部长应该与被规制的机构也即各联邦银行业机构协商并且对其意见进行考虑。若联邦银行业机构以书面形式发表了相关看法，财政部长还需要对该看法进行答复。应联邦银行业的要求，在公布相应规则上，就以上看法和答复，财政部长应该通过《联邦公报》予以公布。② 从此规定中，凸显出与传统高权性的行政规制手段的不同。被规制主体拥有相应的参与和话语权，能够以一种更为平等的姿态参与到规则的制定程序中去，提出自己的观点和需求，并且这种参与并非流于形式。作为规制主体，需要给予回应，且根据相对方的要求，将以上来回的答复等予以公开，更保障了程序的实质民主性。

此外，《欧洲议会与欧盟理事会第2003/6/EC号指令》第（37）项说明中指出，一方面为了确保监管的有效性，从而需要授予成员国的主管部门必不可少的监管权力；另一方面，市场中的其他组织和所有的经济主体并非只能扮演传统行政规制中的消极被动的角色，而应该积极为整个市场的诚信度做出贡献。为保证以上目的的实现，授权成员国的主管部门可以在其职权范围内与市场组织进行合作或者向市场组织委托授

---

① 参见《欧洲议会与欧盟理事会第2004/109/EC号指令》中第（26）项说明。

② 参见《美国1934年证券交易法》第15C（b）条（C）款规定。此外该法第17条（h）款有关提供控股公司系统的风险评估报告的要求中，也有类似规定。

权。[①] 以上规定明确了在欧盟证券监管中，成员国行政规制主体为了更好实现监管目的，可以和市场组织进行合作，也可以将其职权授权给市场组织。《美国1933年证券法》第19条（d）款中也规定了证券交易委员会与其他机构在规定领域展开的合作，并且为了更好达成相应政策和目标，证券交易委员会每年召开的年会和其他必要会议中，应该要求证券协会、自律组织、机构以及与资本形成有关的私人组织的代表参加会议。[②]

综上所述，一方面，国家并没有独占法规范的制定。在一些专业性色彩较为浓厚、复杂程度较深的公共行政领域，例如本书探讨的金融信息披露的行政规制领域，就越来越多地出现专家参与到规范制定的程序中来，尤其在涉及到一些职业化特征较为明显的标准的制定上，更多出现了专家的身影，或者直接认可某标准制定机构指定的相应准则。[③] 此外，为了更多了解与所需制定的法规范有利益关系的相应主体的想法和需求，更多允许其参与到沟通协商的平台中，从而使得法规范的制定更增添民主和正当性；另一方面，在具体的执法层面，除了行政处罚等措施之外，也逐渐出现行政规制主体和被规制主体之间的协商——如何用自愿且持续遵从的义务来代替更为高权性的高压方式。这通常是以一种事前的更具合作性的方式来代替事后的强制惩罚方式，并且由于更具备双方沟通之后的共识性，所以往往能取得事半功倍的执行效果。[④]

（二）行政指导等非强制性行政规制方式的发展

行政指导等非强制性行为方式，一般而言，由于其并不具备法律强

---

① 参见《欧洲议会与欧盟理事会第2003/6/EC号指令》中第（37）项说明。

② 参见《美国1933年证券法》第19（d）条。

③ 《美国1933年证券法》第19条（b）款中指出，证券交易委员会可以确认符合条件的标准制定机构所指定的任何会计准则为证券法中“普遍公认的”会计准则，而该标准制定机构可以是作为私人实体组建，但需要符合其他的一些要求即可。

④ 《美国1934年证券交易法》第15C条中规定，监管机构要求银行业机构提交相应信息前，在告知之外，还需要就确定被要求的信息是否应该由该等机构提供以及是否可以作为其他目的来提供该等信息进行协商。该法第17条（h）款就提供控股公司系统的风险评估报告的相关附加信息，也有类似规定。

制力，所以目前大多数国家将其归入行政法的事实行为范畴。事实行为并没有统一概念，例如林纪东先生认为，事实行为乃全不发生法律效果，或虽发生法律效果，然其效果之发生乃系于外界之事实状态，并非由于行政权心理作用之行为。[①] 事实行为之所以在行政法上占据愈来愈重要的位置，在于其在行为方式的灵活性和有效性，另一方面，也确实凸显出固有的传统行政行为方式在当下公共行政生活的某些领域中执行效果不佳。

行政指导作为一种非强制性的行为方式，现已十分普遍。传统行政规制行为领域，一般为了实现行政目的，行政规制主体依照相关法律规定，发布正式的命令或者决定，要求被规制主体作为或者不作为。但在一些新兴领域，法律本身的滞后性使得一些亟需解决的公共事项欠缺法律的依据。但作为行政规制主体，也无法对此一律采取不作为。因此行政指导一开始作为一种弥补传统正式行政规制方式的不足而发挥功能。随着该现象的逐渐普遍，一些行政指导方式开始拥有了正式的法律依据，但始终还存在一些行政指导是在法外进行的。

行政指导在日本十分发达，并于 1993 年正式将其定于该国的行政手续法之中，这和日本一直较为重视行政主体和相对方之间较为平等形式的合作有关，当然另一方面也在于该方式自身的生命力。行政指导最为显著的特征即为其并没有施加相对方义务，因此也不具备相应的法律强制性。更多时候，它在乎于相对人对行政目的实现的一种协助。鉴于行政指导对象逐渐扩大至非特定群体，将其定义在前人[②]基础上修正为："行政机关就其主管事务，促请人民为一定作为或不作为或其他不具法律上强制力行为之手续。"[③]

尽管行政指导由于其非以高权方式所为之的特征，因此对其是否有

① 转引自［台湾］翁岳生著．行政法（下卷）［M］．北京：中国法制出版社，2009：884。

② 例如林纪东先生认为，行政指导为行政机关就其所掌事务，对于特定之个人、公司法人或团体，以其非强制之手段，取得相对人之同意与协力，以达到行政目的之行为。见其所著《行政法》第 434 页。

③ ［台湾］翁岳生著．行政法（下卷）［M］．北京：中国法制出版社，2009：912。

可救济性有所争议。但由于其在公共行政领域中的普遍性，且由于其确实可能会给相对人造成实际权利的侵害，因此应该承认一种信赖保护利益的存在才更为妥当。

在金融领域的行政干预领域，由于市场面临高发却又并不确定的风险，行政规制可以更多使用一种推荐与建议的方式。例如《美国 1934 年证券交易法》第 17 条（f）款中，证券委员会鼓励保险业要求其受保人迅速将遗失、丢失、伪造、失窃证券的情况报告证券交易委员会或其通过规则制定接收该等信息的其他人。这种鼓励的方式，就非传统的强制性行政规制行为而言，带有一定激励性的措施。此外，同样在该款中规定，SEC 或其指定人可以与司法部长达成协议，使用国家犯罪信息中心的设备，以获得、储存和传播与遗失、丢失、伪造和失窃证券有关的信息，使金融界可直接查询国家犯罪信息中心有关该证券的档案。① 这种提供资讯的行为，即为行政指导中的一种类型。

三、新兴行政规制行为与行政法治约束

以上述及，现代社会的专业性，对法律性文件的明确性和细致性要求逐渐增强。而当规范性文件越来越细致的同时，不可避免地带来整个法规范体系的僵化和封闭。在具体行政的过程中，往往造成执法困难的局面。这种困境需要通过民主和行政方式的改革以及对法治主义的不断反省和发展来逐渐加以克服。而近来公共行政愈来愈明显地出现加强沟通和合作的趋势，则是对以上困境的回应。因此，新时代下，公共行政需要在以往那些高压管理的领域逐渐放权，增强公民的参与，强调政府和公民的协商与合作。但在此需要加以明确，行政拥有更多自主性并不意味着其可以突破宪法的框架。在法治社会中，行政不能违背法律优先以及法律保留的原则。在面对风险的不可知性时，法律本身被赋予更大的形塑空间，行政规制方式也被赋予更大的空间，但并不意味着其可以创设法律所没有的主观性权利。因此，在为了完成行政任务从而赋予行政规制方式更大灵活性的同时，不能忽视法律在法治国的核心地位，而应该在法律的稳定性、明确性与灵活性之间努力寻

① 参见《美国 1934 年证券交易法》第 17 条（f）款相关规定。

求一种平衡。

1. 法律在法治国中的核心地位

所谓法治国，就是要通过法来保障社会中人们的自由权利。法律能够提供可预见性、明确性、稳定性以及透明性，这对一个社会的秩序井然有毋庸置疑的重要作用。而社会的秩序井然是能够让公民更为理解和遵从国家的决定，由此需要对法律秩序的一种依赖性和可期待性。因此所有的基于更好达至公共行政目标的规制手段，仍然应该建立在法秩序体系的框架之内。而这种建立，并非仅仅是权宜之计的拼凑，不考虑原因及其后果而将一样传统上未曾出现或者未曾重视的事物放入到某一体系中，再加以形式上的粉饰。如此这般，该法秩序体系将不再为“法秩序”，而必定充满了不稳定的因素导致冲突频发，最终只会使整个体系的轰然倒塌。因此，必须研究每一种新的调控方式出现的原因、动机，其欲加以解决事项的具体性质，其对各种利益的影响程度，其是否具备纳入行政法秩序体系范畴的可能性等因素，再为其建构可被适用的规则，目的在于将来更好地对该事项进行调控，对其中涉及的各方主体的利益进行更好地保障。这也是整个法律体系不断得以发展的重要根源。也即，现代法治国永远不应低估法律形式的要素。

2. 高权性行为在行政规制行为中的核心地位

随着时代变迁，公共行政服务理念的兴起，行政法开始逐渐被界定为一种更具平等性，努力给行政主体和相对方提供充分沟通与协商的程序以及网络的调控型法，从而使得原本单方命令之下的决定性行为更具备一种共识性特征。但这种程序中折射出来的民主性不应被恣意扩大，因为在行政法上，国家和公民之间并不是平等性关系。否则，则颠覆了整个行政法的基础，国家的公共行政活动也将无以为继。公民之所以赋予国家这种强制性权力，就源于完全个体性的行为无法保障生活在这个社会中绝大多数人的和平与安宁。对自由某些程度的限制，正是为了在一定限度之内更好地保障民众个人权利的行使。由此，自国家建立以来，对公民权利的保护就不可能建立在国家和公民对等的关系之上，去寻求这种个体的同意。这种高权性的行为对于国家完成行政任务是不可或缺的。由此，宪法在决定公民与国家关系时，不对称地决定公民的自由与国家权限之区别，延言之：公民享有法律框架内之自由，国家组织则享有法律所赋予之权限，此种区别对行政法体系而言是具有建设性的。①

此外，在新兴的行政规制方式中更为注重协商和合作的同时，还需要注意以下两点：

其一，谨防“规制俘获”。每每论及国家行政，基本都会想到面对强大的公权力，处于弱势地位的公民权利极容易受到侵害。“控权论”当初兴起也主要基于这种考虑。然而，凡事不可过，过则不达。行政任务以及国家目的的实现，必然需要强大的行政权。在新兴的更为强调协作、沟通和加强共识的行政规制方式中，不仅仅需要考虑传统的行政权如何有效进行制约，也要考虑在强大的利益群体面前，如何保持行政的独立和中立，而不至于变得无所事事、碌碌无为。

其二，国家行政责任的不可或缺。即使在一些合作性、指导性的新兴行政规制方式中，不能因为缺乏某些高权性特征，而认为国家由此并不需要承担责任。如上文所述及的行政指导行为，如果在某些事项上确实形成行政相对方的信赖利益，如果否认国家行政责任，则一方面等于鼓励国家行政的恣意而为，另一方面则是对公民权利的漠视。如上文提及到的《欧洲议会与欧盟理事会第2003/6/EC号指令》第（37）项，成员国主管部门可以在其职权范围内与市场组织进行合作或向市场组织委托授权，但是“主管部门仍需对此自负其责”。所谓自负其责，也就是规定了国家行政的责任，并不能因为其采取了合作形式或者进行了相应的授权，就可以规避责任。

“总而言之，我们必须随时谨记所有调控观念的机能界限，以机械性的方式去触动调整这些观念是一件危险的事请。为了使模式能够保持其清晰性，必须以一种强烈选择的观察角度，去确定模式的基本要素；且模式的合法性问题，则必须回溯还原单纯的‘原因效果关系’去加以确定。”因为用过于简单的线性关系去理解需要处理如此专业且复杂的事项的行政调控模式，则无法在该体系内获得所期待的进展。② 所

① 转引自［德］施密特．阿斯曼著．秩序理念下的行政法体系建构［M］．北京：北京大学出版社，2012：16。

② 同上书，2012：23－24。

以，在金融信息披露行政规制的新兴领域，要始终努力寻求一种能够平衡稳定性与灵活性，更好地处理好传统与创新之间的关系。

第三节　金融信息披露行政规制行为有效性

一、行政规制行为有效性的概念界定

有效性是一个相当广义的概念。对这个概念的理解还可以区分为应然和实然两个层面。前者，主要是基于理性和规范角度，而后者更多基于经验和事实的层面。不同学科对于有效性的理解也有所不同。

在经济学和管理学中，常常涉及对行为有效性的研究，但通常从效益和效率的角度出发。在组织理论中，有效性表明了在组织和部门之间可认为存在一个变化的范围，它也用于评价多重目标的实现程度。对于组织，有效性是其实现其目标的程度，组织目标反映组织存在的原因和它寻求达到的结果。[①] 从法哲学、政治学角度，哈贝马斯认为，法律有效性涉及两方面：一方面是根据其平均被遵守情况来衡量的社会有效性；另一方面是对于要求它得到规范性接受的那种主张的正当性。这种双重关联使得法律共同体成员面对同一条规范时可以选择一种客观化态度，或者选择一种施为性态度，并采纳相应的理解方式。[②] 我国学者江必新认为，行政法学上的有效性概念，主要指的是行为的法律效力而言。换言之，只有具有法律效力的行为才是有效的，否则就是无效或者是可被撤销的行为。由此，行政规制行为的有效性研究，主要聚焦于行为的合法性问题。[③]

合法性概念，首先由马克思·韦伯提出，且在相当长的时间中，其内涵和外延都一直富有争议。马克思·韦伯从经验主义出发，从法律规

---

① 百度百科．组织有效性．http：//baike. baidu. com/view/4265171. htm。

② ［德］哈贝马斯著．在事实与规范之间——关于法律和民主法治国的商谈理论（2）［M］．童世骏译．北京：生活·读书·新知三联书店，2011：37。

③ 江必新．论行政规制基本理论［J］．法学，2012（12）。

范之外探讨合法性，认为合法性是人们对统治权力——权威发自内心的服从[①]；自然法学派主要是从规范意义的角度上来探讨合法性，认为合法性主要指的就是价值合法；而哈贝马斯的“合法性”概念则企图平衡前述的经验主义和规范主义：“合法性的意思是说，同一种政治制度联系在一起的、被承认是正确的和合理的要求对自身要有很好的论证。合法的制度应该得到承认。合法性就是承认一个政治制度的尊严性……统治制度的稳定性，甚至取决于对这种要求的（起码的）事实上的承认。”[②]

与此同时，必须加以说明的是，从行政法学的角度来说，规制行为的有效性，除了合法性问题之外，还有其他的诸多因素需要考虑。一方面，在我国，现实中存在着很多没有法律依据甚至非法的行政规制行为。对于这些规制行为的有效性问题，需要根据具体情形加以区别，不可一概而论。如果我们只是从应然的规范角度去理解规制行为的有效性问题，那么就必须将事实上存在的大量没有法律依据的行政规制行为排除在外，反而会使得现实中权利人的诉求无法得到法律的救济，造成更大的不正义，不符合中国的现实国情。另一方面，随着社会的发展，在某些情形下，即使没有制定法依据，一些指导性的和激励性的非强制规制行为的效力也是加以承认的。但这种承认也应建立在一定的条件之上，即这些激励性和指导性的非强制规制行为，是基于一定的法律精神、原则或者政策的规定加以实施的。从某种层面上说，符合更广泛意义上“法”的依据，是现代依法行政的一种特殊表现形式和对传统依法行政的必要补充，其合法性已蕴涵于现代依法行政理念之中。[③] 笔者赞同广义的行政法的法源一说，作为合法性的补充，纳入行政行为有效性的范畴。举凡公共行政，必须符合宪法的原则和精神，而不能恣意到“无法而治”，笔者并不赞同将行政行为的有效性，于合法性（合乎明

① ［德］马克斯·韦伯著．论经济与社会中的法律［M］．张乃根译．北京：中国大百科全书出版社，1998：72。

② ［德］尤尔根·哈贝马斯著．重建历史唯物主义（修订版）［M］．郭官义译．北京：社会科学文献出版社，2013：199。

③ 参见莫于川．法治视野中的行政指导行为——论我国行政指导的合法性问题与法治化路径［J］．现代法学，2004（3）。

文法规范）之外，无限扩大。如若不然，即使再善意不过的出发点，最终必然会演化成对公民权利的侵害。不被限制的权力，必然成为脱缰之野马，此早已为历史无数次验证。

由此，行政规制行为的有效性，主要聚焦于行政规制行为的合法性，但不能仅限于行政规制行为的合法性，也即有效性与合法性这两者是有区别的。有效性主要就其法律效力而言。但行政规制行为的有效性范畴究竟如何，需要考虑诸如价值平衡等多方面的因素。

二、行政规制行为有效性：法标准与其他多元标准

从法治国的精神来看，行政规制行为的有效性的核心为合法性，即首先要遵守法的标准，法律仍然占据最为重要的地位。但需提请注意的是，也应避免一种过度的法的操控。现代行政国之所以会出现，原因无须在此赘述，只需要明确已基本形成的共识：现代社会行政为了应对复杂的社会现实以及更好地服务于全体国民，无法全部通过事先设计好的规则来加以控制。行政除了范围上更广之外，方式上也在不断与时俱进。将这种与时俱进纳入整个法秩序体系之下的前提，就必然是接受行政规制行为有效性在除了法标准之外，还应包括其他多元的公共行政标准及认可宪法精神理念框架之下的灵活性。可以肯定的是，过度地被法标准操控，事实上会导致对法治的侵害。同样可以肯定的是，行政本身蕴含着其组织自我实现的自主性，但并不意味着它可以随意突破法律的框架。在法治社会中，行政不能违背法律优先以及法律保留的原则。法规范的建构性、安定性以及明确性对于行政的意义毋庸置疑。若违背了宪法精神和理念，脱离了整个法秩序体系，同样会导致对法治的侵害，也使得行政不再具有民主正当性基础。这也是笔者认为需要将随着时代进展而出现的新兴的行政规制方式尽快纳入法秩序体系之中最为重要的考虑因素，否则大量“脱轨”的行为必然会造成对公民权利的极大侵害且无法提供有效救济的途径。在此，笔者不由得再次深深体会到，整个行政法处处体现着平衡的精神，这种平衡最终需要在执行具体的行政任务中通过具体的行政行为得以体现，而行政规制即处于这样的行政行为体系之中。

三、金融信息披露行政规制行为有效性分析

（一）金融信息披露行政规制行为的合法性要求

合法性要求是现代法治国家的核心构成要素，意味着经由法来保障公民的自主领域。秩序井然是一个法治国家的基本条件，而这种秩序很大程度上来自于对法律的依赖和期待，它需要建立在法律的明确性、稳定性和可预见性的基础之上。这就要求在行政法领域，所有的行政行为都应该受到法的拘束。法赋予了行政行为的正当性，同时也约束着行政行为的行使方式，对所有的行政活动都应该施加纪律和责任。金融信息披露行政规制行为作为行政体系中的一个构成部分，合法性始终是其中的一个核心要求。它包含着以下三个内容：

1. 行政的法约束

行政的法约束原则也即在制定金融信息披露行政规制的规范以及具体执法时，受到来自法的约束。此处的“法”的范围应该从法的各种表现形式以及各种层级上系统地加以理解，也即将金融信息披露的行政规制行为置于整个法的体系中加以掌握。首先，处于所有法的顶端应该是一国的宪法。但是由于宪法在很多国家并不具有可直接适用性，这就造成当抽象性行政行为一些具体行政行为违反宪法时，并不一定能够提供实际可行的救济方式，由此造成宪法实际上的被虚置局面。但并不能因此就否认宪法应该作为行政法拘束的一个来源。而且从法治国的原则来说，宪法作为国家的根本法，应该成为行政法拘束最为重要的根源。实践中是否已经实现了该标准不应作为否定其重要性的依据。与此同时，也需要注意，由于宪法主要都是一些原则性规定，较为抽象和概括，需要其他法律通过具体的规定将其加以适用。所以在一般情形下，在有具体符合宪法原则和精神的法律可以加以适用时，不宜直接援引宪法导致法律的被弱化。这是一个问题的两个方面，都必须予以注意到。

宪法之下，行政的法约束来自于国家立法机关所制定的法律。在这个层面上，行政规制主体不适用法律的空间非常有限。只有在该法律非常明显地违宪时，且需要根据该国有关违宪审查的规定，行政机关才有

不适用法律的权限。

行政规制主体的法约束还包括来自于行政机关自我制定的法约束，例如行政法规与规章等规范性文件。此外，还包括行政规制。

在全球化的时代背景下，国际公法自然也成为行政的法约束的重要来源。但是由于其中涉及到非常复杂及敏感的国家主权和国家利益问题，实际上这种来自国际公法的约束究竟能够达到怎样的程度取决于多种因素。有关这点，本书将在后文中重点讨论。

由此，我们看到，金融信息披露行政规制行为所需要遵守的法的种类极其繁多，由此带来的一个后果是隐藏着各层级之间冲突的极大可能性。该金融信息披露行政规制行为的合法性由此需要考虑更多方面的因素。一个从上至下逻辑清晰、规则清楚、较少冲突的法体系对于行政规制的意义重大。此外，在具体进行行政规制时，需要考虑上位法、下位法、普通法、特别法等之间的效力区别。

2. 法律优先原则

法律优先原则是一国法体系能够符合合宪性及合法性并能够保持从上至下最大程度上保证统一性的基本前提。金融信息披露的行政规制行为若要具备合法性，必须遵循法律优先原则，即必须在法治和法律的范围内进行活动。这意味着：

其一，金融领域进行信息披露的行政规制，在制定抽象性文件时，不能与其上位阶的法律规范发生冲突。若发生冲突，则该行政规制行为因不具备合法性，原则上无效。

其二，金融领域进行信息披露行政规制时，若对被规制对象采取具体的执行行为，该行为必须符合现行有效的法律规范。若将该原则中的“法律”范围予以适当扩充至根据法律规范授权，行政机关自己制定相应的法规规章等抽象性文件，则该行政规制行为也不与以上抽象性文件相冲突，否则即为违法。

3. 法律保留原则

金融信息披露行政规制行为需要遵循法律保留原则是指，在一些明文规定必须由法律来进行调整的领域，行政规制主体所进行的规制行为必须要有法律的授权。也即，在法律并无明文规定之领域，由于行政活动并未抵触法律，故不违反法律优越原则；唯因欠缺法律只授权，故依其情形，得发生违反法律保留原则之问题。[①]

法律保留的范围，有各种不同理论。有学者认为，法律保留的范围应该限于侵害公民自由权利的干预行政，对于授益行政或给付行政，原则上可以赋予行政一定的自由度。也有学者认为，无论是干预行政，还是授益行政，都应属于法律保留范围。这个理论主要基于民主原则，认为给付行政涉及到社会资源的分配，也应该由全体人民作出决定，确保人民保留给付的权利。且从给付对象来看，其重要性不见得低于人民的自由权利，所以不应将其剔除在法律保留范围之外。德国联邦宪法法院采取重要事项说，其认为基于法治国家原则与民主原则，除了干预人民自由权利的行政领域之外，给付行政中或者其他公共行政领域里，若涉及人民基本权利的实现与形式，以及涉及到公共利益尤其是影响共同生活的“重要的基本决定”，也应该纳入法律保留范围。[②]

究竟以上理论应该采用哪一种，要根据各国具体国情而定。且无论依据哪个理论所制定的制度，都有其利弊。若采取全部保留说，则行政规制行为在面临诸多变化复杂的公共行政生活，因灵活度缺乏，必然尽显僵化而捉襟见肘；但若将法律保留范围限于公民自由权利的干预领域，则对于另一些也关涉公民重大利益的事项，似有顾此失彼之感。而且随着社会福利国的兴起，越来越强调政府给人民所能提供的服务及保障，财产、资源等权利的分配的重要性在当下也很被重视；若采取重要事项说，将面临重大的裁量问题。究竟何种利益和权利才可以称之为“重大”，该概念和“公共利益”一样，内涵和外延都极不确定。由此带来的困境是，在试图对涉及公民重大利益的领域更好贯彻法治和民主原则的同时，反而可能陷于更大的、不被拘束的“自由裁量”泥沼，而且更缺乏可预期性和确定性。

金融信息披露行政规制行为若具备合法性，需满足以上三个方面的标准。各国对于法拘束的范围以及法律优越性以及法律保留的范围理解有所不同，因此其合法性也具备地域性特征，需要根据一国法律体系来

---

① ［台湾］翁岳生著．行政法［M］．北京：中国法制出版社，2009：191。

② ［台湾］翁岳生著．行政法［M］．北京：中国法制出版社，2009：194－195。

加以确定和衡量。

在前文所述及的欧盟金融行政规制体系中，很多法规都体现对合法性的追求，尤其可见欧盟所特有的多层级的法规范的拘束性。在《欧洲议会与欧盟理事会第2010/78/EU号指令》规定，为了保证欧盟金融领域立法的监管程序的效率和透明度，欧洲理事会同意并且支持2000年启动的“莱姆法路西”四级立法程序。在欧洲议会、欧盟理事会制定适用于欧盟范围内所有金融机构监管的整体框架性、原则性指令之下，欧盟委员会在很多领域有权通过第二层级的细则。设定欧洲金融监管体系的条例规定，在相关立法具体列明的领域中，欧洲监管机构可起草技术标准草案，呈报欧盟委员会。根据《欧洲联盟运行条约》第290条和第291条以授权立法或实施性立法的形式通过。此外，为了保证欧盟该金融监管体系运行的统一性，该指令规定，就欧盟法律是否得到遵守的程序性或者实体性问题的解决，是需要通过欧洲监管机构根据自身的设立条例以及本指令来处理，而并非由国家级的主管部门自行解决。欧洲监管机构就该情形要求所涉国主管部门采取的特定行动的决定，对于后者有约束力。由此形成欧盟金融行政规制体系中，对于金融规制主体采取的规制行为方式中有关合法性的要求。①

在证券信息披露监管的法规中，《欧洲议会与欧盟理事会第2003/71/EC号指令》中授权欧盟委员会就招募说明书或基本招募说明书与补充文件的格式以及信息披露的公布办法等制定相关实施细则；② 就母国主管部门的相关权限也有多处规定，不只涉及原则性规定，也涉及一些具体的执法权限。③ 又如《美国1934年证券交易法》多处授权证券交易委员会可以就信息披露领域制定具体实施的细则和标准，并对证券交易委员会的具体执法权限有多处明确规定。也即证券交易委员会在该法

① 参见欧盟金融监管体制改革法规汇编（中英文对照本）. 中国证券监督管理委员会组织编译. 北京：法律出版社，2013：7－12。

② 参见《欧洲议会与欧盟理事会第2003/71/EC号指令》第7、8、10条规定。有关授权欧盟委员会制定具体实施细则的规定可在该指令中多处可见。

③ 例如《欧洲议会与欧盟理事会第2003/71/EC号指令》第14条有关招募说明书的公布方式，母国主管部门可以要求公布招募说明书的发行人，除报纸或印刷品外还可以电子文件的形式来公布招募说明书。

明确授权的范围内，所制定的信息披露规制的抽象性文件以及具体执法行为，则为具备合法性的行政规制行为。[①]

（二）传统合法性之外的金融信息披露行政规制方式的补充

除了以上明确符合合法性要求的金融信息披露行政规制行为之外，金融信息披露行政规制主体为完成行政任务，达到行政目标，所进行的一些行为并不属于传统上所归纳的合法的行政行为体系之中，但并不能因此就全盘否认这些行政规制方式的有效性。

所有的法律都应将有效性作为一个重要的目标。不具备有效性的法律也失却了其存在的合理性和可能性。而法律的有效性必然最终需要通过对其适用来实现，体现在一个个具体的行为之中。所以，法律并不能仅仅满足于对字面的法律规定进行诠释，而需要就整体法秩序的目的加以分析，如何就其发生效力进行探讨。每一个体的法机制，都必须考虑如何在整个宏观层面的法秩序体系之中发挥其应有的作用，相互之间应该如何协调，从而使法律能够实现其目标。公共行政作为调控公共利益和个人利益之间最为重要的调控法，更需要将这种宏观层面的考虑真正落实到每一个具体的行为之中。传统的规范原则作为行政行为合法性的支撑，在法治国中永远不会被放弃。但与此同时，必须考虑该规范原则之外需要适时添加的补充，而该补充与该规范原则都应该成为构建整个公共行政法体系中的一个要素。之所以如此，主要基于以下几个理由。

1. 行政任务与国家目的的考虑

行政法作为宪法的转换器，需要将纸面宪法上的精神和原则落实到具体的行政相对人的各种法律关系中去，在能够实现国家目的的同时，最大程度地保护公民的基本权利。传统行政法主要作为管制法，之所以越来越难以应对现代公共行政生活，是因为它没有及时关注到在符合法治和民主的精神下，如何更为有效地完成行政任务和国家目的。

所谓行政任务，是经指派由行政主体完成的国家任务。这种行政任

---

① 此外，《美国1934年证券交易法》还授权多个机构，例如全国证券交易所等自律性组织制定相关实施细则以及进行具体执法行为的权限，由此赋予了被授权机构依据该法所为规制行为的合法性。

务通常是依据相关法规的规定。此外，享有权限的行政主体在符合法律保留的限制下，得以在其行政裁量的范围内为完成任务所进行的履行行为。但是这种履行行为并不必然是传统行政法上的高权行为方式。① 而随着现代社会福利国提供给付的领域越来越广泛，传统的行政行为方式在很多时候都无法很好完成其作为服务提供者的角色转变。而另外一些即使是作为需要公权干预的规制领域，也因为其高度的复杂和专业性，行政规制主体的单方强制性的行为方式，或由于信息沟通的不畅，或由于忽视行政相对方的利益需求，缺乏最起码的各方共识，而最终导致规制的失败。行政任务与国家目的从来都是一个开放的体系，随着时代发展以及国内国际环境的变化而需要不断进行调整。而且在很多时候，对它的理解还需要加上政治上的考虑。因此，行政规制的方式并非只是僵化的、有限的完全依据法律字面意义的理解，而需要在符合法治国精神的原则之下，拥有一定的灵活性和自主性。但这绝非意味着可以恣意忽视法律做出规定，也即不能违背法律优先和法律保留的原则性要求。

2. 行政规制领域中公益私益衡量的复杂性

行政法作为一种调控法，其主要调整的是公民公共生活中的公共利益和私人利益之间的冲突。而这两种利益之间有时很难有一个明确的界限，而且在一定情形之下，公益和私益之间会进行转化，又或者在某些时候，某种利益之中本身就包含了这两种利益的特征，也即，行政法上所需要面对的这两种利益的调控是具有高度不确定性且在动态发展中的。这决定了，若将行政法秩序体系理解为一个计划中的静态的、封闭的、可完全由法律事先设定的体系，是决计不可能的。在具体行政规制领域，某种利益需要经过反复的衡量才能加以确定。在金融信息披露的行政规制领域，与金融产品和服务一样复杂的是该领域中相关的利益结构以及利益主体的复杂性。在满足一种利益的同时，很多时候必须面临另一种利益的牺牲。有时这种利益之间的取舍存在于两种不同的私益之间，例如保险人与被保险人之间就某种和被保险事项相关的信息的披露与否；有时这种利益之间的取舍则在公益和私益之间，例如某一银行机

① ［德］施密特·阿斯曼著．秩序理念下的行政法体系建构［M］．林明锵等译．北京：北京大学出版社，2012：148。

构面临运营困难的信息披露与否，关涉到该银行自身和广大市场投资者乃至更深层次上国家金融安全之间的利益平衡。公益究竟是一个行业的利益还是一个地域的利益，或是一个国家的利益？公益是否在每一种情形下都必然要被优先考虑？究竟哪种利益才是更具备正当性因素的利益？这种衡量的过程需要利益相关方对其利益进行某种程度的表达和阐明，才能够有助于行政决策的完成。因此，行政规制方式中加入了更多合作和协商沟通的特征，这是以往传统的行政规制方式中所缺乏的。甚至在一些法律没有做出规定的领域，需要行政规制方式加以灵活地调整，来更好地协调相关各方的利益关系。

3. 现代行政的变迁性

现代行政所面临的社会生活远远复杂于以往任何一个时代。全球化以及信息化的时代背景给金融领域带来了更多的不确定性，伴随着的则是更多的风险。这些变迁的现象不应该被认为是行政法秩序体系之外的事项，而应该作为整个行政法必要的前提和基础，它对传统的金融行政规制领域以及传统的金融行政规制方式带来的变化，都需要加以慎重思考。因此，现代行政规制的方式无法仅限于某几种确定的行为方式，需要研究如何选择最为合适的工具，并且需要探索在符合法治国原则的前提下，将各种方式怎样做最为有效的结合运用。如果缺乏对这一点的认知，公共行政就无法对各种多元利益的平衡作出合乎期待的决策。

于是乎，行政规制行为的有效性在合法性之外，需要从该具体行为所涉及的事项，其目的、其方式等多方面加以衡量，进行判断，是否应该纳入整个行政规制行为有效性的范畴之内。而加入了此考虑之后的行政规制行为体系，除了传统的合法性通常是高权行为之外，还出现了诸如行政激励、行政指导、行政协议等其他新兴的行为方式。更有甚者，有些学者将传统上定义为私法上的行为也纳入其中。笔者在此并不希望走得过远，这并非意味着笔者否认了将私法上的行为纳入行政规制行为体系范畴的可能性，任何新兴的事物的出现，背后也有其合理性的支撑，但是否可以将其纳入一个成熟却仍在不断发展的体系之中，仍需要基于多方面的衡量。

有关在传统合法性之外的行政规制行为有效性的理由，试做归纳如下。

（1）基于宪法精神

行政法和宪法息息相关，始终受到宪法的重要影响。晚近学者 Frite Werner 提出“行政法可视为具体化的宪法”[①]，可见行政法是落实宪法精神的重要领域。因此，在不违背法律优先以及法律保留原则的领域内，一些没有法律依据但却符合宪法原则和精神的行政规制方式，不应一概否定其有效性。从某种角度来看，其符合更广泛意义上“法”的依据，而非拘泥于一般法律文件的字面含义，蕴含着对最高法律效力层级的宪法精神的尊重，并不违背现代依法行政原理。

（2）基于一般法律原则

虽然行政法的一般法律原则很多时候没有明确具体的法规形式，但是原则上它可以适用于所有的行政法领域。通常，并不认为一般法律原则是一种独立的法源，在具备具体的法律或者法规形式的法源时，并不会适用一般法律原则，否则会造成对法律法规形式法源的虚置和弱化，违背法律的明确性、稳定性、可预见性等基本要求，从而背离法治国精神。但基于现代社会的不断发展，公共行政领域规制的复杂性，面临一些规范性空白的公共行政领域，此时若仍过于被“法标准”所捆绑，则无法完成行政任务，实现国家目的，也无法对公民的利益需求作出有效回应。

（3）基于公民权益的保障

从现实层面来看，由于现代行政的变迁性，确实有大量欠缺法律依据的行为存在。这些行为因为不具备合法性，其效力处于不确定状态。但若一概否定其法律效力，所造成的结果很可能是相对方无法获得在行政法上的救济途径，对于相对方来说是极不公平的，更从根本上违背了法律保障公民基本权利的精神。因此，对于欠缺法律依据的行政规制行为，也需要根据情形区别对待。或出于符合宪法的精神和一般法律原则，或出于对公民权益的保障，对行政规制行为的有效性做更为全面的考虑。

---

① 转引自［台湾］翁岳生著．行政法［M］．北京：中国法制出版社，2009：120。

（4）基于整体法秩序的稳定

凡事物基本都具备两面性，任何制度也不外乎如此。有学者反对，认为将不具备合法性的行政活动方式纳入有效性范畴，不符合依法行政的原理。从表面来看，似乎确实如此。但若从更深层次的整体法秩序来看，根据具体情形，将部分行政活动方式纳入到大的行政规制行为体系中来，恰恰是为了更好地保障行政相对方对行政的信赖利益。无论是以高权方式所为的传统行政行为，抑或是更具平等特征的新兴的公共行政活动方式，出于对政府的信任以及行政行为非经撤销就默认具有效力的拘束力，若事后被认定为不具备法律效力，则会对现已存在的法秩序造成一定程度的损害。因此，对于任何事物的判断，都应看到其两面性并加以权衡，不因过于简单做出定论。

第四节　金融信息披露行政规制行为的权力运行边界

行政法作为运行中的宪法，始终都不应偏离宪法的原则和精神。Ludwig v. Rönne 曾指出："不仅政府在执行公权力时，应该谨守宪法所延续之外部形式及限制，而且行政并应遵守宪法之意义及精神。从而其需确保一个符合宪法之行政法，以及不论是宪法之形式或实质内容，均应成为行政法之基础，并且绝对不得侵害宪法之基本原则。"① 特定的行政主体在执行公共行政任务时，其所拥有的行政权具有相对于行政相对人的优越地位，极易侵害公民的基本权利。而行政法作为宪法的转换器，应对宪法上所确定的公民之基本权利加以保护，且在面对多种基本权利之间关系的冲突时，依据一定的原则，加以解决。行政法作为公法体系中重要的部门，始终关注公共利益和个人利益的平衡。金融信息披

① 参见 v. Rönne，Staatsrecht der preußischen Monarchie，第 3 册，第 4 页；参见 F. F. v. Mayer，Verwaltungsrecht，第 46－47 页；转引自［德］施密特·阿斯曼著．秩序理念下的行政法体系建构［M］．林明锵等译．北京：北京大学出版社，2012：11。

露行政规制行为权力的运行边界，也不外乎围绕着公共利益和个人利益之间，如何寻找一个合理而适度的平衡点。然而，一言以蔽之的道理，在实际操作过程中，却极其复杂而难以掌握。这主要是由于社会生活并非是平铺直叙的简单事件，而是由多种错综复杂的关系交杂而成。首先，如前所述，公共利益引起层次的多元化，情形的复杂化以及多种利益之间内部可能的冲突，本身就没有一个明确的界定，需要根据个案事实，加以权衡，这需要对宪法的基本原则和精神有充分的以及精准的把握，才可能面对多变的社会现实灵活地加以运用。其次，金融信息披露也涉及到金融市场主体间的多种权利之间的冲突。权利保护背后的利益，到底应该优先保护何者，在立法、执法以及司法层面都是一个不容忽视却又无法简单化处理的问题。第三，现代行政行为注重引入经济学上的效率和管理原则，在对市场进行干预的同时，需要尊重市场自由的精神。规制的目的不是为了取代市场机制，而正是为了更好地保障市场机制的正常运行。规制与效率本身并非是背离的，很多时候，规制只有在其避免发生的损失或取得的利益大于规制的成本和代价时，才是正当与合理的。

笔者认为，金融信息披露的行政规制行为的权力运行过程中，必须要掌握一定的限度，把握好各种关系的平衡。而该边界如何确定，笔者试从以下几个方面加以分析，以期能够为寻找一个合理适度的界限提供一些有益的思路。

一、法经济学上的成本和效益分析

行政法学必须就随着时代进展而不断拓展的行政规制行为的可能性进行研究，且应该致力于将其纳入法治国的框架之中，以保证不断扩张的行政权力不突破宪法原则的精神。同时为了进一步实现行政的现代化，在新的行政规制方式的运行操作原则中，还应更多引入经济学上的效率原则以及管理原则，作为衡量行政规制可行性及其边界的因素。这对于权衡政府什么时候应该介入市场运行以及应该介入到什么样的程度，提供了一个有益的视角。在美国 2009 年 7 月 17 日公布的《美国金融改革方案》（全称为《金融规制改革新基石：重构金融监管与规制》，以下简称《方案》）中，明确规定了经济学上的效率原则成为政府行政规制权力边界的重要权衡因素。在该方案中的众多建议中，都涉及到成本效益的考量。例如，《方案》中对于是否动用金融机构特殊处理机制时，需要考虑该金融机构若倒闭，将会给整个金融体系和经济安全带来多大的影响。又例如，《方案》在有关改革消费者保护的透明度要求上，“建议对披露采取新的更积极主动的方法。消费者金融保护局将有权要求对消费者的所有披露和其他市场推介应合理：平衡地陈述利益，清晰且突出地明确成本、违约责任和风险”……“如果提供者根据规定标准提交的实际证据证实其市场推介材料和强制披露足以披露了有关风险，那么，该提供者就能缩短强制披露等待的时间。消费者金融保护局应有权调整其标准和程序，以在寻求产品创新的收益最大化的同时最大限度地降低成本”。只有在确定金融消费者的权益大于成本时，消费者金融保护局才能够要求相应的金融产品或者服务的提供者提供计算器披露。[①]《方案》中对于消费者金融保护局加强透明度的努力，不足以防范针对金融消费者的不公平对待及其他滥用行为的情况下，该金融保护局有权对产品的条件和提供者的行为进一步实施针对性的限制，从而实现对金融消费者更为完善的保护。但该举的前提性条件是限制成本小于收益。[②] 由此，我们看到，《方案》中深深体现了成本和效益分析对于金融行政规制权力行使的约束性。这说明在现代民主法治社会，行政规制权力介入市场运行的前提条件除了市场失灵现象以外，还需要考虑行政规制方式是否最为可行和经济的方式。通常认为，只有在监管和规制的成本小于监管和管制带来的收益或者所避免的损失时，才是正当与合理的。行政规制和监管不应以过度牺牲效率、影响经济发展为代价。

但是，同样需要注意的是，成本和效益分析也并非是简单的公式可以概括的，其中包含了诸多复杂因素。一方面，某些因素很难以简单的

---

① 《2009 年信用卡法》要求发卡人明确，如果消费者每月只支付到期的最低限额，那么，其偿还的总成本与时间是多少。该法还进一步要求发卡人明确消费者要在 3 年内付清余款需支付的数额。技术提高了披露个性化的能力，因特网计算器允许消费者选择不同的期限，或填入最低限额以上的支付数额。这样的计算器在因特网上很常见。

② 参见《金融规制改革新基石：重构金融监管与规制》．韩龙，彭秀坤，包勇恩译．河北法学，2009（10）。

计算来加以概括。例如在考量是否应该动用金融机构特殊处理机制时，“太大而不能倒”的现象所引发的道德风险的代价究竟应该如何计算，就是一个到目前为止世界各国都无法衡量的问题。此时，单纯数字上的成本和效益就会因为并未考虑真实的潜在发生的可能性而变得不具有说服力。另一方面，笔者认为，不能过于夸大经济学在法学中所占的比重。尽管笔者也认为过于牺牲效率的行政规制行为会因为其经济上成本过高而很大程度上失却其合理性和正当性基础，但这并非是绝对的。法学和经济学上所追求的价值毕竟有所不同，经济学更为注重效益，而法学永远应以公平和正义作为其基本理念。一味追求经济上的可行，很可能会严重削弱法律的精神，从而使一个民族沦为物质上数字的奴隶，失却民主和法治社会最为本质的精髓。当然，将经济学的分析方式引入法学，无疑是现代社会的一大进步，使得在整体社会福利最大化的计算方式上更多了一种可能性，也因为其更为可见的现实性而具有了某种程度上更大的说服力。

一言以蔽之，公共行政须要符合效率的要求，但是效率应该只是作为国家公共行政需要遵循的规范标准之一，以在更大程度上体现出公共行政的正当性和内在的合理性。但在具体情形中存在其他更为重要的价值标准的权衡下，效率的标准就可能需要做出让步。因为公共行政所需实现的公共利益是一种基于更高目标更深层次的要求，其应该包括合法性、合目的性、确定性等要求。而效率只是其中一个，而且并不是最优先的一个。

二、金融信息披露行政规制权力和金融市场自由的平衡

如果对近代国家对自由市场进行干预的历史进行梳理，可以发现一个基本规律，干预的程度和周期性的经济危机有着密切的关系。在人类进入资本主义社会之初，个人主义和自由主义备受推崇。当时信奉的是“最好的政府，管事最少”，并将自由市场视作整个经济生活的主宰力量，而视政府的干预为一种“罪恶”，也即推行一种消极的秩序行政模式。从19世纪末到20世纪初，作为近代国家基本社会形态的资本主义社会发生了根本性的变化，伴随着国家产业革命和生产社会化，垄断随之出现，而各种社会问题诸如贫穷、失业、教育、卫生、交通以及环境

污染也逐渐大量涌现，造成经济领域和社会领域不公正现象的大规模发生。另一方面，周期性经济危机开始频繁爆发，给国家和人民带来极其严重的消极影响。在这种背景之下，自由放任的传统开始被重新审视，各国政府都逐渐认识到市场调节存在无法避免的缺陷。为了缓解经济危机以及解决一系列社会问题，政府开始更多地介入市场，于是国家的功能发生了明显的变化，主要体现在行政权力的扩张。

金融市场也经历了从自由放任到国家干预的历史进程。而在整个过程中，国家干预的程度也有多寡之分，基本上也沿袭着上述所说的和经济危机的爆发存在着密切关系的特征。通常在经济欣欣向荣之际，各国都或多或少地放松规制，强调竞争和效率；而在经济危机爆发之时，则出台一系列的措施来加强对该领域的监管。但有一点已经形成共识，金融市场本身存在着不可克服的“市场失灵”现象，因此需要对之加以一定程度的政府干预。

而需要注意的是，自由竞争仍然是市场的灵魂。对金融市场进行行政规制，必须要掌握一个必要的限度。当过度的干预开始侵害到市场的创新和活力，使得自由竞争不再时，市场也就失去了配置资源最为有效机制的作用。吴敬琏曾经指出，一个没有竞争的市场，比没有市场还要可怕。金融信息披露的行政规制，主要是为了克服金融市场上信息不对称的失灵现象，从而更好维系广大消费者对金融市场的信任和信心，防范和解决金融风险和危机，维护整个金融体系的稳定。但同样，政府也不是万能的，人类的理性也总是有限的，市场有无法克服的缺陷，政府行政权力的行使也会存在失灵的情形。因此，对该公权力的行使也需要保持时刻的警醒。当涉及对金融信息的披露进行规制时，笔者认为应该遵循以下原则。

1. 正确认识金融信息披露行政规制和市场机制之间的关系。市场机制仍然发挥基础性和支配作用，行政规制并非要取代市场机制。因此，一般情形下，只有在市场失灵的情况下，政府才有进行干预的必要性；而如果市场自身能够有效解决可能出现的问题时，应该交由市场自行解决，政府不应过度干预，否则会过度侵害市场自由，妨碍金融市场的创新和效率，造成经济发展乏力，最终也会侵害到更为广泛的公共利益。

2. 正确理解金融信息披露行政规制和市场竞争以及效率之间的关系。通常，放松规制是为了加强竞争，提高效率。但需要强调的是，加强规制也并非一定就是遏制竞争。当市场失灵的现象出现时，市场处于非健康运行状态，所谓的竞争和效率也必然是建立在不公平和不正义的基础之上并且从长远来看，必然也会侵害到市场竞争以及效率。因此，适当地加强金融信息披露行政规制的目的，从更为根本的目标来看，也是为了创建一个更为透明的从而可以实现良性循环、健康发展的金融市场，更好地实现市场的有序竞争，提高效率。

3. 根据市场发展，区分不同情形具体对待。信息披露的行政规制不一定就是体现在加强方面，而需要视特定情形而定。在竞争乏力缺乏创新的领域，可以适当地放松规制；而在信息高度垄断，严重侵害或者可能侵害金融消费者合法权益的领域，则需要加强规制。

2015 年的“两会”中将股票发行注册制的改革纳入政府工作报告，也即意味着该项改革成为 2015 年政府工作重点内容之一。股票发行从核准制走向注册制，一方面是在股票发行领域中政府行政审批权限下放，进一步加大市场开放度的体现，另一方面则是需要在该项制度高度依赖的信息披露领域，增加新的监管维度。这正体现了我国逐步厘清政府与市场之间关系的努力，市场能够做好的事情就交给市场，而政府则在需要管好的事项上提高监管能力，实现以市场为基础，法治为保障的社会主义资本市场的管理体制与管理模式，在确保市场安全的同时，最大程度上发挥市场的发现功能。该项制度的改革是典型的以信息披露为中心，下放政府行政审批权，从而进一步划清行政权运行边界，回归有限政府、法治政府的努力。

由此可见，金融信息披露的行政规制恰恰是某个领域中政府放松管制，替代政府强制性手段的一种方式。其目的并非是要取代市场机制，排斥竞争和效率。相反，没有监管和规制的金融市场，必然会产生市场失灵现象，演变成一个无序混乱的市场，从而妨害社会整体福利的最大化，导致极端无效率结果的发生。因此，信息披露的行政规制内在所蕴含的公共行政活动的目的性就赋予了其行使权利时的尺度和边界。市场的自由和规制监管之间可以是并行不悖的关系，但关键在于具体平衡时，是否能够最好地把握相应的尺寸，而过于倾斜的天平则会带给市场所不想见到的结果。

三、金融消费者的知情权与金融企业商业秘密的平衡

（一）知情权

1. 知情权的概念

知情权作为一个法律上的概念，一开始是随着人权意识的觉醒而逐步产生。一般是指“公民知情权”。这是一项宪法性权利，是公民相对于政府所拥有的一项基本权利，要求政府在国家政治生活中，必须将有关信息尽可能地向公民公开。在民主社会中，这是一项公民的基本权利，它是保障公民合法地参与公共决策的前提。该宪法性权利主要对应的就是行政公开，也即个人或团体有权知悉并取得行政机关的档案资料和其他信息。[①] 该知情权的对立面则是政府可以借由保密，从而可以对相关的领域行使排他性的占有，达到权力的不断扩张。各国一般在有关政府信息公开的免除性条款中规定了基于某些理由，政府可以不公开相关信息。通常来看，主要有以下几种理由：（1）出于国家安全的考虑；（2）基于对个人隐私权的保护；（3）某些信息的公开可能会极大地损害到行政活动的效率。从目前世界范围来看，美国对于公民知情权的保护制度较为完善，主要体现在其1966年的《情报自由法》以及国会在20世纪70年代制定的《阳光下的政府法》和《联邦咨询委员会法》中。

随着时代发展，知情权由最早的宪法上的公民知情权，引入了民商事法律。也即它既可以是公法上的权利，也可以作为一种私法层面的权利。例如消费者知情权、公司股东知情权等，指相关的权利人有权知悉影响其切身利益的事项，与此对应的是，相应的义务人有义务披露相关影响权利人切身利益的事项。

无论是公法层面上的知情权还是私法层面上的知情权，究其本质而言，都是指对相关信息的知悉权。而在现代民主法治社会中，它是其他一些权利赖以实现的基础。失去了获取信息的权利，其他建立在其基础上的权利便成为无源之水，无本之木，无法真正得以实现，也和民主社

---

① 王名扬著．美国行政法［M］．北京：中国法制出版社，2005：945。

会的基本价值相背离。由此可见知情权的重要意义。

本书主要分析金融市场上的信息披露的行政规制，如果要论及该领域所有相关利益者的知情权，则牵涉面过于广泛，除了金融消费者之外，还有金融机构股东、债权人等等。一来文章篇幅有限，二来笔者研究的精力和能力也都甚为有限，故在此处对本书所将讨论的知情权作一限定，将集中于讨论金融消费者的知情权，也即金融消费者在购买金融产品或者服务的过程中，对相关重要信息的知悉权，而相对应的即为相对于金融消费者的金融市场主体就该相关重要信息的披露义务。而当该金融信息披露义务纳入到行政规制范围中，相关的知情权就不再是作为一种单纯的私法层面的民事权利加以保护，而上升到公法层面的公权力对之进行保护。

2. 知情权保障的法理基础

（1）知情权是契约权利义务关系的体现。当金融消费者与金融机构之间就某一特定金融产品或者服务进行交易而签订契约时，随该契约一并产生的是双方围绕该特定交易对象的一系列权利和义务。而交易对象即为特定的金融产品或者服务。和传统市场的产品不同，金融产品或者服务高度复杂且带专业性，而且随着金融创新的日新月异，很多金融产品甚至都是以证券化的形式出现，其核心为该产品相关的信息，比如说某上市公司的经营状况、行业发展、盈利前景等信息。该信息某种程度上就决定了产品的价值，而理想状态之下，金融消费者可以获取这些信息，并根据对这些信息的分析做出是否进行交易的决策。

在此，我们不妨借用一战之后伍尔德·威尔逊的一句著名格言："公开的契约应公开缔结。"尽管这是针对一战中的秘密契约秘密缔结的噩梦而言，但也反映了契约应公开的精神要旨。作为金融产品和服务的提供者，金融机构有义务在向市场推荐其产品或者服务时，将相关信息准确、及时、充分地告知潜在的金融消费者。如果金融机构违背了该告知义务，则可能导致消费者因没有得到该相关信息做出错误决策而招致损失。因此，这是金融市场中契约行为本身所包含的其中一种权利和义务关系的体现。在传统产品交易市场上，产品的卖方也有义务就买卖合同中特定产品的相关特性做出准确的描述，并就产品的质量状况与合同中所进行的约定有保证义务，不能够对产品特性做出虚假性的陈述或者刻意隐瞒产品的有关瑕疵，否则应该承担相应的损害赔偿责任或其他相应责任。金融产品作为市场产品的一种，其契约中自然也应包含上述权利义务关系。在前文中，我们多次述及，资本市场本质上是一个信息市场，金融产品和金融服务具有强烈的信息特征。信息的准确、及时、充分与否，对于金融消费者是否能够作出合理的消费或者投资决定，具有极其重要的意义。

（2）知情权是金融市场追求实质正义的体现。传统上，如果涉及到契约关系，是由民法来进行调整。民法作为私法，调整的是平等地位当事人之间的法律关系。当缔约当事人之间缔约之时，各方应该收集与该缔约相关的信息，并且根据所获取的信息来决定是否最终签订契约。一般来说，法律并没有强加给某一方信息披露的义务。如果双方当事人之间地位平等且信息流通渠道通畅，单纯对契约进行民法上的保护应该就已经足够，并没有违背合同签订的公平正义要求。但如果双方当事人之间地位并不平等，一方处于弱势地位，无法获取与缔约相关的重要信息而无法作出合理的是否进行缔约的决定时，若仍旧强调市场上私主体之间的契约关系应该完全由民法来进行调整，以双方的意思自治为基础，则会导致在事实上违背了法律公平正义的价值追求。

如前所述，金融市场恰恰是一个双方当事人交易地位严重不平等的领域。金融机构相对于广大金融消费者，其拥有后者无法比拟的规模优势、资本优势以及信息优势，其承担风险的能力也比金融消费者要高出甚多。且金融市场本身就充斥了信息不对称现象。金融信息的公共产品特性使得金融机构并没有足够的动力进行充分披露，甚至出于维持相对于竞争对手的竞争优势或者牟取某些不正当超额利润，一些金融机构会选择刻意隐瞒消息，更有甚者，散播虚假消息，以误导市场。而对于金融消费者而言，金融产品的复杂程度和专业程度往往超出一般消费者可以理解的范围。其是否购买相关产品或者服务的决定很大程度上要依赖于金融机构提供的相关信息。金融市场的以上特性使得若仅仅基于民法的意思自治原则，放任金融市场自由发展而不加以一定程度的政府干预，该市场将大量充斥着市场失灵的现象，从而最终损害广大金融消费者的切身利益，并最终会侵害到整个金融市场的健康程度乃至宏观经济的稳定程度，侵犯所有公众的公共利益。这是对市场追求实质公平正义价值的严重背离。

因此，基于金融机构相对于金融消费者的规模优势、资本优势以及信息优势，法律不能再仅仅依照民法的理念来对等配置权利和义务，而应该对处于弱势地位的金融消费者施以倾斜性的法律保护，对金融信息披露进行行政规制，以国家公权力作为强有力的后盾，来保障金融市场信息的及时、充分、准确披露，给金融消费者提供更为完善的保护，从而实现市场对实质上公平正义的价值追求。

（二）商业秘密

1. 商业秘密的概念

商业秘密，是指不为公众所知悉、能为权利人带来经济利益、具有实用性并经权利人采取保密措施的技术信息和经营信息。[①]

世界各国都对商业秘密加以一定程度的保护，原因在于，一旦有关信息泄露，将会导致相关公司的竞争优势严重削弱甚至不复存在。

美国1966年《情报自由法》中指明的若干不公开的类型，其中也包括商业秘密，但并非适用“商业秘密”这个词汇，而用这两句话加以概括：（1）政府掌握的私人的贸易秘密；（2）在一定条件下，私人向政府提供的商业或金融的信息。美国侵权行为法重述将贸易秘密解释为某一企业使用的任何公式、样式、设计、信息、编辑等，其他企业不知道或未使用，使该企业能够对与它竞争的其他企业处于有利的地位。而对于第二种信息，必须符合三个条件：（1）信息属于商业或金融性质；（2）信息是政府以外其他人提供的；（3）信息具有秘密性质。[②] 我国《反不正当竞争法》第10条第3款将商业秘密定义为：“不为公众所知悉、能为权利人带来经济利益、具有实用性并经权利人采取保密措施的技术信息和经营信息。通常包括设计、程序、产品配方、制作工艺、制作方法、管理决窍、客户名单、货源情报、产销策略、招投标中的标底及标书内容等信息。”

---

① 邱艾松著．商业银行信息披露的层次和边界［M］．北京：中国金融出版社，2010：100。

② 王名扬著．美国行政法［M］．北京：中国法制出版社，2005：977。

从以上定义中可见，商业秘密的构成有以下要件：（1）秘密性。该信息是不为公众所知悉的信息，即有关信息不为其所属领域的相关人员普遍知悉和轻易获取。（2）经济价值。该信息能够给权利人带来经济利益，该利益包括潜在和现实利益。（3）权利人对之采取了一定的保密措施。（4）合法性。尽管从定义中并没有直接述及，但商业秘密的合法性应该是其本身应该所必须蕴含的。若为非法途径获得，则失去了法律对之加以保护的正当性。

对商业秘密的性质界定，根据TRIPS协议，其被作为一种特殊的知识产权。[①] 而知识产权是一种财产权。因此，商业秘密也可以归之为财产权的其中一种。

2. 商业秘密保护的法理基础

（1）保护商业秘密是保护财产权的重要体现。既然商业秘密也是财产权的一种，对之加以保护则具有不容置疑的正当性。洛克在将自然法理论运用于对财产权的分析时，创立了到目前为止仍影响深远的劳动财产权理论。洛克认为，在和平、自由、平等的自然状态下，“有一种为人人所应遵守的自然法对其起着支配作用；而理性，也就是自然法，教导着有意遵从理性的全人类：人们既然都是平等和独立的，任何人都不得侵犯他人的生命、健康、自由或财产”。[②] 在洛克看来，财产权是人与生俱来的一种权利，与生命、健康和自由一样，不得被非法剥夺。该劳动财产权理论为后世对财产权的保护奠定了正当性基础。尽管随着时代变迁，现代社会的财产早已从有形拓展至包括无形的知识产品，但其核心并未改变：附随在产品中的劳动者的劳动使得人理应对该产品拥有财产权。这种理解在现代社会获得了广泛认同，原因在于财产权保护背后的法理为作为人的劳动的尊重。恩格斯的《劳动从猿到人转变过程中的作用》有一段话可以让我们更好地认识到劳动于人类的重要意义：“政治经济学家说，劳动是一切财富的源泉。……但是劳动还不止如此。它是整个人类生活的第一个基本条件，而且达到这样的程度，以致我们

① Tpips 协议中规定了对“未披露信息”的保护，实际上就是包含了对商业秘密的保护。

② ［英］洛克著．政府论（下篇）［M］．叶启芳，瞿菊农译．北京：商务印书馆，1964：74。

在某种意义上不得不说：劳动创造了人本身。”① 由此可见，包含了人的劳动的财产，拥有法律对之保护的正当性。而商业秘密是商业秘密权人的私人财产，对之进行保护是保护财产权的重要体现。

（2）保护商业秘密是尊重人类创新精神的重要体现。商业秘密作为一种特殊的知识产权，是人的智力成果的体现。对商业秘密的保护，就是要通过法律的形式，使得这种创新者的身份得到确认，创新的成果可以得到尊重，并且可以通过市场，不断扩大创新所带来的经济价值。我们知道，正是因为一代又一代人不断地进取和探索，用勤劳、智慧和进取精神，人类社会才能够不断取得进步，创造令人叹为观止的文明史。如果对于这种创新精神不加以保护，尊重和承认，就会扼杀进行创新的动力，从而使社会失去前进的方向。只有每一个创新者能够从自己的创新中有所收获，这种收获不仅仅是一种经济价值上的获得，同时还有他人和社会的尊重和认可，也即获取一种精神上的内在价值，整个社会才会有进行创新的积极性，实现整个人类的进步和发展。

（3）保护商业秘密是维护市场公平竞争的必然要求。商业秘密对企业而言之所以重要，源自于其不为公众所知悉的技术信息或者经营信息为其带来了相比市场上同领域的其他企业所不拥有的竞争优势。而保有该竞争优势则意味着该企业可以获取相当的利润。对该信息的保密性加以保护，相当于是对拥有该信息的企业的竞争优势地位的保护。这是因为，自由竞争是市场的灵魂。通过竞争，优胜劣汰机制发挥效用，对于消费者而言，也才能够买到价廉物美的产品，才能使市场永远葆有活力；通过竞争，价格机制才能真正发挥效用，反映资源的稀缺程度，基于此，市场才能够真正有效配置资源。而如果对企业的商业秘密都予以公开，将会使得该企业的竞争优势地位不再，结果将是一个失去竞争的假市场。而整个社会则很有可能陷入一种表面上平等的“平均主义”的可怕深渊。当竞争不复存在，创新者失去动力，那就是一个不劳而获者的天堂，人类社会的倒退则指日可待。因此，保护商业秘密是维护市场公平竞争的必然要求。

---

① ［德］恩格斯著．劳动在从猿到人转变过程中的作用［M］．北京：人民出版社，1971：1。

（4）保护商业秘密是增强国家竞争力的必然需要。综上所述，对商业秘密的保护，是对创造性的智力成果的一种优先和首要价值的确认，并对其中所附随的经济价值的加以认可和保护。通过这种保护，形成社会对创造性智力成果的尊重，提升人们对于创新的积极性。而与此同时，更为重要的是，在现今全球化时代，自主创新能力已成为一个国家的核心竞争力。失去自主创新，就不可能在激烈的市场竞争有立足之地，而会受制于其他国家。而一个尊重创新的民族，才能拥有不断前进的活力，在国际竞争中立于不败之地。如今世界各国都逐渐认识到，智力性成果对于一个国家的重要意义，也都逐渐加强对该方面的法律保护。

（三）知情权保护与商业秘密保护的冲突——如何平衡?

任何权利的行使都有其限制，不存在毫无限制的权利。对权利进行限制的理论有“内部理论”和“外部理论”之说。而依据“外部理论”，权利止于他人权利或者公共利益。[①] 而依据“内部理论”，权利本身就有其固定的范围，对权利的保障不应毫无限制。而当公权力介入权利的分配时，更应掌握一个合适的度。否则即使抱着良好心愿的治理和干预行为，反而成为公众所不欲的“恶”。

在现代社会中，权利和权利的冲突是一种普遍的现象。对企业商业秘密的保护和对金融消费者知情权的保护很多时候就形成了一对相互冲突的权利。金融消费者希望更多知悉有关金融产品和服务的更全面更广泛的信息，以便真实了解相关产品的价值，做出正确决策。而企业之所以能够在市场上生存和发展，必须要有一定的竞争优势。这种竞争优势的形成有多种原因，而掌握某种其他企业所没有的核心技术或者某种经营信息无疑是一种竞争优势。若陷于对金融消费者知情权的极端保护，对企业的商业秘密也规定了某种强制程度的披露义务，则会威胁到企业的生存和发展，这会导致另一种不公平和不正义现象的产生。因此，任何权利的行使都有界限，对任何权利的保护也都应该考虑其边界。也

① 参见 Robert Alexy, A Theory of Constitutional Rights. Translated by Julian Rivers. Oxford university press 2002. pp. 178 – 179.

即，当权利之间产生冲突之时，需要根据具体情形，秉持一定的原则，进行平衡。

行政法本身就强烈地带有各种利益平衡的特性。行政权行使的过程，就是依据一定的原则对社会的稀缺性资源进行配置的过程，需要综合多种考虑，做出最符合社会整体福利最大化的安排。

笔者认为，对于金融消费者知情权和企业商业秘密保护之间的冲突，应根据以下原则进行平衡。

1. 结合国家任务或国家目的，社会重大公共利益优先的原则。前文已述，与存在了两千多年系统发展的民法不同，行政法作为公法，通常涉及到为数众多的利益主体，其首要规范的对象即为公共利益，这是行政法和作为私法的民法最大的不同。而最早对“公”和“私”进行区分时就肯定了前者相对于后者的优越性。公法的存在及其目的，就始终和公共利益紧密相连。在现今民主法治和社会福利国家，公共行政的基本目的之一是维护和促进公共利益。正是因为要实现公共利益，人民才赋予国家公共利益代表的身份。

尽管作为一个不确定概念，公共利益难以明确界定。但到目前为止，对于以下两点，基本上可以形成较为一致的看法：（1）它必须是多数人的利益；（2）主体须为不确定，即具有一种开放性，而不是封闭的；（3）内容的不确定性。这是公共利益概念的最大特征和最特别的地方。需要注意的是，在确定何者代表了公共利益时，人的数量固然是一个不可忽视的标准，但并非一个绝对的标准。尤其在现代社会逐渐迈入福利社会之后，国家职能进一步扩展，面临的社会问题也更为复杂和多样化，由此带来的是，在公共利益的判断标准上，更为多元化，不能仅仅依据人数多寡，而应该结合国家任务或国家目的来加以权衡和判断。

在金融消费者知情权和保护企业商业秘密两者间发生冲突的时候，如果其中某一方关涉到社会重大公共利益，不加以保护将会造成对公共利益极大侵害时，应该允许重大公共利益的优先。而在此需要强调的是，在此处，何者最终关涉社会重大公共利益并没有确定答案，可能是金融消费者的知情权，也可能是企业的商业秘密，此为其一；其二，对社会重大公共利益的认定必须结合宪法原则和精神以及国家任务和目的，并且遵循正当的程序，不能任意为之，这是现代民主法治国家对公共行政活动的最基本的要求；其三，笔者认为在此需要做一强调说明，公益并非必然地享有优先性。行政需要对此进行衡量和调和，决定在何种情况下以及何种程度内，公共利益享有优先性。笔者认为必须要结合国家目的和国家任务，由相关权限加以规定，并且应该依据相应的规则和程序进行衡量。

2. 根据具体情形协调平衡各方利益原则。在权利之间形成冲突秉持社会重大公共利益优先原则的同时，笔者认为还应根据具体情形协调平衡各方利益。此处所指为以下两点：

其一，需要视具体情形而定。现代社会正处于一个前所未有的迅速发展时期，金融市场的变化更是日新月异。即使是看上去类似的情形，在不同的时期，处理的方式也可能会截然不同。因此不能孤立和僵化理解权利平衡的原则，而应该在宪法原则和精神的指引下，牢牢把握公共行政活动的目的和任务，根据具体发生事件的实际情况，灵活地作出权利之间的平衡。

其二，需要协调相关方利益。权利发生冲突之时，会有所侧重地对某一方的权利加以倾斜型的保护。与此同时，需要强调的是，这并非是非此即彼的关系。权利和权利之间也有妥协的折衷的余地，在某些时候，也许有某种途径可以让两者在一定范围内都作出一定的让步，以一种相互宽容的态度获取双方利益的最大化。而对于某一方显而易见的牺牲，法律可以努力寻求对其利益以及法律情感的平衡。

四、金融信息披露与国家金融安全的平衡

最后，金融信息披露还需要考虑与国家金融安全之间的平衡。尽管从对市场本身运行规律尊重的角度来说，任何和投资者以及社会公众利益攸关的信息都应该及时公开，但即使是最坚定的市场自由的支持者，也都同时认为，有些时候市场会受一些其他因素的干扰。且该因素若不加以控制，可能会发生无法估量的损失。存在某些情形，某些金融机构对于整个国家金融而言，具有系统重要性的地位。而若该金融机构运营过程中出现一定程度的问题，是否披露并非是一个可以简单一刀切的决定。也许披露会使得本来可以得救的金融机构反而陷入万劫不复的境

地，而最终造成大批投资者和其他利益相关者的损失，甚至造成经济动荡，危害金融安全；而暂时不披露，可能给该金融机构自救或者他救争取一定的时间，在公众得知之前，克服或者减轻所面临的问题，则不仅仅对于广大投资者而言，对该金融机构本身而言，还有整个区域的金融稳定和安全都有所帮助。

然而，对该问题还没有定论，到目前为止，并没有证据表明，更充分的信息披露就一定会带来更为不利的影响，尤其从一段较长的时间来看。一般说来，信息早晚还是要公开。一开始试图封锁的信息，等到真正不得不公开时，往往需要更多的解释和披露，有时甚至会产生得不偿失的结果。从金融长远健康发展的角度，持续的信息公开，经常性地主动或者哪怕是被“倒逼”着而做出一定的调整，更可能带来经济稳定的良性循环。举例来说，在英国，增加了中央银行的透明度之后，并没有出现一开始预想中的经济动荡。而相反，市场中也常有由于保密而最终增加了总体经济运行的不稳定程度，因为信息不公开更伤害的是金融消费者对市场的信任和信心，甚至会导致对整个政府不够信赖。而同时，信息不公开极易造成腐败和各种寻租的现象。

所以，仍然没有一个准确的答案，但我们必须不断地根据市场中发生的事件，在更广泛的金融领域的信息公开和市场的稳定自由之中做出权衡。笔者认为，自始至终并不存在一个实际的确定的均衡点，但并不妨碍我们不断努力追寻在复杂专业的市场现象背后，遵循正当合理的程序，找到更接近均衡的那个点。我们仍然要不断提高相关领域的专业知识，更为重要的是，在技术和专业知识之上，还应体现更高的共同价值的追求。

第四章

金融信息披露行政规制的权利救济

自公民社会诞生以来，一直存在这样一个悖论：一方面，人民将权利让渡给政府，让政府成为其代理人，保障整个社会的有序运作，更好地维护每个人的权益；另一方面，权力的运作不可避免地滋生腐败。由此，必须有权力监督机制，且当公民权益被公权力不当侵害之时，能够通过救济机制，使被侵害的权益得到补救。

现代社会进入福利社会以来，行政权力不断扩张。面对日益复杂的社会现实和公民对政府不断攀升的期望，行政权的行使，无论从其涉及的范围还是可供裁量的宽度，都比以往任何一个时代更为广阔。但凡裁量，必有合法合理与否的问题。换言之，行政权的行使是否具有正当性。这是任何一个法治社会都必须加以回应的问题。上一章中，笔者论及，行政规制作为综合性的行政活动，可被纳入广义的行政行为概念体系之中。即便随着民主法治国家的发展，行政规制逐渐带有更多可供协商和参与的特点，其高权性的特征始终存在。国家和公民在行政法律关系中，始终具有不对等性。这是行政任务能够达成目的的前提和保障。面对强大的公权，必须有完善的权利救济制度，才能更好保障公民的权益。金融信息披露行政规制领域也当如此。

第一节　被规制主体权利救济的二维分析

行政规制作为直接对特定行业的市场主体及其行为进行干预的行政

活动，其权力行使的范围极其广泛，且会对被规制的市场主体的地位及其行为造成直接影响。因此，一方面，对权力的行使必须加以规范；另一方面，必须给被规制主体提供相应的权利救济途径。

一、行政规制中的合法性与合理性

自行政裁量现象大量涌现后，行政法制监督的对象就由行政行为的合法性扩展为行政行为的合法性与合理性两个方面，在行政规制的语境下，就出现了行政规制的合法性与合理性（裁量性）问题。鉴于行政规制中的合法性问题，相关研究比较充分，这里不作赘述，而着重讨论行政裁量问题。

现代行政活动不同于以往时代的重要特征在于，基于其所面对的社会关系的复杂程度，为了更好地完成国家任务，行政规制行使的方式不再仅仅局限于对市场主体的控制和监督，出现了多元化的趋势。且在权力行使的过程中，更为注重灵活性。在一些领域，引入了协商、激励等机制，以助于行政效率的进一步发挥。与此同时，对于规制权的运作，任何规范体系都不可能做到事前面面俱到地加以规定，而是赋予规制主体在一定范围内的行政裁量权。一定意义上来说，行政的活力也在于裁量权的行使。对此，日本著名的行政法学者田中二郎曾经精辟地指出：行政法的精髓在于裁量。一语道破裁量对于行政任务实现的重要意义。

（一）行政裁量的概念界定

所谓裁量，是指根据自己的理解对事物所持有的一种判断，并根据这种判断进行处置。从法律语义来看，行政裁量是指行政主体根据一定的法律规范所设定的范围、限度以及标准等，凭借自己的判断来进行处置的方法、方式或者形态。① 基于裁量权的存在，在裁量范围中所为的行政行为，并不会产生是否违法的问题，而是合理与否的问题。因此，赋予了行政主体一定的选择权。

---

① 参见杨建顺．行政裁量的运作及其监督［J］．法学研究，2004（1）。

（二）行政裁量的普遍性

从整个世界范围来看，行政裁量广泛地存在于行政立法、行政规制、行政合同等所有行政行为的领域中。之所以如此，是因为现代社会的专业化和复杂化，使得行政权的扩张成为了一种必然。行政裁量权也随之获得更大的普遍性。有部分学者认为，基于私权相对于公权的弱势地位，极容易受到来自后者的侵害。因此，将控权作为行政法的最重要的甚至是单一的理论基础。然而，行政法的目的不仅仅在于控制公权力，还在于积极地保障公民的权益，实现公共利益。具备高权特征的公权力是保障公民权益得以实现的必要条件。因此，行政法的理论基础并非是单一的控权，还包括了诸如保障公民的基本权利、更为有效地管理社会公共事务、提供公共服务等。

但出于人类理性的局限性，立法无法穷尽所有的社会问题，此乃其一。其二，立法自制定之日起，相比不断发展的社会形势，就不可避免地存在滞后性的问题，因此，在符合法律规范规定的限度内的行政裁量，对于完成行政任务而言，具有一定的必然性。其三，文字上的法律规范，需要经过一定的解读，才能运用于具体的社会生活之中。即使再精确的表达都不可能做到十全十美，因此需要执行法律的人根据法律文本的上下文以及该法律规范的目的，综合考虑历史和现实，尽最大可能探求立法者的本意，以做到对法律最为忠实的运用。在这个过程中，不免会有裁量的成分。其四，在一些专业性和技术性较强的领域内，行政裁量更具有了无可替代性。以上种种，使得行政裁量在现代社会生活的各个领域，都具有了举足轻重的作用。在现代行政规制中，也处处可见它的身影。

二、被规制主体权利救济的必要性

被规制主体权利救济的必要性也应当从行政合法性和行政裁量性两个维度进行考察，但由于行政裁量性问题更为复杂，故在此着重从行政裁量角度探讨被规制主体权利救济的必要性。

“行政法体系发展的历史是行政权力不断扩大的历史”。[①] 而行政裁量在行政权运作的过程中，是极其普遍的一种形态。存在意味着某种层面上的合理，但并不能就此得出对其加以无限度的肯定而无须考虑其负面性的结论。任何事物，必有其两面性，权力更是如此。行政裁量，因其具有一定的选择余地，行使恰当与否，则显得至关重要。这也是它的局限性所在。同样需要注意的是，并不能因为行政裁量中容易出现权力的滥用，容易导致对公民权益的侵害，就否定其在完成国家任务角色上的独到之处。现代民主法治社会并非要消除诸如行政裁量权的存在，而是要做到能够对其有效地加以控制，使其在发挥最大效用的同时，尽可能降低权力滥用的可能性，保障公民的基本权利。如笔者在导言中所述，对于法治国的法律的任务而言，应该是立基于宪法的框架之内而可以持续性地发展。不论社会面临怎样的变化，知识和技术上有怎样的突破，法律的制定应该是努力减少不确定性并且能够容纳社会新的发展。对于行政权来说，尽管权力行使的手段和方式可能发生了变化，但是有效执行行政任务这一点不会改变。与此同时，在法治国中，保护公民权利始终是对行政权行使的框架界限，由此带来行政正当性和合理性的要求。行政规制行为针对的是广大市场主体及其市场行为，对后者权益会产生直接甚至重大的影响。而行政裁量在行政规制中又是如此不可或缺。如何在确保实现国家目的的同时，保护公民的权利，行政法需要对此加以回应。

论及正当性和合理性的要求，必然得到以下结论：其一，对行政规制权的行使加以有效制约；其二，对行政规制中受到不当侵犯的公民权益提供救济途径。简言之，即必须完善监督和救济机制，才能够将行政规制真正纳入到法治社会的轨道之中。

在此需要指出，监督机制和救济机制并非同义词。监督机制的设计包括事前、事中和事后监督机制，包含了实体和程序上一系列的制约机制。在英美国家，尤为强调程序制约。程序制约不仅仅包括行政主体自身内部执行的一种监督方式，也愈来愈多地因相对方和相关利益群体的

---

① ［美］伯纳德·施瓦茨．行政法［M］．徐炳译．北京：群众出版社，1986：19。

参与，从而形成了以权利来制约权力、监督权力的方式，彰显了法治社会的真正内涵。救济机制，从行政法角度上，主要指行政复议制度、行政诉讼制度和国家赔偿制度。它们同时也起到对行政规制权行使的监督作用，属于对行政规制行为的事后监督机制。囿于篇幅，本书在此的分析对象为金融信息披露行政规制的权利救济，对监督机制就不再加以探讨。

三、被规制主体权利救济的主要方式

接上文所述，对金融市场中被规制的广大市场主体而言，行政法上的权利救济制度主要包括行政复议、行政诉讼以及国家赔偿制度。

行政复议，是行政上的救济，是指相对人认为某具体行政行为侵犯其合法权益，而向做出该具体行政行为的行政主体的上一级行政机关或其设置的专门机构申请复议而实现或者保护其权利的救济制度。[①] 复议机关在查清事实的基础之上，需要对具体行政行为是否合法作出判断，根据不同情况，做出撤销、变更或者确认该具体行政行为违法的决定，以使相对人的权益得到补救。但复议机关仍旧是行政机关，很可能会出于袒护等原因而做出对提起复议的公民、法人和其他组织不利的决定，并不一定能够做到中立，具有制度上天然的缺陷。

国家赔偿，是指国家机关及其工作人员因行使职权给公民、法人及其他组织的人身权或财产权造成损害，依法应给予的赔偿。国家赔偿由侵权的国家机关履行赔偿义务。[②]

我国的行政诉讼是指国家的行政审判机关、行政争议的当事人和其他诉讼参与人通过司法程序解决行政争议所进行的一系列活动的总称，是一种司法制度，是国家通过法律为公民、法人或者其他组织提供的一种非常重要的法律救济手段、途径和制度。这就是我国行政诉讼的本质

---

① 参见谢尚果．行政复议与行政诉讼衔接机制之反思与重构［J］．河北法学，2013（2）。但谢尚果在其中将作出具体行政行为的主体限于行政机关。笔者认为不妥。行政主体的范畴大于行政机关。若此处将作出具体行政行为的主体限于行政机关，则大大限制了行政相对方提起行政复议的权利。

② 参见百度百科国家赔偿词条．http://baike.baidu.com/link?url=NeFemd6LsuV_UhJ8hhcH2hzpoYkPNz8u6blAUabFUtR3vd353eNy-YDhjDiY1ek6kH3Es-W2Ua8oU5F0Cz67WMa，最后访问时间：2015-3-30。

所在。①

笔者在本章论及行政规制的权利救济时，将着重就行政诉讼进行探讨。之所以如此，主要基于以下几方面考虑：

1. 行政诉讼具有重要的公共价值。尽管是作为个体提出的诉讼，其价值不仅在于单个个体权益的补救，而通过宣告某一类行为的违法，避免了以后该类行为的重复发生，对于社会中的其他公民而言，具有重要的公益价值。

2. 行政诉讼对于我国法治进程的重要意义。作为“民告官”的制度，在中国法治进程中，扮演着极其重要的进步角色。几千年来，我国民众一直将官员视为“青天大老爷”，即便是自身权利遭受侵犯，中国社会特有的“和谐”理念也使得其不会轻易将争议提交法院。法院、司法在很多老百姓的心中，带有了一种能避则避的烫手山芋的意味。而行政诉讼制度在中国的确立，在中国法治建设进程中具有丰碑性的意义。

3. 行政诉讼是对行政正当性的最好回应。行政诉讼不仅可以保证行政相对方的权益，它本身更是作为行政权力正当性的内在需求。笔者在上一章论及合法性问题时，曾经指出，合法与否，包含着人们对权威发自内心的服从。对于法律制度而言，它的合法应该得到承认。推而论之，对于行政权力的行使，其是否正当，并非来自于自我宣示。正当性的强弱，还要根据它实际得到遵从的程度来加以衡量。而司法权，作为一种相对独立和中立的权力，能够促进行政的正当性。与此同时，它作为公民权益最后的一道防护线，在权利救济领域具有最不容忽视的地位。

故此，下文中，笔者论及权利救济时，将仅就行政诉讼进行分析。

第二节　我国金融信息披露行政规制权利救济的现状分析

在法律渊源、制度构成、救济主体诸方面，作为我国权利救济制度

① 杨建顺．行政诉讼的类型与我国行政诉讼制度改革的视角［J］．河南省政法管理干部学院学报，2005（4）。

的重要组成部分，我国金融信息披露行政规制权利救济制度，具有其一般特征，在此不作赘述。下文着重讨论救济功能不足及其成因。

一、金融信息披露领域行政诉讼权利救济功能之不足

从我国针对金融信息披露行政规制提起行政诉讼的情况来看，权利救济功能的发挥还是远远不够的。这可以从案件的以下特点中得到说明。

1. 案件数量极少。笔者试图查找不服我国金融业监管机构“一行三会”以市场主体违反信息披露义务为由做出相应规制决定的行政诉讼案件，除了闹得沸沸扬扬的“光大乌龙指”诉讼案主角杨剑波诉中国证监会一案①，几乎没有查找到其他更相关的案例。2000 年 4 月，海南凯立状告中国证监会，所为事由是不服证监会作出的取消其 A 股发行资格的行政行为；② 2002 年浙江证券状告中国证监会，所为事由是不服证监会对其做出的以“操纵股票价格”为由的行政处罚决定。金融领域其他一些行政诉讼案，也极为稀少。

2. 案件类型单一。包括杨剑波状告中国证监会一案，金融领域的市场主体对金融监管机关提出的行政诉讼案，大多数是金融业的高管人员不服监管机构对其的行政处罚决定而提起的诉讼。

3. 驳回起诉率高。针对金融监管机构所提起的诉讼案，常常被法院以不属于受理事项，不符合起诉条件为由，驳回起诉。

4. 原告胜诉率低。金融规制领域提起的行政诉讼案件，最终判决结果大多以原告败诉告终。久而久之，更容易使人们形成一种“基本状告无用”的思维定势，一般情况下不会通过诉讼途径寻求权利救济。这也是为什么我国信访数量始终高居不下的重要原因之一。

二、金融信息披露领域行政诉讼权利救济功能不彰之成因分析

基于我国金融监管机构每年针对市场主体所作出的规制决定数量之

---

① 笔者将在第六章论及信息化时代背景下金融信息披露规制时，重点介绍“光大乌龙指”行政诉讼案，故在此不作展开。

② 湛中乐，李凤英．证券监管与司法审查——海南凯立公司诉中国证监会案的法律分析［J］．中国法学，2002（5）。

多，反观被规制主体所提起的行政诉讼数量以及案件的类型和最终的结果，可以看出目前该领域权利救济的功能存在着严重的不足。之所以造成这种局面，笔者认为主要是有以下几个原因。

1. 金融业体制中行政气息过于浓厚。在前文中，笔者多次述及基于金融业对一国宏观经济的重要作用及其自身的脆弱性等因素，使得各国对该领域极为关注。西方发达国家经过多年的孕育，逐渐形成了市场化程度较深、较为成熟的金融市场。我国金融业起步较晚，基本上是行政规划的产物。此外，我国的经济体制和西方发达国家完全不同，国有化成分多，长期以来，政府主导一切的观念根深蒂固，市场准入和退出等环节，更多取决于政府，而非市场。由此造成金融领域的市场主体自主性程度较低，当遭遇来自规制方的行政处罚等不利决定时，更多时候选择默默承受，而非对抗。

2. 规制主体的权力过于强大。我国自建国以来，实行计划经济体制，目前正处于向市场经济体制转型过程中。计划经济体制中，权力高度集中，市场中主体缺乏自主权，基本服从于命令。规制主体长期以来扮演着几乎“全能”的角色，全面干预着市场主体市场运作的方方面面。随着市场开放度加大，政府的不断放权，这种局面已经得到了很大的扭转。但改革并不能一蹴而就。其一，改革本身就是一个渐进的过程，切忌冒进；其二，在计划经济体制下已经形成了顽固的既得利益群体，撼动何其不易；其三，我国自有自身特色，不能盲目与西方国家进行缺乏背景分析的比较。在我国当前以及今后一段较长时间内，在一些特殊领域中，政府规制的权力范围依旧广泛。这是我国国情、民情以及体制等因素决定，有其合理性。但规制主体的权力一旦强大，必然造成的一个结果是，被规制主体更趋向于选择忍气吞声，而非不遗余力地捍卫自身权利。

3. 我国行政诉讼制度的缺陷。主要体现为以下两方面。

（1）受案范围过于狭窄。从我国《行政诉讼法》的受案范围来看，权利救济的广度和深度明显不足，权利和救济未能做到一体。法谚有云：“无救济则无权利。”然而，我国《行政诉讼法》并没有将所有受到公权侵害的权利纳入可诉范围。即便从我国新修改的《行政诉讼法》来看，受案范围依旧过于狭窄。新修改的《行政诉讼法》有关受案范围的规定是第2条、第12条和13条。虽然在第2条中，将原法的“具体行政行为”改为“行政行为”，是一个重大进步。此外，在第12条中对法院受案范围所做的列举式规定中，相比原法，由8种情形增加到12种情形，最重要的变更在于将可诉范围扩大到“对征收、征用决定及其补偿决定不服的”以及“认为行政机关不依法履行、未按照约定履行或者违法变更、解除政府特许经营协议、土地房屋征收补偿协议等协议的”这两种情形，这是对现在社会中引发众多纠纷的征收、征用行为和行政合同是否能够纳入行政诉讼范围的正面回应，应该说也显示了我国政府进一步构建法治政府的努力。但从第12条所列举范围的最后一项兜底式规定来看，依旧将权利保护的范围限定为人身权和财产权，未免显得过于保守。行政行为对公民权益的影响范围不仅仅局限于上述两个领域，还包括知情权、劳动权、受教育权、表达权、监督权等等。金融企业的自主经营权，也并不等同于财产权。从新修改的《行政诉讼法》来看，以上这些权利依旧没有纳入到受保护的权利范围中来。此外，第13条排除列举的4项规定，则是完全照搬了原法。对于争议较大的行政机关终裁的行政行为以及内部行政行为，并没有在可诉范围上有所突破。

（2）仅将小部分行政行为的合理性纳入审查范围。新法第6条规定：“人民法院审理行政案件，对行政行为是否合法进行审查。”[①] 可见，中国行政诉讼主要审查行政行为的合法性问题，虽然新法条在旧法条基础上增加了部分有关行政行为合理性审查的规定，但远远不能满足需要。[②] 如

---

① 参见行政诉讼法_百度百科词条. http://baike.baidu.com/link?url=ASUqE0KbCdeAma-FbpNFQYEwJ088VUawR7LcO4dTEZlYrED9_0BSwi3Cg0oBVlS-LcX-bF94yYSpX9DcxcXx91-q#7 最后访问时间：2015-3-31。

② 《行政诉讼法》（1989版）第54条第四款规定：行政处罚显失公正的，可以判决变更。表明行政行为的合理性审查已在司法审查范围之中。《行政诉讼法》（2014版）扩大了对行政行为合理性进行司法审查的范围。新修改的《行政诉讼法》第70条规定：“行政行为有下列情形之一的，人民法院判决撤销或者部分撤销，并可以判决被告重新作出行政行为：（一）主要证据不足的；（二）适用法律、法规错误的；（三）违反法定程序的；（四）超越职权的；（五）滥用职权的；（六）明显不当的。”合理性审查就体现在其中的第五项“滥用职权的”和第六项“明显不当的”。

上所述，行政裁量在行政规制行为中极为普遍，只要属于裁量范围，就不存在违法的问题，但合理性问题依旧存在，且对行政相对方权益的影响不可谓不大。法院仅审查小部分行政行为的合理性，也即意味着对于为数众多的并不合理的行政裁量行为所侵害的权利，无法通过行政诉讼法加以救济。

放眼西方其他法治国家，比如美国，强大的司法审查几乎涵盖了所有机关的行为，除非法律明确排除。又如德国，就受案范围而言，德国法院对行政机关的监督与制约是全面的、无漏洞的。而就行政诉讼来说，德国普通行政法院与专门行政法院受理了绝大部分行政案件。同时，其“行政案件”的外延也大于我国。行政相对人认为公法主体的公权或高权措施或者公法主体的不作为侵犯其权利的，均构成行政案件，有权向法院提起诉讼。[①] 这就是“有权利必有救济”的原则。学界也常称之为“全面的、无漏洞的、有效的法律保护”。[②] 此外，德国法院审理行政案件时，范围和深度相比美国更为无所不至，包括事实问题、法律问题以及对于行政裁量权，都可以纳入审查范围。

针对我国当前金融信息披露行政规制领域的权利救济功能还不尽完善的现状，可以对我国《行政诉讼法》所设置的起诉条件再作仔细斟酌。是否可以在一定的限度内，将起诉条件放得更宽，以进一步保障行政相对方的合法权益，推进法治中国的建设进程。

第三节　我国金融信息披露行政规制权利救济的完善建议

新公共行政下的以行政相对人为中心的行政法制，必然更加重视对

① 黄先雄．德国行政诉讼中司法权的边界及其成因［J］．比较法研究，2013（2）。

② ［德］毛雷尔．行政法学总论［M］．高家伟译．北京：法律出版社，2002：144；转引自刘飞．行政诉讼类型制度的功能［J］．法学研究，2013（5）。

行政相对人合法利益的保护，必然更加重视行政救济制度的建设。① 在经济金融化程度不断加深的今天，金融信息披露行政规制所影响到的行政相对方和相关利益群体的权益则显得愈发重要。司法作为公民权益保障的最后一道防线，扮演着至关重要的角色。而在金融信息披露的行政规制领域，对于受到规制行为影响的行政相对方来说，能够通过行政诉讼的方式来补救其被侵害的权益，是公民法治社会应有的制度回应。针对上一节中笔者所提到的我国当前该领域权利救济功能发挥不足的问题，应该努力寻找适合我国国情的解决方法。

一、降低行政诉讼的门槛

（一）受案范围立法模式的改善

笔者认为，新修改的《行政诉讼法》并未能够在权利保护的范围上有更大突破的原因，除了在放开尺度上的不够大胆之外，这种肯定性和否定性列举的方式，本身也具有很大的局限。社会问题层出不穷，如果靠单纯的列举，无论如何都不可能穷尽所有的侵犯公民合法权益的行政行为。一方面，人类理性的局限使得我们不可能对未知的情形有极为精准的判断；另一方面，列举式的文字表达方式，由于限制了裁量范围，使得其滞后性更为凸显。若继续这种模式，无疑会使很多新出现的权利陷入灰色地带，无法很好保障相对方权益，也会引发法秩序的不稳定和对法律权威性的减损。

（二）新兴行政规制行为法律地位的明确

笔者建议，除了在受案范围的立法模式上进行改善之外，还应该清晰地将一些新兴的行政规制方式纳入到行政行为的范畴中去，以减少权利保护的不确定性。尤其对于金融信息披露的行政规制领域来说，由于其面向的市场极为复杂和专业化，传统的行政规制方式在完成行政任务时，愈来愈显得捉襟见肘。笔者在第三章分析该领域的行政规制行为时，对于新兴的行政规制方式多有论述。这些行政规制行为相比传统的

① 参见陈天本．行政法对金融规制的调控［M］．北京：人民公安大学出版社，2007：366。

行政规制行为，更讲求民主参与、激励相容，故而其高权特征相对弱化。而目前，它们是否可以归属为广义的行政行为范畴中，学界仍然存有争议。但不容否认的现状是，激励相容的行政规制行为，因其更具有包容性、民主性，更凸显对行政相对方的尊重，从而使其在执行行政任务的过程中，因更有可接受性，从而变得更富有效率。随着社会的进一步发展，公民权利意识的进一步提高以及对于更为和谐和良善的社会秩序的期待，这种新兴的规制方式也许将成为规制的发展方向。在金融信息披露的行政规制领域，已经多处运用协商参与、行政指导这样的新的规制方式。

然而，目前存在的困境在于：一方面，新兴的行政规制方式在现代行政国家中逐渐发挥愈来愈重要的作用；另一方面，因其法律地位的不够明确，导致因其运作而受到侵害的权益无法得到有效的救济。这并不符合现代法治国的内涵。法治二字给人们起码的期待是，合法的权利能够得到保障，并在其被不当侵害时能够得到补救。因此，笔者建议，应该尽快制定出相应的法规范，根据各种规制方式的特征，结合我国的现实国情，将符合法治精神和原则的规制方式明确纳入到行政行为的体系之中，并在《行政诉讼法》的受案范围中能够得到体现，改变以往行政指导、行政咨询等行政管理活动难以提起行政诉讼的困境。

（三）原告诉讼资格的拓宽

新修改的《行政诉讼法》仍然基本将起诉的范围限制在侵犯公民、法人或者其他组织的人身权、财产权。然而，金融信息披露行政规制行为所侵犯到的合法权益并非仅限于人身权、财产权。若作此限制，则诸如劳动权、知情权、表达权、监督权、参与权等权利则无法得到有效的保障。拿知情权为例，之所以相当重要，是因为它是其他许多权利得以真正享有的前提条件。然而，该权利若根据我国新修改的《行政诉讼法》，则保护无门。

笔者认为，可以进一步拓宽原告诉讼资格，使我国构建公民法治社会的愿望更加具备实质性内容。在公民意识逐渐觉醒的中国社会，该诉讼资格的拓宽不仅仅是历史发展的必然，也彰显出我国政府真正落实法治理念的决心。

（四）进一步扩大合理性审查的范围

在继续坚持《行政诉讼法》中所规定的合法性审查原则的同时，鉴于现代社会中行政裁量行为的普遍性，可以根据我国的司法实践情况，扩大合理性审查的范围。随着公民诉讼意识的加强，行政规制主体明目张胆地违反合法性原则的情形逐渐减少。但在裁量范围内不合理的行政行为的情况却显得颇为突出。若法院始终对行政行为的合理性问题审查不足，一方面助长滥用行政权的腐败风气，另一方面，则是不利于保护相对方的合法权益。新修改的《行政诉讼法》第 70 条中所规定的“人民法院判决撤销或者部分撤销，并可以判决被告重新作出行政行为”[①] 的 6 种情形中，其中第 5 种“滥用职权”情形和第 6 种“明显不当”情形，就是可以结合合理性审查的原则进行判断的法律依据。但在这个过程中，必须掌握好司法权接入的限度，不可过于干预行政主体的判断。

二、掌握司法权介入的限度

降低行政诉讼的门槛和掌握司法权介入的限度，这是一个问题的两个方面，两者并不矛盾，且其目的都是为了更好地保障受到行政行为侵害的行政相对方的合法权益。

需要注意的是，司法权的限度并非是一个非黑即白的简单问题，它需要秉持法治原则和限度，根据具体案件事实，进行权衡。我们知道，社会中出现的问题远比在头脑中构建出来的景象复杂许多。此外，法律的裁判始终难以剔除政治的影响，使得很多问题，并非单纯在一个独立和中立的立场上进行考量。美国在司法能动与否的理念上多年来始终存有很大争议。在德国，对行政行为无所不至的司法审查，近年来也争议不绝。有关司法权边界，不得不提及日本学者田中二郎在其《关于行政案件的司法法院的权限——关于司法权的界限》一文中对该问题的精辟

① 参见行政诉讼法_百度百科词条．http：//baike. baidu. com/link？url = ASUqE0KbCdeAma-FbpNFQYEwJ088VUawR7LcO4dTEZlYrED9_ 0BSwi3Cg0oBVlSLcX-bF94yYSpX9DcxcXx91 - q#7，最后访问时间：2015 - 3 - 31。

论述。他指出：行政是基于行政的首次判断权，以公共福祉的实现及其他成为行政目的之结果的实现为目标，积极实施的、面向未来的形成性国家活动，因为具有持续性和整体统一性，即使在依据法律行政的原理之下，也存在着或多或少的行政的认定判断或者行政裁量的余地。因此，在考虑违法行政的纠正手段、方法之际，不能允许无视这种首次判断权的制度①；除此之外，司法权不应对行政权过于干预的理由在于权力分立与制衡的原则。司法、行政、立法彼此之间，需要留有合适的距离，不至于混淆不清，但又需要能够彼此牵制。这种牵制，不等同于无限干预。第三，近年来行政国家兴起，很大程度上基于服务型政府的理念。而这种服务型政府的理念并非纯粹建构而成，而是顺应公民社会的呼声。所谓人民主权，政府手中的权力来自于公民的授权，回应公民的意愿。同时，随着时代的发展，社会分工的复杂化和专业化，行政权相比立法权和司法权，在完成国家任务上，具有无可替代性。也正是基于此，现代依法行政国家，法律目的的实现很多时候被委任给行政机关。委托立法现象很普遍。法院在审理行政案件时，对于其中所涉及的事实问题的判断，很有困难。尤其在一些专业性强度大的领域中。金融行业的复杂性，使得法院在事实认定上更需要尊重行政规制主体的判断。因此，司法能力本身的局限性，使得司法权在行使的过程中，也必须掌握好界限。

综上所述，金融信息披露行政规制的权利救济，因其关乎民情、国运，又和民主、法治息息相关，在进行制度设计、行政执法、司法实践的过程中，对于所出现的问题，都必须要多角度进行全方位的考量。不仅关注问题的表面，更要关注其背后的法制传统、体制国情，从而保证制度在运作之时，既能够保障公民的权益，维护公民对法治的信心，同时也要确保行政权的有效行使以及国家目的的实现。

---

① ［日］田中二郎．关于行政案件的司法法院的权限——关于司法权的界限［J］．法曹，第一卷第8号，1949：244－245，247，261；转引自杨建顺．行政诉讼的类型与我国行政诉讼制度改革的视角［J］．河南省政法管理干部学院学报，2005（4）。

第五章

全球化背景下的金融信息披露行政规制

第一节　全球化背景下国家间的冲突与合作

20世纪70年代以来，世界形势发生了极其深刻的变化，在军事权力对于各主权国家在整个国际体系的权力分配因素中仍然占据着核心地位的同时，经济事务开始逐渐在国际关系中显得愈来愈为重要。伴随着冷战的结束，国与国之间的合作依存关系日趋明显，跨国经济活动已经成为全球化时代背景下最为普遍和主要的现象。与此相伴的，国家层面上以及次国家层面上（包括各种经济组织以及个人）在经济合作的同时，也有大量的摩擦和冲突。这种冲突和合作的本质，需要追溯到国际政治关系中进行讨论。

一、国际政治关系的三种理论阐述——以国家间的冲突与合作为视角

（一）现实主义——利益冲突与权力政治

现实主义是国际政治关系理论中的重要流派，其中还可以区分为以摩根索为代表的传统现实主义和沃尔兹为代表的新现实主义。无论是传统现实主义还是新现实主义，其核心观点为冲突是国际政治的根本特征。现实主义并未否认合作的存在，但认为合作是不可靠和在有限范围内的。而冲突则是国家之间关系永恒不变的主题。

在摩根索看来，国家利益是国家层面冲突的根本原因。这和人性中的利己成分本质相同。人总是在不断追求自身利益和权力的最大化。国家也不外乎如此。由于组成国际社会的各个主权国家都有自己的利益诉求并不断追逐这种利益的增长，而彼方利益的满足总是建立在另一方利益的损失之上——也即利益的“零和”状态，从而导致冲突无法避免。解决这种冲突的方式最终要看各方权力的较量，因此对于权力争夺的斗争是国际关系中最基本的现实。摩根索并没有否认道德，在约束国际关系的各种要素的分析中，他也强调了道德对于现代战争发生的可能性以及战争残酷程度中的制约作用，同时也强调了外交对于国家之间权力争斗的斡旋和缓和作用，从而对于促进国际和平与合作有着重大的意义。但摩根索传统现实主义是奠基在利益的不可调和和冲突的无法避免之上。①

沃尔兹继承了摩根索的权力政治学说，但对其进行了一定的修正。沃尔兹认为，人性的利己成分过于随意，难以作为国际关系理论体系的重要支撑点，取而代之以国际体系的无政府性。这种无政府性有些类似于霍布斯论著中的自然原初状态，也就是“每个人对每个人的战争”。而这种自然状态之下，对于个人最大的忧患来自于对生命安全的威胁。国际体系中的各个主权国家也是如此。国内社会是一个等级分明的体系，国家在其领土范围内拥有至高主权，各个等级之间的冲突在强制力的保障之下容易得到解决。而在国际社会体系之中，各成员国家皆为主权实体，发生冲突需要自行解决。维持生存的根本之道则在于对权力的获取和维持。在这种国际关系理论中，军事权力自然是所有权力要素中最为核心的一种。②

现实主义对于国际关系的认识建立在三个基本命题之上：其一，国际社会处于一种无政府状态。所谓的无政府，是指并不存在凌驾于主权国家之上的世界政府。由此，国际社会就如同霍布斯描述中的自然状态，各个主权国家面临中的最大威胁就是生存问题。为了生存而争取权力。因此冲突是国际关系的永恒主题。其二，民族国家是国际关系的主

① 参考［美］汉斯·摩根索著．国家间政治——权力斗争与和平［M］．徐昕等译．北京：北京大学出版社，2006：译序 1－18，导论 1－23。

② 秦亚青著．权力·制度·文化——国际关系理论与方法研究文集［M］．北京：北京大学出版社，2005：31－32。

要行为体，具有单一性和理性的特征。而民族国家拥有主权，即在国家管辖的地域范围内，国家拥有至高无上的权力，国际政府无法对国家施加更高的权威。国家自身确定其国家利益，现实主义假设存在超越个人和群体的国家利益。国家据此制定和执行国家政策，以实现国家目的。其三，国家和个人一样，追逐其自身利益的最大化。而最重要的国家利益即为安全利益。影响安全最重要的要素为军事实力。据此，各国会不遗余力在军事力量上进行竞争，以争取自身的安全利益和权力。冲突是不可避免的。

（二）新自由制度主义——国际制度与国际合作

新自由制度主义国际关系理论的思想渊源可以追溯至格劳秀斯。和现实主义一样，格劳秀斯也认同国际秩序的基本特征是无政府主义。但区别在于，其并不认为无政府状态就一定会变成无秩序状态。在一个缺乏凌驾于各主权国家之上的世界政府的状态之中，仍然可以存在社会秩序。格劳秀斯强调国际法在维持国际社会秩序中的重要作用，也即认为国际法规对于国家行为的制约作用。

新自由制度主义是20世纪80年代逐渐发展起来的国际关系理论，是当时唯一能够和现实主义国际关系理论分庭抗礼的理论流派。该理论的产生和当时战后布雷顿森林体系的崩溃、美国在越南战争中的失败以及西方经历的石油危机等一系列重要国际事件有密切牵连。之后冷战时代的结束更是给其带来了极大的发展机遇。哈佛大学政治学教授基欧汉于1984年发表的著作《霸权之后：国际政治经济中的合作与纷争》一书是新自由制度主义的第一部重要力作。

新自由制度主义并没有推翻现实主义的三个基本命题，而是建立在这三个命题之上，但却据此得出了完全不同的结论。其一，世界是处于无政府状态中，但无政府不等于无秩序。如果有一定的行为规范且这种行为规范得到各成员的遵守，那么无政府状态中依旧存有秩序。其二，民族国家确实具有理性，有其自身利益并据此制定国家政策，实现国家目的。但恰恰因为具有理性，能够认识到只有在一个有秩序的状态下，才能更好地实现自身利益。因此，民族国家会致力于利益的调和以及冲突的解决。在此过程中，会强调合作，会遵从一定的国际秩序。其三，国家和个人一样，追逐其自身利益。但这种自身利益的追逐并非一定是在冲突和战争中实现的。战争和冲突的代价过于惨烈，这绝非是实现利益的最佳途径。作为理性的国家，会努力追寻代价的最小化。合作则更可能是基于成本和效益考虑后的最佳方式。①

需要注意的是，新自由制度主义强调合作，但绝非认为不存在利益的冲突。而正因为存在利益的冲突，需要进行利益的协调，才需要国家间的合作。而若国家间彼此间无法协调，则会引发争端。也即，并不否认合作的困难程度，但强调存在利益趋同的可能性。这种利益趋同构成了国家间进行合作的重要基础。

（三）建构主义——体系文化与社会建构

建构主义的主要代表人物为亚历山大·温特。该国家关系理论和以上两者理论最大的区别在于强调观念对于国际体系的作用，反对将物质因素作为解释国家行为的唯一和最主要的原因。这里需要注意的是，建构主义并没有否认物质基础的存在以及其对于国家行为和国际体系的作用，而是否认纯粹物质主义的观点。根据建构主义的观点，权力政治和国际体系的无政府状态并非是先验存在的，而是由国家建构的；国家身份和国际利益也并非是外生于整个体系结构的，而是由国际体系结构构建的。在这种理论体系中，观念由体系结构建构而来，而国家行为又会对整个体系结构造成影响。因此，这是一种互动的并且可能发生变化的结构。建构主义承认国际社会的无政府状态，但这种无政府状态是社会建构出来的，而非先验存在的，温特归纳了三种无政府状态的文化，即霍布斯的战争状态、洛克的竞争状态和康德的朋友状态，并认为国际社会从过去的战争状态已经迈入一种竞争状态，并且在将来会逐渐进化到朋友状态。在当今社会的竞争状态之下，存在着摩擦和冲突，也存在着合作。而在康德的朋友状态下，合作会成为一种常态，国家间不再会适用暴力方式解决冲突，并且会存在彼此间的互助关系。在不同的无政府

① 参考［美］罗伯特·基欧汉著．霸权之后：世界政治经济中的合作与纷争［M］．苏长河等译．上海：上海世纪出版集团，2012；参考［美］小约瑟夫．奈，［加拿大］戴维·韦尔奇著．理解全球冲突与合作：理论与历史（第九版）［M］．张小明译．上海：上海世纪出版集团，2012。

文化之中，国家的角色定位和利益追求会有所不同，所展现出来的国家之间的关系和处理问题的方式也会随之不同。因此，国家建构了无政府的状态文化，同时这种文化也影响和建构了国际体系结构。①

（四）当今世界国际关系主流理论的简要总结

以上三种理论构成了当今世界国际关系的主流理论。梳理之后，我们可以发现，这三种理论并非是截然对立的。新自由制度主义是建立在现实主义的基础命题之上，强调了国际制度对国际体系结构的重要作用，同时强调了国际合作的可能性；建构主义也并没有否认新自由制度主义和现实主义的国际社会无政府状态的存在，但是认为这种状态的存在并非可以作为先验的存在，而是社会的建构。建构主义同样承认物质基础，但是反对纯粹的物质主义观点，强调观念对于国际体系结构的重要作用。根据现实主义的理论观点，国际社会中冲突为常态，合作是在有限范围内且并不可靠，对国际社会的合作与和平持悲观主义的态度；而新自由制度主义理论认为虽然有冲突存在，但是仍然可以存在一种社会秩序，国际制度则可以成为这种社会秩序有力的保障。各成员国家需要这样的国际制度，基于长期博弈中利益最大化的理性考虑，也会努力遵循国际制度，因此，合作是可能的也是从长远角度看来符合各国国家利益的；而建构主义则可以归为一种乐观主义的国际关系理论，它对国际社会能够最终进入康德式的朋友状态怀有期待，而这种朋友状态的无政府社会就是一种共同体社会。当今世界是一种既有冲突也有合作的竞争社会，国家可以基于其身份和利益来理性选择并且建构它们的体系结构。

三种理论对于国际关系的研究都有重要的学术意义，但也有各自的理论局限。如同经济学中的自由放任主义和国家干预主义，彼此之间的论争不休。哪一种理论会成为政府处理国际关系的指导原则，和当时所处的时代有关，且不同的国家也会有不同的选择。这其中的衡量因素也有多种。但我们确实可以从一个国家行为中看出某种理论占据上风的蛛丝马迹，是更多地采取合作还是更多用军事实力获取在国际关系结构中

---

① 参考秦亚青著. 权力·制度·文化——国际关系理论与方法研究文集［M］. 北京大学出版社，2005：112－142。

的话语权。

但在全球化时代背景下，尤其各国之间的经济依存关系越来越明显，各国很难继续用武力作为解决冲突的主要方式。竞争是明显的，合作已经成为当今世界不可阻挡的潮流。但是笔者并不认为现实主义的理论体系就此成为一段历史。国际关系并非风平浪静，即使在合作之下，彼此之间也在暗中摩拳擦掌。军事实力仍然在各权力支配因素中占据核心地位，而权力对于一个国家在国际体系结构中的话语权至关重要。各个国家不可能会放弃自身的利益诉求，而利益之间总会伴有冲突。只要主权存在，无政府状态依旧，现实主义仍然会在新形势下进一步发展。事实上，许多国家仍然将其作为对外政策的最重要指导依据。

二、全球化时代背景下国家间关系的特征与发展

（一）国家间合作趋势的日趋明显

随着冷战时代的结束，经济事务开始在国际关系体系中变得越来越重要。而交通的更为便利以及通讯技术的发展，尤其是网络时代的到来，使得全球之间的相互依存度愈来愈深。需要注意的是，全球化主要指的是世界各国之间的相互依存关系，而非价值的普世化。全球化主要体现在世界市场的形成，也即商品、人员和资本的自由流动，但又并不局限于经济方面。例如气候、疾病、环境等等，都体现出了全球相互牵连的特征，而社会文化方面的全球化在今天也是以一种前所未有的速度迅猛发展，意识形态、政治思想的传播更使得一些国家忧心忡忡，将之视为洪水猛兽。

全球化使得原本一个地区范围内发生的事情，很可能在经济、环境等各方面影响到其他地区，甚至还有些影响会在未来的某一时刻发生而并不那么显而易见。这种难以预测性给国家对外政策带来了更多的变数。尽管面临更多的复杂性和不确定性，但在全球化的时代中，如果选择与世隔绝将会付出极其沉重的代价，绝大多数国家对此已经形成共识。因此各国都需要努力顺应这种相互依存程度愈来愈深的世界，并努力采取对本国最为适用的方式，维持生存并努力争取更大的利益。

新自由制度主义者认为，世界并不会因为无政府状态就必然一定是无秩序状态，由此形成和现实主义者之间最大的分野。同样道理，世界

也不会因为相互依存性的加深而只有合作不见竞争。只要存在利益的分歧，必然会有冲突。而出于对生存的忧患，则彼此间定有竞争。传统的世界中，经常会采用暴力方式来解决分歧。但过去的一个世纪中战争使各国和人民所付出的沉重代价使得各国都进行了深刻的反思。与此同时，公民权利意识的觉醒、对于和平的企盼和国际人权斗争的胜利，以及新的武器所可能带来的毁灭性后果等因素，使得武力逐渐不再成为各国主要诉诸的解决冲突的手段。各国逐渐意识到，很多时候，合作可能带来更大的收益从而应该成为一种更为理性的行为选择。国家作为国际关系行为体，其行为动机对于整个国际关系的结构也必然会施加一定的影响，从而使得在当今世界中，各国合作的趋势日趋明显。因此，尽管国际社会仍然建立在一个没有超国家权威的松散状态之中，各成员选择不遵守国际准则的行为却并不多见。相反，遵守一定的国际秩序，彼此之间的合作成为更为常态的选择。

（二）国际制度作用的逐渐加强

全球化时代背景下，各国更加重视国际制度在国际体系结构中所发挥的作用。而国际制度之所以能够逐渐发挥更大的作用，也是因为各国政府相信，国际制度的运行能够给国际社会的各成员带来长远的利益。虽然国际制度无法拥有像在国内法律机制中那样稳固的执行和责任模式，但是基于彼此之间的遵守，确实在很大程度上促进了各国之间的交往，减少彼此之间的摩擦。

国际制度的重要功能主要在于以下两方面：

首先，由于提供了一个较为明晰的制度框架和一个可供各方协商和交流的平台，从而使得各国之间无论是需要达成一定的协议还是解决某些特定的问题，达成协议或者完成谈判目的的可能性都显著增加，且交易成本有所降低。国际机制的原则和规则可以被运用到广泛的各种各样的特定议题领域中，它们是有效的：每次当一个新的特定问题兴起时，先期确立的规则和原则使各方没有必要再次围绕它们进行重复的谈判。①

---

① ［美］罗伯特·基欧汉著．霸权之后：世界政治经济中的合作与纷争［M］．苏长河等译．上海：上海世纪出版集团，2012：91。

而且已经建立起来的国际制度彼此之间，并不是孤立的，相反，无论从涉及的领域或是参加的成员各方，都是相关联的。一项国际制度之下达成的协议，在另一项国际制度之中往往也可以起到一定的铺垫作用，从而使得彼此交织的议题之间的联系更加便利。此外，交易成本的降低还体现在，由于对于国际制度的违反很可能会导致其他成员方对违反制度方的报复或者其需要付出的其他代价，从而使得各方遵守制度的可能性也大大增加。

其次，国际制度能够大大降低国际社会中的信息不对称现象。国际社会也如同一个大的市场，一些国家比另一些国家占有更多的信息并且可能会利用这些未被掌握的信息，操纵某些事务以达到自身目的。而国际制度可以通过原则和制度，提供各国行为的标准；通过建立相应的国际组织或者其他方式，来提供彼此讨论的平台；借助规则和体系，来对各国在国际社会中的行为作出评价。诚信和守约方获得国际声誉；相反，欺骗和违约方则声名狼藉。通过这些方式可以大大提高成员方公开信息的动力，减少信息不对称现象；此外，通过国际制度提供服务的方式，也即将其凭借自身便利地位获取的相关信息，在不违背相关原则和规定的前提下，可以主动积极地提供给各成员方，使各成员方获得对其做出相关国际行为有用的信息，加大国际社会的透明度和公开度。

因此，对于国际制度的重要作用在国际社会已经形成广泛共识。

（三）国家间权力和利益博弈的本质

如上所述，随着国家间依存关系的加强，国家间合作趋势日益明显。而国际制度的存在，为这种合作关系提供了更多的可预见性和合法性，以保障合作的目的能够得以实现。但是，国家之间永远存在不可调和的利益需求，且主权永远都是国际关系结构中的宪法性原则。因此，即使是基于各成员国同意基础之上的国际制度中，也不可避免地充斥着国家间权力实力对比的痕迹。笔者认为，在很长一个时间段内，世界仍然如现实主义者所强调的那样，国际制度很大程度上是为那些拥有强大军事实力，在国际政治和经济体系中拥有强大话语权的大国成员所设计。国际合作的背后除了双方利益在一定范围内实现，更有着强权国家不容挑战的某种利益的实现预期。因此，国际关系的本质仍然处处渗透着权力与利益博弈的影子。但是笔者并不否认国际制度在其中扮演的缓和利益与权力争斗摩擦的积极能动作用。这两者并不矛盾。国际社会各成员致力于国际制度的设计以及有效运行，是因为在一个日益相互依赖明显的世界中，国际制度确实对解决冲突以及实现某些目标，发挥着不容忽视的作用。

第二节　金融信息披露行政规制中的国际约束与合作

金融服务的提供在过去的二三十年间发生了革命性的变化。这种变化主要体现为以下两个方面：其一，金融产品的不断创新，并衍生出跨越传统部门划分的金融体系的新局面；其二，大型金融机构的跨区域运作，使得金融市场超越了国家地理的界限。据统计，2007 年美国三家主要投资银行超过 50% 的净收入来自于境外。而在美国境内，本国投资者所持有的境外上市公司的证券价值，在 2003—2006 年间从 3.1 万亿美元增加到 6 万亿美元。有报道称，美国有近 2/3 的投资者投资非美国本土公司。[①] 全球化的投资虽然带来了客观的财富，但也加剧了金融的脆弱性，并且给金融信息披露的行政规制带来了诸多困境。在国际金融市场中，资金和人员可以自由流动。一国的投资者可以轻松跨越国界在另一个国家进行投资；同样，一国的金融机构也可以在另一国国境给他国国民提供金融服务。但一国监管规则如何在域外适用，是否可以以及在多大程度上对在本国从事金融市场行为的外国私人行为体进行管辖，却牵涉到相当复杂的法律甚至政治关系。归根到底，金融对一国经济命脉的重要意义，各国必然会不遗余力从本国利益角度出发，保护本国投资者和金融机构的利益，维护本国金融安全和稳定，因此冲突和摩

① Yesha Yadav. “The Specter of Sisphus: Re - making Internation Financial Regulation after the Global Financial Crisis” [J]. Emory International Law Review. Vol. 24. 88 (2010).

擦不可避免，而行政规制所面临的难度和复杂程度也前所未有。

一、全球化背景下金融信息披露行政规制的主要困境

（一）管辖范围的有限性与金融风险的跨地域性

通常情况下，一国金融信息行政规制主体只能监督在本国境内的金融机构，若牵涉到在本国提供金融服务的他国金融机构，其规制标准则会掺杂多种考虑，各国都会极其慎重对待。然而，在全球化背景之下的国际金融市场，资金和人员流动相当自由，一个市场行为可能牵涉多国金融机构和个人，由于国际金融领域还并不存在一个被所有国家都接受和使用的国际制度，而各国的行政规制要求又有所不同。所有国家都希望能够最大程度地保护本国机构和个人的利益，同时，国家主权原则决定了任何一国或者国际组织都不拥有凌驾他国之上的地位。因此，在一个全球化的金融市场，对于冲突的解决带有明显的地域限制特征。

问题在于，金融风险传播的范围根本没有地域的限制。国际资本的流动在给金融市场带来繁荣局面的同时，也更加剧了整个金融体系的脆弱性。1997 年的亚洲金融危机首先从泰国开始，随后是马来西亚、菲律宾、印度尼西亚，然后到韩国、中国香港，并且在很大程度上也影响到了中国大陆的经济。而本次席卷全球的国际金融危机自 2007 年夏天开始初出端倪，从最初次贷风险的暴露到英国北岩银行的挤兑事件，随着美国“两房”事件爆发，最终发展成为波及全球的国际金融海啸。在欧洲，希腊、葡萄牙、西班牙、爱尔兰、意大利相继陷入水深火热的主权债务危机之中。即使是一直表现还算稳健的德国经济，随之也在多项经济指标上表现出疲软的状态，整个欧元区始终未能走出低迷。从中我们看到，在全球经济进一步迈向区域化、共同体化、全球化的过程中，国际金融市场机构准入的自由化，市场利率的自由化以及资本流动的自由化使得资本在全球的调拨更为便利，与此同时也加大了金融业的系统性风险发生的可能性。

这种风险的传染性和跨地域性使得各国仅在本国范围内对金融市场行政规制显得捉襟见肘。在金融信息披露行政规制领域，各国标准不统一，导致无法有效控制风险的来源。而缺乏一个各国能够普遍接受的同意的规制标准，且碍于他国主权的不可侵犯，各国只能对本国管辖范围

内的金融市场的信息披露进行监管。但全球化导致的风险跨国界传染，使得各国远远不能保证独善其身。

（二）金融信息披露规制标准的不一致与监管套利

经济全球化时代，投资地之间以及法律制度之间的竞争越来越激烈。若要更好地吸引投资，在制定发展战略时，就必须考虑如何在社会、生态、技术、信息等各个方面营造良好的投资和贸易的环境。对于金融市场而言，投资者进行投资时，投资地的法律制度监管要求必然是考虑的重中之重。过于严苛的规制要求，会大大增加投资者的成本，削弱可能实现的利润。投资者通常都会选择对其较为有利较为宽松的监管环境。由于涉及国家的经济主权，各国都不可能轻易让渡本国的金融监管权，从而导致到目前为止，并不存在可供普遍使用的金融领域的信息披露规制标准。随着金融市场也逐渐变得全球化，监管套利的现象也极为普遍。例如，随着一些国家的资本市场也开始逐渐变得成熟，美国的金融市场开始面临着严重的挑战。外国公司的发行人在决定究竟在哪一个国家发行证券时，需要考虑的因素除了政治风险等因素之外，该国家的证券发行要求必然会成为一个重要的衡量因素。我们知道美国的证券法相对于其他国家来说较为成熟，对本国投资者利益的保护相对来说，做得比较完善。对于证券披露的标准也相对来说更为细致。然而，由于这个因素，已经导致一些外国公司选择离开美国资本市场。包括美国本土的一些公司，为了避免美国资本市场上一系列较为严格的规制要求，寻求海外上市。诸如此类由于规制标准较为严格导致本国资本市场的吸引力降低的现状如果不能改变，也会很大程度上削弱一个国家的经济实力。因此，为了保证国家资本市场的地位，在目前规制标准无法统一的情况下，通常会被迫放宽一些规制标准，尤其是会放宽外国发行人的规制标准，以更好地吸引外资，例如美国《公平披露规则》中有关即时披露之前的非公开信息，并不适用外国发行人的规定的目的也主要基于此。此外，该条例的第144A条准许证券的私募向合格机构购买者发行或出售而不需要向SEC注册，即准许大型机构投资人彼此更自由地买卖受限制证券而不需向SEC注册提交公司发行此证券及相应附随的披露程序，从而可以增加美国股票及债券市场私募发行的吸引力和流动性。根据法规第144A条符合外国发行者的公司是有资格发行证券的。因此，该条规定也正是顺应了一定程度上缓和美国发行证券严格的披露标准，从而可以更好地保持美国资本市场的竞争地位。

因此，不难看出，除非有一天能够有一套通行于各国的金融信息披露规制标准，否则监管套利的现象就会一直存在。这必然导致各国在为了保证金融安全从而制定更为严格的信息披露标准的同时，不得不考虑如何才能更好地留住以及吸引本国或者外国公司的资金而不至于大大削弱国家的经济实力。在金融市场各要素已经越来越自由流动的今天，一国的信息披露规制将不得不面临前所未有的压力和平衡困境。

二、全球化背景下金融信息披露行政规制的国际合作

我们知道，每个国家资本市场发展的历史都不尽相同，例如美国已经拥有世界上最为发达的资本市场，而中国的资本市场刚建立不久，还很不完善。此外，各国拥有完全不同的社会文化，这些必然也会体现在资本市场之上，导致完全迥异的公司治理方式、股权文化、年金政策以及资本运行方式等等，由此造成各国监管政策、目标以及标准都各不相同。在信息披露领域，有关证券发行上市细则和招股说明书的披露要求，若要达成共识就变得十分困难。但尽管有诸多困难，近年来各国逐渐致力于通过一些正式和非正式的机制，来努力寻求包括证券发行以及其他资本市场运作中有关披露规制的趋同，并更大程度上加强监管机关的交流与合作。全球化的金融市场规制的难度，使得各国清楚认识到，只有国际合作才能有效抑制系统性风险发生的可能性，减少监管套利的现象。而构建一个更为健康有序的金融市场，符合各国长远国家利益。

（一）投资者利益保护的重要保障

即使在一个全球化的金融市场，各国的投资者，尤其是普通的散户投资者，通常只能根据本国的会计准则以及信息披露的标准，对其感兴趣的目标投资对象进行评估。一方面因为信息不对称现象在跨国的金融资本市场中更为严重，另一方面，语言等方面的障碍更阻碍了信息获取的可能性。所以，绝大多数时候，散户投资者很难能够获知，在一个不同的司法管辖区域内，基于完全不同的法治文化和制度发展水平，以及

具体信息披露标准的差异，会给目标投资对象的风险性评估上带来多大的难度。因此，跨境投资交易中常常会发生由于未能准确把握上市公司招股说明书信息披露中的差别而导致投资者利益损失的结果。

此外，前已述及，当一国的投资者在他国金融市场中，由于对方未能有效遵守信息披露的相关要求而致其损失，若要寻求救济，则涉及到两国间法律制度的协调问题。更深层次的原因在于国家利益和主权的考量，往往导致投资者的损失无法得到保障。

若各国始终各自为营，投资者的利益就很难得到保障。资本市场和其他市场区别之一在于，其健康和繁荣与否，很大程度上取决于投资者的信心。因此，对于由于信息披露行政规制的地域性导致的投资者损失，各国政府都绝不能坐视不管。对此，最可行的方式即为努力推进一套行之有效的国际制度的建立，从而促进国家间信息披露行政规制内容和方式的趋同，加强国家间监管机构的合作，更好地保护投资者利益。

（二）减少“监管套利”的必然选择

监管套利是各国规制标准不一致所必然会产生的现象。若要从根本上解决这个问题，除非存在一个世界政府，拥有凌驾于各国之上的地位，制定各国奉行的制度，拥有执行力的机构，保障制度的运行。然而，在可见的未来，没有世界政府，也不可能有一套各国都乐于接受的规则体系。但我们不能因此就放弃对秩序完善的追求。

事实上，通过国家间有效的国际合作，推进为更多国家能够遵守的国际制度，加强协商和交流，能够在最大程度上减少监管套利的现象，创建更为良序发展的国际金融市场，是最具有效益的做法。作为同样具有理性的国家，应该认识到在当今世界，合作在更多时候能够收获更为长远的收益，从而采取更为适合的对外政策，争取本国国家利益的最大化。基于此，我们看到各国监管机构在信息披露监管领域逐渐开始密切合作，致力于构建一个更为健康和透明的全球金融市场，并尽可能更大程度上保护本国金融消费者权益和本国的经济利益。

（三）促进全球金融安全的重要措施

金融信息披露行政规制的主要目的之一为防范系统性风险的发生。

而本次金融危机充分证明，在一个全球化的金融市场，存在着大量的国际金融机构，再加上分散在不同司法管辖区域内且极具复杂性的金融产品，金融风险更容易从一国国内蔓延至国际，对其他国家造成巨大的损害。而一个国家金融越是开放，遭受风险波及的可能性则越大。然而，现今世界，闭关锁国绝不可能成为国家的政策选择。因此，如何在危机中吸取教训，创建更为合理的国际金融体系秩序，是每一个国家都无法规避的现实问题。显而易见的是，本次危机凸显出（1）各国有关金融产品的信息披露规制仍然不够充分不够合理；（2）缺乏有效的全球合作的金融风险防范、预警和救助机制。

危机之后，一方面各国回归国家干预主义的论调都逐渐增强，另一方面，更致力于推进一个有机联系、合作互补的国际金融规制机制，以避免风险的跨境溢出以及在危机发生之时，可以在第一时间通过国际协调来控制危机的蔓延。

但问题在于，国际政治经济和国内政治经济中有一个重要区别：前者并不存在一个凌驾于国家之上的权威，因此并不存在可以强制解决国际合作中发生问题的机制。从实际运作情况看，尽管国际合作远比国内各个地区和部门的合作更显得困难，但在真正发生冲突的时刻，绝大多数情形中，各国仍然是以和平与合作的方式来解决问题，很少诉诸暴力冲突。

一国的行政法受到国际标准或者他国行政法体系的影响并且随之体现出一定程度的改变，这种改变，不仅仅只是内容上所带来的一种影响，而更因为各国之间经济和社会关系在当下时代中紧密相连的原因。且各国对于这些国际标准带来的影响和随之进行的改变，有主动接受的成分，也有被动不得已的成分。变化的体现也是多方面多维度的，比如根据国家目的和国家任务而新增加的新的行政任务以及新拓展的行政规制形式；除此之外，还体现在主观层面上新的法治和行政思维。我们看到，随着全球一体化的步伐加快，行政法上越来越多的行政行为方式都体现出跨越国界的法律效力，而这种效力的发生需要行政法予以解释，予以解决，而且需要各主权国家之间有跨越国界的协商与合作的努力。某领域共通的公共行政任务与作用形态具有多样性，也昭示了在全球化时代中，行政并非只局限于一个国家领土范围之内。国际性的行政合作由此变得越来越为重要。

如今，合作程度的实现相较以前已经有了很大范围的拓展。即使在行政规制的方式逐渐突破传统行政行为的范围时，仍然可以看到各国采取合作的措施，这点是具有相当意义的事实。合作的形式也较以前有很大的转变，主要体现在双方的沟通和对话并不再完全是通过相对立的法律地位来达成，而是通过较为平等的磋商，共同寻找能够采取的措施，基于此目标而展开合作。

这种行政法制度上的相互融合，并不只是单纯从上到下所发生的。而且我们知道基于国家主权原则，也很难有从上到下这种层级上的强制力。因此这种融合的发生，很大程度上是基于成员国作为国际社会的一员主动加以迎合，或者是根据形势不得不为之的被动参与，从而形成相应的法律秩序。这种融合首先体现在各国法律体系之间规则上一定程度的趋同，而后体现在具体的行政行为方式和法律效率上的相互影响相互作用的演变。

但是我们必须清楚，由于各国国家利益的存在及其相互之间的冲突，且在可见的很长一段时间内，全球化进程及在该过程中所发生的国家主权在一定程度上的让渡，都无法改变国家主权仍然牢固存在的事实，因此，这种融合也只能体现在一定范围和深度之内，而不可能存在我们所熟稔的国内法的那种完整的体系，且很难期待在各国不同观点之下存在相同一致的结果和内容。所以，只可能存在某种程度上的和谐与一致，而绝非是同一和平等。

对于合作的成功与否，双方能否形成共识的形态以及双方就合作相关领域所提供的信息，对于最终决定的形成都具有重要意义。

三、金融信息披露行政规制中的国际制度

（一）国际制度的形式及其特征

国际制度是新自由制度主义国际关系理论中的重要概念，其主要包括三种形式：（1）有着明确规定的规则和章程的正式政府间国际组织（IGOs）和非政府组织（NGOs），如联合国和国际红十字会；（2）国际机制，即在国际关系的议题领域中所形成的“一系列隐含的或明确的原

则、规范、规则以及决策程序”①，如海洋法、国际货币体系、国际贸易组织等；（3）国际惯例，指有着非常明确规定和谅解、可以帮助国际行为体协调各自的行为，达到期望趋同的非正式制度，例如未以明文确定下来之前的外交豁免、非世界贸易组织国家之间相互给予最惠国待遇的国际互给行为等。②

国际制度之所以存在，并且成为国际政治和经济现实中的重要组成部分，是因为它们可以在很大程度上影响着国家的行为方式，且为国家的对外政策和行为提供可预见性、合法性以及合理性。

1. 可预见性

首先，一般来说，国际制度总是确定了一些期望追求的目标。基于对这些目标实现的期望，会大大促进国家之间交往与合作的可能性。第二，国家和个人一样，存在着利益区分，也拥有着理性。这决定了国家也会卷入各种各样的冲突之中，并会努力寻求解决冲突的合理方式。经济全球化已经成为现实，国际金融市场相互依存的程度愈来愈深，依存中也必定伴有冲突。而国际制度为各国解决摩擦提供了一些可供接受的原则和标准，因此使得各国可以在一个可以预见的框架中解决问题。这种可预见性不仅提供了可供解决冲突的途径，减少用暴力方式去解决冲突的可能性。

2. 合法性

在处理国际金融市场上发生的争端，各国也会希望争端处理的方式更具备合法性，从而获得更大的正当性。如果一个国家的行为缺乏合法性，即使在一次争端中获得上风，然而因为其行为的瑕疵，很可能导致在将来相互间的博弈中由于他方对其失去信赖甚至有可能被采取报复措施而得不偿失。而国际制度是参与该制度的国际社会成员共同认可和达成的行为准则，包括一系列的原则、规范和规则，而且这些原则、规范和规则之间通常都是紧密联系的，赋予制度以合法性，并基于这种合法

① Stephen. D. Krasner, ed., International Regimes, Ithaca: Cornell University Press, 1983, p. 2. 转引自［美］罗伯特·基欧汉著．霸权之后：世界政治经济中的合作与纷争［M］．苏长河等译．上海：上海世纪出版集团，2012：VI。

② 转引自秦亚青著．权力·制度·文化——国际关系理论与方法研究文集［M］．北京：北京大学出版社，2005：100－101。

性获得某种制约性。因此，理性的国家会希望能够借助国际制度的框架，合法争取自身的利益。

3. 合理性

国际制度既然是国际社会的成员在互动中形成的产物，就包含了对于参与制度各方的合理程度。它可以为各成员提供可靠的信息以及供各方协商交流的平台，有效地降低达成协议的交易成本，这些都是其合理性的体现。

基于此，一般情形下，政府会认真考虑在国际制度的框架中从事相应的国际行为。即使背离，也很少会肆无忌惮，而是会努力寻找借口，以证明自己并非没有合理理由而无视自己作为国际成员的义务和责任。因此，在制度较为完善的时候，国家采取行动时，一般都会遵从之前已经达成的制度共识，这就是制度的选择，也体现了制度存在的意义。

在新自由制度主义者看来，国际制度具有三方面的特征：第一，国际制度具有权威性。不同于国内法律拥有拘束力以及强制性，国际制度的权威性并非在于其可立即执行性，而是更多地来自于各成员国家基于长远利益的理性考虑，从而遵守该制度。第二，国际制度具有制约性。这种制约性并非来自于制度本身的强制性，而在于事实上各成员国家认为通过彼此遵从国际制度，可以更有效地实现国家利益的期待，从而愿意协调彼此之间的行为，维持国际秩序。第三，国际制度具有关联性。这种国际制度的关联性可以体现在一个领域中形成的国际制度之间具有相互牵连性之外，不同领域中形成的国际制度之间也可以具有相互牵连性，从而使得整个国际制度之间具备一种网络现象，通过该网络可以将不同的领域联系起来。这种关联性也导致成员国家违背单一国际制度的成本加大，可能在多个领域中遭致其他成员国的抵制。更进一步，随着各个领域国际制度关联程度的增强，它所能发挥的对成员国家的制约作用就会越明显，因为该关联性会使得对制度遵守的奖励以及对于违反制度的惩罚相应的增大，从而更加强了成员之间的合作。这就是国际制度能够产生的对于国家成员行为的影响。

（二）国际制度运作原理

国家采取合作的原初目的，一般而言，不会是出于利他主义或者同情其他国家正在遭受或者可能遭受着的困难境遇，也并非是笼统的“国际利益”。超越国家层面的国际利益对于国内人民而言，并没有多大的吸引力。所以这种合作，最终目的应该是为了自己国家的人民寻求财富，获取安全。当然，不可否认的是，无论在国际政治层面，还是国内政治层面，都不可能忽视当权者及其背后所代表的强大的社会集团的自身权力和利益诉求。虽然在国际关系的主流理论中，为了追求理论的科学性、客观性以及便于理解和分析，将这些因素的作用都并未加入分析模型之中，但在现实世界中，并不意味着可以对这些国内政治因素的忽略不计。事实上，当今国际关系主流理论的主要诟病之一也正集中于此。

而合作并非总是成功的。基欧汉借鉴市场失灵的理论，认为导致合作失败的主要原因有两个：一是交易成本过高，二是可靠信息不足。[①]也即在无政府的国际体系中，国家间的合作往往面临着成本过高问题，并且出于自身利益的追求，国家也如同个人一般，可能会采取欺诈行为，隐瞒相关重要信息等等，从而导致国际合作失败或者不能。而国际机制可以有效解决以上两个问题，从而减少国际合作中的市场失灵问题。国际机制通过设定相应机构、原则、规则和一系列的程序，可以将各国政府的行为预期能够有效地汇集起来，提供一个可供协商以及信息沟通的平台，改善各国之间信息的质量以及不对称性的现状，从而使得交易成本可以相应降低。通过这样的一种国际机制，可以有助于赋予各国政府制定政策的合法性以及采取行动的合理性，协调和调整各国政府的措施，大大减少各种不确定因素。

在整个世界层面，并没有一种正式的等级结构——即使正处在衰落之中的美国仍然可以称作是现今世界的“霸主”，但也决无可能宣称其可以构造一种完全由其主导的世界秩序。即便如此，并不妨碍这个世界中的众多国家，基于其相互牵连的利益关系，逐渐发展出一些法律和规则，努力构建为更多国家所接受的国际制度。但需要注意的是，国际制度中的国际组织、国际机制以及国际惯例等等，和国内政府以及国内法

① 秦亚青著．权力·制度·文化——国际关系理论与方法研究文集［M］．北京：北京大学出版社，2005：45。

仍然有着本质的区别。在不存在一个世界政府的现实社会之中，国际制度永远不可能拥有和国内法同样的强制执行效力。其中一个重要的原因在于，无论是什么样的国际组织，都会尊重各国的国家主权。绝大多数国际组织的章程中都会规定要保护各成员国的主权。即使是最接近世界政府的联合国，其宪章中仍然明确规定：本宪章不得认为授权联合国干涉在本质上属于任何国家国内管辖之事件……也即明确了，国际组织从未曾要取代民族国家，在可见的未来，也难以看见这样的可能性。因此，不能将国际制度视为一种超越民族国家之上的秩序，因为在国际体系结构中，主权永远都是一种宪法性的原则。因此这种法律或者规则乃至基于条约协议成立的国际机构，最主要的作用并非一定体现在它们正式的法律地位上，因为各国不同的利益诉求以及国家主权的存在，使得任何该类机构和法律规则都并不足够牢固。从这个角度来看，这些国际机构以及法律规则等等，和拥有着国内暴力机器保障的法律规则相比，只能称之为“准协议”，或者说“软法”。更多时候，它们在实际操作层面无法被强制实施。但它们之所以仍然存在的意义在于，尽管各个国家都深知这些，但同时，在一般情形下，它们愿意遵从这些规则。之所以如此，是基于多方面的考虑，大致可以归纳为以下几种：

1. 国际声誉。国际社会也是一个信用社会，若无限制地透支这种信用，到头来等真正需要别人拉一把的时候，就不得不面对四面楚歌的悲惨境地了。无论是哪个政府或者组织，都不愿意和毫无信誉、不按常规方式出牌的对手过多发生牵扯。虽然在国际政治经济关系中，权力和利益永远是不破的真理，但良好的声誉也是各国外交努力的目标之一并会带来一些可观的好处。所以破罐子破摔绝非是正常情形下一国政府所会采取的策略。与国际声誉一样，资本市场中，这种声誉更显得性命攸关。它基于以往一贯的表现，而非一时的某种行为。它的困难之处就在于，它可以迅速地被摧毁，却决无可能同样迅速地被重建。国际关系绝非一次性的博弈关系，它联系着过去，影响着现在并指向未来。各行为主体必须从更长远的角度进行考虑。

2. “一报还一报”的顾虑。所谓“一报还一报”，通俗点说，就是你怎么对我，我就怎么对你。GATT 中的报复条款以及各国对其的忌惮足以说明，在当今世界，没有哪一个国家可以完全撇开其他国家，重新回到自给自足的封闭环境中去。若要在这个游戏中继续玩下去，就得考虑今天不买账的行为明天会给自己招致什么后果。若连这个都考虑不到，就绝无可能在这个游戏中生存。经过无数次博弈之后，人们发现，学会合作，各方获得的回报相对来说更高。而这种对未来的重视，则可以大大减少行为主体欺骗耍赖行为的可能性。

3. 单次合作的利益不均衡反而促使遵从以及合作的可能性加大。罗伯特·基欧汉的著作《霸权之后：世界政治经济中的合作与纷争》一书中指出了这种看似矛盾的现象及其背后的原理。完全对称的利益，反而可能导致的是仅此一次的合作。相反，利益的不均衡反而带来的是对下一次合作的期待。"在世界政治经济中，国际机制部分以义务的形式为偿还债务创造了激励因素，从而使交换中暂时的失衡现象为人所接受……这种交易从长远来看对双方均有意，但并非在任何时段都是均衡的，然而最终受益必须对等的原则确是贯彻始终的。"① 萨林斯认为，在原始部落中，"一种不平衡的贸易措施维持着贸易伙伴间的关系，从而驱使着下一次交易的完成"。②

4. 国际机制长期作用的预期。如果我们仅仅将这种国际机构以及法律规则等视为一种等级体系，那么对其可以发挥的效率无法报以更高的期待。它们的存在以及作用的发挥并不仅仅在于其法定的权力，更重要的在于其内部所形成的一种协商和沟通的可能及模式。而规则的作用在于使这样的协商以及合作更具备一种合法性以及可预期性。

以上这些因素可以将之归类为一种"软权力"。随着各国之间经济等相互依存度的逐渐增强，合作的空间也随之相应增大，使得在硬权力之外的软权力在国际经济和政治的舞台上扮演了越来越重要的角色。这些软权力形成了一种对国际社会中各个政府或者组织行为模式的预期，从而将各方置于一个有相互作用的网络之中。法律以及规则在其中提供了各方行为的准则，并使得违反这种准则的成本可以预见，大大加强了各方合作以及遵从规则的可能性。所以尽管这些国际机构以及国际层面

① ［美］罗伯特·基欧汉著．霸权之后：世界政治经济中的合作与纷争［M］．上海世纪出版社，2012：126－127。

② 转引自［美］罗伯特·基欧汉著．霸权之后：世界政治经济中的合作与纷争［M］．上海世纪出版社，2012：126。

上的规则本质上也许是脆弱的，而且事实上并非是在基于各个参与方平等话语权的基础上创建的，在很多时候，它们是被扭曲着的，也会由于某些显而易见的权衡因素而无法有效被执行。但是它们仍旧对这个关系网之中的各方产生着牵制作用。这种牵制作用使得各方有时不得不牺牲眼前的利益，来遵从相应的规定。

在国际金融市场，资本在世界范围内自由流动，一国金融机构在他国开设分支机构或者子公司，为他国金融消费者提供金融商品和金融服务的现象越来越普遍，由此产生了如何协调母国和东道国法律制度的问题。各国从保护本国利益和本国金融消费者的立场出发，都会更希望适用本国的法律制度。然而，在一个国际化的金融市场中，各国的经济主权都需要一定的让渡，才可能从长远的角度实现各方利益的最大化。因此，我们看到除了国际组织在不断努力进行相关方面的协调，制定适用某些领域的监管标准之外（该监管标准的执行有赖于各主权国家的承认和执行），各国也都在自己的法律法规中，对涉外金融信息披露规制也有所规定，并且就与他国的监管合作也有相应的规定。

（三）国际金融信息披露行政规制中的重要制度概览

今天的全球经济体系比过去要复杂得多，将会有更多的国家、部门以及私人（包括组织和个人）被纳入到国际金融市场相互依存的关系之中。然而到目前为止，国际金融领域并没有普遍适用的规则体系。这并非由于技术上的无法制定，而是由于金融业对于一国经济的重要战略意义，各国一直将自身选择什么样的金融制度，作为国家经济战略考虑的核心。尽管经济全球化已经不可避免，且不断往纵深发展，各国金融领域仍然形成以邻为壑的局面。这一现实也加剧了跨国金融交易的系统性风险①，在危机来临时，由于缺乏国际性的监管机制和协调机制，风险会迅速进行扩散。因此，建立一个合作共赢、多元互补的国际金融监管体系，加强协调和沟通，是本次金融危机带来的一大

① 基于国际机构的研究成果，系统性风险被定义为金融系统发生扰乱并有可能对内部市场和实体经济造成严重消极后果的风险。参见《欧洲议会与欧盟理事会第1093/2010号（欧盟）条例》第（15）项说明。

共识。

我们知道，国际金融信息披露行政规制是否能够顺利实施，主要取决于两个方面：（1）该金融信息披露的行政规制制度需要具备一定的灵活性，能够为相关国家的国内法律制度以及法律传统所接受并加以吸收、合并；（2）由于并不存在国际强制执行机构，最终该行政规制是否能够得以顺利实施，需要通过国内的主管部门加以执行。尽管存在机制上的先天限制，我们看到各国正努力构建能够为大多数国家接受的国际制度。在国际金融信息披露的监管领域，有若干国际机构逐渐被视为“标准的制定者”，并拥有一定的“软权力”，为实现监管目标可以行使一定调查、现场检查等权力，并且能够通过对各成员国施加的某些“压力”，促使成员国更好地遵循相应的国际金融信息披露标准。目前在国际金融监管领域中，巴塞尔银行监管委员会、国际证监会组织、国际保险监管者协会，其制定的国际标准，对各国在金融信息披露标准的融合和统一方面发挥着重要的促进作用。

1. 巴塞尔银行监管委员会

巴塞尔银行监管委员会，简称为巴塞尔委员会，成立于 1974 年，是长期致力于制定有关国际金融监管标准的国际机构之一。它最初是由美国、英国、法国、德国、意大利、日本、荷兰、加拿大、比利时、瑞典十大工业国的中央银行发起成立的，主要任务为讨论银行业的监管问题。它并不具备凌驾于主权国家的特权，但是由于其成员主要来自发达国家，在国际社会上具有很强的影响力，所以其制定的文件以及国际标准，尽管并不具备法律效力，却被世界上的很多国家所接受。各国会根据其国家现实情况，采取立法规定或者其他措施，逐步将巴塞尔委员会制定的标准与指导原则，加以落实。目前其成员国已经不限于当初的十大工业国，加入了一些新兴市场经济体，从而具有更为广泛的代表性。

巴塞尔委员会的重要任务主要是关注国际银行业监管的漏洞，其希望达到的目标为：其一，没有任何境外的银行可以逃避监管；其二，监管的充分性。为实现以上目标，巴塞尔委员会这些年制定了一系列的监管标准以及指导原则，尤为值得一提的是，其提倡的最佳监管实践，为世界各国如何加强银行业的监管，起到了很好的指引作用。

巴塞尔银行监管委员会发布《有效银行监管核心原则》（以下简称《核心原则》），是巴塞尔委员会发布的在全球具有广泛适用性的银行业监管的国际标准。其中提出的有关会计和信息披露等标准，是各国银行业信息披露监管领域中的纲领性文件。《核心原则》自 1997 年发布以来，许多国家会对照其中的要求对本国法律体系中的相关内容是否符合该原则和标准进行对照和评估，已经成为各国银行业改进自身该领域的监管水平，提高监管有效性的重要途径。

2006 年 10 月，巴塞尔委员会对《核心原则》进行了第一次修订，发布了第二版的核心原则，强化了对于银行业风险管理的要求，并提高了对监管机构的内部治理、透明度以及问责制等方面的要求。

本次金融危机表明，信息披露和透明度的要求对于银行业的意义至关重要。它有助于市场参与者更好地了解银行的治理情况和风险暴露水平，由此降低市场对于银行业财务状况的不确定性，从而可以大大增强市场对于银行业是否能够具备抵御一定程度风险的信息，避免危机发生时候的恐慌情绪，对于遏制危机的蔓延和最终经济的恢复有极其重要的作用。基于此，巴塞尔委员会再次对《核心原则》进行了修订，于 2012 年 9 月发布了第三版的《核心原则》。该修订尤其突出了银行业信息披露和透明度的要求。其中原则 28 条指出：监管机构确定，银行与银行集团在并表基础上，或适当时在单个法人基础上，定期发布容易获取的，公允反映其财务状况、业绩、风险暴露、风险管理策略与公司治理政策和程序的信息。① 该原则充分体现了信息披露和透明对于培育一个安全稳健的银行体系的重要作用。

巴塞尔委员会并没有强制规定《核心原则》的实施时间，而是鼓励拥有发达的金融市场的国家或者地区率先根据该原则，提高自身监管标准，允许各国自愿选择的权利。但从《核心原则》问世以来被遵循的情况来看，各国根据自身银行业发展的水平，在慎重进行评估以及条件允许的情况下，都会尽量将本国的监管标准向《核心原则》靠近。这也正从另一个角度说明在一个全球化的金融市场，银行业若要吸引足

① 巴塞尔银行监管委员会．有效银行监管核心原则（2012）．中国银行业监督管理委员会译．北京：中国金融出版社，2012：70。

够的资金，就不可能无视其他国家在信息披露等方面的标准和要求，从而会努力提升自己的透明度和监管水平，而这也会更促进各国监管标准的趋同，体现了国际层面和国内层面的互动。

2. 国际证监会组织

国际证监会组织又称为证券委员会国际组织，是国际间各证券以及期货管理机构所组成的国际合作组织。其工作的主要目标为制定国际证券领域的监管标准，建立该领域的国际监管机制，以更好地保护证券投资领域消费者的利益，降低系统性风险。它的会员来自全球100多个国家和地区，对全球大约95%的证券市场实行监管。该组织每年召开一次大会，给各会员提供一个可以定期交流、协商的平台。该组织制定的有关证券监管的目标和原则已经成为证券市场监管领域的国际基准。值得一提的是，该组织的纲领性文件《多边谅解备忘录》，明确规定其主要任务为促进各会员之间在国际证券领域监管的合作，加强彼此间的信息共享，共同打击证券领域的违法行为。

《多边谅解备忘录》建立在国际证监会组织各成员长久合作的历史之上，对各成员之间的合作和信息共享作出一些原则性的规定。该备忘录规定，签字成员“为了执行各自的证券法律法规而彼此间提供最充分的互助”，且规定了互助的一些具体规则，包括互助的范围、程序、可供共享的信息以及相应需要保密的内容。[①] 通过这些规定，该备忘录提供了国际证券监管领域信息共享的标准，促进了跨境证券违法行为的调查和诉讼，并加强了世界各国证券法在全球化金融市场上的执行力度。

该备忘录发布以来，已经成功地帮助了很多国家在该监管领域的国际执行合作以及信息共享。其中美国在2003年就向国外的监管者发出了303个监管请求，同时也回应了其他国家相应的监管请求共344个。美国的阿霍尔德案[②]中有关会计欺诈的调查就得到了荷兰的调查机构的

① IOSCO Public Document No. 123.

② 阿霍尔德公司是一家荷兰公司，在美国设有子公司。2004年10月13日，美国证券交易委员会以欺诈以及其他违法行为对该公司及其三位高管提出诉讼，并对该公司的监管和审计委员会提出行政诉讼。该案中，美国证券交易委员会与荷兰的证券监管主管部门进行了广泛合作。

大力协助；美国证券交易委员会在帕玛拉特[①]一案中大量的会计欺诈调查也是在与意大利证券监管主管部门的密切合作下进行的。[②]

3. 国际保险监管者协会

国际保险监管者协会基本上汇聚了国际保险业绝大多数的监管机构，其成员来自于近200个司法管辖区域中的100多个国家，是一个推动各国保险监管国际协调的组织且可以制定国际保险业监管标准。目前，该协会制定出一系列的准则，并且提倡在特定的保险及再保险产品规制领域中的最佳实践做法。这些标准目前为各成员国该领域主管机关提供一个可供评估自身监管法律体系及其运行是否符合国际保险监管者协会监管目标的基准。该组织极大地推动保险监管主体之间的合作，且为各国保险监管标准的统一发挥了重要的作用。[③]

4. 20国集团以及金融稳定委员会

以上3个机构是国际金融监管领域标准制定重要机构，除此之外20国集团（G20）以及根据其决议设立的金融稳定委员会（FSB）在促进各国金融监管合作和协调方面发挥着极其重要的作用。在此做一简单介绍。

20国集团成立于1999年，其成员为19个国家以及欧盟。其成员主要来自发达工业国家，集团的GDP占全球经济的90%，贸易额占全球的80%，是作为原先8国集团的重要补充，目前已是全球经济合作的重要论坛，并且在国际金融监管领域的制度改革方面，成为不容忽视的主导力量。20国集团属于非正式论坛，旨在促进工业化国家和新兴市场国家就国际经济、货币政策和金融体系的重要问题开展富有建设性和开放性的对话，并通过对话，为有关实质问题的讨论和协商奠定广泛基础，以寻求合作并推动国际金融体制的改革，加强国际金融体系架构，

---

① 帕玛拉特公司是一家在美国上市的意大利乳品公司。2003年12月美国证券交易委员会以虚增公司资产、少报负债的欺骗和隐瞒方法投资者进行金融欺诈为由，对该公司提出诉讼。

② 参考郑利红. IOSCO《多边谅解备忘录》［J］. 中国商界（下半月），2010（11）。

③ 参考 Yesha Yadav. “The Specter of Sisphus：Re-making Internation Financial Regulation after the Global Financial Crisis”［J］. Emory International Law Review. Vol. 24. 97 – 98（2010）.

促进经济的稳定和持续增长。此外，它还为处于不同发展阶段的主要国家提供了一个共商当前国际经济问题的平台，致力于建立全球公认的标准，例如在透明的财政政策、反洗钱和反恐怖融资等领域率先建立统一标准。①

20国集团成立的目的，主要是为了防范类似东亚金融危机的重演。该金融危机的爆发之后，2008召开于华盛顿的峰会成为全球瞩目的焦点。20国集团领导人在该峰会上发表宣言，明确提出指引金融领域监管改革的五项原则：（1）加强透明度和可问责度；（2）提升监管的合理性；（3）促进国际金融市场的整合；（4）提高国际金融监管的合作水平；（5）改革金融体系的监管架构。危机之后，其更致力于全球金融领域监管标准的统一。

金融稳定委员会是根据2009年伦敦峰会的决议成立，其主要任务是促使各国监管机构紧密合作，以维护金融稳定，防范系统性风险的发生。对于被视为具有系统重要的复杂大型金融机构，金融稳定委员会需要协调相关监管机构对其实施更为严苛的监管标准。此外，金融稳定委员会的职责内容包括促进各国监管机构合作和信息交换，对各国监管政策和监管标准提供建议；协调国际标准制订机构的工作，以促进相关标准能够更大程度地为各国国内法律体系所采纳。

20国集团以及根据其决议设立的金融稳定委员会为全球金融领域监管标准的统一以及防止金融系统内过度的风险累积等发挥了重要作用。以20国集团成员欧盟为例，在欧债危机爆发之后，欧洲议会与欧盟理事会于2010年11月24日，通过第1092/2010号（欧盟）条例，设立了欧洲系统性风险委员会，并于该条例中明确规定：鉴于国际金融市场的一体化以及金融危机的传播风险，需要欧盟在全球层面上作出强有力的承诺……承担其应承担的全球责任，特别是应通过与国际货币基金组织和金融稳定委员会——两者预期能为全球范围内的宏观审慎危机提供早期预警——以及20国集团合作伙伴之间紧密合作；欧洲系统性风险委员会应致力于贯彻落实国际货币基金组织、金融稳定委员会以及

① 参考 http：//baike. baidu. com/view/66350. htm？ fromtitle = G20&fromid = 6474052&type = syn 20国集团．最后访问．2014 - 12 - 1。

国际清算银行（BIS）向20国集团提出的建议。[①] 从以上规定可见20国集团成员善意遵循20国集团以及金融稳定委员会等相关决议、原则、规则和标准的意愿。

此外，根据20国集团倡议，金融稳定委员会、巴塞尔委员会等国际组织的主导下，国际金融监管的范围逐步扩大，其中一个重要的方面就是加强对冲基金的监管，采取强制注册要求、持续监管、提供系统性风险信息等措施[②]。这些改革充分体现了国际金融监管组织对于金融危机之后修复金融制度，重视金融安全的努力以及成效。

四、跨国金融机构信息披露规制的责任分配

（一）跨国金融机构信息披露规制责任分配的行业惯例及面临的困难

在全球化时代背景之下，跨国金融机构的设立已经越来越普遍，逐渐成为一个国家的经济主体从事跨境经济行为最为典型的表现。其复杂性主要体现在它的规制责任分配上涉及到东道国和母国的分别国别管辖，从而容易引发监管冲突以及监管空白。

根据国际法传统的管辖权的分配原理，在属地管辖权和属人管辖权之间发生冲突之时，一般情况下以属地管辖权为优先，同时兼顾属人管辖权的适用。国际法承认“国家对其领土内的财产、人或发生的行为与事件行使管辖权”[③] 具有优先性。根据该原则，在国际经济交往领域，各国家基本都认可首先应该遵循东道国的相关法律，但是在涉及到投资主体或者贸易主体资格的认定、投资或者贸易风险分担等方面的问题，适用母国的法律，也即适用属人管辖。随着全球经济一体化的程度加深，金融机构在境外设立分支机构或者子公司的普遍化，在监管责任的分配上仍然遭遇诸多问题。目前对跨国金融机构的规制（包括其中信息披露的规制），行业惯例一般是遵循母国监管为主，东道国监管为辅的

---

① 参见《欧洲议会与欧盟理事会第1092/2010号（欧盟）条例》第（7）、（8）项说明。

② 参见杨松等著．银行法律制度改革与完善研究［M］．北京：北京大学出版社，2011：27。

③ ［英］J.G. 斯塔克著．国际法导论［M］．赵维田译．北京：法律出版社，1984：198。

做法。并表监管原则即为该做法的具体体现。

对于跨国金融机构的信息披露规制的法律依据主要为以下三个层次：第一，国际条约或者惯例；第二，双边或者区域性的条约和协定；第三，东道国和母国国内相关立法。从国际层面上对该领域规制责任的划分上来看，基本上都是遵循了并表监管的原则，也即认可母国监管为主的原则。这点不同于传统国际法以属地管辖为主，属人管辖为辅原则，也正说明了金融领域的特殊性。

之所以遵循母国监管为主的做法，主要基于以下原因。

其一，跨国金融机构本身业务的特殊性。其提供的业务为金融商品或者金融服务。金融商品不同于传统的商品，其透明度并不在于产品的原料、生产者、产地、保质期等信息，这些信息通常都比较明晰，易于理解。而金融产品，其复杂程度高，且若为金融衍生品，其基础的法律关系往往早已被隐藏得相当深，普通投资者无从了解。所以它的披露规制标准和传统的商品领域完全不同，不能沿用传统商品规制的思路。

其二，跨国金融机构运行的高风险性。除了本身面临的信用风险、利率风险、经营风险等诸多风险之外，尤为需要关注的是以上风险的全球传播性。而相对来说，母国对该金融机构的组织结构，业务性质，资本运行等方面有更多的了解，因此监管上可以更为全面一些。

在国际层面规范金融领域跨国金融机构监管责任分配的相关协议中，巴塞尔协议最具有代表性。1983 年巴塞尔委员会发布的《巴塞尔协议》，明确提出跨国银行东道国分支机构由投资母国实行并表监管，东道国负有一定监管责任。也即母国监管为主，东道国监管为辅的原则。2006 年巴塞尔委员会在其《有效实施新资本协议》的附录《跨境实施新协议的高级原则》中，明确指出："实施新协议时……母国监管当局应牵头负责协议与各东道国监管当局之间的合作"，"母国监管当局对银行集团并表实施新协议负有法律责任"……这明确肯定了母国在跨国银行监管中的牵头地位。[①]

前已述及，在一个全球化的金融市场中，难以诉诸一个高于国家之

① 杨松等著．银行法律制度改革与完善研究［M］．北京：北京大学出版社，2011：30。

上的强制执行机构来协调相关国家的信息披露行政规制，最终仍然需要求助于国内的执行机构。但在实践中，由于跨境金融机构业务的复杂性以及牵涉到不同主权国家的国家和公民利益等因素，使得东道国和母国之间在监管中很难做到密切合作和整体协调。而这必然会影响有效监管的实施。

1. 母国规制机构面对提供跨境金融服务的国内金融机构的规制动力不足。凡行政规制，都需要投入一定的规制成本。若一国的金融机构所提供的金融服务主要面向东道国，则母国并不愿意对非本国管辖区域范围内的金融市场交易行为投入过多资源，更多寄希望于东道国的规制机制。由此造成的一个严重后果是，由于国家间对于金融信息披露的标准不一，必然会带来监管套利的行为动机。一国金融机构可以选择在另一个信息披露标准宽松的国家从事高风险的金融交易行为，而不必担心母国施加严格的披露规制。然而风险是具有传染性的，监管套利行为带来的监管空白所引发的危机，后果往往跨越一国国境。这种情形尤其会出现在母国的金融机构在东道国设立的子公司中。虽然它是母公司的一个部分，但从法律性质来看，子公司和公司的分支机构完全不同，它是一个独立的法律实体。

2. 母国规制机构对于跨境金融交易行为的风险度的评估困难。对于本国企业的跨境金融投资行为，外国投资目标关涉投资决定的重要信息的获取上可能更为困难，从而对于该投资目标的公司治理情况、经营状况、盈利前景、风险暴露情况等信息更为不对称，很难作出准确的评估。

3. 母国规制机构存有放松本国企业在他国市场运作行为规制的动机。通常一个国家希望本国企业在它国市场上的运作能够顺利，例如民族品牌效应。因此，母国规制机构存有故意放松规制的动机，以减轻本国企业的负担，从而能够保持相对于同行业的他国竞争者的优势。

4. 金融交易行为是否具有涉外因素的界限并不清晰。例如，如果处于美国的一家美国银行向同样也处于美国境内的另一家美国银行借贷一笔欧元，应该如何评价该交易行为的涉外性质？此外，由于证券本身为无形资产的性质，使得其在一个交易行为中的地域性的界定上更为困难。即使投资者和证券最终的经纪商可能位于同一个司法管辖区域内，但如果当中通过系列的具有跨区域性的其他个人或者机构的转手，就会使该交易行为的性质变得极为复杂。而一国金融信息披露的行政规制机构在评估该行为的风险程度以及采取相应的管辖行动时，就会面临诸多困难。

5. 现代复杂的公司结构使得企业本身并不知晓跨境金融交易行为的可能性大大提高。例如，一个大型金融集团公司在多个国家设有分支机构和子公司，由于公司结构的复杂程度，某一国外的分支机构所进行的金融交易行为，集团公司可能并不知情，从而导致集团公司的总部内部公司治理上以及在决定具体披露事项时，很难做到不遗漏。而该集团公司总部所处国的金融信息披露行政规制机构对该交易行为的监管自然也很难操作。①

由此可见，若仅仅依赖母国的金融信息披露行政规制机构，东道国和母国之间没有形成整体协调的话，很难应付全球金融市场带来的监管困境。通过母国和东道国之间的密切合作，才能更有效解决上述列举的问题。

（二）跨国金融机构信息披露规制责任分配的发展

1. 巴塞尔协议

（1）加强东道国的规制责任

相比1983年的《巴塞尔协议》，巴塞尔委员会逐渐开始加强东道国对跨国银行机构东道国的规制责任。在2006年的《有效实施新资本协议》中，除了规定各国监管当局仍旧要负责监管其国内银行之外，还设有专条指出“东道国监管当局（特别是外资银行子行所在地的东道国监管当局）所提出的各项要求，应该得到理解和认可”②，“东道国对境内银行的经营负有法定监管责任”③，“母国监管当局应当主动与东道国

---

① 参考 Yesha Yadav. ‘The Specter of Sisphus：Re-making Internation Financial Regulation after the Global Financial Crisis’［J］. Emory International Law Review. Vol. 24. 93－94（2010）。

② Basel Committee：Home-host Information Sharing for Effective Basel II Implementation, Annex：High-level Principles for the Cross-border Implementation of the New Accord. June 2006, Principle 3.

③ Basel Committee：Home-host Information Sharing for Effective Basel II Implementation. June 2006, Principle 7.

监管当局加强协调"[1]。从以上规定中，明显可见东道国监管地位的提升，明确了东道国和母国监管的共同利益。

（2）强调母国与东道国间的规制合作

除了以上逐渐加强东道国对跨国银行机构的监管责任之外，巴塞尔协议还越来越强调母国与东道国之间的监管合作。在其2006年的《有效实施新资本协议》中，明确提出"母国与东道国信息共享"的要求。除此之外，在2006年的《巴塞尔核心原则》中，把公开银行以及银行监管者相关信息及其透明度作为母国和东道国合作的基本要求。除了要求世界各国的银行定期公开其有关经营状况和盈利情况信息之外，还要求银行的监管者将其治理机构、问责制度以及独立性等情况都要向社会公开公布。此举措可以让银行以及银行的监管者都更具透明性，降低信息不对称程度，从而可以促进信息披露的有效监管。在该核心原则中，还规定了国内银行监管机构之间、国内银行监管机构与他国银行监管机构之间建立正式或者非正式合作和信息共享的安排，同时还要求两国监管当局就监管中发现的问题进行协商和交流。从中可见更为强调母国与东道国之间的规制合作，加强沟通和协作。[2]

2. WTO金融服务协议

WTO金融服务协议有关金融监管审慎例外条款的规定是跨国金融机构规制责任分配领域的重大发展。该协议附件第2条第a款规定，GATS任何条款均"不得阻止一成员方以审慎理由而采取措施，包括为保护投资人、存款人、保单持有人或者金融服务提供者对之负有信托责任的人而采取的措施，或者为保证金融体系的完整和稳定而采取的措施。这些措施凡不符合GATS者，则不得作为逃避GATS项下成员方承诺的义务"[3]，也即规定了东道国可以以"审慎"的理由采取相关措施而不用受母国的限制。该措施的范围在该协议中并没有明确规定，但是

① Basel Committee: Home-host Information Sharing for Effective Basel II Implementation. June 2006, Principle 8.

② 参考杨松等著．银行法律制度改革与完善研究［M］．北京：北京大学出版社，2011：34。

③ 世界贸易组织乌拉圭回合多边贸易谈判结果法律文本．原外经贸部国际经贸关系司译．北京：法律出版社，2000：311。

根据协议的目的分析，有关金融稳定与安全方面的措施，应该包括有关内幕交易、透明度与信息披露要求等方面的规制要求。

据此分析，WTO 金融服务协议的审慎例外条款，强化了东道国对于跨国金融机构信息披露规制权限，从而说明，母国监管为主的原则在跨国金融机构的信息披露规制中的局限性。加强东道国的监管责任，促进母国和东道国之间对于跨国金融机构在信息披露规制上的合作和协调，才能更好地进行有效监管，防范金融风险，保护投资者利益。

第三节 全球金融信息披露行政规制趋同的可能性分析——以欧盟为范例

一、欧盟金融信息披露行政规制的体系结构简介

本次金融危机爆发之前，欧盟金融信息披露的行政规制体系架构主要包括四个层级，其依据是 2000 年启动的莱姆法路西框架。第一层级是由欧洲议会、欧盟理事会和欧盟委员会组成，这是欧盟的立法层级，制定适用于欧盟范围内所有金融机构的整体框架性、原则性指令，从立法层级上来说，处于最高级。第二层级是由欧盟银行委员会、欧盟证券委员会、欧盟保险及职业年金委员会、欧盟金融集团委员会组成。这四家机构的职责主要是将第一层级的整体框架性、原则性指令加以细化落实，制定具体的实施细则，尤其是如何实施的具体程序的规定。第三层级由欧盟银行机构监管委员会、欧盟证券监管机构委员会、欧盟保险及职业养老金监管机构委员会三家监管机构组成，体现了分业监管的监管方略。这三个机构负责对欧盟的金融机构进行日常的微观审慎监管。但事实上，其发出的监管指示并没有强制力，即不具备法律的约束性。第四层级并非由专门机构组成，而是欧盟委员会来负责整个欧盟层面的法律的实施，审查欧盟成员国对欧盟法的遵守情况，不涉及对成员国市场的微观审慎监管，主要任务在于促进将欧盟法转化为内国法。尽管依据莱姆法路西框架，欧盟形成了对金融市场监管框架的建构，但是具体的金融监管权仍然掌握在各个成员国手中。欧盟并没有一个具有强制力的

超国家层面的监管机构来直接执法。在本次金融危机发生之际，这种各自为政的局面加速了金融危机在整个欧盟层面的扩散，暴露了欧盟层面上对金融体系监管存在的诸多问题。由于国家层级的监管机构之间无法实现有效的合作和协调，彼此之间信任度不够，使得局限于国家这一层级的监管架构显然不能很好地应对全球金融化的挑战，也无法适应众多金融机构实现跨境运营的欧洲金融市场的一体化和相关关联方面的现实态势。危机充分证明了金融领域的信息披露若不充分、及时和准确，最终会使广大的金融消费者承受莫大的损失。而对此负有微观审慎监管的欧洲银行业监管机构委员会、欧洲证券监管机构委员会以及欧洲保险与职业养老金监管机构委员会缺乏实质性的监管权力，所发布的没有约束力的指引和建议并不能有效解决和预防金融领域的信息不对称现象。

为此，2009 年 9 月，欧盟委员会提出了有关欧盟金融监管机构改革的系列立法建议，并于 2010 年 11 月，欧洲议会和欧盟理事会通过相关法律，最终设立了两个新的机构来加强对于金融领域的监管。这两个机构分别为欧洲系统性风险委员会①和欧洲金融监管机构体系②。欧洲系统性风险委员会主要负责从整个欧盟层面上评估以及监控系统性风险。欧盟金融监管体系并非一个单独设立的机构，而是由各个成员国国

---

① 2010 年 11 月 24 日，欧洲议会和欧盟理事会通过《欧洲议会与欧盟理事会关于欧盟对金融系统的宏观审慎监控以及设立欧洲系统性风险委员会的第 1092/2010 号（欧盟）条例》（简称第 1092 号条例）；2010 年 11 月 17 日通过《欧盟理事会关于赋予欧洲中央银行有关欧洲系统性风险委员会运行方面的特定职责的第 1096/2010 号（欧盟）条例》（简称第 1096 号条例）。

② 2010 年 11 月 24 日，欧洲议会和欧盟理事会通过《欧洲议会与欧盟理事会设立欧洲监管机构欧洲银行业管理局并修正第 716/2009/EC 号决定和废止欧盟委员会第 2009/78/EC 号决定的第 1093/2010 号（欧盟）条例》（简称第 1093 号条例）；2010 年 11 月 24 日，欧洲议会和欧盟理事会通过《欧洲议会与欧盟理事会设立欧洲监管机构欧洲保险与职业养老金管理局并修正第 716/2009/EC 号决定和废止欧盟委员会第 2009/79/EC 号决定的第 1094/2010 号（欧盟）条例》（简称第 1094 号条例）；2010 年 11 月 24 日，欧洲议会和欧盟理事会通过《欧洲议会与欧盟理事会设立欧洲监管机构欧洲证券与市场管理局并修正第 716/2009/EC 号决定和废止欧盟委员会第 2009/77/EC 号决定的第 1095/2010 号（欧盟）条例》（简称第 1095 号条例）。

内的金融监管机构和新设的欧洲金融监管机构组成。新设的欧洲金融监管机构由原先的第三层级欧洲银行业监管机构委员会、欧洲证券业监管机构委员会和欧洲保险与职业养老金监管机构委员会转化而来，但其名称有所变化，分别为欧洲银行业管理局（European Banking Authority）、欧洲证券与市场管理局（European Securities and Markets Authority）以及欧洲保险与职业养老金管理局（European Insurance and Occupational Pensions Authority）。新设立的这三个欧盟层面的监管机构具有法人地位，在各个成员国内部，享有相应的民事能力，主要作用在于收集成员国金融机构微观审慎方面的监管信息，促进各成员国监管机构之间的信息交流和监管合作。从设立以上三个监管机构的欧盟第 1093 号、第 1094 号、第 1095 号条例来看，新设的欧洲监管机构并没有被授予对成员国或者金融机构直接的监管权，但是在特殊情形下，它们有权对成员国和金融机构作出决定，要求后者采取必要的行动，且对于成员国之间的监管机构间的冲突可以进行法律仲裁。该改革可以有力推动欧盟成员国之间的金融领域各方面监管的趋同，有效改善监管套利现象的频繁发生，提升欧盟金融市场的透明度，防范系统性风险的发生，并最终促进欧盟金融业监管以及整个欧盟金融市场的一体化。

二、欧盟金融信息披露行政规制趋同的设计实践

1. 欧洲系统性风险委员会的设立宗旨之一——整合欧盟监管结构

本次金融危机后，欧元区遭受重创，欧盟各国家的经济态势到目前为止也并不乐观。而欧盟层面缺乏对于成员国层面监管建构更强有力的协调机制，对于遏制危机蔓延显然极为不利。因此欧盟认识到，应该设立欧洲的金融监管体系，并且要真正能够形成一个可以协调的网络，汇集欧盟成员国层面以及欧盟层面的双层体系。在体系中，彼此间要密切合作，充分信任，确保各方都能够获得有效信息，识别和防范金融风险，并能够采取更为合作一致的行动。在此认识之下，欧盟对其原先的金融监管体系结构进行改革，在欧盟层面成立了欧洲系统性风险委员会，规定该委员会可以查阅履行职责所必要的一切信息，其设立的宗旨应该在于直接促进内部市场目标的实现，对整个欧盟金融市场进行宏观审慎监控，评估金融稳定风险，明确其“应能对

具有整合性的欧盟监管结构的建立直接产生助益”，负责推动各成员国之间政策回应的及时性和一致性，并指出，这种整合性的监管结构非常必要，可以避免各国之间分歧的模式并且最终改善整个欧盟内部金融市场的运行。

2. 欧洲金融监管机构体系——推动规制趋同

欧洲金融监管机构包括欧洲银行业管理局、欧洲证券与市场管理局以及欧洲保险与职业养老金管理局。

欧盟设立以上这三个机构，是因为认识到之前欧盟金融监管层面体系遇到的困境：缺乏一套能够保证欧盟成员国层面的监管机构能够对跨境金融机构的市场行为进行有效监管的机制；各成员国层面的监管机构之间合作有限、信任不足，信息共享机制无法正常运作。一旦某一成员国金融机构出现问题，通常问题无法在国家层面上进行解决，而必须成员国之间进行密切合作，采取共同行动。但在本次欧债危机发生时，解决方案往往仍然局限在一个国家层面。欧盟成员国如今经济一蹶不振的局面由多种因素引发，而根源是来自于经济发展可持续性的断裂，再加上高昂的福利体系的成本、人口的老龄化、失业率的持续上升，使得整个欧盟笼罩在一片悲观情绪之中。除此之外，和各国缺乏统一合作也有着密切的关联。而各成员国对于同一个法律的文本存在不同的解释，也加重了各国国内金融规制体系规范层面上的不统一。因此欧盟希望能够通过设立以上三个机构，构建一个统一的欧盟层面的金融监管体系，克服原先监管体系的不足之处，将整个欧盟区各个成员国的监管机构连接到欧盟层面趋同的金融监管网络的机制中去。①

欧洲金融监管体系的设计定位，应该是作为整合成员国层面和欧盟层面金融监管机构的机制，但是日常具体的监管工作仍然是由各成员国的主管机关自己处理。其重要职责之一在于推动规制的趋同。早在2003年发布的《欧洲议会与欧盟理事会第2003/71/EC号指令》中，就明确指出，“鉴于成员国审核招募说明书信息的效率、方法与时间各不相同，不仅使企业募集资金以及证券获准在一个以上成员国受监管市场

① 参考《欧洲议会与欧盟理事会第1093/2010号（欧盟）条例》第（8）项说明。

交易的难度加大，也阻碍在某一成员国设立的投资者购买在另一成员国设立的发行人所发行的证券或在另一成员国获准交易的证券。应通过协调各成员国的规则和规章来弥合差异，使各个成员国规定实施的保障措施达到充分的等效程度，从而确保发行人向实际或潜在的证券持有人提供充分且尽可能客观的信息。"[①]在《欧洲议会与欧盟理事会第2003/6/EC号指令》中更进一步要求各国之间"有必要在不影响国际合作深化的前提下，培育欧共体金融市场的国际竞争力；有必要适时制定适用于全欧盟的法规，为所有市场参与者提供公平的竞争环境；有必要在不过度冲击单一市场一致性的前提下尊重各成员国金融市场的差异；有必要确保此领域法律与其他欧共体法律的一致性，以防止信息的不对等和透明度的缺失危害市场运行，尤其是防止因此损及消费者和小型投资者的利益"。[②] 这些充分说明欧洲在金融信息披露行政规制的体系设计中，足够注意到规制趋同的重要性，并逐步深化加强欧盟各成员国之间的合作。在新的欧洲金融监管体系中，我们注意到这些目标的实现主要通过以下措施。

（1）发布指引和建议

（a）为在欧洲金融监管体系内建立一致的且兼具效率和成效的监管实践，确保欧盟法律的共同、统一和一致的适用，欧洲金融监管体系相应管理局可以针对成员国层面的主管部门或者金融机构提出指引和建议。

（b）成员国的主管部门和金融机构应该遵循该指引和建议，且若不遵循或者不愿意遵循的，应该通知相应的欧洲金融监管体系中的相应管理局，并陈述理由。

（c）欧洲监管金融体系相应管理局应对以上不遵循或者不愿意遵循的成员国主管部门的事实予以公布，且可以决定公布该主管部门所提出的理由。[③]

---

① 参考《欧洲议会与欧盟理事会第2003/71/EC号指令》第（30）项说明。

② 参考《欧洲议会与欧盟理事会第2003/6/EC号指令》第（43）项说明。

③ 参考《欧洲议会与欧盟理事会第1093/2010号（欧盟）条例》、《欧洲议会与欧盟理事会第1094/2010号（欧盟）条例》、《欧洲议会与欧盟理事会第1095/2010号（欧盟）条例》第16条。

（2）针对违反欧盟法律的事实采取相应行动

（a）调查权：若成员国主管部门违反欧盟法律文件包括相关的监管性技术标准和实施性技术标准，欧洲金融监管体系相应管理局有权进行调查。

（b）获取信息权：成员国主管部门应该按照要求向欧洲金融监管体系的相应管理局提供调查所必要的一切信息。

（c）欧盟委员会要求遵守欧盟法律的权力。欧盟委员会根据欧洲金融监管体系的机构的正式意见，或者其可以自身决定，发布正式意见，要求成员国主管部门采取必要行动以遵守欧盟法律。该正式意见中应考虑欧洲金融监管体系相应管理局的建议。

（d）作出个别决定权：在成员国主管部门仍不遵循以上正式意见时，且情形已经到了有必要进行补救以维持或者恢复市场的竞争中立性或者确保金融系统的有序运行和诚信度的，欧洲金融监管体系相应管理局在该被违反的法律文件以及根据该法律文件通过的相关监管技术标准和实施性技术标准的要求可以直接适用于该金融机构的情况下，作出针对金融机构的个别决定，要求其遵守欧盟法律，包括停办任何业务。①

（3）紧急情况行动权

（a）在发生可能严重危害欧盟金融市场有序运行和诚信度或整个或部分欧盟金融系统稳定的不利变化状况，欧洲金融监管体系相应管理局应积极促进并在其认为必要时协调相关国家层面的监管主管部门采取任何行动。

（b）欧盟理事会确定是否存在紧急情况并可以随时宣布紧急情况终止。

（c）确定属于紧急情况范畴时，欧洲金融监管体系相应管理局可作出个别决定，要求主管部门采取必要行动，以确保金融机构和主管部门符合欧盟法律的要求，应对紧急情况。

---

① 参考《欧洲议会与欧盟理事会第1093/2010号（欧盟）条例》、《欧洲议会与欧盟理事会第1094/2010号（欧盟）条例》、《欧洲议会与欧盟理事会第1095/2010号（欧盟）条例》第17条。

(d) 在成员国主管部门不遵守以上欧洲金融监管体系相应管理局的个别决定时，该管理局可以对金融机构作出个别决定，要求其采取必要行动，遵守相关欧盟法律中的义务。前提是法律文件以及根据该法律文件通过的相关监管技术标准和实施性技术标准的要求可以直接适用于该金融机构。①

(4) 协助解决分歧权

(a) 调解权：在不同成员国的主管部门之间存有分歧时，欧洲金融监管体系的相应管理局可协助各部门达成一致，且为该调解设定时限，以保证分歧能够尽快解决。

(b) 要求主管部门采取行动权：若在期限内未达成一致，则管理局可以要求主管部门采取特定行动或者不行动来解决问题，且该决定对成员国的主管部门具有约束性。

(c) 作出个别决定权：在主管部门不遵守该决定时，管理局可以对金融机构作出个别决定，包括停办任何业务，来保证其遵守相关欧盟法律义务。②

(5) 促进共同监管文化

欧洲金融监管体系中的各管理局通过向主管部门提供意见、促进主管部门之间的信息交流、制定统一的监管标准、审评和修改相关技术标准以及发布的指引和建议的适用、加强培训等方式，来促进建立欧盟体系内金融监管文化的统一，以更好地实现监管实践的趋同。③

(6) 建立同行审评制度

针对成员国层面主管部门的活动定期组织和开展同行审评，以进一

---

① 参考《欧洲议会与欧盟理事会第1093/2010号（欧盟）条例》、《欧洲议会与欧盟理事会第1094/2010号（欧盟）条例》、《欧洲议会与欧盟理事会第1095/2010号（欧盟）条例》第18条。

② 参考《欧洲议会与欧盟理事会第1093/2010号（欧盟）条例》、《欧洲议会与欧盟理事会第1094/2010号（欧盟）条例》、《欧洲议会与欧盟理事会第1095/2010号（欧盟）条例》第19条。

③ 参考《欧洲议会与欧盟理事会第1093/2010号（欧盟）条例》、《欧洲议会与欧盟理事会第1094/2010号（欧盟）条例》、《欧洲议会与欧盟理事会第1095/2010号（欧盟）条例》第29条。

步实现监管结果的趋同。①

从以上措施中可见，新的欧洲金融监管体系，可以使欧盟更为便利地收集到各成员国层面的监管信息，从而使得从欧盟层面发布指引和建议，引导监管趋同的规则的合理性大大加强。此外，新的体系大大加强了原来金融监管体系中第三层级机构发布指令的约束力，从而可以从一定程度上以强制力的手段去消除在成员国之间寻求监管套利的可能性，有力地促进了欧盟成员国可以在金融信息披露规制领域的趋同。

三、欧盟实践对全球金融信息披露行政规制趋同的借鉴意义

通过以上体系的设计，欧盟致力于推进金融信息披露规制在各成员国之间的统一。迄今为止，欧盟是当今世界区域一体化尤其是经济一体化的实践中走得最远也是最为成功的实践。尽管正在经受欧债危机，各成员国经济持续低迷，由于欧元区无法同时运用各自的货币政策和财政政策，对于各国走出经济上的困境带来了不容忽视的负面效应，从而始终有对欧盟以及欧元区最终会走向解体的预测。但仍然不可否认的是，欧盟在制度趋同方面的示范作用。从某种程度上来说，欧盟的金融监管正逐步走向真正的超国家层面。在全球化的时代背景下努力构建更具合作性、更统一的金融信息披露规制制度的设计上，我们可以更多地思考欧盟层面的金融监管结构的设计以及其中各个机构和各项措施的安排，是如何更好促进欧盟内部成员国对于欧盟金融监管法律文件的遵守、欧盟共同监管文化的形成的。任何一项较为成功的制度设计，必然有其精心独到的地方。而善于发现这些独到和合理之处，对于借鉴者来说是至关重要的。

与此同时，我们必须认识到，欧盟规制趋同的实践可供借鉴的有限性。钱穆先生在其《中国历代政治得失》一书中指出：“我们讨论一项制度，固然应该重视其‘时代性’，同时又该注重其‘地域性’。推扩而言，我们该重视其‘国别性’。在这一国家，这一地区，该项制度获

---

① 参考《欧洲议会与欧盟理事会第1093/2010号（欧盟）条例》、《欧洲议会与欧盟理事会第1094/2010号（欧盟）条例》、《欧洲议会与欧盟理事会第1095/2010号（欧盟）条例》第30条。

得成立而推行有利；但在另一国家与另一地区，则未必尽然。”[①]

首先，对于欧共体的合作原则，是由《欧盟条约》第10条明确规定，从而获得了上一级法的基础。该条规定赋予了各成员国的合作义务，不仅仅针对欧共体的机关，而且也包括了成员国之间的合作义务。[②] 因此，从这点上来看，这种无论是从平行或者垂直角度的合作原则，有了更上一级法的依据，从而赋予了该原则的合法性和更强的约束力。

第二，欧洲主要是建立在希腊罗马以及拉丁基督教文明的基础之上，有着同根的文化渊源以及语言和宗教背景之上，虽然欧洲的历史，是一部充满了冲突和战争的血泪史，其间各种文明和宗教的冲突一直如影相随，但也一直相伴着一种强烈的大欧洲身份的认同感。这决定了我们在考虑世界其他地区乃至全球金融信息披露规制的趋同时，绝不能忽略这个重要的历史文化以及社会背景的差异，简单就制度论制度。

第三，在欧洲一体化进程的背后，有着较为统一的利益诉求。例如，欧元区的设立，很大程度上就是为了挑战美元世界性货币的地位。而单一的欧洲某个国家的货币，很难对美元的霸主地位有所撼动。虽然欧元目前为止无法取代美元的优势地位，但也给美元造成了一定的威胁。现实情况是，单个欧洲国家从地理、人口、资源、经济角度，若想在国际体系中立足一极，都是不可能的。而若整个欧洲紧密联合起来，则具有这样的可能性。从国家的生存发展角度来说，都是极具现实意义的。因此，体现在其一体化的广度和深度，具体到规制的趋同方面，本身就有着较为一致的动机。

最后，对于整个欧洲一体化不应盲目过高评价。虽说从经济一体化程度来说，欧洲远远走在世界其他地区的前面。但经济一体化，仅是一体化层面中的最底层，更大认同的获取，必须要建立在对于民主政治生活和社会生活的认同之上。而这种趋同，必然是要建立在尊重多样性的基础上，讲求的是更多的合作。尽管我们说欧洲公民有着较之世界其他

---

① 钱穆著．中国历代政治得失［M］．北京：九州出版社，2012：4。

② EuGHE1990, 3365 (3372); Streinz, in: ders., EUVIEGV, Art. 10 EGV Rn. 47 ff. 转引自转引自［德］施密特．阿斯曼著．秩序理念下的行政法体系建构［M］．北京：北京大学出版社，2012：356。

地区的公民，在区域身份的认同感上更强，但就目前为止，欧洲将来是走向更大程度的统一还是再次陷入分裂，还是极有变数的。我们所说的制度趋同，更多地建立在一种人为建构的“法”的共同体之上，而非天生来自于血缘或者地缘关系。而欧盟金融监管体系从长远角度对于推动欧洲地区金融各领域制度趋同方面的作用，还需要更多时间加以论证。

因此，笔者认为，应该更为全面地去认识欧洲金融领域规制趋同，尤其是它可以在多大程度上被借鉴，而不能想当然地加以接受或拒绝。

第四节　金融信息披露行政规制国际机制的效力分析

一、金融信息披露行政规制国际机制的运行现状概述

首先需要作出说明的是，目前仅针对金融信息披露规制的国际机制尚未建构，通常这部分会体现在某些金融规制的国际机制中，因此有关本节内容的分析就主要集中在规制任务包括金融信息披露的金融行政规制国际机制。此类国际机制并没有建立在正式国际条约或者公约的基础之上，也没有法院提供执行的保障以及相应的争端解决机制。尽管如此，却并不影响其为该领域的行政规制建立被较为普遍遵守的国际标准。

金融规制的国际机制是由国家或者地区的相关主管部门，例如美国的证券交易委员会、美联储等机构以及其他国家类似的主管部门，为实现一定的行政规制任务，达成共识，共同建立的某种非正式国际机构以及通过的相关原则、准则等。它们如今在某种程度上发挥着类似正式法律机制的作用，对金融市场的中介商等市场行为起到一定的约束作用，虽然从正式的法律角度来看，它并不具备这样的约束力。

一些学者并不认可其效力，认为金融规制的国际机制不过是一些意义不大的公共关系活动，与拥有强大法律约束力的正式国际制度相比，有很大区别，不可一概而论。

但在金融行政规制的国际层面，现实情况是，即便是具备了正式法律特征的传统国际法，其所拥有的约束力，并不能足以保障其被切实遵守。在高风险的全球化金融市场，正发生着这样一种有意思且值得研究的现象：这种非正式金融规制的国际机制正发挥着难以被替代的重要作用。

二、全球化金融规制领域中的新兴国际机制概述

伴随着经济全球化进程的深入，金融领域也越来越国际化。一国金融机构可以非常方便地在他国设立分支机构或者分公司，而一国国民同样也可以很方便地投资于他国金融市场。这种资金、人员等流动的自由性，使得金融风险的传染性以及发生系统性风险的可能性大大增强。而当金融危机发生之时，又由于涉及到不同国家和地区，制度安排差异很大，且有国家利益和主权因素的牵扯，使得各国合作的可能性以及应对风险的及时性和能力都很有问题。即便在平时的日常监管中，由于各司法管辖区域内实行不同的制度，很难彼此之间进行协调。监管套利甚至某些领域的监管空白，给金融领域的规制带来了极大的困境。对于金融规制的主管机关来说，它们肩负着致力于实现一个稳健、安全和高效运行的金融市场的目标。而该目标对于一国的经济安全和国民的福祉利益密切相关。为应对这种风险波及面不断扩大而单一国家规制能力有限的复杂情况，逐渐发展出一套金融规制的国际机制。尽管该领域的规制任务重大，面临的形势严峻，且这些机制本身也努力朝更为正规化的轨道发展，但到目前为止，它们仍然未能建立在正式国际条约的基础之上。它们在发展的过程中逐渐形成了颇具特色的网络治理体系，根据设定的目标和原则，通过机构成员即相应的国内或者地区的主管机关来实现治理任务。这种机制被形象地称之为“软法”，即不具备正式约束力的“法”。

尽管此类机制并没有硬权力的保障，从其组成结构以及运行方式等方面来看，都显得较为松散而不够正式，但并不能否认它对有效规制所发挥的作用。且从发展趋势来看，在未来可能会发挥着更为重要的作用。它们为该规制领域的主管机关设定了一系列希望被遵循的原则。这些原则并非在某一特定事项上强制要求某主管机关采取何种规制政策，

而是为这些原则如何具体执行提供了一些建议。但事实上，正是通过提供这种“温和”的建议方式，很大程度上实现了事先设定的目标。从实效层面来看，就如同国际经济法领域正式法律原则所发挥的作用类似。

传统国际法上的国际制度，通常基于正式的国际条约。例如关于保护平民和战争受难者的《日内瓦公约》，涉及领海主权争端、海上天然资源管理的《联合国海洋法公约》等。此类国际条约的制定，需要经过一系列规范程序，往往需要花费很长时间，且不一定能够修成正果。它由代表各个主权国家的外交官员之间进行协商，并需要国家机关正式批准，所通过的条约对于各成员国具有约束力。相比较之下，国际金融规制领域中，并非是由主权国家而是各成员单位的规制主管机关，加入到此类非正式国际金融规制的网络机制中。既然这些机制并非由主权国家创设而成，对主权国家也不形成法律约束力，也因此从设立程序来说较为便利。目前涉及到金融信息披露规制的国际机制主要有国际证监会组织、巴塞尔银行监管委员会、国际保险监督官协会、金融稳定委员会、国际会计准则理事会等等。其设立目标主要是对金融市场进行监督，努力实现全球金融市场的安全和稳健，保护投资者利益。一些学者将此类新兴的国际机制产生以及发展的现象，称之为“新型国际金融架构”。他们认为，此类国际机制事实上标志了一种“新的世界秩序”，这种秩序并非由主权国家而是由该机构成员即金融规制领域的主管机关聚集在一起创设的，某种程度上完成了在传统的国际法领域所不能达致的任务。

我们的确看到，该类国际机制正逐渐形成越来越复杂的组织架构和工作流程，且对金融领域的规制承担着越来越大的责任。例如在本次金融危机之后，20国集团逐渐创设了某种金融秩序，形成一个事实上比较具有约束力的网络治理机制，其中的成员之间可以形成相互的监督，从事着一些具体治理的工作。而金融稳定委员会、世界银行以及国际货币基金组织一起，对全球金融风险的危机防治开始逐渐发挥更大的作用。金融稳定委员会的组织内部也正在进行着不断的整合，朝着更为正规化的方向发展，对于具有系统重要性的金融中介机构的市场运作行为，制定具体统一的标准。但是这是否可以意味着，在未来的某个时候，此类新兴的非正式国际机制将代替传统国际法，来解决该领域国际层面的规制难题？这是一个富有相当争议的问题。

在此，笔者将主要阐述金融规制国际机制的运作方式及其成效，这将为后面的法律分析提供事实基础，且能说明该问题的重要现实意义。

金融规制国际机制由各成员的主管部门组成。这些成员既作为该国际机制的组成部分，同时又作为各成员单位的主管部门，代表该主管部门定期会面，制定规则，并负责对国内行业的具体规制任务。此类国际机制的成员范围有些局限于发达资本市场的国家或地区，另有一些则较为广泛，包括发达和不发达资本市场的国家或者地区的主管部门，比如巴塞尔银行监管委员会以及国际证监会组织。

这些国际机制拥有一些共同的特征。它们不同于国内的行政主管部门，制度化的成分更少一些，日常工作人员也不多，所以无法执行日常的具体监管任务。无论是制定规则还是推行统一的标准，都需要落实到各成员单位的主管部门来具体实施；它们也不同于传统国际法的正式国际组织，其任务往往是广泛的和灵活的，而不是具体而详细的，并且不具备传统意义上的法律拘束力。它们的成员并非是主权国家，而是成员国或者地区的主管部门。其建立的基础也不同，比如《日内瓦公约》就由一系列正式的国际条约组成。

这类国际机制出现的历史并不长。巴塞尔银行监管委员会以及国际证监会组织都成立于 1974 年。它们主要的任务是负责对相关领域的规制。其产生的时间及形式的正规性程度，都远远及不上贸易领域的国际机制。但在近来发展过程中，它们逐渐形成了自己的特色，且发挥着富有成效的作用。

1. 巴塞尔银行监管委员会。其所制定的原则以及准则，大大促进了银行监管领域标准的统一。

2. 金融稳定委员会。其对于国际金融风险的防范、促进金融市场的稳定也逐渐发挥着非常重要的作用。金融稳定委员会的成员来自于 20 国集团的银行业、保险业、期货市场、证券业等金融领域的监管部门，向 20 国集团负责，执行 20 国集团形成的相关决议。其工作委员会定期与国际货币基金组织、世界银行、巴塞尔银行业监管委员会、国际证监会组织、国际会计准则理事会等其他国际金融协调机构会面，并且采用以上这些国际机构推行的原则作为金融稳定委员会自身的基本原则并希望能够获得20国集团的遵守。此外，它还可以颁布和推行自己制定的一些标准和原则。通过这样的运行机制，金融稳定委员会使其自身成为金融规制国际机制网络的重要协调者。它工作职权范围广泛，包括国际金融会计标准、金融消费者保护等诸多金融领域的重要议题。其职权范围中还有许多非常创新的改革，尤为值得一提的是它的同行评议制度，使得各成员可以较为清晰和准确地了解其共同致力于推行的标准和原则在其他的成员单位的实现程度，发挥着推行最佳实践的作用，类似于国际货币基金组织的金融部门评估计划。金融稳定委员会的工作方式较为透明和公开，以报告的形式来让各成员知晓其监督工作以及协调标准的进展。

3. 国际证监会组织及其多边谅解备忘录。国际证监会组织的成员范围更为广泛，但相较巴塞尔银行业监管委员会颁布的相应标准，它在形成共同规则的过程中遭遇过很大的困难，最终未能在推行国际统一的会计标准上有所进展。而制定和发布国际会计准则，促进国际会计的协调的任务后来则由国际会计准则理事会承担。国际证监会组织的任务则主要推进各监督力度程度不同的成员之间在金融领域监管中的合作和协调。该委员会大部分成员签署了多边谅解备忘录，在强制执行时应彼此的请求，分享相关信息，进行协调与合作。该组织的主要成就不仅体现在签署多边谅解备忘录的成员数量上，更实质性地体现在执行金融领域的规制任务时，应各签署方的要求，分享相关信息，推进彼此间合作。2003年，签署该多边谅解备忘录的成员方大约提出50个左右分享信息的要求，而到2009年，这一数字上升到超过1200个。由该数字可见，在全球化金融市场的监管中，各国之间合作的需求之大以及该国际机制所发挥的重要作用。

因此可以说，在国际金融规制领域，该类机制已经成为一种主要的监管决策力量，发挥着跨越国界的协调作用，并且在改变各成员国内的金融规制标准和方式上起到很大的推动作用，促进规制趋同。

三、全球化金融规制国际机制的效力界定

从金融规制国际机制的兴起中，我们看到金融规制正逐渐从国内走向跨国合作；从单一的国内主管部门制定颁布规则到各成员单位之间的

国际协调颁布，形成了一种网络协调治理的机制。而尤为重要的是，如今这类软法在国际金融规制领域发挥着正式法律机制不能替代的重要作用，在事实层面上发挥着“法”的作用。但无论从其设立形式以及最终的执行保障机制上，都不具备传统国内法以及正式国际法的法律特征，因此对其效力以及地位的界定始终存有很大争议。目前该类机制通常被称之为“软法”，很多学者质疑其是否值得关注和推广。这些学者坚持认为，国际法应该建立在主权国家批准的条约或者公约以及国际惯例上，不应贸然扩大此范围。这些批评者时常会将之与国际贸易领域形成的正式国际制度相比较。在国际贸易领域，存在一些国际法上承认的国际惯例、正式的国际条约以及国际组织。它们对于主权国家具有约束力，甚至某些国际制度拥有争端解决机制，可以更有效保障制度执行。而国际金融规制领域，虽然有时也会形成一些非常具体的规则，但仍然未曾出现这样正式的国际制度。

当我们在分析其究竟是否具有“法律”的某些特质时，不妨就拿它和之前提到的国际贸易领域的制度做比较。在除了显而易见的法律形式上的区别之外，它们之间是否存在一些非常重要的相同之处。

我们发现该国际机制在运行中存在以下基本原则或者制度：（1）国民待遇原则；（2）最惠国待遇原则；（3）辅助性/补充性原则；（4）同行评议制度；（5）制定规则的治理方式；（6）网络治理运行机制。而值得深入思考的是，其中某些原则同时也为其他一些正式国际制度所遵循，不过同时也存在诸多区别。

1. 国民待遇原则。金融规制领域的国民待遇原则是指，应该以同样的方式对待国内金融机构和国外金融机构。该原则是 WTO 的支柱性原则之一。在 GATT 条款中，它主要是指在实现所有 WTO 成员平等待遇基础上，WTO 成员的商品或服务进入另一成员领土后，也应该享受与该国的商品或服务相同的待遇，这正是 WTO 非歧视贸易原则的重要体现。[①] 在金融信息披露规制的国际机制中，该原则可在多方面得到体

① 参见国民待遇原则 http：//baike. baidu. com/link？url = ggRl73dFYfCj66GJmmq_2V6Cbrfk9_ iWJk58Ubh_ S0QwL10cDpFG8rZ79I6-HBWTsLv7GRdfozDGi3EiRoKey，最后访问日期 2014 - 12 - 10。

现，例如会计标准和披露方式的同等对待，招股说明书制作要求的统一等等。无论在贸易领域还是金融领域，都要求规制者不得对国内行业和国外行业竞争者区别对待。例如金融稳定委员会的主席德拉吉将该组织目标定位于“推行国际上一致且非歧视的改革”。

2. 最惠国待遇原则。在国际贸易领域，所谓最惠国待遇原则，是指缔约一方现在和将来给予任何第三方的一切特权、优惠和豁免，也同样给予缔约对方。其基本要求是使缔约一方在缔约另一方享有不低于任何第三方享有或可能享有的待遇。① 在金融规制领域，该原则并没有被明确规定，虽然它也归属于非歧视原则。但是在实践层面，我们可以看到，金融规制国际机制成员遵循着最惠国待遇原则，主要体现在致力于推行一般原则的共识之上。基于该共识，成员之间针对某特定成员的监管制度，也将推行至其他成员处。该原则的推行并非是一帆风顺的，在最早的巴塞尔协议中，美国和英国都表示它们将制定自己的资本充足率标准，而无论其他国家怎样做法。如今，该原则基本体现在所有此类国际机制之中。例如国际证监会组织要求，签署多边谅解备忘录的所有成员，都必须在执行领域，提供同等质量的合作。而新巴塞尔协议中有关资本充足率的标准也得到了各国的广泛适用。

3. 辅助性/补充性原则。此原则意指若有其他方式可以实现同样目标，则不应赋予行政执行机构以执行权，力图将政府对市场的干预权维持在较低水平。该补充性原则在金融规制的国际机制中得到了切实体现。该国际机制并不直接执行其所颁布的原则和准则，而是由国内主管部门负责具体实施；工作人员较少而不足以进行日常具体监管工作；此外，该国际机制缺乏法院这样可以进行争端解决的机构。

4. 同行评议制度。金融稳定委员会建立同行评估委员会，负责评估不同国家或者地区对于全球重要系统性金融机构规制政策上的充分程度和一致程度。该制度的运行方式包括邀请访问有关的金融机构。需要注意的是，这种方式并不能保证所评估事实的透明性和准确性。但就同行评议制度而言，对于国内的行政规制方式，仍然具有重要的参考和借鉴意义。它可以使得各主管机构之间对彼此遵循相关标准的程度较为清

---

① Principles of the Trading System，WTO，http：//tinyurl. com/yfe7z2v.

晰，提供一个比较的平台，从而可以推行最佳实践方式。若实行到位，可以较好地提升金融规制的治理水平。但该制度也有明显不足之处，即虽然它提供了一种最佳的做法，但是并没有任何可以保障执行的机制。是否遵循，完全取决于各成员国或者地区，从而使得该机制的作用大大降低。例如，美国对于第 2 版巴塞尔协议资本充足率的遵守，就拖延了很长一段时间。

但尽管如此，并不能过于苛责该项制度。无论是正式的国际制度还是国内的法律体系，并非总是能够得到遵守。且当事人并不一定会寻求最终的比如诉诸法院这样的补救方式。其考虑因素有多种，比如花费的时间过长，所需的代价过大，以及从当事人之间关系的维护角度出发等等。事实上，绝大多数时候，任何法律义务的遵守，主要取决于当事人之间的利益衡量。而对于国际义务，在并没有国际警察的情况下，绝大多数国家还是选择了遵守而非违背。同行评议制度，由于存在对于其他国家或者成员的“报复”或者国际声誉等等因素的考虑，事实上发挥着类似正式国际制度的规制作用。

5. 制定规则的治理方式。金融规制国际机制主要是通过制定规则来实现目标，而非通过裁决的方式，即制定颁布被普遍认可且被遵循的原则或者标准。巴塞尔银行监管委员会到目前为止共颁布了 3 版巴塞尔协议，并在现实层面得到了世界上广大国家或者地区的遵守；国际证券监管委员会以及国际会计准则理事会也主要是通过类似的方式发挥着有效监管的作用。有一点可以肯定，国际金融监管机制，缺乏争端解决机制，且在可见的未来，也很难形成这样的程序。这决定了它不可能像国内的行政机构，可以选择多样化的方式来使其目标得到遵守。在国际金融监管领域，裁决不可能成为制定规则的替代性方式。此外，该规则制定的程序虽然存在某种程度上的共同性，在世界范围内却很难做到一致。这些规则的制定不是通过代表国家的外交官进行的，而是成员内部的主管机关。很多时候，这种规则基本表现为极其宽泛的原则。但是有些时候，也有比较具体细致和清晰的规则，例如巴塞尔的系列标准，但这并非为该领域规则的常态。如果我们比较 WTO 和金融监管国际机制的运行方式，就会发现两者之间有很大的不同。后者没有争端解决机制，其日常工作人员很少，且没有可以推行其机构目标和职责的法律上的约束力，也无法解决成员之间产生的争端。

6. 网络治理机制。金融规制的国际机制，主要是通过网络治理的方式来进行运作，而并非类似其他传统国际法上的制度，基于国际条约或者公约，成立国际组织。这种国际机制最早的成功实践来自于1974年成立的巴塞尔银行监管委员会。而其后一系列新兴的类似机构的出现，则使得这种现象成为了研究的热点问题。也许是由于在该领域若形成正式的国际制度所花费成本过高，才使得该领域更热衷于这种网络式的治理机制，推行规制。但是网络治理机制也存在很多缺陷，一般来说，它对于如何处理突发事件缺乏经验，并不能很好地处理所发生的危机。此外，它缺乏日常的监管能力。事实上，在金融稳定理事会成立之前，此类机制职权范围仅限于制定相关领域的政策或者标准，且仅具有建议的性质，不具备约束性。金融稳定理事会的成立及其职权范围对该领域的发展是一个具有改革性质的突破。

列举以上原则或者制度的目的在于，这些原则或者制度同样存在于一些正式建立的法律制度中，例如欧盟和WTO以及美国国内的金融监管。后者由于涉及到美国联邦和地区之间的权限划分，也常通过制定规则的方式来实现其规制目标。相对来说，同行评议以及网络治理机制是较为新颖的制度。

以上原则或者制度带有的正式法律制度共有的某些特征，并不足以使其可以理所当然地被放置于传统国际法制度之中。国际公法上重要的主权平等原则，就目前而言，并不适用于金融规制的国际机制。质疑者始终认为，该机制中并没有代表主权国家的成员，而仅为国家或者地区的主管部门。但是，尽管和国际公法有诸多不同，我们并不能就此否认这种国际机制的重要意义。我们在现阶段可以将其作为两个问题来分别加以看待，而不必要将其混淆在一起，要么一棍子打死，要么统统接受。

笔者认为，即使这种机制本身是非正式的，其实现目标的方式更为灵活从而使得其预见性不够，但它确实极大地促进了全球化金融市场规制领域的合作和协调。这种推动规制趋同的作用在防范系统性风险的发生、确保更为稳健和安全的金融市场方面，有着不容忽视的重要意义。因此，我们可以尝试用更为开放的视角，不去过于纠结合作的制度设计上是否足够正式，而更多关注合作的事实的发生。可以预见的事实是，这类机制形成了一种可被期待的良性循环。笔者认为，对于新兴的也许乍看上去并不具备传统合法性的规制方式，不能一概否认其有效性。行政法体系应该具有现实的包容性，能够容纳符合法治精神的新兴规制方式，不仅可以促进行政法的发展，也具有重要的现实意义。只有将其纳入行政法体系，提供可供选择的行政法的救济途径，才可以更好地维护当事人尤其是行政相对方的利益，这也是行政法的重要使命之一。对于此类非正式的国际机制，其道理也大致相同。在全球化的金融市场，新兴的非正式的此类“软法”的出现，有其必然与合理之处。而忽视其对于推动全球金融规制趋同的重要意义，硬要将其排斥于法律殿堂之外而不去关注和研究它，不利于金融市场的治理和监管，更无益于复杂和高风险的国际金融市场的稳定和安全。

在全球化背景下讨论某国际机制的有效性，需要分析该机制：其一，是否能够形成一套能够被各国广泛接受的规则体系，并能通过转化为国内法或在国内直接得以适用的方式，获得在一国疆域内的实在效力，并借此形成某种确定的社会关系的预期；其二，最终在执行的过程中能以适当合理的方式被很好地贯彻。

将此标准运用于金融规制领域这些新兴的国际机制时，我们看到以下事实。

1. 此类国际机制虽然并非建立于正式的国际条约或者公约，但是并不能否认其也具有某些法律识别特征的牢固基础，而且其经历了一个本来只是相当温和地促进某个领域的国际合作到逐渐推行一种能够被广泛接受的标准以及规则。

2. 虽然该制度并没有国际法院这样的可保障强制执行的机构以及相应的争端解决程序，从理论上来说，其不具备法律约束力。但是事实上，选择无视它的国家并不多。美国在遵循巴塞尔协议的最低资本充足率的标准上，也是从一开始的不遵守到后来逐渐改变态度，到如今全面遵循最新版的巴塞尔协议的相关标准。也即，在全球化的金融市场，除了制度本身的制约因素外，同时存在诸多其他约束因素，每个国家对此都有自己的衡量。但无论是好是坏，最终究竟是哪种因素在此过程中占据上风，现实状况为很少有国家无视这种义务的存在。

3. 此类国际机制在推进该领域的监管合作上起到了不容忽视的作用。例如国际证监会组织每年要处理超过1000条要求外国协助执行的请求。这种执行的愈来愈国际化以及合作的愈来愈常规化，为该国际机制的继续发展奠定了坚实的基础。此外，此类机制的执行权仍旧主要被授予成员单位的主管机关。主管机关在不断推进政策的整合和执行的同时，仍旧清晰地掌握着两者之间的界限。

虽说，若要在国际金融监管领域形成类似于WTO这样正式的国际组织，是超越了此类软法所能负担之重。但是在该领域逐渐形成更为制度化的安排以及更为具体细致的规则，甚至成为正式国际法律体系的一部分，并非是完全不可能的事情。而此类机制在推进全球金融规制领域合作方面的发展空间，很让人值得期待。

事实上，我们都从这种非正式的国际机制中获益良多。它促进了该领域的有效规制，推进金融稳定与安全，保护投资者的利益。而且尤为重要的是，它在某种程度上已经具有无可替代性。该国际机制的兴起，给我们在国际法领域提供了一个很好的视角，让我们可以更为开放和包容地去看待法律制度的边界问题。在国际法领域，也许我们将“法”与“非法”的界限看得过于沉重，使得任何的逾越现有边界的情形都不能够被“忍受”。问题在于，我们需要对此有足够理智的分析，而非仅仅是一味的排斥。究竟一种现象，其产生的原因是什么，其存在的合理性和正当性基础在哪里，承认或者拒绝它的成本和利益分别是多少。诸如此类因素都应该被慎重地加以考量。法律体系本身就应该是开放的，法律人的思维方式不应过于拘泥。适当的开放和宽容对于整个法律体系的发展是必要的。当然还必须充分衡量国际形势，立足于现实国情。

因此，笔者认为，可以不必过于拘泥于传统意义上的合法性问题，而应该在更为开放的视野中，承认该国际机制的有效性。在这点上，国际金融规制领域的主管部门以及一些专业法律人士，例如律师等，已经走在了前面。它是“软法”，但具备了“软权力”，从而使得其具有了某些“硬”的特征，而且正朝着更为制度化的方向迈进。

第六章

信息化背景下的金融信息披露行政规制

现代社会已经进入资讯社会，其特色为复杂性、多样性、信息的关键性以及时间的决胜性。[①] 信息技术的发展极大地改变了信息传递的方式和人们的生活方式，且这种发展趋势具有不可逆性，并深刻改变着当今世界的整体格局。在信息化时代到来之前，资本和权力控制着信息的产生和传播，个人在信息、言论、思想方面受到很多的限制。信息化则使信息的生产和发布成本极大地降低，使权力对信息的控制极大地削弱，从而使个人获得了更多信息方面的自由。随着信息技术的普及，信息的获取将进一步实现民主化、平等化。对于金融市场来说，信息化时代的到来使得越来越多的个人投资者依赖信息技术提供所需了解的关键信息，而互联网无疑是其中最为便捷和及时的方式，并藉此逐渐成为最受投资者青睐的信息获取渠道之一。

第一节　网络主页信息披露方式的地位探析——以美国《公平披露条例》为视角

一、美国《公平披露条例》的颁布

一直以来，美国证券法秉持着信息披露规制的理念，认为一个开

① 参见［台湾］翁岳生著．行政法（上册）［M］．北京．中国法制出版社，2009：58。

放、透明的证券市场能够更准确地反映股票的真实价值，有利于投资者作出更为合理的决策，并最终有利于整个市场的稳健发展。正是基于这种理念，《1934 年证券交易法》规定了重大信息的强制性披露要求。

在美国证券市场建立之初，并没有禁止信息的选择性披露，而是将它和内幕交易做了区分，后者为联邦证券法律所严格禁止。美国法院认为，内幕交易违反了对公司股东的信托义务，并因此对该行为施加了严格的责任。区别在于，选择性披露中得到信息的人对于公司股东并不存在信托义务。但这种情形随着 2000 年《公平披露条例》（以下简称 FD 条例）的施行而改变。

基于充分且公正披露的理念，美国证券委员会在 FD 条例中，明令禁止上市公司进行选择性披露。作为信息披露的一种方式，选择性披露是指当证券发行人的预期利润、管理决策等事项可能会引起该公司证券价格发生较大变动时，发行人为避免其证券价格过于波动，而将信息有选择性地披露给一些证券分析师和机构投资者，再由他们作出市场预测和投资建议的行为。[①]

在该条例草案的通知和评议阶段，收到了超过 6000 多条评论，可见其受到关注的程度。其中大部分评论来自于个人投资者。SEC 认为：（1）选择性披露使得公司内幕人获得不为公众所知悉的重要信息，这极其不公平且严重侵蚀了投资者信心；（2）选择性披露使得公司管理层有机会利用该信息作为牟利的商品，从而获得不当优势和利益；（3）信息技术的迅猛发展以及个人投资者逐渐拥有超越市场分析师的能力等因素需要被考虑。基于上述理由，选择性披露应该同样被严格禁止。

FD 条例尽管看上去内容清晰，但在实际操作过程中，对于究竟如何把握信息的“重大性”以及“非公开”，并非那么容易。有关这两个词汇的定义在 TSC Industries，Inc. v. Norway，Inc. 以及 SEC v. Texas Gulf Sulphur Co. 这两个案例中有所界定。“重大性”意味着“一个股票持有者很可能会认为该信息对于其做出决定是重要的”；“非公开性”

① 施天涛，李旭．从“选择披露”到“公平披露”——对美国证券监管新规则的评介与思考［J］．环球法律评论，2001 年冬季号：492。

是指“该信息未合理地为投资者普遍地知悉”。根据该条例，披露行为人在披露信息时，知道或者因过失而不知道他披露的信息是重大的未公开信息，披露行为人应当同时将该信息予以公开；而当披露行为人并非故意进行选择性披露时，则必须在24小时之内，将该重大未公开信息向公众公开。

二、《公平披露条例》否认公司网络主页单独作为信息披露的充分手段

对于信息披露的方式，该条例规定：企业可以选择SEC传统要求的形式进行披露，即填写或者提交SEC要求的8－K表格；也可以使用其他的某种合理的手段或者手段的组合，广泛并且非排他性地向公众发布信息进行披露。[①] 至于究竟什么方式符合该条例规定中的“合理手段或者手段的组合”，委员会未能给出一个一致的标准，而是对此有一段说明，将以下这些方式视为符合要求的披露方式：

1. 通过广泛流通的新闻或者有线服务渠道所为的新闻稿发布方式。

2. 新闻发布会上所发布的声明、通告。

3. 凡是有兴趣的公众都能够参加或者亲自聆听的以电话会议或者网络广播（包括适用互联网）所发布的声明、通告。[②]

由此产生了一个问题：在网络技术普及并发展到相当程度的今天，发行人在其公司主页上进行信息公开是否符合条例中规定的“广泛、无排他性”的要求呢？乍一看SEC的这段说明，似乎认可了互联网作为符合标准的披露方式之一。然而让人感到意外的是，SEC虽然并未否认很多的投资者通过互联网来获取有关信息以及发行人通过公司网站进行信息披露非常具有效率，但却指出“仅网络披露的方式单独不足以成为有效披露的方式”。也就是说，在一般情况下，网络主页上的信息公开仅可以作为信息披露组合方式中的一种而使用。SEC并未绝对禁止该方式

① Regulation FD，17 C. F. R. 243. 101（e）.

② *Id.* at 51，723－24（emphasis added）. 参见 Thomas Ishmael. Securities and Exchange Commission Regulation Fair Disclosure－A Modern Law with Outmoded Methods：An Appeal for Dissemination of Material Information on Corporate Website［J］. 载 Oklahoma City Univ. Law Review. Summer 2008. Vol. 33. 637。

在少数特定情形下，比如发行人的主页已被投资大众广泛地关注时，发行人完全可以以此方式实现广泛、无排他性的公开披露。[①] 但这只是作为一种特殊情形。SEC 在 FD 条例中并没有普遍赋予公司网络主页可以单独作为信息披露方式的地位。

不可否认的是，互联网的兴起使得投资者获取信息的方式及其便利和快捷程度都大为改变。在 20 世纪 90 年代末之前，投资者一般只能依赖传统的经纪公司获取相关信息。而信息技术的发展使得个人投资者同样有机会在第一时间接触到许多一手信息，从而使得其在具有专业知识背景以及分析能力的情况下，有机会可以挑战华尔街的传统经纪人。

因此，对 SEC 原则上否定公司网络主页披露为独立披露的方式，美国许多公司对此都提出了抗议。反对者指出，世界早已进入信息时代，网络无所不在，过于依赖传统的方式进行披露有诸多的不便和不足之处，尤其会增加信息披露的成本，降低披露效率。反对者同时指出，在世界其他一些地区，互联网上的公开已经被认可成为信息披露的有效方式之一。

美国公司法律顾问协会的主席就此曾经争论道："公司网站上公开披露信息和传统的新闻发布会上披露信息并没有什么不同，该披露方式有足够的可获取度，投资者可以非常及时地从公司网站上得到其所需要的信息。"为了证明该观点，他引用了有关案例、法律评论文章以及一些有利的数据，说明互联网迅速扩张的程度以及其可以获取相关信息的程度。英特尔公司的企业事务总监也表达了类似的观点。

SEC 对以上抗议也随即作出了回应，指出：提议网络主页披露理应单独作为充分披露方式的评论者通常都是一些商事组织，例如美国公司法律顾问协会、英特尔公司等，而非来自个人投资者。因此这些并不足以论证互联网披露单独作为披露方式的合理性以及普通个人投资者对于通过网络主页方式获取重要信息的态度。与此同时，比较有趣的现象

① 施天涛，李旭．从"选择披露"到"公平披露"——对美国证券监管新规则的评介与思考［J］．环球法律评论，2001 年冬季号：495。

是，并非所有的公司都会赞同互联网作为单独披露的有效方式。传统的新闻媒介公司以及打印媒介公司都反对互联网可以单独作为充分披露的手段。因为这会使它们传统行业优势地位瞬间消失。也即可以认为，这种论争本身带有强烈的现实利益的色彩。

在FD条例施行到今天，有关公司网络主页本身是否可以单独成为信息披露方式的争论仍然没有停歇。Sun Microsystems公司的首席执行官Jonathan Schwartz曾致信美国证券交易委员会主席Cox，提议采取一项新的政策，在此政策的调控下，在线通信将完全满足公平披露规则中所规定的“广泛传播”的要求：

1. 对于网络广播（及相关幻灯片）：可以通过公司投资者关系站点发布网络广播，并且至少应提前三个工作日或更长时间发布网络广播的相关通知。

2. 对于企业博客或公司高级官员的个人博客（以公平披露规则中的定义为准）：在此类博客和公司投资者关系站点之间建立永久性链接。以及，

3. 对于新闻稿：在8-K表指定的时间期限内将新闻稿发布在公司投资者关系站点上。

为确保访问的广泛性，仅当这些在线通信内容符合以下条件时才表示它们满足公平披露规则的要求：

（1）通过各种可访问的Web辛迪加形式（如RSS或Atom）提供；

（2）可访问时间至少为1年；

（3）可在所有标准操作系统上通过各种开放性的非私有免费浏览器进行访问；

（4）残疾人士可以访问；

（5）采用开放性的非私有、免版税格式；以及，

（6）访问时无需注册，不受限制，不必交费。

为了确保普通投资者也能在企业网站上查找信息，我们建议SEC考虑以下要求：要求各公司设立单独的“官方投资者通信”页面，并将此页面永久链接至公司网站主页或公司投资者关系站点主页。页面上将按时间顺序列出所有新闻稿（或者所有材料新闻稿）、博客条目、网络广播通知以及现有网络广播项目的列表。随后以RSS或Atom订阅的

形式同时发布。①

对于该建议，SEC 主席 Cox 也作出了回应。他在回信中承认互联网的重大影响，但是，他仍然对仅仅互联网本身的披露是否可以满足《公平披露条例》广泛和非排他性公开的要求提出怀疑。所有这些评议以及 Cox 的回复只是认可了企业通过互联网的公开信息作为充分披露手段之一的可能性，但是在当前阶段并没有打算真正接受。Cox 认为，互联网披露的有效性始终取决于某些"特定事实"，也即容易为某些因素影响，从而带来某些并不公正的后果。

一直到现在为止，美国的企业仍然在争取企业网络披露的方式单独成为符合 FD 条例下披露标准的手段之一，而 SEC 的态度也仍然是继续推动网络作为向投资者披露重大信息手段的价值，却始终没有认可它自身可以作为单独的充分披露的手段。

三、公司网络主页信息披露现象的广泛性

现实情况是企业常常通过其网站来公开重大信息。2005 年北卡罗莱纳大学夏洛特分校贝尔克商学院的教师进行了一项调研。调研对象包括 396 家上市公司的网站，其中 334 家为美国公司，62 家为外国公司。这些公司涉及汽车行业、食品饮料行业、计算机硬件行业以及制药行业。调研结果为 FD 条例的信息披露方式提供了具体的数据。调研结果表明，如果互联网公开信息的方式被认可为该条例充分披露的手段之一，那这些被调研的公司中的绝大多数都足够符合信息披露的要求。有高达 93% 的被调研公司将新闻发布披露的内容公布在企业的网站上，74% 的公司在其网站上公开了提交 SEC 的 8 - K 表，55% 的公司还在网站上公开了企业年报。由此看来，并没有 Cox 所担忧的情形出现。虽然这种在网站上公开有关公司重大信息的方式并非是美国证券交易委员会的 FD 条例所要求的，但是美国公司的这种做法向投资者展现了其努力通过互联网为广大投资者广泛且非排他性地提供重大信息的态度。这种方式的采用一方面凸显出传统的 SEC 规定的 8 - K

① 参见互联网与公平披露规制_ Jonathan _ 新浪博客. http://blog.sina.com.cn/s/blog_ 4b670005010008rt.html，最后访问日期：2014 - 12 - 15。

表格披露方式的不够效率，更从另一方面展现了互联网的生命力。2005 年 74% 的比例如今还在不断攀升，且 SEC 网站上也公布公司提交的 8 - K 表格。很多提交给 SEC 的表格中都提供了这些信息在公司网站公开披露的链接地址，从而使得在事实上出现了企业非常热衷于通过互联网向广大投资者提供所有符合 FD 条例许可的披露手段下公开的信息。①

那么企业通过公司网络公开究竟是否应该可以作为一种独立的披露方式呢？这需要回到互联网对现代人生活所起到的影响，尤其对投资者的影响中去进行分析。

SEC 当年在颁布 FD 条例时，对于企业网络公开是否可以作为一种单独的充分披露方式的态度为继续观望，等待其可以为更多的投资者作为获取信息的渠道。2000 年的时候，互联网其实已经被普遍使用，当然这种“普遍使用”是否达到了某种可以足以采纳其作为单独的披露方式的标准，仍然取决于 SEC 的判断。在 2003 年的时候，有超过 40% 分析师每天都浏览目标公司的网站，有 59% 的投资者把互联网上的有关信息作为获取信息的主要来源。② 如果说 2000 年，互联网作为投资者获取信息渠道的普及性还有所怀疑的话，现如今若仍然抱有这样的怀疑则确实显得有些令人困惑。互联网现已经成为获取信息最为便捷的方式，并且成为很多投资者的首选。在 2004 年时，美国有 98.9% 的图书馆都通互联网。而在 2006 年的美国一项调查中，已经有 73% 的接受调查的人是互联网的用户。这些人会时不时地通过互联网来收发邮件。如果说互联网这样高的覆盖率和被使用率都不足以为 SEC 认可为广泛的、非排他的公开信息的手段，那么为何 FD 条例里诸如电话会议、网络广播等方式就可以被认可为单独的披露方式呢？难道这些手段在信息的获

---

① 参见 Thomas Ishmael. Securities and Exchange Commission Regulation Fair Disclosure-A Modern Law with Outmoded Methods: An Appeal for Dissemination of Material Information on Corporate Website [J]. 载 Oklahoma City Univ. Law Review. Summer 2008. Vol. 33. 644 - 646。

② 参见 Thomas Ishmael. Securities and Exchange Commission Regulation Fair Disclosure - A Modern Law with Outmoded Methods: An Appeal for Dissemination of Material Information on Corporate Website [J]. 载 Oklahoma City Univ. Law Review. Summer 2008. Vol. 33. 650。

取上就一定拥有超越公司网络主页公开所不具备的优势和公平性吗？根据美国人口普查局的数据，2007 年，美国人人均年花费在各种媒介上的时间为 3518 小时，其中有 195 小时是用于互联网，这个数据大大超越了花费在报纸上的 175 小时以及阅览书籍的 106 小时，或者翻阅杂志的 122 小时。从中不难看到这样的趋势，即花费在互联网上的时间将越来越多，而花费在传统媒介上的时间逐渐减少。① 这一切都使得公司网络主页披露方式是否应该单独被认可为信息披露方式之一的合理性问题亟待解决。

四、调研数据显示的普及性是否可等同于合理性？

仅仅看以上数据，似乎不采纳公司网络公开作为单独信息披露的手段非常不可思议。但任何事情不能光看表面现象，尤其不能武断地根据数据来作简单的决定。我们知道，随着行为主义计量分析学派在西方的兴起，西方人文和社会科学界在方法论上就形成了传统学派和科学论者的两大学派。前者强调社会科学与自然科学的分野。社会科学的复杂性在于数据背后存在着诸多需要我们进行细致分析的现象，这种分析需要基于哲学、历史、法律学等等传统学科，且需要加入某种价值判断。这绝非是简单的数据可以统计说明的。而任何的武断、恣意以及疏忽，都可能导致南辕北辙的结论。在美国，网络的覆盖率确实非常广泛，但是否就可以据此认为，几乎所有人都可以公平及时地获取在互联网上公布的信息呢？答案是：并不一定如此。

互联网作为新兴的通信方式，其发展时间毕竟较短，而且还有其他一系列制约因素，影响着人们对它的使用。粗略归纳以下，就至少有以下几个制约：

1. 偏远地区使用率低；

2. 贫穷人士使用率低；

---

① 参见 Thomas Ishmael. Securities and Exchange Commission Regulation Fair Disclosure-A Modern Law with Outmoded Methods: An Appeal for Dissemination of Material Information on Corporate Website [J]. 载 Oklahoma City Univ. Law Review. Summer 2008. Vol. 33. 650 - 652。

3. 残疾人士使用率低；

4. 年龄较大者使用率低；

5. 教育程度低下者使用率低；

6. 此外还有语言等因素的制约等等。

对以上制约因素进行分析，有一些也许可以通过技术发展，很快就能够将此鸿沟填补，比如偏远山区的网络覆盖率等等；有一些是需要通过更长的时间才能够让情况有所改变，例如教育程度、语言障碍、贫穷因素等等；还有一些可能是很难改变的，例如某些残疾人士。这就使得在对待互联网是否可以作为独立披露方式上确实需要秉持更为谨慎的态度。因为如果一旦认可其作为独立的披露方式，也许就将一部分社会弱势群体彻底地排除在外，使其在获取需要信息时面临无法克服的障碍。这不可谓是一种公平。

我们说，社会科学在做抉择时，几乎不可能做到完全的价值中立。对于相互间有冲突的目标应该如何取舍，很难有整齐划一的标准。很多时候，是基于时代的要求，对公民价值的位阶排序，成本效益仔细衡量，并且无法剔除个人主观性的影响，所作出的决定。究竟什么才是一个比较合适的界限，需要进行多层次多角度的分析，不可想当然而定。

五、各国对于网络主页信息披露方式地位的态度

1. 有关美国态度的进一步说明

以上我们主要依据美国证券交易委员会的 FD 条例，分析了美国对于公司网络主页披露作为单独信息披露方式的态度。这里需要做一补充：令人困惑的是，美国证券交易委员会在《公平披露条例》中对互联网是否可以作为独立披露手段的迟疑，与它在其他有些地方对互联网更为积极的欢迎态度有很大不同。早在 1995 年，证券交易委员会就互联网与金融证券市场之间的关系进行了探讨，其中就有关于通过电子媒介的方式向现有的以及潜在的投资者提供信息的讨论。证券交易委员会承认，互联网传播信息相比传统披露方式更为迅速，且更具有成本优势。在其 1995 年《电子信息交付规则》中，SEC 希望电子信息披露变

得更加容易，同时也鼓励网上证券信息披露。[①] 1996 年，就允许券商通过网络和潜在的投资者创建关系。在通过《公平披露条例》前，证券交易委员会就认可互联网作为与大众投资者沟通的方式。1999 年，证券交易委员会批准网上首次公开募股。

2. 欧盟

国外市场当然同样寻求金融市场更大的透明度。欧盟《透明度指令》要求发行人定期公布财务公告，以及其他一系列披露的要求。其目的无非也在于通过信息的充分、及时、准确地披露，能够增强投资者信心，维护市场的稳定和安全。对于互联网披露方式，欧盟该指令较美国的 FD 条例持更宽松的态度，认可发行人可以在公司的网站上或者其他的网站上披露信息，只要该信息能够方便地为广大投资者获取。也即，欧盟认可了公司网络主页公开作为独立的披露方式的一种，只是规定在投资者要求公司提供纸质文件时，公司不得拒绝。此外，欧盟层面的其他涉及信息披露规制的指令中，也多有关于网络披露方式的规定。

例如：《欧洲议会与欧盟理事会第 2003/71/EC 号指令》第 14 条第 2 款有关招募说明书的说明中明确规定，招募说明书"（c）在发行人的网站及配售或出售证券的金融中介机构（包括代理付款人的）网站（如有）上，以电子文件形式公布；或（d）在收到核准证券交易的请求的受监管市场的网站上，以电子文件形式公布；或（e）在母国主管部门的网站上以电子文件形式公布，如其决定提供此项公布招募说明书的服务"[②]。又例如《欧洲议会与欧盟理事会第 2004/109/EC 号指令》中第（26）项说明中指出："为进一步简化投资者在各成员国查阅公司信息的程序，各国家级监管机构应与其他所涉当事方（特别是证券发行人、投资者、市场参与者、受监管市场运营者以及金融信息提供方）紧密磋商，制定建立电子网络的指引。"该指令的第 17 条 2（b）款中规定"以纸质形式或（如适用）通过电子手段向有权在股东会议上表决的所有人提供代理委托书，代理委托书应与会议通知同时发出，或经要

① 冯果，武俊桥．从"类推监管"到"网络导向"监管——论网络信息时代证券信息披露监管制度的建构［J］．现代法学，2010（3）。

② 参见《欧洲议会与欧盟理事会第 2003/71/EC 号指令》第 14 条第 2 款。

求在发出会议公告后提供”；第17条第3款中规定：“母国应允许发行人适用电子手段将信息传送给股东，前提是该项决定在股东大会上作出且至少符合以下条件：（a）电子手段的使用无论如何均不得因为股东或（在第10条第a款第h款所述情形下）自然人或法人实体的住所地或居住地的不同而有差别待遇；（c）应书面联系股东或在第10条第a款至第e款所述情形下有权购买、处置或行使表决权的自然人或法人实体，为使用电子手段传送信息征求其同意，如果他们未在合理时间内提出反对意见，则应被视为已经表示同意。未来他们应能随时要求以书面形式传送信息”；第18条也有相似规定。在该指令第22条第1款中规定：“成员国主管部门应起草适当的指引，以进一步方便公众查阅根据第2003/6/EC号指令、第2003/71/EC号指令和本指令应予披露的信息。该等指引旨在：（a）在国家层面创设一个电子网络，链接国家级证券监管机构、受监管市场运营者以及《欧洲经济共同体理事会协调关于〈欧洲共同体〉条约第48条第2款所定义的公司所在的成员国为保护成员和其他人利益所规定的保障措施以实现在全欧共体内提供等效保障的第68/151/EEC号第一指令》所涵盖的国家级公司注册处；及（b）建立单一的电子网络或跨成员国的电子网络平台。①”

从欧盟这些年颁布的一系列关涉信息披露的指令来看，欧盟清楚意识到信息技术的发展给信息披露的方式带来了巨大的变革。为顺应这种变革，欧盟除了在认可公司通过其网络主页披露信息的方式之外，也开始积极利用信息技术所带来的便捷，搭建电子网络平台，藉此能够使成员国乃至整个欧盟层面在金融信息披露领域，寻求更为有效的规制手段，从而可以更好地方便公众查询到相关信息，保证信息的真实、及时和充分，构建更为安全、稳健的金融市场，也是推动整个欧盟金融市场的趋同和一体化的有益探索。

3. 中国

我们再将视线转向中国。我国《上市公司信息披露管理办法》（2006）第6条规定：“上市公司及其他信息披露义务人依法披露信息，

---

① 参见《欧洲议会与欧盟理事会第2004/109/EC号指令》第（26）项说明及其第17、18条、22条。

应当将公告文稿和相关备查文件报送证券交易所登记，并在中国证券监督管理委员会（以下简称中国证监会）指定的媒体发布。信息披露义务人在公司网站及其他媒体发布信息的时间不得先于指定媒体，不得以新闻发布或者答记者问等任何形式代替应当履行的报告、公告义务，不得以定期报告形式代替应当履行的临时报告义务。”

中国证监会指定的媒体包括：（1）报纸类：《中国证券报》《证券时报》《上海证券报》《金融时报》《中国改革报》《证券日报》；（2）期刊类：《证券市场周刊》；（3）网站类：深交所官网、上交所官网以及巨潮资讯网。①

《上市公司信息披露管理办法》规定，“信息披露义务人在公司网站及其他媒体发布信息的时间不得先于指定媒体。”该文字表述表明：（1）信息披露需要由信息披露义务人为之；（2）信息披露必须首先在中国证监会指定的媒体发布。② 也即表明，我国并不认可在公司网站上的信息披露作为独立充分的信息披露方式之一。该方式仅作为补充的信息披露手段。

如果说在2006年施行《上市公司信息披露管理办法》时，我国互联网的普及程度以及公众通过公司网络主页方式获取资讯的便捷程度，更为重要的是，当时我国整个金融信息披露的规制领域是否可以应对网络这种披露方式所带来的系列问题，还存有很大疑问的话，那么在已经过了10年后的今天，是否应该重新仔细思量公司网络主页披露信息方式的有效性问题？

六、对网络主页信息披露方式地位的再思考

我们看到，在美国SEC的FD条例颁布后，确实有更多的企业通过填写并向SEC提交8－K表格的方式来披露相关信息。但美国地域广袤，并非每个地区都设有证券交易委员会的办事处，事实上造成有些地

① ［公告解读］中国证监会指定信息披露的报刊或网站主要有哪些？［EB/OL］．港澳资讯．［2007－04－23］。

② 本段选自本人发表已发表文章：柯静．“光大乌龙指”诉讼案的行政法问题研究［J］．上海金融，2015（2）。

区企业披露信息和普通投资者获取信息的不便利。如果没有互联网等其他披露方式，很多个人投资者可能需要非常依赖传统的经纪人等方式来获取资讯。这很大程度上限制了投资者的选择自由。此外，公司会更多填写并且提交 8 - K 表格，并不意味着这种披露方式的合理性，而是很多公司不愿意冒着可能违背规则的风险，抱着多一事不如少一事的心态而为之。而恰恰是通过在公司网站上的自愿披露，更彰显了信息披露本身的目的及其精神。

当然，网络主页披露方式也存在着诸多弊端。首先，如果允许发行人通过公司网站或者其他网站进行披露，投资者需要自己寻找为数众多的网站，来获取相关信息；其次，在浩如烟淼的信息中，要寻找自己需要的且更新及时的信息并非是一件容易的事情；第三，最重要的是，在网络主页上发布的信息，主要取决于发行人。而无论是个人还是企业，趋利避害都是天性。结果必然是在可能的范围内，信息的发布无论在内容以及编排的形式上都会带有强烈的主观选择性。这样的信息对于投资者是否会具有误导性以及误导程度的大小，则是对金融信息披露规制有效性的极大考验。若规制的步伐无法跟上互联网的传播速度和复杂程度，投资者就不得不面对鱼龙混杂、真假难辨的信息。这给投资者造成的危害远远大于信息获取渠道单一但规范有序的时代。

综上种种，对于网络主页信息披露方式，我们究竟应该采取怎样的态度呢？笔者认为，时代的进步是不可逆的，信息技术的发展不会就此止步，而是会以更为惊人的速度改变着我们所生存的世界。也许某些时候确实会让我们措手不及，无所适从，但人类的发展，文明的存续就是在每一个这样似乎面临某种自我断裂的时刻，跟上时代的步伐。但前进绝非等同于冒进，也绝非意味着盲从。我们应该在什么样的时间点，进行怎样的制度革新，需要认清全球金融市场的发展形势，考察发达资本市场的制度，但最终还是需要清醒地根据国情，立足于本国金融市场，信息技术发展的程度和规制层面面临的现状。社会科学的发展以及现实层面社会的治理，都需要富有远见。而真正的远见需要建立在对历史、对现状有清楚认识和准确定位的基础之上，并根据形势发展在合适的时机作出合适的抉择。

从信息技术的发展态势来看，网络将逐步取代传统方式成为投资者获取信息披露文件的主要方式。国际证监会组织在其1998年的一份报告中指出，在符合证券法规的原则下，监管者不应该阻挠市场参与者及市场本身合法使用互联网。互联网电子通讯技术为证券市场及其参与者带来了巨大的潜在利益。新技术使他们能够将信息更快、更廉价地传递给更多的人；同时，信息的电子化传播增加了投资者进入、研究、分析证券发行及金融服务的潜力，也使他们有可能接受和使用更多的金融产品。这会进一步增加证券市场的透明度和效率。由于这些潜在利益的存在，监管部门不应该设置监管障碍去影响证券市场及参与者使用互联网。①

如果说主要通过网络来获取信息的时代已经到来，那我们需要以更为积极的态度去面对这个时代中所可能发生的一切问题。由于之前并没有过类似的经验，我们也需要持有更为谨慎的态度。笔者认为，应该在逐步接受和认可网络主页披露信息的同时，监管者在对该领域进行规制时，在规范的制定中，在执法的手段上，都需要认识到，互联网技术的发展是日新月异的，因此需要具有某种程度的前瞻性和灵活性，同时不能背离法治的基本原则和精神；需要能够认识到，随着技术的进步，新的监管问题会随时产生，因此制度的构建上应该持有一种开放的态度，以应对可能发生的问题。

综上所述，笔者认为：首先，从技术层面上来说，应该制定较为详细的信息披露规范。该信息披露的规范，不仅仅应该涉及到内容方面，还应该包括形式方面，使得企业在进行网络披露时，能够获得足够的指引。与此同时，关于网络安全、网络维护、软件应用等专门技术的保障问题，包括涉及以上人员的任职资格管理，法律都应该设定相应的保障。在公司涉及到技术风险的治理层面，通过规范的指引，来促使企业对此足够地重视，避免由于疏忽大意，导致投资者的损失。第二，从法律层面来说，应该对企业主观性的信息披露误导投资者行为（无论是从信息的内容还是形式上），都应该设定严格的责任，并且执行到位，以

① IOSCO. ‘Report on Securities Activity on the Internet’［R］. 1998：28. 转引自冯果，武俊桥. 从“类推监管”到“网络导向”监管——论网络信息时代证券信息披露监管制度的建构［J］. 现代法学，2010（3）。

保证信息的真实和准确性。基于互联网技术的迅速发展，规制者需要具有更强的专业意识和工作的主动性，以应付可能出现的新情况，作出较为合理的规制决定。

第二节　信息化背景下金融信息披露行政规制的挑战——以“光大乌龙指”行政诉讼案为视角[①]

“光大乌龙指”行政诉讼案的发生背景为金融市场尚起步不久却处于迅速发展期的中国，凸显了我国金融市场对于信息披露和公司风险内控的理解和应对相对不足，规制法律体系的不够完善以及规制人员的专业素质还有待提升等诸多问题。在资讯极其发达、信息来源多渠道的复杂金融产品市场中，小概率事件发生后，若规制层面应对不足，就极易引发市场投资者的重大损失，大大侵蚀金融消费者的信心，从而导致整个市场的震荡。

从现实层面看，中国宜以该案为契机，回应复杂且变化迅速的信息时代中的金融市场的挑战，促进金融规制行政法治的发展，完善行政法规规章，加强金融机构的风险内控，理顺金融行政执法体制，培育顺应市场规制要求的金融规制从业人员队伍，并结合我国证券法的修改，着力构建符合我国国情的金融信息披露规制的法律体系。

一、“光大乌龙指”案件背景回顾

2013 年 8 月 16 日 11 点 05 分光大证券在进行 ETF 套利交易时，因程序错误，其所使用的策略交易系统以 234 亿元的巨量资金申购 180ETF 成份股，实际成交 72.7 亿元。随后光大证券管理层决策后做空股指期货、卖出 ETF 对冲风险。根据《证券法》第二百零二条和《期

---

① 本节多处选自本人发表已发表文章：柯静．“光大乌龙指”诉讼案的行政法问题研究［J］．上海金融，2015（2），特此作一说明。

货交易管理条例》第七十条的规定，证监会以内幕交易为由认定，光大证券在8月16日公开披露错单前，通过转化卖出ETF、卖空股指期货等的获利7414万元[①]，及披露后继续卖空避险获利1307万元，合计8721万元为非法获利[②]。为此没收光大证券违法所得8421万元，处以5倍罚款合5.2亿元人民币。决定对杨剑波处以行政处罚及市场禁入。原告杨剑波因不服相关处罚，向北京市第一中院提起行政诉讼，将证监会告上法庭，请求法院撤销两被诉决定[③]。

2014年5月16日，本案经由北京一中院向最高院申请并获批准，案件延期审理三个月，定于2014年8月18日宣判。然而北京一中院8月15日通知，根据相关法律规定，鉴于杨剑波诉证监会行政处罚案的复杂性及重大性，经向高级人民法院申请并获得同意，再次延期三个月宣判[④]。但事件仍未尘埃落定。2014年11月17日北京一中院下达通知，该案件将再次延期三个月宣判。这已是北京一中院第三次下达延期宣判的通知。从该案到目前为止三次延期审理中可以看出，本案所涉案件事实特殊且复杂，原被告双方有关案件的焦点争议若干。而争议的焦点，也多和信息披露相关。目前我国该领域诉讼案中，尚无类似案例可供指引。[⑤] 直到2014年12月26日，北京一中院就原告杨剑波诉证监会行政处罚决定、市场禁入决定两案一审公开宣判，两案均判决驳回了杨剑波的诉讼请求。杨剑波不服该一审判决，提出上诉。2015年5月4日，北京市高级人民法院对本案作出二审宣判，维持原判。

---

① 证监会：光大证券非法获利共计8721万元．证券时报网/网易．[2014－02－17]。

② 光大证券复牌跌停 被罚5.2亿元上半年白忙活．网易财经．[2014－02－18]。

③ 光大乌龙指“再审”抛出新名词 六大焦点引发关注．新华网．[2014－04－04]。

④ 杨剑波诉证监会案二度延期［N］．京华时报．[2014－08－16]。

⑤ 本案北京一中院作出一审判决驳回杨剑波的诉讼请求。一中院认为，该案中错单交易行为是利用内幕信息，和处于信息不对称地位的投资者进行交易。证监会的处罚未违背《证券法》等的处罚。但本案主角杨剑波不服该判决，提出上诉，二审法院维持原判。本人已发表的有关该案案情分析的论文，其中观点依旧，且对于本书的研究对象，有重要的援引价值。故此处未做重大修改，作为本章第二小节。

二、行政法视角下的本案焦点问题分析

（一）案件争议焦点之一：如何认定内幕交易？

本案中原告认为光大证券“乌龙指”事件为光大证券公司在申购其他公司证券时发生的错单交易信息，非发行人自身相关信息，不属于《证券法》第二百零二条以及《期货交易管理条例》第七十条有关内幕交易的规定，证监会的认定缺乏法律依据。对此，笔者拟从以下几个方面进行剖析：

1. 行政处罚的事实认定之——非发行人相关的信息是否构成“内幕信息”？

（1）内幕信息的定义

有关内幕信息的定义，世界各国莫衷一是。作为世界上证券期货市场最为发达和成熟的美国，对此并没有给出一个精确的定义，而是由法院和美国证券交易委员会在处理实际案例的过程中加以认定。欧盟在欧洲议会与欧盟理事会第2003/6/EC号《关于内幕交易和市场操纵（市场滥用）》指令中第1条规定：“内幕信息”指与一个或多个金融工具发行人或与一项或多项金融工具直接或间接相关的尚未公开的确切信息，且该等信息一旦公开，将很可能对该等金融工具的价格或相关衍生金融工具的价格造成重大影响[①]，据此可以得知欧盟有关内幕信息的认定需要满足下列条件：第一，该信息尚未公开；第二，该信息的确切性；第三，该信息对金融市场的价格有重大影响；第四，该信息与金融工具发行人或者相关金融工具相联系。德国《证券交易法》第32条认为：内幕信息是指尚未公开的、与内幕证券或其上市公司相关的、一旦公布将可能对证券产生重大影响的信息[②]，在该定义中，突出了“未公开性”以及“价格敏感性”这两个标准。综上所列举的具有代表意义的其他国家有关“内幕信息”的定义，虽然文字表述上都有所不同，

① 参见中国证券监督管理委员会组织编译．《欧盟证券监管法规汇编》．北京：法律出版社，2013：112－113。

② 参见刘斌．我国证券市场内幕交易监管若干问题研究——以内幕交易认定为重点［D］．复旦大学，(2009)。

但不难看出有共同之处：

第一，信息的未公开：即信息尚未为市场大众所知悉；

第二，信息的重大性：即信息对市场上证券的价格可能形成重大影响[①]；

第三，信息的确切性：即信息是确定的，真实的，而非假设的，捏造的，臆测的。

再来看我国有关内幕信息的相关定义。《证券法》第七十五条规定："证券交易活动中，涉及公司的经营、财务或者对该公司证券的市场价格有重大影响的尚未公开的信息，为内幕信息"，并在随后的第二款中对内幕信息进行了列举："下列信息皆属内幕信息：（一）本法第六十七条第二款所列重大事件；（二）公司分配股利或者增资的计划；（三）公司股权结构的重大变化；（四）公司债务担保的重大变更；（五）公司营业用主要资产的抵押、出售或者报废一次超过该资产的百分之三十；（六）公司的董事、监事、高级管理人员的行为可能依法承担重大损害赔偿责任；（七）上市公司收购的有关方案；（八）国务院证券监督管理机构认定的对证券交易价格有显著影响的其他重要信息。"《期货交易管理条例》第八十二条第（十一）项规定："内幕信息，是指可能对期货交易价格产生重大影响的尚未公开的信息，包括：国务院期货监督管理机构以及其他相关部门制定的对期货交易价格可能发生重大影响的政策，期货交易所作出的可能对期货交易价格发生重大影响的决定，期货交易所会员、客户的资金和交易动向以及国务院期货监督管理机构认定的对期货交易价格有显著影响的其他重要信息。"

从我国《证券法》对"内幕信息"的定义来看，也是强调了信息的非公开性和对证券市场价格的重大影响性这两点。

（2）本案有关"内幕信息"之争议

本案的焦点之一就是围绕着《证券法》以及《期货交易管理条例》中以上有关"内幕信息"的定义，双方各执一词，主要分歧产生于

---

① 此处，有关信息的"重大性"标准，有学者将其继续区分为客观以及主观上的重大性。在此，由于并非本文讨论之重点，且囿于篇幅之限制，故笔者未进行深入区分，且以"信息对市场上证券的价格可能形成重大影响"概括之。

《证券法》第七十五条的兜底条款中有关信息的性质，是否需要和该条第二款所列举之七项信息的性质保持一致。原告杨剑波指出，该七十五条第二款（一）至（七）项之列举，皆为发行人自身的相关信息，故由此可推定，第八项的兜底条款，在适用过程中必须有所限制，即应该和前（一）至（七）项在性质上保持一致，不应超出发行人自身的相关信息。而本案中因程序错误所导致的巨量资金申购，是光大证券对其他上市公司证券所进行的投资行为，并非是光大证券作为发行人自身的信息，故不属于该条所定义之“内幕信息”范围。

(3) 证监会行政裁量权的行使——《证券法》第七十五条兜底条款的法律解释及适用

对以上争议，笔者认为，其牵涉到证监会在法律适用中的法律解释的行政裁量问题，故首先应该在法律解释的框架下进行分析。

应该说，我国已经形成有关证券市场规制的较为完整的法律体系。但法律在制定过程中，总会存有因人的有限理性而发生的疏漏；在法律公布后，也总会存在随着时代发展而出现的滞后性问题。因此在法律适用的过程中，离不开科学的法律解释。这也是法律获得生命力的必经之道。帕森特曾说过，“毋庸置疑，我们的时代是解释的时代。从自然科学到社会科学、人文科学到艺术，有大量的证据显示，解释成为20世纪后期最重要的研究主题。在法律中，‘解释学转向’的重要性怎么估计也不过分。……人文学科的学者对法律兴趣的增长也巩固了人们的这种观念：文本的意义问题应当是许多老练的法学家关心的中心问题。”①

但我们也必须同时明确，法律的解释必须根植于对既定规则尊重的基础之上。所谓解释，并非是追求突破现存规则的框架，而是在将纸面上的规则与具体个案事实相结合的过程中，根据已经制定出来的法律进行解释，从而实现法律由一般到个别、由抽象到具体的转化。

法律解释的方法也有多种，主要有：（1）文法解释，即从文字、语法分析来确定法律条文的含义而不考虑立法意图和社会、道德要求。这种解释方法通常称为“法律本身如何说”。（2）逻辑解释，即不把有

① 参见［美］丹尼斯·M. 帕特森著. 法律与真理［M］. 陈锐译. 北京：中国法制出版社，2007：104。

关法律条文看作一个孤立的片面材料而是从这一法律的整体来探求该条文的含义。(3) 历史解释，即通过有关立法的历史资料而探求法律起草时的原意。(4) 目的解释，即探求法律在当下条件下的需要①。

对于我国《证券法》第七十五条第二款下第八项“国务院证券监督管理机构认定的对证券交易价格有显著影响的其他重要信息”以及《期货交易管理条例》第八十二条第（十一）项规定，笔者认为，《证券法》和《期货交易管理条例》在制定过程中，正是因为考虑到在对市场中被规制对象操作行为的具体认定时，由于市场本身的复杂性和多变性，需要给予规制机构一定的裁量权，才会有该兜底条款的问世。也即，该款明确授予了国务院证券监督管理机构在认定“内幕信息”时的行政裁量权。所以，证监会作为对内幕信息进行认定的主体，是适格的。

更进一步，我们需要考虑证监会在进行该裁量时，是否突破了法定授权的范围？首先，所谓裁量，是指根据自己的理解作出判断和处置。所谓行政裁量，是指在行政过程中，行政机关等行政主体根据法规范所设定的范围、限度乃至标准或者原则，按照其自身的理解，针对一定的事项或者事实而作出判断和处置的方式、方法或者形态②。笔者认为，在本案中，相关条款对“内幕信息”的定义，突出了“信息的未公开性”以及“对证券市场价格的重大影响性”这两点。而《证券法》第七十五条第二款第八项的兜底条款，也和该条第一款保持文义上的一致，着重突出了对“证券交易价格有显著影响”这一点。对于本案原告所诉称的第八款的“其他信息”，也需要限定在和（一）至（七）项中列举的和发行人自身相关的信息，笔者认为是不恰当的。其一，从文法结构来看，如前所述，“其他信息”之前仅以“对证券市场价格有显著影响”进行限定，若需要再将其限定在和发行人自身相关的信息这一点，完全可以在条文中以这样的方式加以规定：“（八）国务院证券监督管理机构认定的对证券交易价格有显著影响的和发行人相关的其他重

① 参见沈宗灵主编．比较法总论．北京：北京大学出版社，1987：149－150。

② 参见杨建顺著．行政规制与权利保障［M］．北京：中国人民大学出版社，2007：504。

要信息”；其二，从立法目的来看，世界各国证券法都以保护投资者为重要甚至首要目的。如美国“证券立法的实质目的是保护那些不了解市场状况的人不受了解市场状况者的欺骗”，该国认为“证券是复杂商品”，“国会确定公共利益需要的立法将会承认专业证券公司与普通投资者在交易量方面的巨大不平等，是法定制度的来源”①。我国《证券法》第一条规定“为了规范证券发行和交易行为，保护投资者的合法权益，维护社会经济秩序和社会公共利益，促进社会主义市场经济的发展，制定本法”，也表明保护投资者利益是证券法的重要立法目的之一。因此，若仅仅将“内幕信息”限定在和“发行人相关”的范围内，对于证券市场上的广大投资者而言，保护力度显然有所欠缺。而本案中，光大证券因程序错误而导致的巨额资金申购信息尚未为市场公众所知悉，且若公开，极有可能对市场价格形成重大影响，根据我国《证券法》第七十五条第二款第八项以及《期货交易管理条例》第八十二条第（十一）项的规定，符合内幕信息特征。

综上分析，笔者认为，证监会在认定何种信息为内幕信息时，符合证券法立法目的，并未超出其裁量权范围。

2. 行政处罚事实认定之——非决策人员是否构成内幕交易中的“内幕人员”?

原告在诉讼中主张自己并非本案的其他直接责任人员。原因在于自己不是对冲行为的决策人员，而是执行公司既定交易安排，执行公司工作制度，是一种岗位职责决定的工作任务。

对该争议焦点，涉及到“内幕人员”的范围认定。对此，本书将作以下探讨：

“内幕人员”，有的国家称之为“知情人”或者“内部人”，对于其范围的界定，各国也有所不同。

美国并没有对“内幕人员”的严格定义，国会在《证券交易法》第16条特别关注内幕交易时，提及董事、高管和拥有10%以上受益所有权的所有权人，但并没有表明国会就此规定“内幕人员”即限定为

---

① 参见［美］路易斯．罗斯著．美国证券监管法基础［M］．张璐等译．北京：法律出版社，2008：669－671。

以上人群。有关“内幕人员”的认定标准，是在美国历史上的四大案例中逐渐发展起来的，即 SEC 在 Cady，Roberts & Co. 案中的裁定[①]，以及最高法院在 Chiarella 案[②]、Dirks 案[③]和 O’Hagan 案[④]中的判决意见。根据这四个案例，我们可以将美国“内幕人员”的范围大致划分为以下三类：（1）传统“内幕人员”：高管、董事或者控制权持股人等在公司担任职务或者从事职业的人；（2）准“内幕人员”：该类人员并非为公司内部人员，而是“因存在某种关系能够获取旨在仅用于公司目的的内幕信息”[⑤]，此处，我们将该种关系限定在“基于某种职业诚信关系”，如律师，审计人员，证券服务机构人员等等；（3）其他“受密者”：即从前两类人员中获取内幕信息者。此类人员涉及范围很广，凡在重大非公开信息在传播过程中，获取该信息的人员，根据个案具体情形，皆有可能被归入此类。

欧盟在欧洲议会与欧盟理事会第 2003/6/EC 号《关于内幕交易和市场操纵（市场滥用)》指令中的第 2 条和第 4 条对“内幕人员”进行了界定。其第 2 条规定内幕人员为“因以下情况而持有该等信息的任何人：（a）担任发行人的董事会、管理机构或监事会的成员；或（b）持有发行人的股份；或（c）其因工作、职业或职责的关系而有权接触该等信息；或（d）从事犯罪活动”。[⑥] 其第 4 条对该范围做了进一步扩大，有关内幕交易的条款适用于“任何明知或应知其所持信息为内幕信息的其他人”。由此可看出，欧盟有关内幕人的范围是相当广泛的，并不考虑信息的来源以及传递层次。

德国《证券交易法》第 13 条规定，内幕人包括下列人员：作为业务招待机构或监督机构的成员或作为发行商或发行商相关联的企业的承担个人责任的股东；因在发行商或与发行商相关联的企业的资本中参股

① 40 SEC 907（1961）.

② Chiarella v. United States，445 U. S. 222（1980）.

③ Dirks v. SEC，463 U. S. 646（1983）.

④ 521 U. S. 642（1997）.

⑤ 参见［美］路易斯．罗斯著．美国证券监管法基础［M］．张璐等译．北京：法律出版社，2008：720。

⑥ 参见中国证券监督管理委员会组织编译：《欧盟证券监管法规汇编》．北京：法律出版社，2013：117。

而获得内幕信息的人；因其职业或工作或因其任务而获得内幕信息的人员①。

我国《证券法》第七十四条规定，证券交易内幕信息的知情人包括：(1) 发行人的董事、监事、高级管理人员；(2) 持有公司5%以上股份的股东及其董事、监事、高级管理人员，公司的实际控制人及其董事、监事、高级管理人员；(3) 发行人控股的公司及其董事、监事、高级管理人员；(4) 由于所任公司职务可以获取公司有关内幕信息的人员；(5) 证券监督管理机构工作人员以及由于法定职责对证券的发行、交易进行管理的其他人员；(6) 保荐人、承销的证券公司、证券交易所、证券登记结算机构、证券服务机构的有关人员；(7) 国务院证券监督管理机构规定的其他人。

此外，需要注意的是，2007年初中国证监会出台的《认定指引》(试行) 第六条进一步扩大了"知情人员"范畴，即：(1)《证券法》第七十四条规定的相关人员。(2) 证监会根据《证券法》授权而规定的其他证券交易内幕信息知情人，具体包括：发行人、上市公司；发行人、上市公司的控股股东、实际控制人控制的其他公司及其董事、监事、高级管理人员；上市公司并购重组参与方及其有关人员；因履行工作职责获取内幕信息的人；本条第一项及本项规定的自然人的配偶。(3) 本条第一项、第二项所规定的自然人的父母、子女以及其他亲属关系获取内幕信息的人。(4) 利用骗取、套取、偷听、监听或者私下交易等非法手段获取内幕信息的人。(5) 通过其他途径获取内幕信息的人。

据此，我国"内幕人员"的范围应该说相当宽泛，凡是获取内幕信息的人，都可包括其中。

我们再来看本案，"光大乌龙指"案发生之时，杨剑波任光大证券策略投资部总经理。在该程序操作失误之后，时任光大证券法定代表人、总裁的徐浩明召集杨赤忠（时任光大证券助理总裁，分管策略投资部）、沈诗光（时任光大证券计划财务部总经理兼办公室主任）和杨剑波开会，达成通过做空股指期货、卖出ETF对冲风险的意见，并让杨

① 参见刘斌．我国证券市场内幕交易监管若干问题研究——以内幕交易认定为重点［D］．复旦大学，(2009)。

剑波负责实施。笔者认为，其一，杨剑波作为光大证券策略投资部总经理，在光大证券公司中属于高级管理人员；其二，对于“光大证券因程序错误以234亿元的巨量资金申购180ETF成份股，实际成交72.7亿元，可能影响投资者判断，对沪深300指数，180ETF、50ETF和股指期货合约价格均可能产生重大影响”这一内幕信息，杨剑波属于知情人员，且由于该内幕信息并非基于光大证券作为发行人之身份，而是在进行申购其他公司股份时的投资行为发生，根据《证券法》第七十四条所列举之第四项，应认定为“由于所任公司职务可以获取公司有关内幕信息的人员”。

3. 公司利益与公共利益之冲突——履行职务是否构成有效抗辩?

本案中，如前所述，原告杨剑波指出，其非为对冲行为的决策人员，而是执行公司既定交易安排。故其并非该案的直接责任人员，不应成为行政处罚决定的适格对象。

我国《证券法》第七十四条规定：“禁止证券交易内幕信息的知情人和非法获取内幕信息的人利用内幕信息从事证券交易活动。”根据该条规定，内幕交易需要符合以下条件：（一）从事证券交易活动者为内幕信息知情人或者非法获取内幕信息的人；（二）从事的特定证券交易活动利用了该内幕信息。如果说该条规定还不尽清晰，2007年《中国证券监督管理委员会证券市场内幕交易行为认定指引（试行）》（以下简称《指引》）中对此有进一步的阐释，该《指引》第十二条规定，“符合下列条件的证券交易活动，构成内幕交易：（一）行为主体为内幕人；（二）相关信息为内幕信息；（三）行为人在内幕信息的价格敏感期内买卖相关证券，或者建议他人买卖相关证券，或者泄露该信息。”《指引》第十五条规定，“以单位名义实施内幕交易行为，且违法所得归单位所有的，应认定为单位的内幕交易行为。单位实施内幕交易行为的，直接负责的主管人员和其他直接责任人员按照下列规定认定：（一）直接负责的主管人员，是指在内幕交易中起决定、批准、指挥、授意、纵容等作用的人员，一般是单位的主管负责人，包括法定代表人。（二）其他直接责任人员，是指在内幕交易中具体实施内幕交易行为并起较大作用的人员，既可以是单位的经营管理人员，也可以是单位的职工，包括聘任、雇佣的人员。”

对于原告提出的基于履行职务的抗辩，笔者认为，本案中杨剑波时任光大证券策略投资部总经理，在事件发生之后相关信息未披露之前，与光大证券其他管理人员一起开会达成了意见，并随后直接负责了做空股指期货、卖出 ETF 对冲风险的操作行为，为案件主要核心人员之一，属于《指引》第十五条第二款规定的“其他责任人员”。此外，其所负责实施的对冲风险行为，正是基于尚未披露的内幕信息。根据我国《证券法》第七十四条以及《指引》相关规定，符合内幕交易的构成要件。而履行职务并未成为我国《证券法》以及《指引》中明确规定的抗辩理由，笔者认为，不应作超出法律条文之外的考量。

《证券法》作为规制证券市场的根本性法律，主要的目的即在于防范内幕交易和市场操纵行为，维护证券市场稳定健康发展，保护广大投资者合法利益。基于广大投资者在证券市场中的弱势地位，从公平正义的角度出发，更为强调公共利益。证券市场的每一位从业人员，不仅应尽职务本身之诚信义务，还必须符合更高法律规范之要求。在执行公司职务的安排与法律规范要求之间形成冲突，公司利益和公共利益必须有所取舍之时，应以公共利益为重。这是法律赋予每一位公民的基本义务，违者必究。这让笔者想起西塞罗对“公”所下的基本定义。他将“公”定义为“人民之事”。在这里，人民不仅意味着个人的累加，而且是通过公共利益和法律联系聚合在一起的社会①。而最早对“公”和“私”进行区分时，就肯定了前者相对后者的优越性。

据此，笔者认为，原告杨剑波所提出的履行职务之说，不能构成其非为“光大乌龙指”事件的“其他直接负责人员”，不应作为行政处罚适格对象的有效抗辩。

（二）案件争议焦点之二：如何界定内幕信息的披露时间？

本案中的另一争议焦点在于，错单交易发生后，即有诸多媒体及记者获得了该信息，并通过多种方式或渠道予以公开。其中，新浪网于当日 11 时 47 分以《A 股暴涨内幕：光大证券自营盘 70 亿乌龙指》为标

① ［意］诺伯特．波比奥著．民主与独裁：国家权力的性质和限度［M］．长春：吉林人民出版社，2011：18－19。

题作出报道，21 世纪网于当日 11 时 32 分以《A 股暴涨：光大证券自营盘 70 亿乌龙指》作出报道，还有大量其他媒体和微博也都发布或转载了相关新闻。那么，证监会关于该信息"至当日 14 时 22 分光大证券发布公告时公开"的认定是否有误？对此，笔者从以下几点进行分析：

1. 信息披露行政规制之——内幕信息的披露方式

有关内幕信息公开的方式，各国规定有所不同。在美国，信息披露可以通过以下途径：（1）向证券监管机关申报。根据美国证券监管法律，上市公司必须向 SEC 提交一系列报告，比如招股说明书、年度报告、季度报告、临时报告等。（2）新闻发布会的方式。这是上市公司披露一些即时重要信息时常采用的一种方式，通常被认为是最有效披露方式。（3）直接通报股东。[①]（4）电话会议的方式。这是随着科技的进展，逐渐被认可的一种披露方式。在美国的《公平披露条例》中明确规定了该方式作为信息披露方式的一种。（5）互联网上发布相关信息的方式。但必须要注意的是，《公平披露条例》中同时规定，仅以互联网披露的方式本身，不能被认定为一种充分披露的方式。由此可推断，《公平披露条例》实际上是否认了互联网披露单独本身作为充分披露的方式，也即其必须同时伴随其他的被认可的披露方式，才能算作是满足了信息披露的要求。[②]

---

① 参见刘斌．我国证券市场内幕交易监管若干问题研究——以内幕交易认定为重点［D］．复旦大学，(2009)。

② Thomas Ishmael：'Securities and Exchange Commission Regulation Fair Disclosure-A Modern Law with Outmoded Methods—An Appeal for Dissemination of Material Information on Corporate Websites', OKLAHOMA CITY UNIVERSITY LAW REVIEW, vol. 33, 2008："In the SEC release announcing Regulation FD, the Commission attempted to explain the opaque methods of compliance afforded by the new regulation… 'As a general matter, *acceptable methods of public disclosure for purposes of Regulation FD will include* press releases distributed through a widely circulated news or wire service, or announcements made through press conferences or conference calls that interested members of the public may attend or listen to either in person, by telephonic transmission, or *by other electronic transmission* (*including use of the Internet*). ' At first blush, this language seems to endorse online compliance through corporate websites. But instead, the Commission established that an entirely online disclosure is '*not* by itself... considered *a sufficient method of public disclosure.*' "

我国《上市公司信息披露管理办法》（2006）第六条规定："上市公司及其他信息披露义务人依法披露信息，应当将公告文稿和相关备查文件报送证券交易所登记，并在中国证券监督管理委员会（以下简称中国证监会）指定的媒体发布。信息披露义务人在公司网站及其他媒体发布信息的时间不得先于指定媒体，不得以新闻发布或者答记者问等任何形式代替应当履行的报告、公告义务，不得以定期报告形式代替应当履行的临时报告义务。"

中国证监会指定的媒体包括：（1）报纸类：《中国证券报》《证券时报》《上海证券报》《金融时报》《中国改革报》《证券日报》；（2）期刊类：《证券市场周刊》；（3）网站类：深交所官网、上交所官网以及巨潮资讯网。①

从《上市公司信息披露管理办法》规定的"信息披露义务人在公司网站及其他媒体发布信息的时间不得先于指定媒体"，该文字表述表明：（1）信息披露需要由信息披露义务人为之；（2）信息披露必须首先在中国证监会指定的媒体发布。

但我们看到，《中国证券监督管理委员会证券市场内幕交易行为认定指引（试行）》（2007）第十一条规定："本指引所称的内幕信息公开，是指内幕信息在中国证监会指定的报刊、网站等媒体披露，或者被一般投资者能够接触到的全国性报刊、网站等媒体揭露，或者被一般投资者广泛知悉和理解。"此处肯定了除中国证监会指定的报刊、网站等媒体之外，其他能够被一般投资者接触到的全国性报刊、网站等媒体的信息披露方式的有效性。而"被一般投资者广泛知悉和理解"的规定显得更为宽泛，其认定标准不易掌握。

此处需要注意，《上市公司信息披露管理办法》虽然早于《中国证券监督管理委员会证券市场内幕交易行为认定指引（试行）》发布并实行，但前者为证监会以主席令形式发布的部门规章，后者为下发交易所、证监局以及证监会会内部门的试行版本，是行政执法的指导性文件，并非公开发布生效的法律文件。此处形成的规范冲突必然会在监管

① ［公告解读］中国证监会指定信息披露的报刊或网站主要有哪些？［EB/OL］．港澳资讯．［2007-04-23］。

实践中引发对内幕交易认定标准的混乱。

2. 信息披露行政规制之——内幕信息披露的义务主体

在美国，披露重大信息的肯定性义务，传统上已经施加于公司的“内幕人”这一点，在 Cady 一案中再次得到重申。该案裁定中写到：内幕人必须披露因自己的职务获得的、作为交易对手的人不知悉且若交易对手知悉将影响到其判断的重大事实。[①]

在我国，有关证券市场中及时披露信息的义务主体，可以在对上市公司的临时报告的系列法律规范要求中确定。根据我国《证券法》第六十七条以及《上市公司信息披露管理办法》第十九条、第三十条，上市公司对于可能发生的对证券价格产生较大影响的重大事件，应当立即披露[②]。由此可见，披露重大信息的肯定性义务，被施加于上市公司。

3. 本案有关内幕信息的公开时间认定

根据上述我国有关内幕信息公开的方式以及披露义务人的规定，再来回顾本案相关事实：

（1）错单交易发生于 2013 年 8 月 16 日 11 点 05 分，杨剑波一方经公证证明，在当日 13 时之前，国内有新浪财经、网易、中证网、东方财富网等网站报道了该事件。其中，2009 年中证网被中国证监会指定为创业板信息披露网站（此处需要注意，“创业板信息披露网站”与指定“披露上市公司信息媒体”，笔者认为是有区别的。而 8 月 16 日所发生的“光大乌龙指”事件，并非来自于创业板）。

（2）在 8 月 16 日 14 点 23 分之前网站以及微博上有关错单交易的

---

① ［美］路易斯．罗斯著．美国证券监管法基础［M］．张璐等译．北京：法律出版社，2008：704。

② 我国《证券法》第 69 条规定：“发生可能对上市公司股票交易价格产生影响的重大事件，投资者尚未得知时，上市公司应当立即将有关该重大事件的情况向国务院证券监督管理机构和证券交易所报送临时报告……”；《上市公司信息披露管理办法》第 19 条规定：“上市公司应当披露的定期报告包括年度报告、中期报告和季度报告。凡是对投资者作出投资决策有重大影响的信息，均应当披露”；该《办法》第 30 条规定：“发生可能对上市公司证券及其衍生品种交易价格产生较大影响的重大事件，投资者尚未得知时，上市公司应当立即披露，说明事件的起因、目前的状态和可能产生的影响”。

报道，发布人并非为光大证券。而该案尤为重要的一个事实是，下午13点，光大证券公告称因重要事项未公告，临时停牌。随后13点16分，光大证券董事会秘书梅键表示，自营盘70亿元乌龙纯属子虚乌有。

作为广大投资者，基于对既定规范之信赖，在当天股市发生异常波动之时，有理由等待中国证监会指定媒体上来自于相应内幕信息披露义务人的披露，而非无数纷杂的网站乃至微博上转载的还未得到确证的消息，尤其在当下虚假信息遍布的互联网时代。一个理性的投资者有理由对一切非为官方指定发布方式的信息表示怀疑。在当天下午13点（即开盘时），光大证券公告称有重要事项未公告，临时停牌。此时，投资者需要进行等待来自光大证券的有关该重要事项的公告，也即可认定——该重要事项还有待进行披露。而13点16分来自光大证券董秘梅键有关“乌龙指”事件的否认，更使得投资者可以合理认为，之前网站上看到的有关错单交易的报道可能有误。梅键作为光大证券履行信息披露义务的直接负责人员，在光大投资者对市场异常波动并未知悉真正原因而在纷纷臆测之时，在没有核实确切事实的情况下，即以个人猜测对外界发表不确实的言论，并为众多媒体转载。其身份特殊，其轻率言论更是严重误导了投资者。直到当天14点23分左右，光大证券才正式发布公告，承认套利系统出现问题，公司正在进行相关核查和处置工作。一直到此时，光大证券作为此次“乌龙指”事件的引发方和披露义务主体，才算是满足相关法定信息披露的有关要求。

综上所述，笔者认为本案中对于内幕信息披露时间的认定为当天14点23分并没有问题。在此之前光大证券为了避险而进行的对冲操作行为，由于利用了其所掌握的内幕信息，构成内幕交易。

（三）案件争议焦点之三：行政监管机构知悉内幕交易是否构成有效抗辩？

本案中另一引发争议的事实在于，在光大错单交易发生之后，上海证监局和上海证券交易所（以下简称“上交所”）便派人前来光大证券调查情况，杨剑波将错单交易的情况和准备采取的对冲措施向调查人员做了汇报，且在对冲交易期间，上交所领导还在交易所有所停留，并未阻止。此外，通讯记录显示，在该期间，中国金融期货交易所（以下简称“中金所”）一直与指挥对冲交易的杨剑波保持着密切的电话联系，对冲交易在热线状态之下完成。

上海证监局为中国证券监督管理委员会（即证监会）在上海的派出机构，依法对上海辖内从事证券业务的机构、企业和中介履行监管职责。上交所是不以营利为目的的法人，归属中国证监会直接管理，其主要职能中包括组织、监督证券交易；对会员、上市公司进行监管；管理和公布市场信息。中金所是经国务院同意，中国证监会批准，由上海期货交易所、郑州商品交易所、大连商品交易所、上海证券交易所和深圳证券交易所共同发起设立的交易所，其主要职能包括制订业务管理规则；实施自律管理；发布市场交易信息。

此处引发的争议在于，作为监管机构的上海证监局以及履行监管职能的上交所和中金所都知晓且并未阻止的对冲交易行为，是否可以被证监会认定为“内幕交易”行为？

对此笔者认为，光大证券的错单交易导致市场异常波动事件，属于突发事件。上海证监局以及上交所和中金所在此事件面前，确实显得经验不足。在监管过程中，未能及时理清思路，作出合理建议和决定。但光大证券的内幕交易行为并不会因为监管机构人员在现场面对未出现过的突发事件，未能更快作出准确的性质认定，而变得不再违法。内幕信息，只有当按照法定方式披露给广大市场投资者知情，才算是满足了信息披露的要求，仅监管机构得知，并不足够。更进一步而言，即便监管人员在现场行为上有瑕疵，也不应影响被监管机构所从事的不当行为的性质认定。对此必须有所区分。若光大证券公司认为，由于监管机构人员在现场的不作为不建议影响了其判断，并据以作出内幕交易行为，导致事后被罚，可以通过行政诉讼的方式，追究监管机构以及监管人员的责任。但违法行为确已发生，并不能因此而被推翻。

三、本案折射下的我国金融信息披露行政规制的不足及其完善

笔者之所以将“光大乌龙指”一案放置于此，是因为该案的发生及其后果的迅速传播和我们所处的信息时代有密切的关系。该案凸显出目前我国的信息披露规制无论从规范角度以及执法角度，都未能跟上时

代发展的节奏。而借此机会，对相关领域法律体系进行修改和完善，有着现实层面的重要意义。

“光大乌龙指”事件之所以会发生，首先，从技术层面来说，根源在于为了追求交易的速度，而对程序设计上放松了对交易命令的限制。当时光大公司账面上绝对不存在如此天价的资本金，也即从正常程序来说，该交易命令应该立刻被程序识别而无法交易。该交易命令的被顺利执行，反映出在技术层面上的风险内控规范不足。可见在追求技术的进步、交易效率、高额利润与市场安全方面，出现了严重的断裂。其二，“乌龙指”事件发生后，市场立刻出现指数的攀升，这点不可避免。然而此后几个小时，公司层面没有进行及时的负责任的信息披露，与此同时网络上未经证实的消息的传播速度之快，范围之广，加剧了市场的震荡。整个事件中，我们看到，光大公司实际上利用了这种信息的不对称来对冲自己所遭遇的风险，无数投资者在此过程中遭受了莫大的损失。而事态的进一步扩大，一方面由于我国相关监管法律对于该类案件涉及的有关内幕信息等规定，还不够清晰明确，容易引发争议。相关规范文件之间甚至存有冲突，对于监管方和被监管方及广大投资者而言，行为的预期结果就会大打折扣；另一方面，对于网络上各种信息的泛滥的监管和应对考虑不足。其三，相关执法人员在现场执法过程中，面对监管中出现的新问题，处理不够果断，应对不够及时。以上种种因素，都加重了本次事件对整个市场的影响。由此可见，在资讯高度发达的时代，当事机构真实信息的及时披露或者被要求强制披露、市场组织者对有效信息的甄别、澄清和出面强制当事机构进行披露，应该成为监管的基本要求。如何保证市场能够稳定健康高效发展，避免系统性风险的发生，还任重道远。金融信息披露规制可以在哪些方面进行改进，需要慎重考虑。基于本案，笔者试对我国在信息时代金融信息披露规制的完善提出以下建议。

（一）消除规范层面的冲突性，创造明确可预期的规制环境

之前提及本案件中有关是否形成内幕交易的争论焦点之一，涉及到有关披露方式的有效性问题。我国《上市公司信息披露管理办法》规定的信息披露方式和《中国证券监督管理委员会证券市场内幕交易行为

认定指引（试行)》（2007）第十一条规定的信息披露方式形成冲突，后者肯定了除中国证监会指定的报刊、网站等媒体之外，其他能够被一般投资者接触到的全国性报刊、网站等媒体的信息披露方式的有效性。[①] 该规范之间形成的明显冲突，引发市场参与主体在披露事项时究竟应该遵循怎样的标准的不确定以及在最后的监管实践中对于是否形成内幕交易认定标准的混乱。在本案审理的过程中，对此各方也有不同的理解。这种规制标准的不一致容易导致市场参与主体之间的不平等竞争，提高监管成本，降低监管效率，妨碍监管目标的实现。

对于法律来说，确定性和可预期性是其应该具备的基本特征。若规范之间彼此不一致，尤其当出现这种不一致，法律体系本身还未能提供一种有效的协调机制时，这种不一致就大大地削弱了法律的确定性和可预期性。处于该混乱法律体系中的公民，必然会感觉无所适从，从而逐渐丧失对该法律体系的信赖感。这对于一国的法制建设，造成极其重大的损害。

我国金融市场起步较晚，很多规范某种程度上都带有一种补缺补漏，临时拼凑的意味。而金融业分业监管，各个部门之间协调有限，且缺乏一种致力于消除冲突的机制，导致规范之间常常形成冲突。最为重要的是，规范的审查机制在我国始终未能真正建立起来，使得在规范适用的过程中，混乱不堪的局面屡有发生。若要能够使信息披露规制真正实现目标，必须要解决规范之间的冲突问题，创造一个明确可预期的规制环境。对此，我们需要完善以下措施。

1. 必须对信息披露行政规制规范的制定进行认真规划

如果说之前由于金融市场起步较晚，很多思路尚未厘清，市场又需要打开局面，无规则难以办事，因此根据需要，较为仓促地出台某些规范也是无奈之举。而如今，市场正在经历一个高速发展时期，一方面，金融市场本身风险性大，且很复杂；另一方面，无论从法制建设的角度，还是市场本身进一步发展和完善所需，规范的制定都必须要审慎为之，有一定的规划，且需要考虑法律体系的整体性与和谐性。

---

① 参见本人发表已发表文章：柯静．“光大乌龙指”诉讼案的行政法问题研究［J］．上海金融，2015（2）。

2. 必须要有一套解决规范冲突的机制

法律规范之间，若完全不存冲突，也无此可能。其一，随着时代发展，以前制定的规范也逐渐不合时宜，新法和旧法之间必然会产生一种替代；其二，对于市场上某些特殊的情形，有时需要不同的规制思路和手段，因此需要形成一些针对特定情况的特殊规定；其三，无论怎样整合和协调监管权力的配置，不同部门之间制定的有关信息披露的规范都很难做到整齐划一，会受到诸如部门利益牵扯、监管理念冲突、个人理性局限等因素的制约。因此，冲突的形成有时在所难免，而新法和旧法之间、一般法和特别法之间的冲突本身就是法律体系中正常的情形，且有一套具体解决的规则。只要认真加以执行，在实践中并不会造成障碍。由此可见，有冲突并不可怕，但若发生冲突，没有有效协调的机制才是问题所在。诸如上述列举的第三种情形，在实践中就常常引发操作困境，原因在于这种解决规范冲突机制的缺位。笔者认为，对于我国现在行政规制中这种规范之间的标准不统一问题，亟需一套能切实加以执行的解决冲突的机制，才能改善操作中的混乱，提升监管效率，实现监管目标。

3. 建议提供较为明晰的指导性的信息披露规范格式

这是由于金融服务以及产品本身确实较为复杂，具有一定的专业性。很多时候，不仅普通金融消费者难以了解其中究竟，即使是有相关知识背景的专业人士也未必能够完全掌握其中奥妙。因此，即使金融机构对信息进行了披露，很多时候，也未必能大大改善信息不对称的局面。信息的过于泛滥以及过于复杂和专业，都是导致消费者难以得到真正有效信息的因素。如果能够根据各种金融服务和产品的特点，制定出较为明晰的指导性的信息披露规范格式，将大大改善信息披露的冗余、复杂和过于专业的弊端，给金融消费者提供更具有针对性的信息，对其作出合理决策极有帮助。这才能真正体现金融信息披露的实质意义。

（二）金融机构信息技术层面的风险内控规制

本案中光大证券由于系统的一个错误程序引发的事件，付出了惨重的代价，但光大证券并不算冤屈。若能够事先对系统运行做更为仔细的测试，该程序漏洞是不难被发现的。事实上，该“重下”程序之前从未用过，第一次使用该功能就导致了“乌龙指”事件的发生。光大证券对此不可谓没有责任。由此可见，光大证券公司的策略投资部长久以来都没有纳入到整个公司的风控体系之中，与此同时，交易的控制和技术的管理都存有漏洞。此事件不仅给广大的金融机构敲以警钟，同时也给我国的金融规制体系提出了更多要求。若能够对金融机构信息技术层面的风险内控方面有更为全面到位的规制，将能够更大程度上减少此类事件的发生。而本事件告诉我们，金融机构中信息技术层面风险内控的完善程度对整个金融市场的稳健运行不可或缺。对此，我们需要进行以下完善。

1. 必须转变忽视信息技术层面风险内控的观念

金融机构管理层需要真正重视公司内部该领域的风险内控，制定完善的公司内部控制制度，从而确保能够及时发现问题、解决问题，降低风险的发生，而不是等到发生问题之后再亡羊补牢。

2. 必须健全信息技术层面风险内控的法律法规

在设计整个法律体系的时候，切记不要过于复杂，否则会使得监管者难以实施。明确的规则，以及合同术语的标准化及其类似的立法技术可以帮助保存监管的资源①。此外，可以建立一套行之有效的奖惩制度，对不能按照规定进行风险内控的企业给予惩罚，同时对于一直以来严格按照法律法规进行风险内控的企业给予奖励，从而提高金融机构的积极性，能够真正实施风险内部控制，更有效地实现立法目的。这也是顺应时代发展，为了更好完成行政任务从而在行政规制方式上进行创新的有益探索。

3. 必须加强信息技术层面风险内控的有效监管

各监管部门必须按照法律规定，对被监管机构进行检查和监督，严格执法，从而真正保障风险内控制度加以落实，保护投资者利益和市场正常运行。

4. 必须加强与被监管对象的合作、协商和对话

金融行业发展迅速，金融产品复杂且不断创新。金融监管中非常困难的一点在于信息的不透明和不对称。监管者必须要和被监管对象保持

① 参见 Cristie Ford. ‘Principles-Based Securities Regulation in the Wake of the Global Financial Crisis’［J］. McGill Law Journal. 299（2010）。

良好和开放的合作关系，能够就不断变化的行业形势保持沟通和协商。公众参与一直是行政法的基石。[①] 当代行政过程中，基于利益代表模式理论，金融规制主体需要正确理解与处理规制主体与利益集团特别是投资者集团的关系，创造条件，使其积极参与规制过程，从而更好地达到规制目标。

（三）培育顺应市场监管要求的金融监管从业人员的重要性

从“光大乌龙指”事件中，我们看到，监管人员在面对金融市场的突发事件时，确实无法很好应对，及时给予市场最合适的指导，从而未能有效避免后来内幕交易行为的发生。

一个稳健高效运行的金融市场，不仅需要一整套行之有效的制度规范，同时需要能够将制度真正落实到日常的各项金融活动中去。而监管者在其中扮演着极为重要的角色。金融市场越是复杂，对监管者的要求就越高，否则无法处理瞬息万变的市场中所发生的各种状况。因此，培育一个能够顺应市场规制要求的金融规制从业队伍，是不可回避的重要任务。对此，我们需要着重考虑规制的能力，这需要足够的人力资源、信息资源和相应的专业知识。

1. 需要足够的人力资源

首先，随着金融工具的不断复杂化，金融产品不断推陈出新，本身需要更多的稽查和执法人员；其次，若要与被规制者保持良好和开放的合作关系，需要更多人力资源深入金融业中的各个被规制者，保持日常联系，进行协商和对话，了解该行业中存在的问题，防范风险的发生。

2. 需要掌握充分的信息资源

规制者必须能够掌握金融行业准确和可靠的信息。毫无疑问，被规制对象相较于规制者，有更多的信息优势，因为他们身处于该行业之中，拥有规制者并不了解的有关操作方面的一手信息。被规制对象并不愿意更多透露自己的信息。一方面，他们不希望让自己的竞争者有机会了解更多，以便在行业中能够获得更多优势；另一方面，也并不愿意让

① Miriam Seifter. Second-Order Participation in Administrative Law [J]. 63 UCLA L. Rev. 1300, 1365 (2016).

规制者了解过多，从而容易束缚自己手脚。

而信息能否充分地获取，对于降低系统性风险，保护投资者却至关重要。历史上多次金融危机，其引发原因虽然不止一种，但信息不透明历来都是其中之一。

若一个规制者没有掌握到充分的信息，就不可能有能力与被规制对象进行持续的重要的谈话，更不可能具备挑战和规制一个企业的能力。由此，规制者必须掌握充分的信息资源。

3. 需要具备足够的专业知识和独立的思考能力

规制者在考虑雇佣人员时，必须要考虑申请者是否具备相关行业背景和法律知识，能够快速应对金融行业的复杂性和多变性；除此之外，还要考察该申请者是否拥有足够的自信以及独立性，从而使他们在面对拥有很多社会资源的金融行业被规制者，能够继续保持他们独特的社会角色，不至于被利益集团俘获，从而不能尽职履行其规制职责。

第七章

我国金融信息披露行政规制完善的发展路径

第一节　金融信息披露行政规制中国家角色定位再探讨

一、行政规制与矫正市场失灵

在本书第一章第一节论及金融信息披露行政规制的必要性时，笔者曾经探讨过市场失灵与国家干预的关系，并指出：支持国家对市场进行干预的通说是基于市场自身无法克服的缺陷，比如垄断、外部性以及严重的信息不对称等现象。这些缺陷或者失灵使得社会生产无法达至最效率，因此需要政府进行一定程度的干预，从而实现社会边际效应的最大化，最大程度地实现社会生产的效率。而在金融市场，信息不对称更是普遍现象。金融信息是一种典型的公共物品，具有消费的非排他性和非竞争性特点，增加信息分享者的数量，并不会带来成本的显著增加，而排除对其他个人和机构对于信息的分享却可能要支付昂贵的代价，由此便会产生提供信息的动力不足问题，加重市场失灵现象。

在本次全球性的金融危机爆发之前，对于是否应该加强国家对于金融市场的干预还屡有争论。而根据危机发生后各国政府以及学者有关危机爆发原因的分析中，几乎都有提及近些年更为偏重金融市场的效率，鼓励金融创新而对其中所蕴含着的巨大风险的忽视，是造成本次危机的重要原因之一。又几乎是一夜之间，支持加强国家对金融市场的干预的呼声不绝于耳。国家对市场干预的程度从来都和经济危机的发生有着密切联系。当危机的影响逐渐清理之后，也许就是新一轮鼓吹放任经济自由的开始。但即便如此，市场失灵是需要国家进行干预的重要原因，这一点是无法否认的。

由此，产生了一个问题，即国家在对市场进行规制中，国家自身角色定位的问题。由于每每论及国家干预时，我们几乎必然提及市场失灵。那么是否国家对市场进行规制，其原因仅仅在于矫正市场失灵呢？

将行政规制仅仅定位在市场失灵，这种想法主要是基于市场和国家的二分法。在此基础上，市场处于一种绝对的主导地位，而国家的行政规制作为服务于市场的辅助性手段。尽管基于市场失灵的现象，有行政规制的必要性。但是这种必要性必须限定在一定的范围之内。这种必要性的范围应该如何限定，很多学者根据近年来兴起的法经济学的分析，认为国家进行行政规制，必须基于能够有效纠正市场失灵且同时满足成本小于收益的前提之上。

对于以上仅限于纠正市场失灵且需要衡量成本收益比，来衡量国家进行行政规制的合法性和正当性，笔者并不十分赞同。

二、市场自由与政府规制关系的理想类型：相辅相成

我们常常谈及“市场失灵”，理所当然地认为它是一个早已被清晰界定的概念。对这个词的理解，通常都基于一种经济上的判断。但事实上，市场失灵的理论本身，并没有告诉我们什么样的损失是需要被补偿的。举例来说，当我们谈到银行倒闭的系统性风险的时候，有些人着重于强调其导致的负外部性，从而希望尽可能地采取措施，避免其倒闭造成储户的重大经济损失；但若从另一种角度进行理解，则可以说这是市场所需要的优胜劣汰，推进资源的有效分配。这两种观点都有其正确性。又例如，对于金融市场上金融机构开发新的金融产品，投资者参与高风险的投资，这本身并没有对或错，而是随着市场发展所必然会出现的一种现象。那么究竟到什么样的程度，则需要进行行政规制。关于这条界线，市场失灵理论无法给我们提供答案。同样，对于信息不对称也是如此。到底什么行为算是利用信息优势在市场交易中获取利益，需要首先了解哪些算是不合法的信息优势，哪些算是合法的信息优势。而究

竟怎样进行区分，也并不清晰。仅仅“市场失灵”的表述，某种程度上只是修辞一样的空洞的标签，需要根据其他标准来具体界定其内容。很多时候，这是一种基于社会价值的判断，甚至可以说，无论在多么民主的社会，都会或多或少地带有政治判断的色彩，而非我们想当然地纯粹基于经济上的考量。

由此，我们会发现，当我们身处在社会或者市场之中，常常需要建立一种关于各种问题轻重缓急的排序，并根据该排序，作出决策，采取行动。而对于所谓的“市场失灵”，我们必须从逻辑上事先对其加以界定，而这种界定，常常并非仅仅基于市场本身，而与我们所身处的国家以及时代，都有密不可分的关系。

我们基于民主和自由的理念，常常将市场视为一种自然秩序，或者说将其简化为一个公民在其中进行自由交易的场所。但事实上，除此之外，市场更是一种法律上的建构，而政府在其中扮演的角色并非仅仅是服务于市场，矫正市场失灵，而应该站在更高更远的国家任务来进行考虑。当政府在促进市场自由时，并非仅仅在于提供个人根据意思自治，订立对彼此互惠有利的协议。市场自由的实质更在于个人比政府更为了解他们的需求和利益所在，所以应该由其自身来进行判断。因此政府应该尊重个人的判断，而这种尊重的结果，则很大程度上体现在私人订立的合同和约定之中。这种尊重，更彰显了政府鼓励个人自力更生，促进创新，同时也允许其公民进行试错，因为这是个人发展中不应被剔除的重要部分，也是整个人类社会得以不断前进的重要条件。基于此，我们会说，应该避免政府去为人民如何去过他们的生活制定一个过于细节的方案。政府应该将市场资源分配给那些能够并且有意愿去支付最高价格的人，而非基于等级和特权。

而行政规制，相反，则是代表了政府对公民自由选择的干预，是一种对个人决定权力的篡夺。之所以政府在市场中扮演的角色并不仅仅是促进市场自由和自治，是因为在现实社会，自由或者资源的选择通常都是存有限制的。市场并非是自然形成的，一方面是随着人类社会的进化和发展，有其出现的必然性和必要性，另一方面，市场是建构而成的。而完全的市场自由本身就并不存在，所有的市场都存有压迫行为。一个人对非公共物品的拥有，就可以排斥他人对该物品的使用；一个人订立一项协议，就应该按照条款约定履行一定的义务。而政府在其中据以作出的某项安排，例如规则的制定以及规则的执行，就会自然地影响个人做出行为的选择。也即，规则具有指引人们行为的作用。而人们行为的某些偏好，很大程度上受到规则的影响。因此我们说，法律对市场有着建构作用。在市场中的每一个交易主体，会根据规则来预测其行为的后果。

当不存在行政规制时，我们可以说我们拥有自由和自治。但这种自由和自治从某种程度上也是狭窄和不确定的。我们认为我们拥有自治的能力去选择我们所谓的美好的自由生活，但是很多时候，却出现了很多会阻碍我们行使自由的事件以及并不令我们满意的结果。所以，“市场自由”的定义和“市场失灵”的定义，在现代民主和法治的社会之中，从来都是极其复杂的。

因此，若仅仅从“市场失灵”去界定行政规制的正当性和合法性以及国家在其中的角色定位，尤其是仅仅从经济角度来作为“市场失灵”的唯一判断标准，是并不全面的。我们必须清楚地认识到，政府的行政规制和市场的自由竞争并没有不可避免的矛盾。它们可以形成相互补充的关系而非一定彼此对抗。它们在一定情形下可以看作是限制个人的选择自由，但从另一种促进整体社会福利的角度来看，恰恰可以看作是保障了个人的选择自由。这需要取决于市场是根据什么样的原则进行构建的，我们需要追求怎样的目标。从这个角度来说，市场即是一个理论建构的模型，同时也是一个现实存在的实体。而国家在其中，永远扮演着最为重要的角色。这种角色的重要性，来自于这个社会中的我们所秉持的价值判断。而该价值判断和国家的参与有着密切的联系，且会随着时代的变化发生着相应的变化。

三、行政规制成本效益分析：合理性及其局限

在本书第三章论及金融信息披露行政规制的权力运行边界时，笔者曾经指出：现代行政行为必须更多引入经济学上的效率和管理原则，在对市场进行干预的同时，更应时刻牢记，尊重市场自由的精神。规制的目的不是为了取代市场机制，而正是为了更好地保障市场机制的正常运行。规制与效率本身并非是背离的，很多时候，规制只有在其避免发生

的损失或取得的利益大于规制的成本和代价时，才是正当和合理的。

但是，同样需要注意的是，成本和效益分析也并非是简单的公式可以概括的，其中包含了诸多复杂因素。一方面，某些因素很难以简单的计算来加以概括。例如在考量是否应该动用金融机构特殊处理机制时，“太大而不能倒”的现象所引发的道德风险的代价究竟应该如何计算，就是一个到目前为止世界各国都无法衡量的问题。此时，单纯的目前可见的数字上的成本和效益就会因为并未考虑真实的潜在发生的可能性而变得不具有说服力；另一方面，笔者认为，不能过于夸大经济学在法学中所占的比重。尽管笔者也认为过于牺牲效率的行政规制行为会因为其经济上成本过高而很大程度上失却其合理性和正当性基础，但笔者认为这并非是绝对的。法学和经济学上所追求的价值毕竟有所不同，经济学更为注重效益，而法学永远应以公平和正义作为其基本理念。一味追求经济上的可行，很可能会严重削弱法律的精神，从而使一个民族沦为物质上数字的奴隶，失却了民主和法治社会最为本质的精髓。

金融市场对我们来说之所以重要，并非仅仅在于其将资金从那些当下并不需要的人的手中转移到那些需要的人的手中，而是在于它能够帮助我们充分利用人类的能力，去进行生产，从而能够更进一步丰富和提升我们的生活，最终更好地实现公共利益和提升价值。因此，我们应该从公民的角度，而非仅仅是为了满足纯粹基于一个经济人需要满足自身消费偏好的角度来看待金融信息披露的行政规制。不能仅仅将公民的价值附随于成本利益的狭隘考量。若能够正视该观点，强调金融信息披露行政规制中所蕴含的基于公共利益为重要衡量因素的精神，则该行政规制的体系框架中，需要能够彰显一种公民的价值。这种价值，绝非仅仅基于法经济学的考虑，也并非仅仅基于市场失灵的纠正。因此，对于金融市场的信息披露的行政规制，绝非仅仅归于经济上的理由，也在于政治上的判断，如何更好地维护民主，促进自由。

强调这一点，对于金融市场上的行政规划来说，有着特别重要的意义。之前我们一直述及金融市场的专业性、技术性和复杂性特征，以及这个市场本身的重要性和敏感性，普通消费者在其中所能扮演的角色有限。因此，政府在此时则有能够替公民“挺身而出”的必要性，去帮助公民实现民主社会的价值。这也就提供了在金融信息披露行政规制的框架中，国家角色更为适当和准确的定位。

当然，将经济学的分析方式引入法学，无疑是现代社会的一大进步，使得在整体社会福利最大化的计算方式上更多了一种可能性，也因为其更为可见的现实性而具有了某种程度上更大的说服力。

一言以蔽之，公共行政须要符合效率的要求，但是效率应该只是作为国家公共行政需要遵循的规范标准之一，以在更大程度上体现出公共行政的正当性和内在的合理性。但在具体情形中存在其他更为重要的价值标准的权衡下，效率的标准就可能需要作出让步。因为公共行政所需实现的公共利益是一种基于更高目标更深层次的要求，其应该包括合法性、合目的性、确定性等要求。而效率只是其中一个，而且很多时候并不是最优先的一个。

第二节　金融信息披露行政规制体系的路径探讨

金融信息披露的行政规制，所欲达至的目标不仅仅在于追求市场的安全和稳定，保护投资者利益。与此同时，也应该将促进金融市场的繁荣发展作为目标之一。行政规制并不代表着和鼓励金融市场的创新相矛盾。如果一个市场由于行政规制超过了必要的限度而缺乏增长点和创新点，抑制整个市场的活力，这将会对整个国家的经济造成不良的影响。因此，当述及金融信息披露行政规制体系的路径时，必须要考虑所欲采取的改革措施，对于整个金融市场活动的结构所造成的影响。

一、良好运作的金融信息披露行政规制体系特征

笔者认为，一个较为合理的可良好运作的金融信息披露行政规制体系应该具备以下四个方面的特征：合法性，可操作性，高效率，可问责性。

具备以上四个特征的金融信息披露行政规制体系能够在实际运行的过程中，应该可以有效地实现既定的目标。对于这四个特征，笔者略作叙述如下。

（一）合法性

有关合法性，笔者在本书第三章论及行政规制行为的有效性时曾指出：从法治国的精神来看，行政规制行为有效性的核心为合法性，即首先要遵守法的标准，法律仍然占据最为重要的地位。合法性的要求是现代法治国家的核心构成要素，其意味着经由法来保障公民的自主领域。秩序井然是一个法治国家的基本条件，而这种秩序很大程度上来自于对于法律的依赖和期待，它需要建立在法律的明确性、稳定性和可预见性的基础之上。

金融信息披露行政规制体系的合法性，包括两个方面：其一，该行政规制的体系是经由法律的授权，从而具备对金融市场上金融机构的行为及其资产行使行政规制权的框架结构；其二，该行政规制的体系能够为金融市场的参与者接受和认可。

在一个民主和法治的市场环境中，法律的功能是提供一种制度化的安排，主要体现在权力的配置上，通过法律的支撑具有真实的意义，是保障市场秩序和市场自由的根本前提。与此同时，在法律的权限之外，这种合法性能够体现在市场对于规制机构规制行为的承认——也即马克思·韦伯从经验主义出发，从法律规范之外探讨的合法性，认为合法性是人们对统治权力——权威发自内心的服从。①

从以上两个方面来理解的金融信息披露行政规制体系合法性的获得以及维持，需要符合以下条件。

1. 以一国整个法律体系为依托

金融信息披露的行政规制体系是整个金融行政规制体系的一部分，必须与该国整个行政法体系乃至更大的法律体系相适应，才能够实现其目标。哈耶克认为，“……为改进某些特定规则而做的批判和努力，就必须在一个给定价值框架内展开；……这种批判乃是在一个给定的规则系统内部展开的，而且也是根据特定规则在促进型构某种特定的行动秩序的过程中与所有其他为人们所承认的规则是否一致或是相容来判断这

① ［德］马克斯·韦伯著．论经济与社会中的法律［M］．张乃根译．北京：中国大百科全书出版社，1998：72。

些特定规则的。"[①] 该金融信息披露的行政规制体系不仅仅包括行政规制机构针对金融机构的行为及其资产的信息披露规制的特别制定法，还包括私法中的组织法以及市场规制方面的法律法规以及其他相关的行政法规范、私法规范等，实质上构成了一个非常复杂的法律法规与规则体系。而我们在判断该体系的合法性时，也必须将其放置在该国整个法律体系之中。对其效用的评价，也应该放在该国特定的规则体系之中，是否能够与该特定的规则体系相容。

2. 中立性和独立性

所谓中立性和独立性，是指金融信息披露的行政规制体系能够尽可能地降低政治对其的影响。笔者在上一节论及行政规制中的政府和市场之间的关系时，曾指出，任何对市场自由自治的安排（或者可以称之为干预），都或多或少包含着政治判断以及价值判断，这也是国家角色在市场建构过程中的重要体现。纵观世界各国近些年对金融市场规制体系的改革，都或多或少带有政治的操纵。之所以如此，是因为任何涉及金融市场制度的改革，都会牵扯到金融规制机构、相关政府部门等的既得利益。改革从来都会带有某种程度的妥协，从而使得最后的体系结构总会偏离于原先的构想。

但是矛盾之处在于，如果行政规制机构及其规制行为和某种政治利益过多的牵连，超过了某个界限，则必然会降低市场参与者对该行政规制体系的接受程度，从而削弱该行政规制行为的公信力。因此，对于金融信息披露的行政规制体系来说，必然存在着无法完全中立于政治的现实与市场参与者总是希望其能够最大程度上中立于政治的矛盾困境。对此情形，只能根据国家的任务与目标与当前金融市场上的现状，进行多种因素的权衡，以期获得既能不背离国家任务又能够最大程度上回应民众需求的金融信息披露行政规制体系的构建。

3. 透明性

所谓透明性，也即金融信息披露行政规制体系的构建，其中有关行政规制权力的配置，包括主体的配置、实体以及程序权力的配置都需要

---

① ［英］哈耶克著．法律、立法与自由［M］．邓正来等译．北京：中国大百科全书出版社，2000：34－35。

为市场参与者所知悉。行政规制机构制定规则以及其执法行为都能够做到最大程度的透明。这种透明可以通过制定规则时候的通知与评议程序、允许相关利益群体能够参与协商与沟通等等方式来实现。

（二）可操作性

该金融信息披露行政规制体系设计的可操作性，是指它拥有可以能够实现其目标的能力。除了在体系结构上的设计合理，权力配置上的恰当，还需要行政规制机构的工作人员能够具备相应的背景知识以及足够的专业能力，从而能够顺利地执行规制任务。

因此，当在设计整个规制结构时，首先需要考虑什么样的模式符合该国金融信息披露规制现状，需要将最适合规制的部门放置在合适的位置，从而使该部门能够更好地对被规制事项行使规制权。这其中包括，该部门应该能较为便利地获取其规制所需的信息，能够与被规制的机构保持较好的沟通关系，从而尽可能精准地把握可能出现的问题，获取较大的规制收益等等。而为了保证规制机构的工作人员能够胜任该工作，在进行招聘时，需要严格把关，寻找到该规制领域所需要的人才。

规制机构在对被规制领域行使规制权的过程中，久而久之，必然能够就其规制任务获得最为宝贵的经验。这种经验主要体现在对该国金融信息披露中的问题拥有较为清晰的认知，尤其是结合该国的历史文化传统以及体制结构等方面的因素，通过怎样的工作程序和运作机制，可以更好地实现规制目标的把握。而这种经验尤其需要保留，且能够体现在该体系的设计之中，从而使得该体系能够获得来自该国体制结构、文化传统中最大程度的支撑，加强其可操作性。

（三）高效率

所谓高效率，是指该金融信息披露的行政规制体系能够最为有效地实现其事先设定的规制目标。若要能够实现高效率，该规制体系的设计必须做到权责明晰，规制机构避免不必要的重复，人员的组织结构相对规制任务要尽可能合理，尤其需要避免职责之间的冲突、重复和不够清晰。美国在本次金融危机后历经两年多的时间，形成了最终的《多德—弗兰克法》，这是对美国金融行政规制体系较为全面的改革。该法对原先美国金融行政规制体系起到了很好的梳理和完善作用，构建了一个整体性较强的规制系统，对今后金融规制的效率应该会起到良好的提升作用。新的金融规制体系将原先不同的规制机构分散的职能进行了整合，理顺了规制逻辑。尽管没有改变美国一直坚持的分业监管的理念，但通过新设立的金融稳定监督委员会，大大加强了各个监管机构之间的信息沟通。与此同时，撤并了一些重叠的金融监管机构，减少了权力配置的分支，避免权力过于分散。在多重监管的体制下，明确了联邦储备委员会对宏观审慎监管的领导地位，使分散的监管聚拢于联邦这一轴心旁侧，某种程度上实现了监管的集中，强化了监管的体系性。① 以上这些改革措施，其目的就是为了实现监管职责的明晰化，消除没有必要的监管重复，从而可以减少监管资源的浪费和不效率。当存在对同一事项有两个或者以上不同的规制机构时，必须要有且只有一个机构处于主管性的地位，能够就该监管事项作出最终的决定，且能够很好地协调其他机构的监管行动。

（四）可问责性

在现代民主法治社会，所有的政府机构都必须要就其行为能够回应公民的问责。就金融信息披露行政规制体系而言，应该能够明确是哪些规制机构就哪些事项拥有哪些监管权限。且尤为重要的是，除了拥有权限之外，该规制机构能够对该监管的事项负责。如果在监管的过程中，其监管行为存有缺陷监管不力或者出现其他应被追责的情况时，需要对此承担法律规定的责任。例如其在采取行政措施时，需要向公民进行说明和解释；在采取相应的行政措施之后，根据之前制定的规则进行报告；需要遵守一定的工作程序等。政府必须对规制机构的行为有监督机制；公民必须能够就规制机构存有缺陷的规制行为有补救途径等。只有存在相对完善的法律上的问责机制，才能更好实现金融信息披露的行政规制目标，同时也可体现该规制体系的合法性。

这点看似清晰，实则在具体操作过程中，并不容易。金融市场中的

① 参考杨松等著．银行法律制度改革与完善研究［M］．北京：北京大学出版社，2011：63。

金融机构所从事的业务，其所经营的金融产品，极其复杂，往往涉及多个监管部门。一方面使得监管部门在进行监管时造成极大不便；另一方面，在发生可被追究的监管责任时，难以厘清究竟应该由哪个部门来承担。尤其在全球化时代背景下的金融市场，该监管责任的追究则遭遇更大的困境，使得可问责性这一点很多时候都无法真正落实到位。

二、我国金融信息披露行政规制体系的现状分析

我国金融市场起步较晚，又遇上经济高速发展时期，而金融作为对国家经济极其重要的部分，必须有与之能够相配套的法律加以支撑，才能够顺应市场不断扩张的需求。所以，目前我国的金融立法主要都是以应对为主，通常是发现问题之后，尽快制定相关的规则，补缺补漏而缺乏逻辑清晰的体系性的建构。这导致目前该领域的法律体系难以具备应有的指导、评价、预测和前瞻功能，各法律规范之间不协调不统一的现象频繁出现。此外，由于金融创新产品的不断出现，出现了一些监管真空的领域，给金融市场的稳定带来了极大的隐患。

我国的金融业较为特殊，并非市场自发而来，更大程度上是行政规划的产物。目前总体而言，我国的金融体系采取分业经营、分业监管的模式，但随着金融市场的高速发展，出现了一定的混业经营局面。综观我国金融业分业监管模式，主要问题在于各个监管机构之间协调性不够以及法律资源的配备不足。之所以出现协调性不够的问题，主要是因为我国在监管权力的配置上，监管主体的利益并非来自于金融市场，而是来自于中央上层的国家权力，由此造成了权力行使的动力更多体现为一种被动。在没有法律规范作为保障时，各监管主体就缺乏足够的动力进行权限之间的协调。这种情形无疑会导致两种可能的后果：在不具备对己有利的监管利益之时，各监管主体之间互相推诿，造成监管真空局面；在具备所欲争求的监管利益之时，则形成各监管主体对同一被监管事项的重复监管，从而导致监管资源的极大浪费，也加重了被监管机构的负担。而法律资源配备不足的原因主要在于我国监管主体的权力往往缺乏权力问责和权力制衡的机制。这种只具备权力而不需要承担相应义务的配置，使得监管主体的行为很难得到有效控制，从而导致权力的恣意行使以及公民正当权利在遭到侵犯时难以补救。当监管主体的权限配置直

接来自于中央上层的国家权力时，则必然导致监管权本身很难做到最低程度的独立与中立；而当权力配置缺乏问责和制衡机制时，又极易导致监管权的滥用。由此形成了我国金融行政规制领域奇特的矛盾现象。

目前，我国金融行政规制领域的法律体系从法律层次上来说，主要呈现金字塔式的结构特征。最上方的法律数量最少，而处于下方的规章的数量则最多。这与以下几个因素有关：其一，金融业本身更多是一种行政规划的产物，而非市场自发形成的产物，因此中央上层的国家权力特征明显；其二，金融市场本身发展历史有限，而法律体系的构建对于保障金融市场的正常运行又不可或缺，因此出现了大量“补缺补漏”性质的法律规范。而从立法程序上来看，规章的制定相对来说更为灵活和随意，可以相对出台及时。金融信息披露行政规制作为整个金融行政规制领域中的一部分，其法律规范多散见于其中。从法律体系的结构来说，也显现出同样的特征。

（一）以规则监管为导向

以规则监管为主，是相对于近些年来较为被推崇的“原则监管”相对应的一种监管模式。它通过建立细密严格的规则来为金融机构的行为设立界限从而保证整个体系的风险最低，以规则的执行标准作为金融机构的评价标准，从而消除利益冲突，实现安全稳健的目的。①

这种监管模式的好处较为显而易见，主要得益于规则本身所具有的三个特征：透明性高、可操作性强、一致性。也即通过对于细节的明确规定，以及这种规定的语言在一个法律共同体范围内具备较为统一的含义，使得这种规则本身具备更高的透明性；明确加以制定的规则具有极强的指引作用，可以使人们对其行为的后果具有更明晰的预期性；同时规则在运用于具体情形的过程中也更为容易，具备良好的操作性；一致性是指通过确切而不含糊的语言将细节加以确定的规则，使得规范制定的预期与规范执行的后果间存在较强的一致性，也因为这种一致性使得规则所欲达到的理想结果较为明确。

---

① 参考杨松等著．银行法律制度改革与完善研究［M］．北京：北京大学出版社，2011：459。

以规则为导向的监管模式的优点在于其确定性，但同时也因为其确定性，不可避免地带有僵化性。一方面，规则在制定之时，就已经存在一定的滞后性，面对日新月异的金融市场，不可避免存有漏洞；另一方面，语言本身的局限性使得对于再精心制定的规则，都不可能尽善尽美，因此在适用的过程中，总是会出现一定程度的偏离。

但需要说明的是，以规则为导向并不意味着我国金融信息披露行政规制的法律体系中不存在原则。任何一个法律体系之中都会同时包含原则和规则，只是这种监管模式中更为强调何者的主导性地位的区分。

（二）强调政府监控的绝对主导地位

之前在论及我国行政规制的主体界定时，曾经提及我国的行政规制主体基本上不存在美国那样独立于传统行政部门之外的独立规制机构。尽管在近些年来也在一些领域开始进行改革，成立了一些相对独立的规制机构。但是这些机构的独立性并不强，还是从属于中央政府或者中央政府部门。这种规制权的配置，受到来自政治经济体制、金融市场结构、经济特征、市场发展和法治水平的制约，各国之间很难完全趋同。我国的政治体制与美国极为不同，美国基于分权制衡理念，行政规制机构基本上都是直接依法成立，具备很强的独立性。其行政规制主体通常直属总统，由总统提名，经议会同意后任命，主要由相应领域的专家组成核心领导机构，有固定任期，非因法定事由不得免责。[①] 而我国金融业发展之初时，整个经济体制刚刚结束了推行了几十年的计划经济，正在向市场经济的转型过程之中。长期政府主导一切的理念根深蒂固，尤其在此过程中形成了稳定的利益格局更是无法在朝夕间破除。政府习惯于直接干预市场，且多年来行政权并不存在司法审查的政治基础。在保留行政权控制的领域，基本上是通过行政裁决的方式来解决市场主体与行政主体之间的利益冲突，实际上形成了集立法、司法、执法权于一身的庞大行政机构。

（三）规制目标强调安全，忽视效率

安全和效率之间并非必然存在冲突。当安全不再，效率也无从谈

① 江必新．论行政规制基本理论［J］．法学，2012（12）。

及。而只有保障了市场运行最起码的安全时，才能够更好地追求效率的实现。但是这两者之间，也存在一定的张力。当对安全的强调超过了必要的限度，则必然会损及效率，从而造成本国金融市场的吸引力下降，经济增长乏力的不利后果。而在面临具体的取舍情形时，究竟这条界线在哪里，并非一清二楚。应该说，从规制目标上，各国的规制主体都努力在两者之间寻求一个合适的均衡点。而在不同的历史时期，两者之间孰轻孰重，各国都各有取舍。本次金融危机之后，各国都深刻反省在金融繁荣时期，以金融高度自由化来提升效率的做法。但这种“反省”能持续多久，或者更确切地说，在一定时期之后，随着客观情况的变化，本就应该审时度势地进行一定的修正。决策者的困境从来就在于：在合适的时刻点作出适合的决策，这从来并非易事。

我国整个金融行政规制的体系框架，从来都是将安全作为首要的价值目标，将效率居于次要的地位。这在我国市场经济发展历程还不长，金融市场还不发达之时是有必要的。在当年的东亚金融危机中，我国之所以能够未受影响，且能够对稳定周边市场作出极其重要的贡献，得益于我国对金融市场的开放态度极为谨慎。如今，究竟是否应该采取更为开放的态度，不仅基于整个国际金融市场的现状，也更要基于我国自身的国情，进行仔细的评估。当前，在我国金融行政规制的法律框架中，对于“竞争”二字总是有些含糊其辞。有关竞争方面的规范，缺乏具体的细则支撑，基本停留在一些大而空的原则规定之上；同时对于市场主体之间公平竞争的需求还不够重视。随着金融全球化的发展，市场主体可以很便利地在各国金融市场之间进行选择。这种激烈竞争的局面必然对我国这些年来一直坚持的以安全为绝对主导的发展模式造成极大的冲击。此时，我们应该以积极的态度去思考在安全和效率之间是否已经可以形成一个更有利于我国整体经济发展的均衡点。

（四）分业监管模式与混业经营的冲突

随着金融市场的发展，混业经营已经成为全球化的趋势。美国1999年出台的《金融服务现代化法案》，打破了原先由《格拉斯－斯蒂格尔法》所采取的分业经营的模式，允许银行业、证券业、保险业以及其他的金融服务提供商之间的混业经营，以推动整个金融服务业的竞争能力。我国于2003年对《商业银行法》、2005年对《证券法》修订后取消了混业的禁令，从法律上为金融机构混业经营消除了障碍。目前我国的混业经营格局已经初步形成，且处于一个高速发展的时期。但目前，我国的金融监管模式仍然坚持原先的分业监管，分别由银监会、证监会、保监会来对各领域行使规制权。随着混业经营的不断扩展，原先各司其职的分业监管模式确实遭遇了各部门彼此之间难以协调的监管困境。这也是美国在本次金融危机之后力求改革的主要方面之一。混业经营、监管协调以及危机教训促使将金融监管权集中配置成为主流。除美国之外，发达国家绝大部分都建立了权力集中的综合金融监管机构。但多年来的监管模式很难在一朝一夕之间改变，即便在拥有如此发达金融市场的美国，也并未打破整体上的分业监管体制。但为了改善监管协调不力的局面，美国《多德－弗兰克法》对其金融市场监管权配置的重新调整主要体现在它开始采取"以目标为基础"的监管理念。该监管方式的最大优势在于问题发生时，监管者的反应是整体性的，而非改革之前那样各自为政。通过新设立的金融稳定监督委员会，大大加强了各个监管机构之间的信息沟通。与此同时，撤并了一些重叠的金融监管机构，减少了权力配置的分支，避免权力过于分散。在多重监管体制下，明确了联邦储备委员会对宏观审慎监管的领导地位，使分散的监管聚拢于联邦这一轴心旁侧，某种程度上实现了监管的集中，强化了监管的体系性，大大改善了各个监管机构之间的协调问题。

而到目前为止，我们没有形成一套行之有效的各规制机构之间的协调机制，由此造成了以下一些问题的出现。

1. 监管的标准不统一。以银行业的信息披露标准为例，上市银行和非上市银行首先在会计标准上就并不一致[①]；在信息披露的内容要求上，上市银行和非上市银行业有差异。上市银行的信息披露内容中包括财务数据、会计指标、董事会和监事会报告、法定报告、关联交易、内部控制等信息，并且有年度、季度报告的披露频率要求等。而非上市银行披露义务的严格程度则和上市银行不能相提并论。又例如在证券市场

① 例如利息的会计处理，关于不良贷款的核算以及开业成本计算都适用不同的标准。

的信息披露行政规制中，第六章中笔者就“光大乌龙指”诉讼案进行分析时提及：《上市公司信息披露管理办法》规定的“信息披露义务人在公司网站及其他媒体发布信息的时间不得先于指定媒体”，该文字表述表明：（1）信息披露需要由信息披露义务人为之；（2）信息披露必须首先在中国证监会指定的媒体发布。但我们看到，《中国证券监督管理委员会证券市场内幕交易行为认定指引（试行）》（2007）第十一条规定：“本指引所称的内幕信息公开，是指内幕信息在中国证监会指定的报刊、网站等媒体披露，或者被一般投资者能够接触到的全国性报刊、网站等媒体揭露，或者被一般投资者广泛知悉和理解”，此处肯定了除中国证监会指定的报刊、网站等媒体之外，其他能够被一般投资者接触到的全国性报刊、网站等媒体信息披露方式的有效性。[①] 此处有关信息披露是否必须在中国证监会指定的媒体发布这一点，则形成了明显的规范冲突，必然引发市场参与主体在披露事项时究竟应该遵循怎样的标准的不确定以及在最后的监管实践中对于是否形成内幕交易认定标准的混乱。此类金融信息披露规制标准不一容易引发市场参与主体之间的不平等竞争，提高监管成本，降低监管效率，不利于监管目标的实现。

2. 重复监管和监管空白现象同时存在。以银行业为例，我国中央银行拥有对于金融机构信息披露的规制权。[②] 而银监会也同样拥有对金融信息披露的规制权。[③] 而若该金融机构为上市银行时，还要满足证监会相关信息披露的要求。由此造成的结果是，上市银行和非上市银行同时要向多个规制机构报送资产负债表、利润表等信息资料，履行各规制机构对其施加的信息披露义务。而由于各规制机构之间在法律上属于同一层级的行政机关，相互之间并不需要对彼此负责，彼此之间也并不存在可以相互制约的关系，缺乏一个主管机关进行统筹协调，且各个规制机构各自为营，分别制定的信息披露标准也并不一致，导致被规制的市场参与主体大大提高信息披露的成本，苦不堪言。而与此相反的情况则

---

① 参见本人发表已发表文章：柯静．“光大乌龙指”诉讼案的行政法问题研究［J］．上海金融，2015（2）。

② 《中国人民银行法》第 35 条规定了中央银行有权要求金融机构报送必要的资产负债表、利润表等信息资料。

③ 《银行业监督管理法》第 33 条也规定了银监会有同样的上述权力。

是“监管空白”，尤其在一些创新的金融产品中，由于法律制度的相对滞后，而且我国又是以规则为导向，在以追求确定性的同时也牺牲了一定的灵活性，从而导致这些新兴的金融衍生品究竟应该如何归类，从而可以适用什么标准分辨不清，出现了大量的监管真空。“光大乌龙指”事件的争议焦点之一，就是该“乌龙指”事件本身是否属于有关法律规范中需加以披露的“内幕信息”，对此认识并不一致。对此上一章已做具体分析，此处不再赘述。

三、我国金融信息披露行政规制体系的发展路径

在论及我国金融信息披露行政规制体系的发展路径之前，首先阐明几个重要的理论预设。

1. 任何的金融信息披露行政规制体系的构建都不可能是完美无缺，一劳永逸的。如果希冀构建一种能够杜绝所有金融风险的规制体系，这是根本不可能实现的目标。

首先，未来总具有一定程度的不可预见性，而人的理性也永远达不到可以洞察所有危机的程度。任何规则，从其制定之初，就带有不可避免的滞后性，也带有人的理性的局限性。

其次，规则总是在社会中进行构建的产物，而法律无法完全超然于各种相互冲突的利益。政治利益总会以这样或者那样的方式体现于该规制体系之中。经济、文化、技术尤其体制等各种制约因素始终会导致整个体系一定程度的妥协，从一定程度上妨碍原先设想的规制目标的实现。

2. 切忌过于强调政府规制而忽视市场本身的作用。我们说市场并非是自发形成的产物，更多是构建的产物，并肯定国家角色在引导市场发展中的重要作用，但这绝非意味着政府可以取代市场。从经济学层面来看，只有市场才能敏锐捕捉到其自身发出的信号，促进资源的有效配置，从而能够带动市场的健康、有序和高速发展。除此之外，在追求安全和效率这两个存有一定程度张力的价值目标之间，必须进行谨慎的权衡，做好一定的取舍。金融市场上信息的强制披露确实可以减少市场的不透明度，降低金融机构与客户之间因为信息不对称的负面效应。但是如果超过必要的限度，完全忽视市场纪律，放弃市场激励，则是走到了

另一个极端，从而失去了信息披露规制所欲实现的根本目标。

3. 必须立足于我国的现实国情，来对我国金融信息披露行政规制体系的改进进行分析。钱穆先生在其《中国历代政治得失》一书中指出："政治制度，必然得自根自生。纵使有些可以从国外移来，也必然先与其本国传统，有一番融合媾通，才能真实发生相当的作用。否则无生命的政治，无配合的制度，决然无法长成。换言之，制度必须与人事相配合。"① "我们讨论一项制度，固然应该重视其'时代性'，同时又该注重其'地域性'。推广而言，我们该重视其'国别性'。在这一国家，这一地区，该项制度获得成立而推行有利；但在另一国家与另一地区，则未必尽然。"② 国际或域外制度的引入与借鉴，必须充分考虑本国的法文化传统，Nga Kit Christy Tang 研究指出，通过回顾儒家和中国法律主义下的自我，法律和政府的作用，中国一般注重采用基于自我调节的儒家内部规制框架，轻视外部控制。③ 因此对于国际与域外制度的本地化，宜持谨慎态度。由此可见，基于中国的现实，是研究我国制度改进路径的前提。

西方尽管有非常发达的金融市场，其对金融信息披露的行政规制方面确实有很多先进的经验值得我们好好参考和借鉴。但是经济体制是国家制度的重要组成部分，与政治体制相互协调，成为国家一切经济制度的基础和核心。而金融是经济中极为重要和敏感的一部分。整个金融行政规制体系是一个国际金融制度中非常重要的一环，也是国家经济制度中极其重要的一个部分，与该国的政治和经济体制有密不可分的关系。西方发达国家市场经济体制在几百年的时间里已经逐渐发展成熟，早已形成较为完善的法律规制体系，且具有完全不同于中国的法治土壤多年的孕育，拥有良好的社会信用体系。与其相比，我国的市场经济还并不发达，且我国实行的经济和政治制度与西方完全不同，金融市场结构、经济特征、市场发展和法治水平与西方也有很大的差异。这些都决定了

---

① 钱穆著．中国历代政治得失［M］．北京：九州出版社，2012：序2－3。

② 钱穆著．中国历代政治得失［M］．北京：九州出版社，2012：4。

③ Nga Kit Christy Tang. The WTO's Impact on China：A Battle of Administrative Review Settings between Internal and External Regulatory Frameworks［J］. 10 Vienna J. on Int'l Const. L. 251－276（2016）.

在研究我国的金融信息披露行政规制的改进路径时，仅仅简单的移植不可能实现改革的目标。

因此，我们必须要基于我国的现实国情，构建能够深深契合于我国社会传统、法制环境、历史文化以及政治和经济体制的金融信息披露行政规制体系，同时也能够顺应全球化以及信息时代下的金融市场发展趋势，结合国际金融市场上较为先进的规制经验，稳步推进我国金融市场的安全、稳健和高效的发展。笔者认为，可以从以下方面对我国的金融信息披露行政规制体系进行完善。

（一）完善金融信息披露行政规制权力的配置

之所以首先论及该点，是因为行政规制权力的配置是整个金融信息披露行政规制体系的核心。规制从其根本来说，就是规制主体对于被规制主体行使规制权，即可以施以干预措施。整个规制的框架都必须以权力配置为基础。

如上所述，我国目前金融市场混业经营的局面和分业监管模式，又加上行政规制权力的配置上缺乏各个领域之间的协调，导致了诸如监管标准不统一、重复监管、监管真空以及其他监管效率低的问题。纵观世界各国，除了美国之外，基本上发达国家都采取了权力集中的综合金融监管模式。我们知道，一国监管模式的改变涉及到该国经济和政治体制以及多年的法制传统等多种因素，包括对固有利益格局的打破，历时良久。美国最终并没有抛弃其多年来的分业监管，但是实现了以目标为基础的监管理念的转变，且通过加强美联储的主管地位等措施，大大改善了其原本的监管协调不力的局面。

可以肯定的是，混业经营的现状必然会促使金融规制权力配置的集中，从而减少各个规制机构之间的推诿、扯皮和斗争。而在不改变分业监管模式的情况下，首先必须要明确各个监管机构之间的权力分工，最大程度上避免由于权责不明确造成的监管冲突。分工明确包括监管领域明确、监管人权力范围明确、监管方式明确、监管人责任明确。其次必须要能够形成协调冲突的有效机制。无论采取什么样的监管模式，绝大多数国家或者地区都会设立一个可以有效协调各个规制机构之间冲突的监管者。在英国，金融服务管理局作为金融市场统一的规制机构，就是扮演这样的角色；在美国，2009 年发布的《多德 - 弗兰克法》所设立的金融稳定监管委员会，其主要目的也是作为整个金融规制体系的协调人，从而改善之前各个监管机构各自为政的局面，大大加强彼此之间的信息共享和沟通，提升监管效率；在欧盟，例如《欧洲议会与欧盟理事会第 2003/71/EC 号指令》中的第（37）项说明中明确指出："各成员国主管部门繁多，且其职责各异，可能会造成不必要的成本负担和职责重叠，同时却不带来任何额外收益。因此，各成员国应指定单一的主管部门来负责批准招募说明书，并承担监管本指令合规情况的责任。成员国有权按严格的条件指定一个以上的主管部门，但其中仅能有一个主管部门负责国际合作。该等一个或多个主管部门应为行政管理部门，其组建形式应保证其独立于经济主体并避免利益冲突。"①

因此，我国必须制定相应的规则，厘清各规制主体之间的权限冲突，明确规制的程序，并建立起一个能够具备专业上的全面性、法律上的权威性的"协调人"对规制权之间的冲突可以良好协调的机制，构建权责明晰的金融信息披露的行政规制的权力配置体系。

（二）适当加重原则性规制的比重

英国的金融服务管理局采用了以原则为基础的规制模式。该规制模式是通过一系列的原则将其规制目标加以设定。所谓"以原则为基础"，并非是没有规则，而是其整个规制内容的设计并非以极其量化和具体的规则为主，而是更为强调以结果为导向。其通过立法机关设置规制的目标和结果，但是将规制的过程和具体的细节授权一线规制机构来处理。强调一线规制机构和被规制的金融机构之间的协商与合作关系。英国金融服务管理局认为，应该授权由金融机构来决定其实现规制目标的有效路径。因为金融机构处于更了解其自身问题的合适位置。这种规制的方式可以最大程度地激发被规制金融机构的创新能力、促进竞争，从而有助于实现最佳规制效果。②

---

① 参见《欧洲议会与欧盟理事会第 2003/71/EC 号指令》第（37）项说明。

② Eric. J. Pan. 'Structural Reform of Financial Regulation' [J]. Transnational Law & Contemporary Problems. Winter 2011. Vol. 19: 833.

我国目前实行“以规则为导向”的规制模式，该模式的优点在于确定性和可预期性以及透明度较强，对于金融市场起步较晚的我国而言，一定时期内对市场的安全和稳健运行发挥了重要的作用。但随着金融市场发展的日新月异，金融创新产品层出不穷的今天，过细的缺乏灵活性的规则确实很大程度上限制了我国顺应全球化金融市场发展变化的能力，造成在实际规制过程中诸多由于规则的滞后性导致的规制真空以及其他一些问题的出现。而若适当加强原则性规制的比重，则可以很大程度上缓解该问题。此外，原则性规制由于强调规制主体与被规制主体之间的合作互动关系，对于改善规制者和金融机构之间对抗性的关系大有裨益。根据原则性规制在其他国家实施的情况，其优点大致为以下几个方面。

1. 规制者与被规制者之间可以存在广泛的交流

“以原则为基础”的模式基于以下理念：在快速发展的金融市场的规制领域，政府的规制机构虽然拥有足够的公共合法性得以创建明晰的规制目标，但是对于被规制行业具体存在的问题，并非可以足够了解。而一线的规制者拥有专业的知识，最重要的是，他们与被规制的金融机构之间有非常多的接触机会，可以就其规制事项，与被规制者之间进行持续深入的沟通，了解瞬息万变的行业惯例，从而可以作出更为细节性和针对性的规定。

2. 规制者可以拥有更多的灵活性

如前所述，原则性的规制方式，其规则以结果为导向，其规制目标以一系列的原则事先加以确定。而具体细致的规则，可授权一线规制机构根据面临的实际情况加以制定。由此，规制者拥有更多的灵活性，可以根据面临的实际情形，作出最能实现规制目标的规制决定，实现有效规制。

3. 赋予被规制机构更多的自主权，提升市场效率

“以原则为基础”的规制模式，由于规制者和被规制者之间可以就规制事项进行广泛而深入的交流，实际上等于赋予公司更多的自主权，可以就其如何根据规制目标找出最为合适其的规制路径，而非是以往完全由规制者根据自己的认知来制定方案。这会大大提升被规制的金融机构参与规制过程的积极性，改善与规制者之间原本较为对抗的关系，从

而促进金融创新和提升市场效率。

但是需要加以注意的是：

其一，我们说要适当加重原则性规制的比重，并不意味着就此放弃我国长久以来强调的以规则为主的规制模式。而强调能够将两者有机地结合起来，在均衡点上寻求更为合适的位置，并不断在两者之间根据国际和国内金融市场情况的变化，寻求细微的平衡。而且，本身一个金融信息披露的规制体系，就不可能是只有原则而没有规则，或者是只有规则而没有原则。只是说在何种情况下，更求助于原则的帮助，较少依赖僵化的规则。此外，在考虑这个均衡点的时候，我们必须认识到，究竟以原则为基础，还是更基于规则，取决于不同的规则领域。比如当涉及到不断创新的金融产品时，原则性的规制方式会比较适合。但是对于一些传统产品的领域以及程序方面的规定，则需要侧重于规则的透明性，可预期性以及可操作性。

其二，加重原则性规制的比重并不意味着削弱政府的规制权限。无论是更为原则性或是规则性为主的规制模式，都必须保障规制者手中握有实质的威慑性手段，在需要的时候可以确保执行，例如检查权以及撤销金融机构的从业资格等制裁措施。有力的规制权限是保障规制权得以顺利实施的不可或缺的基本条件之一。

其三，并非说加重原则性规制的比重，就能够确保解决我国目前金融信息披露行政规制体系中的问题。事实上，世界上一些实行以“原则性规制”为基础的规制模式的国家，也出现这样或那样无法实现预期效果的情形。原则性规制若要能够较好地实现其目标，需要具备以下一些基本条件。

1. 必须配备足够的工作人员

由于该规制方式需要规制者和被规制行业之间持续密切的沟通联系，形成一种能够协商、合作的互信关系，因此必然要投入大量的时间和精力，而且与该被规制行业联系的规制机构的工作人员需要确保一定的稳定性，不能经常更换。

2. 需要掌握充分的信息资源

规制者必须能够掌握金融行业准确和可靠的信息。毫无疑问，被规制对象相较于规制者，有更多的信息优势，因为他们身处于该行业之中，拥有规制者并不了解的有关操作方面的一手信息。被规制对象并不愿意更多透露自己的信息。一方面，他们不希望让自己的竞争者有机会了解更多，以便在行业中能够获得更多优势；另一方面，也并不愿意让规制者了解过多，从而容易束缚自己手脚。而信息能否充分地获取，对于降低系统性风险，保护投资者却至关重要。历史上多次金融危机，其引发原因虽然不止一种，但信息不透明历来都是其中之一。若一个规制者没有掌握到充分的信息，就不可能有能力与被规制对象进行持续的重要的谈话，更不可能具备挑战和规制一个企业的能力。由此，规制者必须掌握充分的信息资源。

3. 规制人员需要具备足够的专业知识和独立的思考能力

规制者在考虑雇佣人员时，必须要考虑申请者是否具备相关行业背景和法律知识，能够快速应对金融行业的复杂性和多变性。除此之外，还要考察该申请者是否拥有足够的自信以及独立性，从而使他们在面对拥有很多社会资源的金融行业被规制者，能够继续保持他们独特的社会角色，不至于被利益集团俘获，从而不能尽职履行其规制职责。最后，当我们在设计整个金融信息披露行政规制体系的时候，切记不要过于复杂，否则会使得规制者难以实施。而明确的规则，以及合同术语的标准化和其类似的立法技术可以帮助更好地利用规制资源，提升规制效率。①

（三）加强规制过程的多元性和包容性

若在规制体系中更为加重原则性规制的比重，则需要根据原则性规制的特征，对规制体系进行一定的完善的改进。我们知道原则性规制是一种较为开放的规制模式，如果仅仅根据僵化的技术性细则，无法与被规制者保持长久的对话和沟通，将无法发挥该规制方式的作用。其生命力的发挥以及正当性的获得在于其与被规制者之间基于一种务实的、在长久的协商和合作过程中获取的经验，并将这种经验能够运用于规制实践过程之中，以求规制目标的有效实现。这种广泛的参与以及合作的过

① 参见 Cristie Ford. ‘Principles-Based Securities Regulation in the Wake of the Global Financial Crisis’［J］. McGill Law Journal. 299（2010）.

程，并非一朝一夕可以形成，需要其他的条件加以保障。对于原则的实现，必须要辅之以一定的规则，且对该原则进行细节性的补充和阐释也相当重要。这部分工作，通常是由一线的规制机构来进行的。而这样一个解释共同体的存续，必须要基于一定程度的信任以及共识。在此过程中，多元性以及包容性则显得相当重要。缺乏了多元性，该过程很容易其他利益方所俘获；而缺失了包容性，整个过程则不可能从对抗真正走向合作。除此之外，如果声音过于一致，则会大大限制整个规制体系的灵活程度和想象力，对于变化多端且极其复杂的现代金融市场，是无法跟上其发展节奏的。后危机时代证券衍生交易信息披露制度改革的动向表明，以投资者为中心、致力于满足投资者的信息需求有可能成为未来证券信息披露制度改革的新方向。[①] 因此，在整个规制过程中，需要更多加入多元的利益代表，真正能够倾听来自各方的声音，才能使整个规制过程更具备民主性和开放性，从而增加其合法性。

（四）更多参与金融规制国际机制的设计

前文述及，当今世界早已进入资讯社会，而信息技术的发展更进一步加深了经济一体化的程度，迈向区域化、共同体化和全球化。这是一个不可逆的历史潮流，在此形势下，各国都无法做到独善其身。鉴于各国经济中金融业所占比重之大，该行业的健康稳定发展对国家的宏观经济影响巨大。而当今社会，资本等生产要素在全球流通的便利度使得各国都必须努力在各项制度中更好回应全球化所带来的各种挑战，才能在激烈的国际竞争中立足。笔者认为，虽然目前我国与发达国家相比，还有诸多劣势，但我国国家实力正逐步增强，国家地位正稳步上升，且在国际社会拥有毋庸置疑的大国影响力，总是被动地去遵从发达国家设计的国际机制，并不足以很好保障我国投资者的合法权益，不利于增强我国经济的竞争力。因此，我们需要正视中国在世界的位置。此处，笔者所谓“正视”，并非是我们曾经过高估计了自身的实力，正相反，笔者认为，我们完全有理由更为自信。中华民族拥有完全可以比肩其他国家

---

① 窦鹏娟．证券信息披露的投资者中心原则及其构想——以证券衍生交易为例［J］．金融经济学研究，2015，06：60－71。

和地区的未曾断裂的文明，且中国如今更以不容世界任何国家可以忽视的整体实力和负责任的大国姿态，立足于世界之林。我们应该更多地参与各种国际机制的设计，在世界事务中发挥更为重要的作用。一方面，只有真正参与到国际机制的设计之中，才能更好地使我国国民以及国家的利益得到代表；另一方面，国际机制的设计者本身就应该更为多样化，能够代表多元利益，才能使其更少被扭曲，获得更大的正当性，从而加强其可接受性，继而在该领域中发挥更大的作用。

结　语

在经济一体化的国际金融市场中，在能够保障本国金融以及经济安全和稳定的同时，必须要能够逐步提高我国自身的竞争力，才能够使我国的金融市场具备足够的吸引力，防止本国的资源过度流出，保障资源的安全性，也是促进我国经济发展的重要环节。金融市场的安全稳健发展，必须有一整套与之相契合的金融行政规制体系。而金融信息披露的行政规制是其中相当重要的一个部分。

我们知道，在一个全球化的金融市场中，市场之间的竞争以及一定程度的融合是不可阻挡的趋势。没有人能够在这个时代继续闭门造车而能够立于不败之地。因此必须对整个国际金融市场的现状及其发展趋势有极其敏锐的触觉，对于国外先进的规制经验必须能够秉持既不盲目跟随同时也能够虚心学习的心态，一定程度的借鉴和适应也是完善本国金融市场机构以及规制体系中的一个方面。因此，整个国际金融市场必然会走向一定程度的趋同，这也是整个时代的发展趋势。

但与此同时，也要清醒地认识到，西方发达国家金融市场的经验及其行政规制的体系并非是普适性的。世界几乎所有国家都曾经在现代化是否等同于西方化上有过强烈的争论，同时对于西方文明是否具有普适性，也曾有过很大的分歧。但历史已经向我们证明，中华文明足以比肩于世界其他文明，西方的价值并不具有普适性。而一个制度若要能够在一片土壤上深深扎根且获得持久的生命力，必须要能够契合当地的体制、历史文化、法制传统和民情。因此，制度的完善绝不等同于制度的移植，首先要考虑的则是本国的特殊性。

在考虑我国金融信息披露行政规制体系的发展路径时，必须要考虑我国整个金融体制的特点以及更宏观的整个国家政治经济体制、历史文化传统、地理人情等多方面的因素。我国市场至今国有成分比重大，且地域极其广大，东西区域发展极其不平衡。在规则体系的设计及其适用上，都必须对此加以足够的重视。

任何制度体系的改革都需要经历漫长的过程，都伴随着固定利益格局一定程度的打破，总会有人欢喜有人忧。但若要能够实现金融市场繁荣稳定发展的目标，则必须要能够顺应整个时代发展的趋势，清醒独立地作出适合我国国情的判断，且能够坚定不移地走下去。笔者相信，历史悠久的中华文明以及勤劳智慧的中华儿女能够克服所有前进过程中的困难，实现中华民族的伟大复兴。

附录一

理解金融规制（节选）

埃里克·J·潘[①]

苗　勇　译评　黄莉娜　审校

摘要

这篇论文提供了金融规制的解释，也就是聚焦于金融规制机构所运用的规制策略的类型。注意到在金融规制领域先前学术研究的不足，本文提出了一个金融规制策略的分类法，包括规章制定、有权机构的监督、认证和执行，并且主张规制机构在下面两种规制策略的类型之间主动地进行选择。前者是需要对规则策略类型的直接投入和对监管资源（公共的规制策略）直接消费的策略类型，后者是将规制的任务委托给私主体（私人的规制策略）的策略类型。这个选择影响金融规制的性质和效果，包括金融规

① 埃里克·J·潘副教授，2012年离职于纽约的本杰明卡多佐北路法学院，现为美国证券交易委员会国际事务办公室副主任，地址：华盛顿哥伦比亚特区；电子邮箱地址：epan@ yu. edu。作者感谢来自布鲁克林法学院、卡多佐法学院、辛辛那提法学院、南卫理公会大学法学院、范德比尔特法学院参与研讨会的教师们的建设性的意见；也感谢 Ari Fontecchio，Arielle Katzman，Lauren Myers 和 Val Myteberi 在研究方面的宝贵的支持。本文差不多是作者在卡多佐法学院任职时完成的，这个时间是到美国证券交易委员会就职之前。作为政策机构，美国证券交易委员会不对任何个人名义的出版物或者其工作人员的文字陈述承担责任。本文所表达的观点是作者的观点，不代表委员会或者作者在委员会的同事或其他工作人员的观点。

制在依赖自我调节、主管人和私权利人的行为方面的程度，和其他的私人策略以及私人团体所涉及的私人策略的利益与公共利益一致的方式。因为公共和私人规制策略的最大不同是规制机构的直接成本，所以本文进一步主张获得怎样的资源是金融规制机构选择规制策略类型的首要决定因素。

本文进而探究了金融规制受资源约束的两种含义。第一种含义是对著名的“规制活动的正弦曲线”的一个解释，这条曲线反映的是金融危机或金融丑闻前后规制活动的力度由弱到强的一个循环模式。在任何这样的金融危机或金融丑闻的善后工作中，规制机构面临强大的压力去证明它们对金融市场有掌控能力，并且因此更多依赖公共的规制策略，这种策略给规制机构更大的可预见性和控制力。然而，要面对的问题是资源受限制迫使规制机构去寻找更划算的规制策略，同时促使它们去更多地依赖私人的规制策略。第二种含义是指当规制者不能轻而易举地运用私人规制策略时，例如在系统风险规制的情况下，所发生的事态。在资源受限制的情况下，规制机构求助于“不那么能解决问题的”公共规制策略，这些公共的规制策略成本较低但是没有经过精心设计，例如制定方案来设立狭义银行，而不是以限制银行手续费和金融机构的规模等其他的规制策略来取代。

第一部分　概述

本文探究金融机构如何进行金融规制。令人惊讶的是很少有学术研究对金融规制机构做什么进行探究，相反，更多的学术是探索和研究规制的重要性及其运用[①]。必要的第一步是建立这样的理论，即在金融机构系统内部如何改善金融规制和促进它们的合作以及协调它们的分工。

本文探究规制机构所运用的规制策略的类型，探究当规制机构实施一个具体的策略时所承担的职责。并且最重要的是，本文考察当规制机构调用一个规制策略时所面临的选择。

鉴于金融规制在近期全球性金融危机中所发挥的作用，来研究金融规

① 参见下文第二部分的A。

制是再贴切不过了。前美联储主席本·伯南克在2010年1月评论说，近期危机的主要教训是对“更好更高明”的金融规制的选择与实施的需要①。

① 参见美国联邦储备委员会主席本·伯南克在美国经济学协会年会上题为“货币政策和房地产泡沫（2010年1月3日）”的主旨演讲，详情可访问下面的网址 http：//www. federalreserve. gov/newsevents/speech/beranke20100103a. htm。

伯南克主席的说辞虽然说明了我们对金融规制的理解确有不足之处，但是没有太大的现实意义。拥有“更好更高明”的金融规制意味着什么？或许意味着更多的规制。在近期有关金融规制改革的争论中，政策制定者和金融规制机构通常会谈到金融规制体系的漏洞以及用新的规制来弥补那些漏洞的需要。例如，参见美国证券交易委员会主席 Mary L. Schapiro 女士在美国商会的资本市场竞争力中心所作的题为“向前推进：下一阶段的金融规制的改革（2010年7月27日）”的主旨演讲，详情可访问下面的网址 http：//www. sec. gov/news/speech/2010/spch072710mls. htm（高度评价《多德－华尔街改革和消费者保护法案》如何弥补大量的美国金融监管体系的漏洞）。换句话说，这意味着更艰巨的规制。她认为引起金融危机和金融丑闻的原因不是金融规制的范围，而是对那些受规制主体规制的强度不够。因此，一些规制机构表态会作出在被认为规制较少的领域增加规制的努力。例如，参见 Nout Wellink《超越危机：巴塞尔委员会至关重要的答复》（法国银行金融稳定评论，2009年9月，第123页第32段），详情可访问下面的网址 http：//www. banque. france. fr/fileadmin/user-upload/banque-de-france/publications/Revue_ de_ la_ stabilite_ financiere/rsf_ 0909. pdf（探讨增加银行流动性缓冲区、资本缓冲的需要，并加强风险管理和监督）；英国金融服务管理局的首席执行官 Hector Sants. 在英国企业财务长公会题为“金融规制面临的挑战（2009年5月14日）”的演讲，详情可访问下面的网址 http：//www. fsa. gov. uk/library/communication/speeches/2009/0514_ hs. shtml（探讨英国金融服务管理局的新强化监督模式以及新的流动性和资本监管，这将要求优质且明确流动的资产有更大的缓冲并且将为银行金融机构延长其负债的期限建立激励机制）。第三个理解是更好更高明的规制意味着更大力度地实施规制。这一解释认为，引起金融危机和丑闻的原因既不是新闻报道也不是严格要求所导致，而是金融规制机构的失败，它们没能确保金融市场的参加者们遵守现有的规制措施，也没能在这些金融市场的参加者们不遵守现有的规制措施时让他们面临相应的处罚。例如，参见巴拉克·奥巴马，签署《多德－华尔街改革和消费者保护法案》（2010年7月21日）时的讲话，详情可访问下面的网址 http：//m. whitehouse. gov/the-press-office/remarks-president-signing-dodd-frank-wall-street-reform-and-consumer-protection-act/（“多年以来，我们的金融业被落后且执行不力的制度统治着，这种旧制度允许一些金融市场的参加者在制度的规制之内以玩游戏的态度铤而走险，这危及到整个经济的安全。”）；美国证券交易委员会的专员 Elisse B. Walter 在国际银行家协会所作的题为“帮助指导金融监管改革的原则（2009年3月2日）”的评论报告，详情可访问下面的网址 http：//www. sec. gov/news/speech/2009/spch030209ebw. htm。（严厉的执行是极重要的，特别是在像下面的时刻，即当投资者的信心已经被严重动摇时。执行是最明白可见的方式，通过这种方式，委员会确保市场的参加者们清楚法律行为的界限，同时威慑潜在的违法者和惯犯突破那些界限。）

伯南克主席不是担任此职位的唯一的资深政策制定者。在欧洲和美国，国家领导人已经呼吁更强有力的对金融市场的规制①。国会已经通过了新的法律来促进规制，最令人瞩目的2010年7月的《多德—华尔街改革和消费者保护法案》，其强化并增加了金融规制机构的权力和责任②。政策制定者对于规制机构能使得我们的金融市场更安全更有效力正在下大的赌注。

出于使得金融规制更好更高明的愿望，政策制定者们已经提出了多种建议，来应对许多人已经察觉到的引起上一次金融危机的监管中的不足③。由于来自公众和政治当局的强大压力，金融监管者已经接受了这

① 例如，参见 Gordon Brown & Nicolas Sarkozy 对全球金融和全球规制的看法，见2009年12月9日的《华尔街日报》（“更好的规制和监管是这样的一些方式，通过这样的方式，从长远看对纳税人的风险会得到消减。”），学术论文已经支持了这样的观点，即强有力的金融法（以及这些法律的实施）对金融市场的成长来说是至关重要的。可参见 Rafael La Porta 等人的《法律与金融》，《经济学与政治经济学杂志》，1113，1151－52（1998）。

② 例如，参见《2010弗兰克华尔街改革和消费者保护法案》Pub. L. No. 111－203，124 Stat. 1376；《理事会就欧洲系统风险委员会的职能决定委托欧洲中央银行以具体任务的意见》COM（2009）500 final（2009年9月23日），详情可访问下面的网址 http：//ec. europa. eu/intemal-market/finances/docs/committees/supervision/20090923/com2009_ 500_ en. pdf；对于欧洲议会和理事会修改指令的官方指示的建议 1998/26/EC，2002/87/EC，2003/6/EC，2003/41/EC，2003/71/EC，2004/39/EC，2004/109/EC，2005/60/EC，2006/48/EC，2006/49/ED 和 2009/65/EC 欧洲银行管理局，欧洲保险和职业养老金管理局以及欧洲证券和市场管理局，COM（2009）final 576（2009年10月26日），详情可访问下面的网址 http：//ec. europa. eu/internalmarket/finances/docs/committees/supervision/20091026_ 576_ en. pdf。

③ 例如，在一定程度上，影子银行系统不在传统的银行规制机构的监管范围之内，金融规制机构提议将监管范围延伸到影子银行系统。影子银行系统泛指非银行金融系统，它们活跃在借贷信用领域但不受监管。《多德－华尔街改革和消费者保护法案》建立了一个新的金融稳定监管委员会。金融稳定监管委员会有能力确认指明特定的非银行金融系统，包括对冲基金，资产管理公司和对系统有重要影响的私人股权投资基金。这样的指定确认将使上述公司受到联邦储备委员会的监管。参见 Morgan Ricks 的《影子银行系统及其金融规制》（2010年370号哥伦比亚大学法律与经济工作论文）。详情可访问下面的网址 http：//ssm. com/abstract－1571290/（探究要求非银行金融机构受审慎的监督之价值）。在这个意义上，我们认为，现有的对资本的要求提供不了足够的保护以对抗对金融体系的震荡，金融规制机构提议增加资本的充足率要求。参见财政部的《财政、金融监管改革：一个崭新的基础》

些建议，来表明他们准备并有能力阻止下一次金融危机①。然而，政策制定者们还没有以系统化的方式提出这些建议。本文将呈现这样的改革建议措施，如何在一个有原创性的金融规制策略的框架内得到适应，以及反过来，采用这个框架将如何帮助金融规制者们以更加体系化的方式建构出金融规制的改革措施②。

金融规制机构面临着两个关键性的决策。其一，他们必须就恰当的规制策略作出决定。本文的第一个价值是通过呈现一个基本的金融规制策略的分类法来给出我们对金融规制的理解。根据这个分类法，金融规制包括规章制定、有权机构的监督、认证和执行。

其二，金融规制机构面临着另外一个同等重要的决策。他们必须在两种规制策略中选择其一，要么是需要规制机构的直接投入和对监管资源的直接消费的策略类型，即本文所称的“公共的规制策略”，要么是将规制的任务委托给私主体的策略类型，即本文所称的“私人的规制策

（接上页）（2009），可访问 http：//www. treasury. gov/initiatives/Documents/FinalReportweb. pdf；在服务系统中寻找作者，参见论文 No. 09/29，加强资本的标准设定（2009），详情可访问下面的网址 http：//www. fsa. gov. uk/pubs/cp/cp09_ 29. pdf；新闻稿，巴塞尔评论银行业监管、集团理事会和监管负责人宣布更高的全球最低资本标准（2010 年 9 月 12 日），详情可访问下面的网址 http：//www. bis. org/press/pl00912. pdf/（宣布巴塞尔协议三就提高资本充足率要求达成一致）。在一定范围内，规制机构没有被发现察觉到了大型金融机构要承担的风险，规制机构建议聘用更多的管理者并对铤而走险的公司实施更严厉的制裁。例如，搜寻并参见作者的讨论文献：对全球银行业危机监管的回应（2009），可访问下面的网址获得 http：//fic. wharton. upenn. edu/fic/Policy%20page/dp09_ 02. pdf（公布到 2009 年第二季度时，英国金融服务管理局通过招聘和内部员工的调整的意图是聘用额外的 200 名监管者作为其“加强监管项目”的一部分）。在美国，奥巴马总统建议增加美国证券交易委员会 2011 年的预算至 12%（总计 12. 58 亿美元），这意味着允许美国证券交易委员会增加原来员工总数 10%。美国证券交易委员会的监督：《评估当前的改革和未来的挑战：在美国国会资本市场与政府资助企业小组委员会的听证会上》，1llth Cong. 16（2010）（美国证券交易委员会主席 Mary L. Schapirod 的证词）。

① Roberta Romano 已经就对“安然和世通丑闻”中政治的过度反应发表意见，这一过度反应导致了 2002 年“萨班斯 – 奥克斯利法案”中设计糟糕且无用的公司治理改革。例如，参见 Roberta Romano：“萨班斯 – 奥克斯利法案”和公司治理的进展，114 YALE L. J. 1521，1543 –94（2005）。

② 附录 A 显示了有多少“多德 – 弗兰克法案”的条款符合本文中详细阐述过的监督框架。

略”。选择哪一个决策会极大地影响金融规制的性质和效果，包括金融规制在依赖主动调节、规制主管人和私权利人行为方面的程度，和其他的私人策略以及私人团体所涉及的私人策略的利益与公共利益一致的方式。

公共的和私人的这两种规制策略的最大不同是对规制机构的直接成本——公共的规制策略的成本比私人的规制策略的成本高得多。出于资源有限的考虑，比起公共的规制策略，规制机构更愿意选择私人的规制策略。这样，本文的第二个价值是对“资源有限的影响对金融规制机构选择规制策略的类型”进行的探究。

本文进而探究了资源受限在促使选择何种规制策略方面所起作用的两种含义。第一种含义是对著名的“规制活动的正弦曲线”的一个替代性解释，这条曲线反映的是金融危机或金融丑闻前后规制活动的力度由弱到强的一个循环模式。在任何这样的金融危机或金融丑闻的善后工作中，规制机构面临强大的压力去证明它们对金融市场有掌控能力，并且因此更多依赖公共的规制策略，这种策略给规制机构更大的可预见性和控制力。然而，要面对的问题是资源受限制迫使规制机构去寻找更划算的规制策略，同时促使它们去更多地依赖私人的规制策略。

本文也探究当监管者不能指望私人规制策略时的情形。考虑到系统地规制重要的金融机构的问题，私人的规制策略对规制机构的作用是有限的，因为在确定私人公司的行为是否可能导致金融体系稳定性的减损问题上，私权利人缺乏辨认方面的可靠性。而公共的规制策略在资源受限的情况下对规制机构来说，要合适得多。因此，规制机构求助于“不那么能解决问题的”公共规制策略，这些公共的规制策略成本较低，但是没有经过精心设计，比如建议设立狭义银行。规制机构可能也寻求传统的金融规制策略之外的解决方案，例如限制银行手续费和金融机构的规模[①]。设立狭义银行、限制银行手续费和金融机构的规模已经被认为

① 参见国际货币基金组织，财政部门的公平和实质性的贡献：G－20 的最终报告，9－10（2010），详情可访问下面的网址 http：//www.imf.org/extemal/np/g20/pdf/062710b.pdf。

是在金融规制改革中容易引起争议的方案[1]。然而，在资源受限的情况下来考量，在公共的和私人的规制策略之间进行选择时，这些方案的魅力就变得相当明显了。

综上所述，本文旨在主动去提供一个从金融规制机构的视角去理解金融规制如何运作的框架。对金融规制机构来说，金融规制是关于选择最恰当的规制策略的问题。在这个意义上，公众期待金融规制机构去阻止下一次金融危机的发生——并且，也在这个意义上，我们准备让金融规制机构负有责任，如果他们不负责任的话——学术界开始探究规制机构所做出的决策的性质及其背后的原因以及那些决策对我们的金融规制体系意味着什么，这一点是尤为重要的。

【评论】

通常认为，金融规制是金融规制机构干预金融市场以防范金融危机或金融脆弱性的发生来保持金融稳定的制度安排，规制的操作频繁且经常性地游离于自由市场和法律之间。

的确，现代社会的金融规制缘起于金融危机。金融危机，犹如平静的湖面上被投下的一枚石子，瞬间激起千万波澜，通货膨胀、企业倒闭、经济困境波及全球范围，余波难熄，让金融市场瘫痪甚至崩盘的同时，也让社会经历阵痛，更让普通人在日常开支上一再思量、一再缩减。对金融进行规制成为必由之路。

进行金融规制需要更大范围的联合行动和频繁的交流与互动。金融危机是金融市场的危机，在经济全球化的今天，在地球村的背景下，任何国家或地区的金融市场发生波动，哪怕甚至像“蝴蝶效应”那样轻描淡写的一笔，也会让不止一个国家的金融市场难以独善其身。2008年的金融危机再次告诉我们这个不争的事实：国家或地区之间都是“同呼吸”的命运共同体。在应对危机的过程中，无论单独的国家还是国际组织都需要各展拳脚，“亡羊补牢”般的事后救济是必要的，危机之后的“居安思危”和防止悲剧的再次上演显得弥足重要。从全球层面的

① 参见 Hal S. Scott：美国金融体系系统风险的降低，33 HARV. J. L. & PUB. POL’Y 671, 676 - 77（2010）。

国际货币基金组织、世界银行，到地区层面的欧洲银行管理局，再到国家层面的（美国）证券交易委员会、（美国）消费者金融保护局、（美国）中央银行及其政要，在提出各自金融规制策略的同时，也更加注重跨国的经验交流与合作。在金融规制层面，更大范围的开放性交流与互动变得像吃饭和睡觉一样自然而且必须了。

译者认为，将游离于自由市场和法律之间的金融规制的作业纳入行政法的规范之中是必要的。这是由行政法的制度价值决定的。我国学界一般认为，行政法在法律体系中的地位仅次于宪法，除具有指引、评价、预测、教育和强制等法的规范作用和其他部门法共同调整社会关系之外，行政法还具有自身独特的价值。一方面，行政法蕴含着规范行政权、促进行政管理和服务有效实施的价值，表现为行政法通过确认行政权的相对独立性来确认行政权由行政主体而不是其他国家机关享有和行使，进而使得行政权的运行“名正言顺”。另一方面，行政法更承载着以限制和规范权力的运行来保护公民、组织的合法权益的价值。限制和规范权力运行是行政法制度建构和运行的初衷；保护公民、组织的合法权益是法的公平和正义的价值取向在行政法上的落实，这需要建构并进而完善监督行政法律关系和行政程序法律关系的配套机制，作为制度安排来契合行政法保障行政管理的有效实施。

将金融规制的作业纳入行政法的规范之中是由金融规制自身的特性决定的。从语词的构成语素来看，规制可以被解释为“规范和管制”。就规范而言，金融系统内部的道德自律显然是必要的，但就外部规制来说，法律显然更加具有胜任规制的内在规定性，将金融规制的作业纳入行政法的规范之中，法律的普遍性、国家强制力、权利义务的对等性和正当程序对于恣意的强有力限制等特质，使得法律在诸多规制手段中更加具有变现的魅力。就管制而言，金融治理又带有浓厚的行政管理色彩，将金融规制的作业纳入行政法的规范之中，从行政规制的角度来注解并进而建构金融规制体系也不失为一个绝佳的视角。

对金融规制而言，管理和服务的作业量是庞大的，作业的内容是琐碎且艰巨的。而管理和服务离不开行政法的规范及其有效的实施。将金融规制的作业纳入行政法的规范之中，一方面在确认和赋予金融规制机构管理和服务权能的同时规范金融规制机构的规制权，来促进金融规制的管理及其有效实施；另一方面，对金融规制而言，更需要保护被规制主体的合法权利和利益。规制在很大程度上是一种管理活动的操作与作业，其间的自由裁量权的幅度足够大，以至于规制中的恣意难以避免，这就为“打着规制的旗号”不动声色地侵害被规制主体的权益提供了寄生的空间。这时，在金融规制中嵌入行政法的合理性原则（具体体现为公开原则、公正原则、比例原则、信赖保护原则以及尊重和保障人权原则），要求金融规制机构不仅应当按照法律、法规规定的条件、种类和幅度范围作出规制的决定，而且要求这种决定应符合法律的意图和精神，符合公平正义等法律理性对金融规制的进一步规制。

通过上述分析，译者深切地体会到，吸收了一种好的制度就是生长出了一种好的理念。将金融规制的作业纳入行政法的规范之中，行政法的价值理念的温度便被传递到了规制的操作中，在规范金融机构的规制活动的同时，也让被规制主体感受到了制度的温暖，真善美的光辉借此得以彰显。

译者认为，在金融规制中应当重视对“影子银行系统”的规制。从金融的内涵和外延来看，最容易被忽视的是作者在文中提及的“影子银行系统”，正如其名一样，似乎因为一直“活在”类似影子的黯淡时空里而不会轻而易举地被“明察秋毫”，也正如其名一样，会有意无意地把自身带有的“影子”般的内在规定的负能量表现出来，在一次次地不被察觉中铤而走险，一次次地企图给金融体系这个完整的链条打开缺口，让整个体系面临健康肌体被蚕食的厄运，所以“影子银行系统”可以作为规制策略建构或聚焦的重点。

从规制策略的建构来看，无论采取分离的策略还是分类的探究，都要植入类似法律程序的机制来规范每一个关卡，乃至每一个环节，都要考量规制的主体、被规制的对象、主体和对象的行为、全球化和信息化等关键点来谋篇布局。

埃里克·J·潘副教授的《理解金融规制》就是以金融危机为底色、围绕上述关键点来展开的。他曾在纽约的本杰明卡多佐北路法学院任教，之后在美国证券交易委员会国际事务办公室任职。也就是说，他在理论与实践之间游刃有余地切换的个人绝佳际遇的因，种下了他出色完成本文的果。

作者以“金融规制机构”为意象，渐次展开了有关“规制”的叙事，旨在提供一个从金融规制机构的视角去理解金融规制如何运作的框架。具体来说，作者首先采用分类学的方法，将规制策略解构为公共的规制策略和私人的规制策略这两个子策略，并认为对于金融规制机构来说，金融规制是关于选择最恰当的规制策略的问题，接着界定金融规制机构所做决策的性质并窥探其背后的原因，进而梳理规制机构的决策对金融规制体系的影响并尝试让金融规制机构为其失败的策略选择承担责任。

本文的特色有二：一是理论上的创新，表现为作者从规制策略的权力属性这一视角作为突破口，采用分类的方法将规制策略分解为公共的规制策略和私人的规制策略，这突破了传统规制理论将规制区分为社会规制和经济规制的藩篱，下文进一步的理论建构因此得以渐次生成。二是大量的注释对作者观点的强有力支撑，作者兼具理论和实践双重背景的优势明显地被注释中的文字绚烂地诉说着。

读罢此文，译者对“金融规制”的关切弥漫在文章的每一处，让人感怀作者对制度建构的怜爱之心。

附录二

金融行动特别工作组与国际行政法

版权所有© 2010 美国职业律师杂志 James Thuo Gathii
刘兰兰　译评　黄莉娜　审校

引言

本文主要研究金融行动特别工作组（FATF）作为一个国际组织的法律制定权以及当下其逐渐被纳入G20全球金融改革框架后的工作整合情况。FATF的改革使其成为一个周旋于政府和专业机构间的终端机构。在此背景下，本文主要讨论该机构在各国间以实施法律改革的方式来对抗洗钱和恐怖主义所引发的几个问题。

FATF打击洗钱和恐怖主义的改革引起了法律界的高度讨论，例如，美国律师协会以及2008年10月的律师指导会就导致反洗钱40项建议和反恐融资9项特别建议在美国实施推迟。相比之下，关于FATF反洗钱和反恐融资法律在发展中国家引起的讨论很少。在发展中国家，FATF的改革措施主要通过资助、援助计划和培训政府官员来推进，而房地产业、律师业以及会计师业等非政府领域几乎完全被排除在外。最近，肯尼亚已经开始通过立法实施FATF反洗钱相关规则，但美国律师协会内部对此的讨论仍在继续，而在欧盟，甚至还没有成员国开始考虑根据FATF的反洗钱和反恐融资规则对其律师业、房地产业或其他的重要领域设定类似的义务，本文将对这些情况进行具体的分析比较。

FATF 背景介绍

FATF 是七国集团在 1989 年成立的、旨在使世界范围更好地开展反洗钱行动的组织，现在有 36 个成员。2001 年 10 月，其职权被拓宽至“反恐怖主义融资”[①]。2008 年 10 月，FATF 的职权再一次被拓展至应对“扩散融资以及破坏国际金融系统的技术漏洞”[②]，FATF 随即提出了 40 +9 项建议，其中 40 项关于反洗钱，9 项关于反恐融资。至此 FATF 已经成为国际反洗钱及反恐融资指引性规则的制定者[③]。

目前 FATF 有 33 个成员国，其具体职权由成员国设定[④]，它隶属于世界经济合作与发展组织。FATF 并非是一个永久性的国际组织，其目前授权职权的有效性截止到 2012 年末。它不像典型的国际组织在成立时制有宪章。FATF 不能制定具有法律性质的约束性规范，其反洗钱的职权是依附于其他有影响力的国际金融组织如国际货币基金组织（IMF）以及联合国安全理事会，同时其还有具有影响力的国家和国际组织比如美国、欧盟作为其后盾。基于此，我们可以认为 FATF 的软法因为被直接纳入联合国安理会及国际货币基金组织而有条件地硬

---

① 参见 FATF/GAFI，*About the FATF*，见于 http：//www. fatf-gafi. org/pages/0，3417，en_ 32250379_ 32236836_ 1_ 1111，00. html。

② FATF，修订后的职权 2008 – 2012（2008 年 4 月 12 日）见于 http：//www. fatf-gafi. org/dataoecd/3/32/40433653. pdf。

③ 据 FATF 称，FATF “被美国、国际货币基金组织及世界银行认定为反洗钱和反恐融资问题的国际规则制定者。例如，联合国安全理事会 1617 号决议要求国际组织实施 FATF 制定的规则。安理会对 FATF 规则的认可对于各地区有效实施该规则是非常有帮助的因素，尤其是对于那些未加入 FATF 或 FSRB 的联合国成员国来说。” FATF 理事长，联合国安全理事会简报（2009 年 10 月 26 日），见于 http：//www. fatf-gafi. org/document/49/0，3343，en_ 32250379 32236879_ 439488491_ I_ 1，00. html（以下简称“安理会简报”）。

④ FATF 是部长级委员会。

化了[①]。鉴于 FATF 的一个重要作用就是鉴别洗钱和恐怖主义者融资的危害，那么其与安理会之间的联系也就不足为奇了。[②]

FATF 的工作与安理会的反恐怖主义委员会和 1267 制裁委员会联系非常紧密，这两个机构就当下世界范围内的反恐怖主义行动都有着全面的授权[③]。为此，FATF 为了实施联合国反恐融资的决议提出了 9 项特别建议，要求各地区：

（1）贯彻实施联合国反恐融资公约以及联合国安理会 1267、1373 号决议；

（2）将与恐怖活动相关的融资入刑；

（3）建立相应没收和冻结恐怖分子资产的机制；

（4）引入与恐怖活动融资有关的交易报告制度；

（5）建立恐怖活动融资案件的引渡和司法协助机制；

（6）采取措施防止替代汇款系统的滥用；

（7）要求银行提交每项交易的收款人信息；

（8）确保非盈利组织不被滥用；

---

① 参见 http://www.fatf-gafi.org/document/49/0，3343，en_ 32250379 32236879_ 439488491_ I_ 1，00.html（从该文可以看出 FATF 已经意识到安理会的强制性决议很有可能使其规则具有强制性）。另参见 *MARK POLLACK & GREGORY SHAFFER, THE INTERNATIONAL LAW AND POLITICS OF GENETICALLY MODIFIED FOODS*（2009）（该文论证了非强制性规范如何通过被有强制力的国际组织采用而变得具有强制性，例如，国际食品法典委员会的非强制性规范就被采纳入了 WTO 具有强制性的法律框架内）。

② 修订后的职权 2008 – 2012，见于 http://www.fatf-gafi.org/dataoecd/3/32/40433653.pdf。

③ 据 FATF 称，“我们非常重视与联合国的合作，尤其是与反恐委员会以及其执行董事会、1267 委员会、1540 委员会以及位于维也纳的联合国毒品和犯罪问题办公室”，安理会简报，同上引，参见 http://www.fatf-gafi.org/document/49/0，3343，en_ 32250379。32236879_ 439488491_ I_ 1，00.html。1267 制裁委员会由安理会 1999 年 10 月作出的 1267 号决议成立，旨在监督当时被塔利班控制的阿富汗对制裁措施的遵守。然而，由 1267 制裁委员会监督的事项，由最初的该决议规定的飞行禁令和资产冻结被 2000 年 1333 号决议扩大到武器禁运和资产冻结。“2002 年 1 月，安理会将该委员会的职权扩大至允许其对各国是否遵守针对塔利班、基地组织、或世界任何各地他们的支持者的制裁措施进行检查（1455 号决议）”，Jose E Alvarez，作为法律制定者的国际组织，174 – 175（2005）。

(9) 采取措施侦查跨境现金走私。[①]

同样，联合国安理会1617号决议也认可了FATF的40+9项建议。[②] FATF前理事长曾指出FATF“对于联合国1617号安全决议(2005)的出台非常认可……(而且这项决议是)全球范围内有效实施(FATF)建议的重要一步”[③]。

如前所述，FATF成立的最初目的在于构建立法、金融和执法政策以应对洗钱活动。FATF行使着规则制定者的角色并称其制定的规则“综合平衡了FATF所必须的稳定性，同时也考虑了应对现实与威胁发展变化必要的灵活性”[④]。同时FATF对其40+9项建议的解释和指导说明也是一种隐性的立法过程[⑤]。

为了支持其规则制定者的地位，FATF通过一系列行动努力确保其规则被有效遵守。FATF向其成员和非成员推介其反洗钱法律和政策，以引起“改革国家立法及监管的政治意愿”[⑥]，从而以此来达到其规则被遵守的目的。从这个意义上说，FATF将自身看作一个政策制定主体，并密切关注其规则被贯彻的情况、帮助各国实施其规则。它还通过被其称为成员国互评的活动建立其规则实施的评价机制[⑦]。对于其联合成员，主要是欧洲以外的第三世界国家，FATF建立了FATF式区域网络

---

① 参见http://www.fatf-gafi.org/document/49/0，3343，en_ 32250379 32236879_ 439488491_ I_ 1，00.html。

② 1617号决议S/RES/1617 (2005) (2005年7月29日) 第7段“强烈要求所有成员国贯彻实施体现在FATF反洗钱四十项建议和反恐融资九项特别建议中的综合性国际规则”，同上引。有评论员认为，这种认可无异于使得这些规则成为了国际法，这种看法是错误的。参见Kenneth S. Blazejewski，*The FATF And Its Institutional Partners: Improving the Effectiveness And Accountability of TransGovernmental Networks*，22 TEMP. INT'L & Comp. L. J. 59 (2008)。

③ Kader Asmal，Foreword，*FATF Annual Report* 2005－2006.

④ 修订后的职权2008－2012，参见http://www.fatf-gafi.org/dataoecd/3/32/40433653.pdf。

⑤ 参见FATF，The Interpretive Notes to the Special Recommendations (SR) on Terrorist Financing (TF)，见于http://www.fatf－gafi.org/document/53/0，3343，en_ 32250379_ 32236947_ 34261877_ 1_ 1_ 1_ 1，00.html。

⑥ 参见FATF/GAFI，*About the FATF*，见于http://www.fatf-gafi.org/pages/0，3417，en_ 32250379_ 32236836_ 1_ 1111，00.html。

⑦ 2010年印度成为FATF的第36个成员。

作为互评机制的平台[①]。不符合 FATF 规则的国家将被认定为不执行反洗钱、反恐融资法律或 FATF 建议、政策相关规定的不合作国家或地区。如 2000 年，5 个加勒比地区的国家就被认定为不合作国家而被列入其黑名单[②]。

FATF 建立了一项新的评价机制，被称为国际合作评价小组（“ICRG”），其成立这个小组的原因在于，FATF 认为确立一个全球范围内的统一实施标准去执行其规则，更有利于促进单个国家遵守其规则。FTAF 称，全球统一的实施方式可以确保一个国家遵循规则的效果不因为另一个国家的不遵守而被削弱[③]。截至其 2009 年 9 月份的最后评估，FATF 规则被成员国采纳适用的比例仅仅为 25%[④]。

作为国际行政法 FATF 规则

许多国际组织的工作（“IOs”），如 FATF，和国内行政机关所开展的工作很相似。其有些类似于行政管理机构，但国际组织所影响

---

① 其联合成员有亚太反洗钱小组；加勒比地区金融行动特别工作组；欧洲反洗钱与反恐融资评价专家委员理事会；南美和中东反洗钱金融行动特别工作组以及北美金融行动特别工作组。FATF 还有观察员和组织如地区发展银行。更多请参见：FATF，*Members and Observers*，见于 http：//www. fatf－gafi. org/pages/0，3417，en_ 32250379_ 32236869_ 11111，00. html。

② 参见 Jason Ennis，*Cleaning Up the Beaches：The Caribbean Response to the FATF's Review to Identify Non-Cooperative Countries or Territories*，8 L. & Bus. REV. OF THE AM. 637（2002）。

③ 安理会简报，见于 http：//www. fatf-gafi. org/document/49/0，3343，en_ 32250379 32236879_ 439488491_ I_ 1，00. html。

④ 根据 FATF“截至 2009 年 9 月上旬，FATF、FSRB、IMF 及世界银行共对 129 个地区进行了评估。其中，30 个地区有效地实施了联合国反恐融资公约以及联合国安理会 1267、1373 号决议，99 个地区没有有效实施。同时，在 129 个被评估地区中，只有 21 个地区建有有效的系统能够冻结恐怖分子的资产，108 个地区没有。对 9 项特别建议的平均遵守实施比率为 25%，只比刚刚提到的联合国文件中的 2 项建议的遵守实施比率高一点”，安理会简报，见于 http：//www. fatf-gafi. org/document/49/0，3343，en_ 32250379 32236879_ 439488491_ I_ 1，00. html。

到的不仅仅是国家，还有非政府主体，包括个人和商业主体。事实上，近年来，学界已经转而倾向于将国际组织直接视作为法律的制定者①。

国际组织主要通过以下几种方式使其制定的规则实质上相当于国际行政法。第一，类似 FATF 这样的国际组织改变了国际法制定的程序——国际法不再仅仅由代表国家的外交机关制定，其还可能由国际组织中的工作人员与相关的国内机构共同制定。第二，当下国际法的内容也被国际组织改变了，现在国际法的制定不仅包含着部分针锋相对与妥协让步的条款，也包含着可能发展变化的条款，这些条款在制定时通常没有拘束力，但是在某些条件下其会产生拘束力。因此，国际组织制定法律在国际和国内都具有约束力——按当下对国际法的理解，国家不再是制定国际法的唯一主体。

FATF 出台的建议以及律师指引是国际行政法的组成部分。这是因为从很多方面来看，FATF 都类似于国内法规制定机关或者行政机构。首先，其工作人员由专家组、国际工作人员以及政府代表组成。其次，尽管这些国际组织制定的相关规定可能会影响到个人或者商业主体，但由国际组织制定的规则不要求像国内立法那样要求以条款的形式。因此，国际组织制定的规则不通过通常的国内条约批准程序就可能获得拘束力。因为这些规则是由国际组织专家而不是外交官来制定的。然而，这种不需要国内批准程序而由专家主导规则制定的情况应该避免，现在的实践做法是国际组织制定的规则都不必经过条约通常需要的批准程序。

FATF 制定国际法的这种形式，引发了对于国际组织可能被某个特殊利益团体或者特定政府主导的担忧。在本次 FATF 的规则制定时，在其 35 个成员中，代表市场经济的西方国家普遍性地参与其中，而非洲只有一个国家是其核心成员，这就意味着 FATF 的工作主要反映了这些西方国家的权益。实际上，FATF 制定法律也并不是采取代表制的形式，因为在某种程度上来说，制定规则的是其 35 个核心成员，而 IMF 却将

---

① 参见 e. g. , JOSE ALVAREZ, *INTERNATIONAL ORGANIZATIONS AS LAWMAKERS* (2005)。

这些规则普遍适用——不管这些国家是否是FATF 的成员①。FATF 区域网络中的联合成员国及其观察员也没有权利参与 FATF 建议或规则的制定，但是这些建议或规则却会下发给它们并要求其执行。也就是说，这些国家必须执行其没有参与制定的建议，它们也不像在现代行政规则制定机构中那样被通知或有机会发表自己的看法②。更严重的是，参加 FATF 规则制定的专家都是由这些西方国家聘请和任命的③。另外，这些专家还向被西方国家控制的一些国际组织如安理会、IMF 等负责。

像 FATF 这样严格意义上来说合法性存疑的国际组织，尽管其运作缺乏民主和透明度，但是却依然照常运行。国际组织尤其是经济性的国际组织如世界银行及 IMF 的权力，存在着根本的问题，不仅仅是从制定规则时没有非西方国家参与这一点上来说，更重要的是，由于这些组织被富裕国家所控制所带来的权力运用的不平等和不平衡。有观点认为，FATF，还有世界银行和 IMF 成了西方国家控制大多数发展中国家经济和社会的工具④，而这些机构本来的职能却很少发挥作用。

值得注意的是，非成员国的参与能够使在国际组织决策中未被代表的地区获得一些话语权，同样关键的是，必须建立一种协同机制，可以使弱势国家对于那些影响其权益的决议、政策及国际组织——如 FATF，有一定的控制能力。只有避免 FATF 式的法律制定形式，权力中心在作出选择时才有可能重新考虑那些无话语权相关者的诉求。FATF 所推行的系

---

① IMF 简介：*THE IMF AND THE FIGHT AGAINST MONEY LAUNDERING AND THE FINANCING or TERRORISM*（2007）。

② FATF 会议的主要参与者大多来自欧洲和美国的法律团体，最主要是欧洲，更多会议概述参见 Kevin L. Shepherd，*Guardians at the Gate：The Gatekeeper Initiative and the Risk – Based Approach for Transactional Lawyers*，43 REAL PROP.，TR. AND EST. L. J.，607（2009）（该文研究了许多 FATF 制定建议的会议。只有 2007 年在伯尔尼召开的一次会议中，有一个来自撒哈拉以南的非洲国家，参见前文，135 页）。

③ 参见 IMF，Technical Assistance on AMIJCTF，见于 http：//www. imf. org/ex-temallnp/leg/amlcft/eng/aml3. htm#capabilities（可以看到，IMF 的法律部门对于遵守 FATF 的建议提供了技术帮助）。

④ Rajagopal Balakishnan，*From Resistance to Renewal：The Third World，Social Movements and the Expansion of International Institutions*，41 HARV. INT'L L. J. 541（2000）.

列建议，造成了西方国家和非西方国家之间不公平的结果。非西方国家被要求以法律的形式去执行 FATF 的相关建议，而与此同时，大部分西方国家却正试图通过风险主导或制定规则的方法去实施 FATF 的建议，并且不设置相关罪名和其他处罚。因此，FATF 对于国家影响程度的不同及其他差异必然会不断扩大①。最后，在解决国际组织运行程序不合法时，很少考虑加权投票的机制中形式上的不平等，尤其在国际金融组织规划新自由经济改革主义的程序中，这已经成为一个关键的问题。

还需要注意的是，美国和经济合作发展组织的成员国经常将规则制定从 WTO 这样的组织转移至其他的论坛，在这些论坛中它们用自上而下的方式来强加其自己的意愿，而不给予弱势国家参与规则制定的机会。如最近美国战略开始更多的向双边条约和地区贸易合约转移，因为这样能扩大其融资能力，以避免像在 WTO 里那些发展中国家积极一致行动以应对西方强国的现象出现。另一个现象是，克林顿政府和经济合作发展组织的成员国开始将其注意力从 IMF 和 WTO 转移到那些保护美国及经济合作发展组织成员国的国际组织中，如金融稳定论坛，去解决它们所提出的某些岛国创造的税收天堂所带来的掠夺性的税收竞争。它们可以选择这样替代性的论坛，正是因为这样就可以回避政策制定中全球性谈判的政治过程。② FATF 不出意料地被内置于经济合作发展组织

---

① 律师指导 108 段，对于被认定为洗钱和恐怖主义融资风险更大的国家、被信用机构认定为缺少相应法律、域内存在资金为恐怖组织提供资助或存在严重腐败的地区，要求被制裁和禁运。参见 FATF, *RBA Guidance for Legal Professionals* at 25 (Oct. 23, 2008)，见于 http：//www. google. com/url? sa = t&source = web&ct = res&cd = 2&ved = 0CBcQFjAB&url = http% 3A% 2F% 2Fwww. fatf-gafi. org% 2Fdataoecd% 2F5%2F 58% 2F41584211. pdf&ei = VFbjS4aSLYWclgfctL3DAg&usg = AFQjCNER-aKEAjvINA77MOYjo52h2UUq7A&sig2 = XMTLG6RtDbX_ 1 - qhdBl7fA。根据该文，Kevin L. Shepherd 认为位于 Zimbabwe 的一项收购交易可以被认定为“依据地形和商业类型具有高风险”，Kevin L. Shepherd, *Guardians at the Gate*: *The Gatekeeper Initiative and the Risk-Based Approach for Transactional Lawyers*, 43 REAL PROP. , TR. AND EsT. L. J. , 607, 652 (2009)。

② Dr. Jason Sharman, Small States and Weapons of the Weak in the Global Governance of Tax and Financial Services, Australasian Political Studies Association Conference, University of Tasmania, Hobart (2003)，见于 http：//www. utas. edu. aulgovernment/APSA/JSharmanfinal. pdf。

中。没有WTO发起的审查，使得这些国际法的制定绕开了国际行政法制定程序应有的责任机制。而一些发展中国家已经开始致力将对FATF规则的监督转移至IMF的框架内，毕竟相对于在FATF中的处境来说，这些国家在IMF内还是拥有一些有限的话语权的。令人稍感意外的是，这些发展中国家一直以来对于IMF的新自由经济改革是持批判态度的。实际上，由于发展中国家需要通过IMF而不是毫不透明的FATF行使审查权，它们将会不可避免地坚持其一贯反对经济改革计划的立场。对于这些国家来说，不经其同意就被FATF规则约束的威胁已经足够说服它们去IMF中寻求审查权了①。

事实上，反洗钱和反恐融资作为G20的重要任务可能非常好地反映了Jose Alvarez所提到的霸权型国际法②——一系列反映在国际金融系统中占主导地位者利益的规则。2009年9月在匹兹堡召开的G20会议上，反洗钱和反恐融资已经作为FATF被认可的工作内容，并被纳入到了国际金融体系改革的议程中③。

匹兹堡G20峰会的首要目标是重视与缓解贫穷国家的困境，而匹兹堡G20峰会却对FATF目前的工作以及反洗钱和反恐融资行动特别重视，这种重视与前述宗旨不是十分契合④。

---

① 参见Statement of Pedro Malan, Minister of Finance of Brazil to the Third Meeting of the International Monetary and Finance Committee (April, 29, 2001)，见于http://www.imf.org/extemal/spring/2002/imfc/stm/eng/bra.htm（文中提到巴西宣传"将以与IMF职权及专业知识一致及尊重组织合作本质的方式，继续强力支持IMF对反洗钱和反恐融资的参与。我们非常认可为评估各国在反洗钱和反恐融资中所作努力而建立起的评估制度，希望其能使该领域以统一、自发、合作的方式自主运作"，同前文）。

② Jose Alvarez, *Hegemonic International Law Revisited*, 97 AM. J. INT'L L. 873, (2003)。同时参见JAMEs GATHII, WAR, COMMERCE, AND INTERNATIONAL LAw, 2010.

③ 参见2010年9月25日由G20匹兹堡峰会联合国主席所作的推进金融规制改革的报告（尤其是第40条），见于http://www.pittsburghsummit.gov/documents/organization/129866.pdf。

④ 关于这个问题，参见Report of the Commission of Experts of the President of the United Nations General Assembly on Reforms of the International Monetary and Financial System (2009年9月21日)，见于http://www.un.org/ga/econcrisissummit/docs/FinalReportCoE.pdf。

引起争议的另一点是，对于类似反洗钱和反恐融资措施的过度关注，使得那些为规范国际金融体系而需要作出更根本的改变被忽略，同时也忽略了采取其他措施去处理一些造成危机的根本问题，如通过税收跨境流动去控制投机资金的流动，或为解决因为金融危机而在食物等基本需要上承担繁重的支出的贫困经济体困难所应该采取的金融改革措施。①

FATF 建议对撒哈拉以南非洲地区金融市场的影响

就国家之间的流动性来说，金融市场应该是最开放的一类市场。与货物和服务贸易不同，国内无法对跨界金融交易实施典型的辖区内管控。实际上，每天都在发生着未被征税的巨额跨境交易。FATF 建议改变了国际金融自由流通的规则。尽管 FATF 辩称其无意干涉国际间的金融流通，但是就目前发展中国家尤其是非洲国家为执行 FATF 建议制定的法律来看，并不是这样。

FATF 的工作在很多方面改变了肯尼亚的最新法律，肯尼亚 2009 年颁布、2010 年 1 月 1 日起生效的犯罪收益与反洗钱法案②就是一个很明显的例子。

这部法律成立了一个新的国内权力机构——金融报告中心，其主要职责是帮助“鉴别犯罪所得以及应对洗钱行为”③。由于公众和议会的反对，该部法律中没有涉及有关垄断融资的内容。④

---

① Philip Alston, The Myopia of the Handmaidens: International Lawyers and Globalization, 8 EUR. J. INT'L L. 435, 439 (1997)（他认为专家主导的法律制定“对国际组织定位的看法视角很狭窄……十亿多处在贫困线上的人的困难似乎变成了一个国内问题，至少这样的问题已经在国际组织会议议程上消失了”）。

② No. 9 (2009)，KENYA GAZETTE SUPPLEMENT No. 87，见于 http://www.kenyalaw.org/kenyalaw/klr_app/frames.php。

③ 该法第 24 条第 1 款。

④ 该部法律最初的草案准备重新设置一项反对恐怖主义的条款，这个条款在以前曾被议会否决。

这部法案也规定了律师、会计师、房地产代理商、稀有金属商以及赌场①的金融监管和报告义务。② 该法案要求超过 1 万美元的现金交易必须向金融报告中心报告，③ 并且报告机构没有义务告知交易者报告情况。该法案对于监管和报告义务是这样规定的："报告机关应该对所有正在进行的复杂、异常、可疑、数额大或法律中规定的其他交易进行监管，不管交易是否完成，应该严格注意所有异常类型的交易，包括数额不大但是周期性的无明显经济和法律目的的交易。"④ 因此，在肯尼亚以及更多的发展中国家，都通过制定法规的形式来执行 FATF 的反洗钱和反恐融资建议，而在这些国家中对违法行为的惩罚都非常严厉。⑤ 相反，在美国这样的国家，律师指引则采取了更为冒险的方式，没有对相关违法行为规定任何的处罚措施。这样的做法和东非、南非反洗钱小组存在实质上的不同，该小组在 2009 年 8 月达成了一份谅解备忘录，完全吸收了 FATF 的建议。这份谅解备忘录也可以被解释为对这些国家都有约束力合约的承诺。

另外，肯尼亚的该部法律可能存在侵犯人权的情形——如没收犯罪所得条款具有溯及力，⑥ 而且其较大的没收范围以及没收条款被认为可能侵犯私有财产。此外，基于风险的方法将重点放在了世界上特定的交易发起地或目的地。这就可能造成以地理位置和国别为依据来评价人的行为。

这部法律还可能侵犯律师被代理人的权益。第 18 节规定该法律的

---

① 参见该法案第 2 条（定义了指定的非金融商业和职业）。

② § 45（2）未能报告可疑交易将被认定为违法。报告将归口致金融报告中心，一个由犯罪收益与反洗钱法案成立的机构。

③ 参见该法第 45 条第 3 款。

④ 参见该法第 45 条第 1 款。

⑤ 参见 FATF, *RBA Guidance for Legal Professionals at* 5（Oct. 23, 2008），见于 http://www.google.com/url? sa = t&source = web&ct = res&cd = 2&ved = OCBcQFjAB&url = http%3A%2F%2Fwww.fatf-gafi.org%2Fdataoecd%2F5%2F58%2F41584211.pdf&ei = VFbjS4aSLYWclgfct _ 3DAg&usg = AFQjCNERaKEAjvlNA77MOYjo52h2UUq7A&sig2 = XMTLG6RtDbXI-qhdBl7fA（第 7 段，值得注意的是"对于有些国家，采取制定法规的形式可能更加合适"，见前文）。

⑥ 参见该法第 2 条（对犯罪所得的定义）。

规定“优先于其他任何法律关于隐私和限制披露的规定”。[①] 其企图通过第19节第1条来保护律师被代理人，然而该法律却授权可以对被要求报告的机构如律所进行无证检查，律所的文件可能被金融报告中心的执法者要求送检。[②] 另外，该法案还要求律师及其他有报告义务的人在金融报告中心检查时必须给予“一切合理的帮助”；[③] 遵守金融报告中心检查人员的要求[④]以及提供书籍和文件。[⑤] 不协助检查的将构成犯罪，最高刑罚为选处或并处3年有期徒刑或者罚金1.5万美元。[⑥] 这部法案还修改了肯尼亚的银行保密法，因为金融报告中心被授权采取的无证搜查没有限制范围。

另外，被要求报告的主体非常广泛——如一家航空公司将票出售给与有犯罪嫌疑的组织有联系的乘客，尽管航空公司可能无法提前预知这一情况，该航空公司也会被要求报告。第46节第1条有更详尽的表述，其要求报告义务机构采取合理的措施履行其义务：对于需要提供真实身份信息开展商务合作、进行某项或一系列交易的申请人，要求其提供相应能够合理证明其身份信息真实性的官方记录，例如，申请人为自然人时（1）出生证明；（2）国民身份证；（3）驾照；（4）护照；（5）其他法定的官方证明。[⑦]

简而言之，这部法律针对金融机构、指定的非金融商业和行业以及各类交易者引入了规定以进行消费者识别程序以及对消费者进行尽职调

---

① 参见该法第18条第1款。

② 该法第25条（C），这种检查只要求以书面的形式进行。在检查过程中，检查者被授权“询问任何有关该文件的问题以及带走全部或任何部分的复印件”。

③ 第36条第1款。

④ 该法第36条第1款第2项、第38条第1款授予金融报告机构取得搜查证后可以“进入任何被报告机构及其负责人、员工的所有和控制的处所，检查住所和扣留中心认为与其执法有关的任何文件、材料和其他的物品”。

⑤ 参见该法第36条第1款第3项。

⑥ 该法第36条第3款（a），组织机构如律所可能被处以5倍以上的罚金。参见第36条第3款（a）。

⑦ 此外，第47节还要求报告义务机构不仅要建立和维护第47节（a）提到的所有交易记录，还包括“姓名、实际地址和邮寄地址以及每个人的岗位（或者相应业务或主要活动的场所）——（1）依照47（3）（i）实施交易；或（2）该交易的实施负责人”，§47（3）（a）（ii）。

查，并提高了交易记录保存的范围和质量要求，针对可疑活动和交易建立报告制度。以上要求在美国爱国者法案的352节已有规定，但其为了与恐怖主义做斗争作出了更严格的规定：（1）国内的政策、程序和控制；（2）选派反洗钱合规官员；（3）进行雇员培训；（4）针对反洗钱项目的独立审计。[①] 遵守这样的规则对于在肯尼亚这样国家里的企业来说，代价是非常大的。

对委托人进行尽职调查、建立并保存受益所有权记录的这类义务将增加企业的支出，美国律师协会也一直在关注其可能会强加给律师的费用。[②]

如果要回应FATF规则的目标，这种发展趋势将会在很多国家重现。FATF的工作在类似肯尼亚这样的发展中国家十分有效率，因为其项目与美国国际开发署（USAID）的双边援助计划是相联系的。许多发展中国家都非常欢迎由类似USAID这样的双边援助机构提供的技术和能力建设的援助。通常，这些援助通过指派或者任命临时或长期性质的专家实行，这些专家在受援助国与政府指派的员工一起工作，制定法律草案、推动法律和政策的改革。被援助政府由于缺乏资金根本没有余地去考虑这类项目的好处与坏处，只能十分乐意地被援助者牵着鼻子走。而在这些项目中工作的政府官员也从中得到了好处，因此极力支持这些项目，如他们有会议、旅游津贴，而这些津贴在政府分配的部门预算里是没有的。

---

① 参见美国爱国者法案352节（a），2001法律全书（公法107－56）修改了银行保密法第5318节（h），要求所有金融机构都建立反洗钱项目。

② 参见ABA Task Force on Gatekeeper Regulations and the Legal Profession：Comments on。Gatekeeper Provisions of FATF Consultation Paper，April 3，2003（文中认为这类尽职调查要求“范围极度广泛”而且其“将大大降低公众在金融交易中聘请咨询律师的能力，包括反洗钱措施，因为委托人和律师都会顾忌寻求或给予金融交易相关建议时可能带来的负面影响，包括反洗钱的措施。诸多术语组合如‘可疑的’，‘合理理由’，以及‘企图’使得标准对于律师和其委托人不确定而缺少可行性，尤其是对于犯罪制裁的依据，因此将会给律师和委托人间的关系带来令人无法接受的‘激冷效应’”，见前文第5—6页）见于http：//www.abanet.org/crimjust/taskforce/actions/gatekeeper.pdf，同样参见ABA Task Force on Gatekeeper Regulation and the Profession：Task Force Report to the House of Delegates，2003年2月下议院所援引的建议称美国律师协会“反对任何法律或规则，因为在采取反洗钱及反恐融资措施时，会强制律师向政府当局揭露机密信息，或者破坏委托人和律师之间的关系及律所的独立性”，同前文，见于http：//www.abanet.org/crimjust/taskforce/actions.html。

作为一项政治事件，能力建设和科技援助项目不会给人造成强迫接受的印象，其就像实施由类似IMF和世界银行这样的金融组织赞助的项目一样。

结论

作为一个制定规则的国际性组织，FATF越来越受到重视。它现在的职权已经被G20、IMF及联合国安理会的工作所纳入。

同时，反洗钱和反恐融资系列建议的实施，尤其在那些类似肯尼亚的贫困国家，这些国家考虑到其本身无法参与FATF建议的制定，将可能以比较特别且不尽如人意的方式去实施这些建议。肯尼亚对其反洗钱法的实施将取决于FATF及其依靠的国家和组织——如IMF及联合国安理会准备向肯尼亚施加多大的压力以及它们准备在多大程度上对肯尼亚进行可能的制裁。

FATF由专家主导的规则制定与人权保护法的紧张关系依然是一大挑战。在英国上诉法院①和欧洲人权法院（“ECHR”）②，类似FATF式

① Her Majesty's Treasury 诉 Mohammed Jabar Ahmed 等人（2010）UKSC 2 &（2010）UKSC 5。

② Judgment of the European Court of Justice in Joined Cases C－402/05 P and C－415/05/P, Yassin Abdullah Kadi & Al Barakaat International Foundation v Council of the European Union and Commission of the European Communities（2008年9月3日），欧洲法院认为其有权评价根据联合国安理会生效决议所采取的相关措施是否具有合法性。安理会1267号裁决委员会要求对列入名单的人的资金和财产进行冻结，欧洲法院认为欧盟为了执行制裁委员会相关决议所制定的规则侵犯了当事人获得听证和司法救济的权力，因为其没有规定对于上诉人的证据和审判程序。欧洲法院还认为，冻结上诉人的财产对于上诉人来说是不公正的措施。但参见 Swiss Federal Supreme Court case in Nada v State Secretariat for Economic Affairs, Budesgericht [BGer] [Federal Court], November 14, 2007, 133 Entscheidungen des Schweizerischen Bundesgerichts [BGE] II 450－67 (Switzerland)（根据瑞士联邦议会的决议，根据相关法令将Nada先生列入安理会1267号制裁委员会名单，使得Nada先生的资产被冻结并被禁止出行，是联合国安理会决议的要求。而且Nada先生提出的保证是违法的，这些都不与国内强制法相冲突，因此法院不能撤销相关法令）。

的规则已经受到挑战。然而这仅仅只是开始，更多类似情况将会发生。当然，职业协会如美国律师协会及其他国家的律师协会也不会让步，它们希望能从 FATF 式的规则下为律师群体的工作争取更多的自由空间。

反洗钱建议也会继续面临挑战，对于那些企图通过洗钱牟利的人来说，他们也会寻找新的方式来掩盖所取得的不法财产——例如通过洗钱贸易、跨境走私现金以及购置不动产（如在肯尼亚由于大量海盗赎金涌入房产市场，使得房价飞涨）等等。总之，FATF 的工作将是一场与犯罪做斗争的持久战。

另一方面，对于 FATF 的有些建议如要求司法协助和适用共同准则，不管是对于规则主导还是风险主导型的国家都将很快产生一个传统的问题，那就是法律与司法的冲突。这将是一个很有意思的发展，因为在其他领域，由于缺少统一规则产生法律冲突后通常是西方国家将其法律适用到非西方国家。简而言之，FATF 这样的国际组织成为了越来越重要的建立西方秩序的平台，因为相比起以前通过 IMF 或世界银行进行操作，FATF 能更加不知不觉地达到这样的目的。

【评论】

本文主要研究了 FATF（金融行动特别工作组）作为一个国际组织，其制定的规则的效力问题以及世界各国各地区对其制定的规则的实施情况。

文章一共分为五个部分，第一部分为引言，作者在这个部分介绍了自己研究的焦点即 FATF 的规则制定权，以及由此引发的对其规则的实施问题。第二部分为对 FATF 的相关情况介绍，不仅介绍了 FATF 的成立时间、成员、有关职权，还介绍了 FATF 本身的性质，即其不是一个独立的国际性组织，而是隶属于世界经济合作与发展组织的，并且其工作与 IMF 以及联合国安全理事会都有紧密的联系。另外还介绍了 FATF 制定的主要的规则：40 条反洗钱建议以及 9 条反恐融资特别建议。这一系列规则不仅得到了联合国安理会的认可，FATF 本身还通过一系列的评价监督机制促成该系列规则在其会员国乃至非会员国的实施。第三部分，作者从 FATF 规则参与制定者、形式、生效程序几个方面进行分析，并得出了 FATF 制定的规则实际上就是国际法的结论。随后，作者还对 FATF 规则的制定程序提出了一定的批判，其认为这种制定规则的程序十分不透明，而且由西方发达国家主导，使得非西方国家处于没有参与此类规则的制定，却要受到其约束的不利地位。并且作者还认为，当下以美国为首的西方国家正在将各类国际规则的制定平台从 WTO、IMF 等具有一定透明度的国际组织转向 FATF 这样十分缺乏透明度的平台，以强行推进自己的意志，企图主导世界秩序。在第四部分中，作者主要分析了肯尼亚颁布的《犯罪收益及反洗钱法案》对 FATF 规则的实施情况，并将其与美国、欧盟的实施情况的差异做了对比，并分析了为何会产生这种差异的原因。最后一部分是结论部分，作者总结了 FATF 工作在世界金融秩序中的作用及其规则实施情况，基于此，作者认为 FATF 的规则将会引发一系列的问题，最后作者还认为，FATF 实质上是以美国为首的西方国家企图主导国际金融秩序的平台。

本文的结构比较清晰，主要是通过对 FATF 规则的分析以及有关地区实施其规则的分析比较得出 FATF 组织在维护国际金融秩序中所起到的作用以及将引起的问题。文章主要采取了实证分析方法，从联合国以及 IMF 等组织发布的文件入手，研究 FATF 组织的性质及其规则的效力。同时，作者还对肯尼亚《犯罪收益及反洗钱法案》的相关条文进行了细致的分析，去研究非西方国家对 FATF 规则的实施情况。另外，文章还采用了比较分析的方法，将肯尼亚、美国及欧盟国家对 FATF 规则的实施方式做了对比分析，从而总结出这三者之间的不同态度及主导其态度的背后原因。

本文写作的主要背景是肯尼亚《犯罪收益及反洗钱法案》的生效。虽然距 FATF 的40 条反洗钱建议及 9 条反恐融资特别建议出台已经有较长时间，但是 FATF 规则对世界各国乃至其非成员国的相关法律、政策的制定仍然有十分重要的影响。并且本文还比较深入的分析了 FATF 规则从软法被转变成强制性规则的过程以及西方世界企图通过 FATF 对国际金融秩序进行掌控的目的。这对我们在研究如何实施类似 FATF 规则的国际经济行政法仍有很大的借鉴意义，同时本文也告诉我们非西方的弱势国家在参与世界经济秩序建设时，必须通过自身的努力在各类国际经济组中获得更多话语权，从而更好地维护本国的利益。

附录三

G20和经济合作组织：全球规制中的天然伙伴

乔治·华盛顿国际法律评论2011
版权所有© 2011 乔治·华盛顿大学 Gabriela I. Ramos[①]
封　雪　译评　黄莉娜　审校

I. 概要

全球金融、经济和社会危机已经成为世界经济和全球规制架构重要结构性改变的催化剂。为了应对危机而出现的规制架构强调了主要新兴经济体和快速发展的发展中国家之间的关系。危机也表现出，在贸易、投资、金融市场中的跨境联系不仅是一个新现象，并且由于越来越多参与者不同的政策目标和重点，而变得日益重要且复杂。

G20作为全球经济合作的首要论坛处于领导地位，其建立是新规制的第一步。G20从2008年至今重建金融市场信心、调节财政扩张促进需求、避免保护主义措施的决定性的行动，有助于避免更严重的经济紧缩。毋庸置疑，G20在危急的第一阶段已被证明是一位成功的“救火员”。

① 世界经济合作组织以及G20事务协调人，经合组织秘书室主任。哈佛大学肯尼迪政府学院文学硕士，伊比利亚美洲大学学士。

本文强调了G20面对全球挑战取得的初步进展，其可以在三部分表现：

地理政治方面，建立一个新的可以反映世界经济再平衡的国际架构；

经济和金融方面，增强必要的全球协作，面对扩大和日益复杂的经济和金融互赖；

道德和法律方面，危机促进增强的有效的制度，为一个更有效的规则导向的全球经济奠基。

然而，本文也提出G20现在面临自己的考验，其不得不证明自己可以达成一致以长久地转变世界经济。尤其是，其需要建造G20框架设想中的强劲、稳定和平衡的增长的基础，并通过特定的政策承诺促使其成员完成该框架。

这任务在现今背景下是个极大的挑战：危机还没有结束，它仅仅改变了外观。对于发达经济体来说，低增长率、高失业率，其不得不财政整顿，对于新兴经济体，通货膨胀压力、平等问题，以及发展挑战是其关键的政策问题。政策努力需要时间才能奏效。在这个复杂的环境下，国际合作的情况已经发生巨大改变。

本文认为G20需要采取更为有效的规制和具体的政策行动，以不负众望、实现其雄伟的议程。本文还阐释了国际组织，尤其是世界经济合作组织（“OECD”），一直以来，乃至以后是如何帮助G20成员达成目标的。

II. 财富转移：为新合作纪元重新平衡权力

OECD分析认为，新兴发展中经济体将会在2030年占据世界国内生产总值总和的近60%①。G20领导权的建立以及匹兹堡峰会将其转变为经济合作的首要论坛的决议是该趋势的结果。其是应对金融危机的必

① 参见经合组织，全球发展观2010年：转移财富，第15页（2010年）。

要组织之一。多边合作比以往更为重要。

但是我们应当明白：现今的危机根源于发达经济体，并主要显现在发达经济体正和低经济增长率、高失业率抗争。受国际环境影响的新兴市场经济体，仍在发展中。这些动态情况正加速着财富的转移。新参与者将在世界层面的决策过程中享有更多发言权，这将有助于实现更包容的国际规制。

新兴经济体在全球化中也成为关键参与者——不仅通过其在国际贸易中的整合——更因为其作为主要国际债权人、国外直接投资者或创新中心的能力。他们和发达经济体的关注点日益相似，包括了类似于金融稳定和协作、资本流通管控、投资自由非歧视这类问题。物权法和专利法的实施也将渐渐成为这些国家的关键问题。通过国际经济合作达到特定目标的需求会越来越趋同。

III. 提高协作以监控增强的互相依赖

建立G20的原因是以一个有效的政策协作框架保护国际经济。世界迫切需要消除、至少减少全球不平衡，避免因不协调的货币政策和破坏稳定的资本流动引起的货币战争，保持开放的市场，强调气候变化和环境风险，以及广义来说，实现全球公平竞争。因为G20成员国总共占据了超过80%全球国内生产总值①，国际合作将比以往有更大的影响力。换言之，他们有潜力真正转变管理、处理、组织国际经济事务的方式。将国际对话主体拓展到20个最有力的经济体，一旦其达到自己的“经济速度”，将有望使全球经济关系稳定，以及增强在国际层面的安全。有关G20的合法性问题已经被提出。然而G20成员国意识到他们只能站在自己的利益上，而不是代表整个国际社会。在现在这个关头所缺少

① 参见什么是G20?，G20－G8，http：//www. g20-g8. com/g8-g20/g20/english/what-is-the-g20-/what-is-the-g20-/what-is-the-g20. 70. html。（访问日期：2011年12月14日）

的是政策的有效性。

G20 在政策成效上表现良好。依靠历史上前所未有的一次大型、快速与协作的政策反应：2009 年 4 月伦敦峰会通过在 2010 年投入高达 5 万亿美元以支持全球经济和就业率增长的扩张性财政措施，G20 政府成功限制了危机的影响[①]。

最重要的是，全球领导者从不合作政策将 1929 金融衰退转至大萧条的结果中吸取经验。他们限制对投资和贸易的新壁垒[②]，并且避免误导性劳动力市场政策[③]。

总的来说，增强政策协作取得成效。G20 成员国避免了大规模经济混乱，且进行经济恢复行动，此刻可能还不稳定。长远来看，G20 这个为了全球经济规制有野心的议程，涵盖了世界经济的关键问题：为了强劲、稳定和平衡的经济增长的框架[④]；消除无效率、浪费的化石燃料补贴[⑤]；设计 G20 议程并一致同意完成多年行动发展计划[⑥]；以及一项反

① 新闻稿，G20 峰会理事会，2010 年 11 月 11—12 日，G20 首尔峰会，第 4 页（2010 年 2 月 5 日），http：//www. g20. org/Documents/201002_ DateforG－20SeoulSummit. pdf。

② 参见经济合作组织等，G20 贸易和投资措施报告（2010 年）第 7—8 页。根据世界贸易组织、联合国贸易和发展会议，以及经济合作组织的分析，在危机中，低于 1% 的 G20 贸易受限制进口措施影响。新闻稿，G20 峰会理事会，2010 年 11 月 11—12 日，G20 首尔峰会，第 8 页（2010 年 2 月 5 日），http：//www. g20. org/Documents/201002_ DateforG－20SeoulSummit. pdf 。

③ 参见，例：Angel Gurrfa，经济合作组织秘书长，G20 商务峰会评论（2010 年 6 月 26 日），提供于 http：//www. oecd. org/document/15/0，3746，en_ 21571361443151154554l135_ 11_ 1_ 1，00. html，参见国际劳工组织，G20 成员国加速恢复就业（2010）（讨论了 G20 为了加速就业恢复和增长的国际合作政策）。

④ 参见 G20 峰会，匹兹堡，宾夕法尼亚，2009 年 9 月 24—25 日，领导声明，第 13 节（“匹兹堡领导声明”），提供于 http：//www. g20. org/Documents/pittsburgh_ summitleadersstatement_ 250909. pdf 。参见为了强劲、稳定和平衡增长的 G20 框架，附于匹兹堡领导声明。

⑤ 参见 G20 峰会，匹兹堡，宾夕法尼亚，2009 年 9 月 24—25 日，领导声明，第 13 节（“匹兹堡领导声明”），提供于 http：//www. g20. org/Documents/pittsburgh_ summitleadersstatement_ 250909. pdf，第 24 节。

⑥ 参见领导宣言，第 44 节，首尔峰会材料，附于韩国首尔 G20 峰会，2010 年 11 月 11—12 日，提供于 http：//www. g20. org/Documents2010/11/ seoulsummit-declaration. pdf 。

腐败行动计划①。法国作为轮值主席国主办的 20 国集团（G20）峰会通过将食物价格波动和国际货币系统改革带入 G20 范围，拓展了该议程②。

Ⅳ. 超越危机：更强标准应对更强规则导向的世界经济

G20 议程的一个重要方面是设计新的规则、形式和标准，以推动规则导向的世界经济。作为危机的一个结果，政府需要在市场经济的“优点”方面赢得公众信任。信任已经被规制危机、市场失灵和宏观经济不平衡所破坏了。以税务透明或金融服务消费者保护为例。它们是公民的平等对待需求的两个方面：公众需要足够的信息和正确的市场规制，且，从更广层面上看，全球化基于更强的道德基础。逃税漏税不可容忍，许多国家财政赤字到了史无前例的水平，以至于政府对社团组织和诚实公民都采取了严厉的财政紧缩措施③。就金融消费者保护而言，消费者和个人家庭必须承受从 2007 年夏美国次贷危机开始的金融危机的结果。这加重了对更有效消费者保护和教育措施的需求。

金融危机的初步结果是，如果让公众相信将重建经济和金融全球化，市场参与者、决策者、公民呼唤不仅基于道德，且需要伴有特定行动的更好、更有效的规制。G20 在这两方面的成就，相对于总体金融规制，迄今为止令人鼓舞。

---

① 参见领导宣言，第 13 节，首尔峰会材料，附于韩国首尔 G20 峰会，2010 年 11 月 11—12 日，提供于 http://www.g20.org/Documents2010/11/ seoulsummit-declaration.pdf。

② 参见法国戛纳 G20 峰会，2011 年 11 月 3—4 日，戛纳峰会最终宣言，第 9—21，40—51 节，提供于 http://www.g20.org/Documents201/11/Cannes Declaration 4 November 2011.pdf。

③ 参见经济前景国家概要第 89 卷，经济合作组织（2011 年 5 月），http://www.oecd.org/document/52/0，3746，en _ 2649 _ 34109 _ 19726196 _ 1 _ 111，00.html（“国家概要”）（简要介绍了成员国情况和全球衰退的影响）。

根据G20成员国的要求，由经济合作组织举办的税务信息透明交换全球会议，在完成税务信息透明交换的国际标准上有巨大进步。自2009年4月伦敦峰会以来超过700个国际信息交换协定被签署（相较于2000—2008年只有44个协定被签署）[①]，启动了89个致力于审查国家对于国际标准执行情况的同业互查，其中59个已经完成[②]。

迄今超过100个国家或地区是全球论坛的成员，包括越来越多的发展中国家[③]。G20成员国在戛纳G20峰会上，表达了他们对于由经合组织和欧洲理事会发起，现今面对所有国家的税务互助多边协定的支持[④]。该机制使得各国有各种包括自动式的途径，分享税务信息[⑤]。协定的执行代表了在税务透明和反对偷税漏税方面的一大进步。

G20也在改革金融体制方面有所进步，其加强宏观审慎架构和工具，对影子银行系统、场外交易和衍生品市场的监管，以及对于全球系统重要金融机构的识别和处理。当然，在一些领域，例如一系列高质量全球会计准则的定义，比其他提升的更慢。还有实施的问题。尽管巴塞尔协议III中已同意资金要求[⑥]，对巴塞尔协议III规则的准确、及时和一致地完成也很重要。总的来说，G20可因危机前时期推动金融规制框架的修改而受誉。换言之，G20已经开始为金融全球化设定新规则。这

① 参见税务信息透明交换全球会议，经济合作组织，税务透明2011：进程报告，第28页（2011年）。

② 参见税务信息透明交换全球会议，经济合作组织，税务透明2011：进程报告，第31页（2011年）。

③ 参见税务信息透明交换全球会议，经济合作组织，税务透明2011：进程报告，第27—29页（2011年）。

④ 参见法国戛纳G20峰会，2011年11月3—4日，戛纳峰会最终宣言，第35节，提供于http：//www. g20. org/Documents20l/11/Cannes Declaration 4 November 2011. pdf。参见税务互助协定，1988年1月25日，1966年，U. N. T. S.，第215页；经济合作组织，税务信息交换协定（2002年），提供于http：//www. oecd. org/dataoecd/15/43/2082215. pdf（国际税务相关问题合作的模版协定）。

⑤ 参见经济合作组织，税务信息交换协定（2002年），提供于http：//www. oecd. org/dataoecd/15/43/2082215. pdf（国际税务相关问题合作的模版协定），第4—7款。

⑥ 参见首尔峰会领导宣言，见前引9，第9节。参见巴塞尔银行监管委员会，国际清算银行，巴塞尔协议III：一个更弹性的银行和银行体系的全球监管框架（2011）（巴塞尔协议III资金要求）。

有望继续帮助政府和市场机制大大重建信心，同时，促进发达和新兴国家的利益统合。

在贿赂和腐败方面，G20承诺以身作则，并制定和实施法律及其他方法对抗国际贿赂，包括把外国官员贿赂定罪化①。例如，G20成员国2012年底开始执行告密者保护规则②。G20反腐行动计划的雄心也鼓励还没有成为经合组织打击国际商业交易中外国官员贿赂公约（《反贿赂公约》）的签署国的所有G20成员国遵守③。

V. 处于关键时刻的G20：面对成熟度的考验

G20将必须在促进利益统合领域展现自身的效率。G20必须证明其是一个有巨大影响的有效的政策协作论坛。未来挑战将测试该有效性。

风险很高。以缩小的全球经济不平衡为例。为了实现这一目标，经济合作组织需要增强协作以及给G20成员国国内体制改革进程排序。该行动的核心是强劲、稳定与平衡增长的框架以及旨在保证G20成员国有效履行其承诺改革的相关的相互评估过程。我们共同需要保障G20过程的首要步骤——强劲、稳定和平衡增长的框架的成功。经济增长和就业的戛纳行动计划是这个方向中重要的一步④。

我们还没有完成目标。G20面临着许多挑战，未来几年的低增长、高失业率、全球不平衡、国际货币体系改革、双速世界经济，以及发达

---

① G20反腐败行动计划，首尔峰会文件，附录3，第2节，提供于http：//www. g20. org/Documents2010/11/seoulsummit-annexes. pdf。

② G20反腐败行动计划，首尔峰会文件，附录3，第7节，提供于http：//www. g20. org/Documents2010/11/seoulsummit-annexes. pdf。

③ G20反腐败行动计划，首尔峰会文件，附录3，第2节，提供于http：//www. g20. org/Documents2010/11/seoulsummit-annexes. pdf。参见打击国际商业交易中外国官员贿赂协定，1997年12月17日，37 I. L. M.（1998）［“反贿赂协定”］。

④ 参见法国戛纳G20峰会，2011年11月3—4日，为增长和就业的戛纳行动计划（2011年11月4日），提供于http：//www. g20. org/Documents2011/11/Cannes Action plan 4 November 2011. pdf。

经济体缺乏财政差额——任何协作方案将很复杂、错综、政治敏感。因此在G20内部达成一致尤为困难。在2011年早期，G20财政部长达成的不稳定妥协中，作为检测全球不平衡的指示手段强调了这个①。已经成功在相同方向刺激他们的经济以防止危机中的最差情形，风险是G20成员国因为冲突的议程和不同政策设定，将面临进展缓慢。他们现在正面临着不同的民族嗜好和情形的政策选择，例如，有些国家会以宽松的货币政策继续刺激经济②。反之，有些其他国家，大部分是新兴市场，面临着过热压力，正考虑紧缩其货币政策并实施措施遏制潜在不稳定的资本流通③。

各种选择面临着只汇集了最少的参与者的一致同意，而不是贯彻了高质量标准以及设计出有效的政策协作的风险。这将在经济复苏处于犹疑阶段时尤其不幸，G20的公民没有耐心见证进行的就业恢复。G20处在一个关键时刻，其信用处于危险之中。因此，G20运用其统一特性以使国家步入正轨并防止不合作以及自私行为就很重要。

为了实现其有野心的政策议程，OECD认为G20需要监测自身的承诺，并履行承诺。OECD的工具和工作方法可以在这一领域有所帮助。他们可以在G20增强有效性方面提供有用的引导，并提高其工作的有效性。这不是低估在大型多样化舞台中产生的特定一致的挑战。但是OECD在设置国际标准和保证其实施方面有长期经验可供G20分享。尤其是，在使用同业互查方面的经验可能对G20相似机制有所助益。

OECD对所有政策的讨论中，同业互查和实质工作一样重要。近50

---

① 参见G20财长会和中央银行政府会议公报，法国巴黎，2011年2月18—19日，第3节，提供于http：//www. g20. org/Documents2011/02/COM-MUNIQUE-G20_ MGM 18 - 19_ February_ 2011. pdf。

② 参见经济前景国家概要第89卷，经济合作组织（2011年5月），http：//www. oecd. org/document/52/0，3746，en _ 2649 _ 34109 _ 19726196 _ 1 _ 111，00. html（“国家概要”）（描述某些国家，例如美国和意大利，将继续刺激经济增长程序）。

③ 参见经济前景国家概要第89卷，经济合作组织（2011年5月），http：//www. oecd. org/document/52/0，3746，en _ 2649 _ 34109 _ 19726196 _ 1 _ 111，00. html（“国家概要”）（描述某些国家，例如芬兰和捷克共和国，保持了保障中期巩固的经济政策）。

年，超过100个委员会依赖于该过程以推进最佳实践和帮助国家改进行为①。从投资、劳动力、经济，到贸易，政策被检测、比较、分析，从中提炼最佳实践；引发同业互查程序。这也称作“经合组织方法”，渐渐不仅包括其成员国，还涵盖其他一些国家，例如新兴经济体。

G20应当模仿相似的公正系统的政策分享机制。相互评估程序②应当被发展为包括一个完善的对国家政策承诺的最高政治标准的监测机制。它应当被转变为一个真正的同业互查机制：国家应当有效承诺；承诺应当被共同讨论并在非对抗性基础上被同意；并且，在一段时间后，承诺应当被检验并被同业互查，且国家必须为预期和实际完成中的差距负责。正如作为OECD倡导的同业互查机制最好的例证之一——全球税务信息透明交换论坛的有效性，在G20设置中接受这样的机制是灵活的③。

最主要的挑战是继续建立一个取得更好规制和政策结果的论坛。这不能一蹴而就，且需要时间成型。但是多边合作和共同行动所带来的好处值得我们耐心等待。

---

① 参见经济合作组织，同业互查：经合组织合作和改变的工具，附录A，第15—21页，经合组织SG/LEG文件（2002）（2002年9月11日）（阐述同业互查中活动和参与者）；同业互查：一个合作和改变的工具，POL'Y BRIEF（经合组织观察员），2007年1月，第4页，提供于www. oecd. org/dataoecd/9/41/37922614. pdf（同业互查从1961年开始被使用）。

② 在2009年匹兹堡峰会，G20领导致力于其程序的“互相评估”，以通过互相评估达到分享目的。参见为了强劲、稳定和平衡增长的G20框架，参见G20峰会，匹兹堡，宾夕法尼亚，2009年9月24—25日，领导声明，第6节（“匹兹堡领导声明”），提供于http：//www. g20. org/Documents/pittsburgh_ summitleadersstatement_ 250909. pdf。参见为了强劲、稳定和平衡增长的G20框架，附于匹兹堡领导声明。G20要求国际货币基金提供用以评估成员政策如何统一，以及，是否他们可以共同达到G20目标所必要的技术分析。参见G20峰会，匹兹堡，宾夕法尼亚，2009年9月24—25日，领导声明，第7节（“匹兹堡领导声明”），提供于http：//www. g20. org/Documents/pittsburgh_ summitleadersstatement_ 250909. pdf。参见为了强劲、稳定和平衡增长的G20框架，附于匹兹堡领导声明。

③ 参见G20峰会，匹兹堡，宾夕法尼亚，2009年9月24—25日，领导声明，第15节（“匹兹堡领导声明”），提供于http：//www. g20. org/Documents/pittsburgh_ summitleadersstatement_ 250909. pdf。参见为了强劲、稳定和平衡增长的G20框架，附于匹兹堡领导声明。

VI. 经合组织对于 G20：天然伙伴和珍贵支持者

国际组织，尤其是 OECD，是怎么适应新国际架构的？实质上，G20 的功能是提供一个政策协作和使全球化顺利、和谐、稳定进行的论坛。该任务在很大程度上类似于 OECD 的任务。所以，OECD 是 G20 的天然伙伴和珍贵支持者。不仅 OECD，G20 还寻求了很多国际组织来帮助自己提升议程和提供分析支持。OECD 从 2009 年 9 月 G20 匹兹堡峰会开始被邀请加入，担任 G20 事务协调人以及 G20 财政部副部长，参与了几乎所有 G20 的会议，尤其是峰会。

同 G20 共同工作加强了 OECD 和自身成员外新兴经济体合作以及拓展合作议程的需求。2007 年同印度、印度尼西亚、巴西、中国、南非已经开展的增强参与项目使得 OECD 做好准备支持工作①。然而，应当在这一方面继续努力以确保一个包容的方法。OECD 现今在计划同非成员国签订创新法律和机构安排。

该制度维度与更多非 OECD 成员国政策分析的需求同步。因此，OECD 将其专家意见拓展到组织之外的国家。

这对 OECD 作为全球标准制定者也有影响。OECD 一直被公认为是一个诸国家发现和分享经验与实践最佳的地方。为了继续，其需要在一个更系统的角度整合新兴经济体的看法，加强同他们的政策对话，制定标准应成为一个整合新兴国家宝贵经验，同时不降低 OECD 标准的真正的双向过程。这需要新想法和让新合作国家参与的方法。

OECD 在很多方面追求这个，但是在 50 周年部长级会议 OECD 发展战略协议中成为关注焦点②。在这一方面也有其他决定。

---

① 参见经济合作组织部长级会议，法国巴黎，2011 年 5 月 25—26 日，增强参与进程报告，第 1 节，提供于 http：//www. oecd. org/dataoecd/8/2/48108945. pdf。

② 2011 年 OECD 部长级会议，主席概要，经济合作组织 http：//www. oecd. org/document/5/0，3746，en_ 21571361_ 44315115_ 48069509_ 1_ 1_ 1，00. html（访问日期：2011 年 12 月 14 日）。

OECD 渐渐更具有包容性。去年，智利、爱沙尼亚、以色列和斯洛文尼亚成为了 OECD 的成员国并和俄罗斯对话①。现在，OECD 的设计创新安排让非 OECD 的 G20 成员国加入②。约 100 个非成员国，包括非 OECD 的 G20 成员国定期加入 OECD 委员会、专家会议和论坛的工作。

基于共同利益的非 OECD 的 G20 成员国有组织的紧密联系的一个例证就是之前提过的增强参与计划③。参与国通过独立的聚焦于 OECD 委员会、日常经济调查、遵守 OECD 机构、OECD 统计报告和信息系统以及参与特定政策同业互查以加入 OECD 工作④。尽管增强参与计划和加入 OECD 不同，很长时间后他们有潜力成为 OECD 成员国⑤。

OECD 通过向 G20 成员国开放来实施该机制。一个例证是经合组织

---

① Angel Gurria，世界经济：在 2011 年变正确，经济合作组织，http：//www. oecd. org/document/62/0，3746，en_ 2649_ 201185_ 46991230_ 1_ 1 _ 1_ 1，00. html（访问日期：2011 年 12 月 14 日）。

② 参见经济合作组织部长级会议，法国巴黎，2011 年 5 月 25—26 日，秘书长 2011 及以后战略介绍，第 16、35 节，提供于 http：//www. oecd. org/dataoecd/36/43/48064885. pdf。

③ 参见增强参与，经济合作组织，http：//www. oecd. org/document/ 36/0，3746，en_ 2649_ 201185_ 416687721 -1 11，00. html（访问日期：2011 年 12 月 14 日）。增强参与是 2007 年 5 月部长级会议的结果，“通过增强参与项目，提供潜在成员，加强 OECD 和巴西、中国、印度、印度尼西亚和南非的合作”。经合组织，扩大和增强参与委员会决议（2007 年 5 月 16 日），提供于 http：//www. oecd. org/document/7/0，3746，en_ 2649_ 201185_ 386044871111，00. html。

④ 参见增强参与，经济合作组织，http：//www. oecd. org/document/ 36/0，3746，en_ 2649_ 201185_ 416687721 -1 11，00. html（访问日期：2011 年 12 月 14 日）。增强参与是 2007 年 5 月部长级会议的结果，“通过增强参与项目，提供潜在成员，加强 OECD 和巴西、中国、印度、印度尼西亚和南非的合作”。经合组织，扩大和增强参与委员会决议（2007 年 5 月 16 日），提供于 http：//www. oecd. org/document/7/0，3746，en_ 2649_ 201185_ 386044871111，00. html。

⑤ 参见增强参与，经济合作组织，http：//www. oecd. org/document/ 36/0，3746，en_ 2649_ 201185_ 416687721 -1 11，00. html（访问日期：2011 年 12 月 14 日）。增强参与是 2007 年 5 月部长级会议的结果，“通过增强参与项目，提供潜在成员，加强 OECD 和巴西、中国、印度、印度尼西亚和南非的合作”。经合组织，扩大和增强参与委员会决议（2007 年 5 月 16 日），提供于 http：//www. oecd. org/document/7/0，3746，en_ 2649_ 201185_ 386044871111，00. html。

资本流通自由化条例（下称条例）①。50 年来，它一直是一个具有法律约束力的，但仍然非常灵活，旨在为 OECD 政策制定者提供共同的和共享的框架设计和实施健全的政策，以促进资本和投资跨越国界的流通。现今它开放给非成员国遵守②。该法规不是确定不变的，它将在未来被修订、更新以及提升使其和非 OECD 成员国更密切。

该条例将对 G20 成员国尤为有利，例如，在防止金融保护主义方面。基于该法规下的合作，有助于支持国互惠自由化，合作以防止限制措施，并同意限制的通用定义/翻译，以改进对各国资金账户开放的监测的政策设置的分享学习的持续过程。该法规属于 G20 考虑用来改革国际货币体系及其相关资本流动管控工作方面的机制。

另一个 OECD 作用于非成员国的例子是 2011 年更新 OECD 对跨国企业指引（下称指引）③。此次更新的协商程序公开且基于所有有兴趣的非成员国参与。所以，OECD 成员国加上阿根廷、巴西、埃及、拉脱维亚、立陶宛、摩洛哥、秘鲁和罗马尼亚参与了新的、更严格的合作行为标准的制定④。

该指引确定，公司应在各国运作中尊重人权⑤。指引还要求对环境和劳动力标准的尊重，应用适当的尽职调查程序，包括支付合适的工资、打击行贿和敲诈以及促进可持续消费⑥。指引是一个综合性的，适用于所有同意推动业务的 OECD 成员国和非成员国的不具有约束

---

① 参见经合组织，经合组织资本流通自由化条例（2011）。

② 参见经合组织，经合组织资本流通自由化条例（2011），第 1 条（d），第 11 页。

③ 参见经合组织，OECD 跨国企业指引：在国际层面给负责商业运作的建议，于 OECD 跨国企业指引（2011 年）第 11 页（“指引”）。

④ 保护人权和社会发展新 OECD 指引，经济合作组织（2011 年 5 月 25 日），http：//www. oecd. org/document/19/0，3746，en_ 215 71361_ 44315115_ 48029523 1111，00. html。

⑤ 参见保护人权和社会发展新 OECD 指引，经济合作组织（2011 年 5 月 25 日），http：//www. oecd. org/document/19/0，3746，en_ 215 71361_ 44315115_ 48029523 1111，00. html，第 31—34 页。

⑥ 参见保护人权和社会发展新 OECD 指引，经济合作组织（2011 年 5 月 25 日），http：//www. oecd. org/document/19/0，3746，en_ 215 71361_ 44315115_ 48029523 1111，00. html，第 35—54 页。

力的准则[①]。

OECD 将其分析拓展到合作经济体及所有 G20 成员国。这些国家定期在 OECD 经济调查[②]中复审，且系统的被包含在 OECD 定期经济概览中[③]。他们也被包含在 OECD 的旗舰出版物《发展》中[④]。

……

G20 的另一个成果是，政府间组织现在在 G20 的模式下合作。这创造了协同效应，并最大限度地提高组织的个人专业知识和经验的影响。它还避免了“一个机构解决一个问题”——这是在危机前的全球议程的特点。国际组织共同协作保证高层次的一致性。OECD 和非常多国际组织密切合作支持 G20 的进程。例如，OECD 和 FAO 在准备商品价格波动合作报告中，和其他 8 个国际组织密切合作[⑤]。这份报告是食品价格波动性和农业行动计划的基础，取得在 6 月巴黎举行的 20 国集团农业部长会议的赞同[⑥]。

一些 G20 范围内 OECD 的关键合作伙伴还有 ILO（在就业问题上合作）、世界银行（在发展、腐败、能源问题上合作）、UNESCO（人力资源发展），以及世界货币组织（在发展架构上合作）。OECD 正在与其他国际组织合作，以促进经合组织工作的一致性，并从 2007 年邀请了默克尔总理后一直保持年度会议[⑦]。该合作和一致的精神在 G20 许多政策

① 参见经合组织，OECD 跨国企业指引：在国际层面给负责商业运作的建议，于 OECD 跨国企业指引（2011 年），第 3 页。

② 参见经济调查和国家监督：国际信息，经济合作组织，http：//www. oecd. org/infobycountry/0，3380，en_ 2649 -34 111_ 1_ 1 1_ 1_ 1，00. html（访问日期：2011 年 12 月 14 日）。

③ 参见经济展望，经济合作组织，http：//www. oecd. org/document/18/0，3746，en_ 2649_ 34109_ 203475381_ 1_ 1_ 1，00. html（访问日期：2011 年 12 月 14 日）（经济展望材料登陆页面）。

④ 参见经济合作组织，经济政策改革 2011：发展（2011）（“发展”）。

⑤ 参见价格波动。

⑥ 参见 G20 农业部长级会议，法国巴黎，2011 年 6 月 22—23 日，食品价格波动性和农业行动计划，提供于 http：//agriculture. gouv. fr/IMG/pdf/ 2011 -06 -23 -_ Action Plan_ -_ VFinale. pdf。

⑦ 参见 Angel Gurria，秘书长，经合组织，基于 OECD 理事会，更新 OECD 秘书长任务的发言（2010 年 9 月 30 日），提供于 http：//www. oecd. org/document/59/0，3746，en_ 21571361_ 44315115_ 46 1320271_ 1_ 11，00. html。

领域适用。

为了保持有效，OECD认为G20应继续利用国际组织的工作，以在世界经济困难问题上达成共识。将不同的标准“社会化”，扩大其适用范围，这对我们共同实现一个规则导向的国际经济的路径是非常重要的。OECD将继续提供专业知识和支持，以一种非常具体的方式为更好的生活发展更好的政策，同时考虑到G20成员国的不同情况。

【评论】

本文以G20和OECD为例，介绍了在经历了经济危机，以及现今全球化趋势不断加强的背景下，全球统一协作的重要性。

其中尤其提到了新兴发展中经济体的作用。在经济危机中，我们可以发现，金融危机根植于发达经济体并仍困扰着他们。仅仅依靠发达经济体自身的作用，很难抑制危机的爆发和扩张，因此现在迫切需要新兴经济体的帮助。这也是发展中国家迈入国际领导舞台的重要而珍贵的契机。中国作为发展中国家的一员，在国际领域没有发挥出应有的话语权和实力。此时，我们更应当重点关注这一机会。从21世纪恢复世界贸易组织席位开始，中国已经逐步在全球化进程中发挥其应有的作用，与此同时，在全球金融规制中的话语权也在渐渐加强。但我们必须认识到，这还远远不够。

因此，在这个世界规则转型和重新制定的关键时期，我们应当以自身在制定国际新规制体制过程中的重要性为重点，站在国家利益的角度，参与新规则的制定过程，而非错过时机，导致失去自身的权利和利益。在这一过程中，对于国际法、经济法、行政法的理解和运用就尤为重要，凸显了现今研究国际经济行政法的重要性。

实践告诉我们，单一的国际法、经济法或行政法都不能解决全球化背景下的金融规制问题，某一学科单一的研究必定存在其自身的局限性和弊端。正如本文的角度，任何一个国际组织的运作过程都不可能脱离这三方面的考虑和规制。

那么，对于新时代的学者来说，更需要提高自身的能力，在国际经济行政法这一前沿新兴领域内作出自己的贡献，为我国在全球化下的金融规制中的核心地位奠定坚实的理论基础，为国际社会的发展献计献策。

附录四

“银行家空间”监管——对作为“软法”的巴塞尔协定的合法性挑战

梅丽莎·博伊 著 罗滨彬 译评 黄莉娜 审校

I. 导论

背景如下：在瑞士[①]巴塞尔[②]国际结算银行召开的巴塞尔银行监管委员会会议（BCBS）每年大约有4次[③]，来自加拿大、意大利、卢森堡、日本、美国以及其他国家的代表[④]一般入住诸如欧拉、希尔顿、施魏策尔以及维多利亚[⑤]这样的靠近国际清算银行的酒店。但是社交活动与商业活动并行举行的夏季会议却时而在巴塞尔之外召开，且出席该会议的代表一般会携带伴侣参加（相比之下，巴塞尔被认为“有点

① 关于巴塞尔委员会、国际清算银行，http://www.bis.org/bcbs/about.htm（上次更新时间为2013年6月10日）（以下为有关页面）银行监管委员会，国际清算银行，http://bis.org/about/factbcbs.htm（上次访问时间为2014年3月30日）。

② 另一种拼写是“Basle”。

③ 查尔斯·古德哈特：《巴塞尔银行监管委员会早期的历史（1974—1997年）》，2011年版，第73页。

④ 古德哈特，第71—72页，图3.2。

⑤ 同上书，第74页。

单调”且代表不会携带伴侣)。[①] 跨越数天的会议结束后代表们“各自奔赴机场”。[②] 会议创造了一种“富于团队精神的俱乐部氛围”，因而代表们可以分享“彼此的理念、并获得谅解与达成妥协”[③]。

巴塞尔银行监管委员会在国际货币与银行危机[④]之后作为“全球银行监管合作论坛”而产生，其已成为银行业监管与审慎经营制度的全球“标准制定机构”。[⑤][⑥] 委员会主要由来自世界各国“负责央行银行业监管或金融稳定政策的高级官员”或其他正式的负责银行业监管的同等权力机构高级官员构成。[⑦] 巴塞尔银行监管委员会起初的参与者仅来自十国集团的银行业官员，[⑧] 但随着时间的推移，截止至2014年1月其成员已扩展至二十国集团[⑨]和一些其他在国际银行业中占据重要地位的国家和地区：阿根廷，澳大利亚，比利时，巴西，加拿大，中国，法国，德国，中国香港特别行政区，印度，印度尼西亚，意大利，日本，韩国，卢森堡，墨西哥，荷兰，俄罗斯，沙特阿拉伯，新加坡，南非，西班牙，瑞典，瑞士，土耳其，英国和美国。[⑩] 巴塞尔银行监管委员会的三项基本特征是其所采取措施的基础，包括“技术专长的运用、俱乐部氛

---

① 古德哈特，第73—74页。

② 同上，第73页。

③ 同上，第67页。

④ 霍华德·戴维斯、大卫·格林：《全球金融监管：重要指南34》，2008年版。

⑤ 同上，“审慎监管”这一术语是指旨在维持银行体系稳定性和完整性的监管。英国在为执行要求所有银行以审慎方式经营业务这一法定要求时首次在法律中使用该术语。在美国这一术语通常被称为金融机构的“安全性与稳健性”，银行被禁止参与被认为是不安全不稳健的任何经营活动。劳伦斯·L·C·李，《作为软法的巴塞尔协定：加强国际银行监管》，39 VA. J. INT'L L. 1, 26 – 27 (1998)(内部引用标注已省略)。

⑥ 前注第3条。

⑦ 情况说明，前注第3条。

⑧ 大卫·扎林：《国际机构在危机中的表现》，10 CHI. J. INT'L L. 475，480 (2010)。

⑨ 科恩·亚历山大：《全球金融标准制定，十国委员会与国际经济法》，34 BROOK. J. INT'L L. 861, 861 n. 39 (2009)。

⑩ 情况说明，前注第3条。

围般的知识与兴趣共享以及相对较小的群组规模”。[①] 巴塞尔银行监管委员会类似于“一个规模较小的同质化且狭隘”的俱乐部，因此其可以迅速且灵活地达成协议，且不受政治、行政、立法等力量的干预。[②] 迄今为止，巴塞尔委员会已达成三项国际资本协定——巴塞尔协定Ⅰ、巴塞尔协定Ⅱ、巴塞尔协定Ⅲ，其提出了银行应持有的最低资本要求的建议。1989年的巴塞尔协定虽然最初被设计适用于十国集团中较为活跃的国际银行，对于其他一百多个国家的银行由其自主决定是否采用。[③] 但是突然间这引起世界各国大多数监管机构、市场参与者和政府的担忧，因为其发现本国经济发展中相当重要的一部分被来自于瑞士“强有力的央行的精英银行家们”所组成的封闭的秘密会议所决定。[④]

银行在一个经济体中所扮演的角色还不能被理解。在国内，银行通过控制资金流向其认为最有可能产生最高预期回报的企业，从而对经济发展发挥“第一顺位”的影响。[⑤] 而且根据有关研究，银行不仅通过扶持企业以促进普遍繁荣，同时其对于收入分配和贫困问题也有直接影响。[⑥] 同样地，银行倒闭危机也会对社会边缘者产生显著影响。[⑦] 例如，在20世纪90年代的日本银行危机估计损失超过其GDP的20%，而在20世纪80年代早期的阿根廷和智利银行危机估计损失超过其年度GDP的40%。[⑧] 在1997年，对阿尔巴尼亚的大型庞氏投资计划的崩溃甚至引起了暴力骚乱，最终导致2500人伤亡的惨重结果。[⑨] 除此之外，银行危机也经常导致“信贷大幅减少”，从而导致经济衰退。[⑩] 政府为“救

---

① 古德哈特，前注第1条，第544页，n8.

② 迈克尔·S·巴尔、杰弗里·P·米勒：《巴塞尔视野下的全球行政法》，17EUR. J. INT'L L. 15，18（2006）。

③ 前注第20页。

④ 乔治·W·罗纳德：《21世纪的乔治·贝利：我们正走向巴塞尔协定国际金融监管的后现代?》，8 TRANSACTIONS：TENN. J. BUS. L. 161，162（2006）。

⑤ 詹姆斯·R·巴斯、杰拉德·卡普里奥、JR、罗斯·莱文：《反思银行监管：直到天使执政》，2（2006）。

⑥ 同上。

⑦ 同上。

⑧ 同上。

⑨ 同上，第26页。

⑩ 同上。

助”银行危机所付出的机会成本与财政压力通常转嫁于纳税人的高额税负。[①] 由于银行拥有“影响人们生活能力、提高人们生活标准”的力量，因此“银行政策至关重要”。[②] 随着金融和经济的全球化，银行对公民福利的影响无疑是在加剧；这可以从 2008 年雷曼兄弟的倒闭所引起的长期深远影响得到印证，其导致了不久之后的世界范围内的金融危机和经济衰退。

本文在第二部分将会说明金融、市场、经济全球化的发生如何影响“银行家空间”的监管。在第三部分将讨论三项巴塞尔协定对于最低资本充足率要求的创造和使用。第四和第五部分将讨论巴塞尔协议作为国际领域一种新的独特的软法规制其有效性及民主合法性，以及巴塞尔银行监管委员会作为国际法一种新的渊源的地位。在第六部分将会概括介绍银行家空间监管的“硬法”替代措施，以提供关于软法在这一领域应当如何处理的较为清晰的阐述。最后，在第七部分将详细说明巴塞尔银行监管委员会问责机制的缺失以及应对方案。

“银行家空间”已经被当作是被国际银行法所规制或者说是国际银行法具有有效强制力的这一领域的最好描述。银行家空间派生于“网络空间”这一词汇，其主要是指“在诸如因特网这样的通信网络计算机环境中通过互动和交流所创造的感觉空间”[③]，“银行家空间”则因金融市场、金融实体、市场主体和金融产品与服务的互动而被创造出来。就像网络空间一样，银行家空间不考虑属地管辖权的传统限制，在本质上是不分国界而维持高度关联性的。同样地，因为资本市场不断的自由化与持续的全球化，其表现出一种不囿于国际公法与国内法监管者的传统概念，而呈现出一种新的监管模式的可能性。

本文致力于描述巴塞尔银行监管委员会和巴塞尔协定运用其非正式

① 詹姆斯·R·巴斯、杰拉德·卡普里奥、JR、罗斯·莱文：《反思银行监管：直到天使执政》，2（2006），第 2、26 页。

② 同上书，第 2 页。

③ 托德·H·弗雷明：《网络空间规则：一个新的司法管辖范围内的非正式法律》，85 ILL. B. J. 174，174（1997）。

的、技术的、类似于俱乐部的特点与其创造的软法协同进行监管运作的这种新模式的有力例子。对于巴塞尔银行监管委员会持续增加的合法性和问责制需求可能会阻碍和消除相互关联银行在全球协调方面已达成的一致。与此相反，在每个国家将巴塞尔协定转化为有约束力的国内法之前对于民主合法性和问责制的关注应从国际层面回归到国内层面。用这样的方式，软法将允许借助最擅长解决这类问题的专家在这一快速发展的政治争议领域进行必要的协调与合作，从而使得没有法律强制约束力或“惩戒措施”的软法得以保障，直到其在每一个司法管辖区通过宪政民主审查程序的立法过程。在其他领域使用这种规则和结构也许有明显的限制甚至缺陷，但是在当今金融全球化的趋势下，让银行家控制银行家空间可能是最好的选择。

II. 全球化“银行家空间”的监管

A. 银行家空间的全球化本质和当今的监管模式

毫无疑问，“金融市场的快速整合”是近代以来全球化最显著的例子之一。① 随着人力、货物和信息在全球范围内的自由流动，独立的国内经济逐渐发现其在缓慢地融入业已出现的全球经济体中。② 例如，技术创新促进了资金流的全球化。③ 十年前，在柏林的一家银行到一家新加坡的银行之间的资金转移可能需要花费七十二个小时，但是现在同样的交易仅用甚至不超过一分钟。④ “随着在工业化国家间的资金流增加了300%，贸易流量增加了63%，GDP也相对温和地增加了26%”，跨

① MAARTJE VAN PUTTEN：《银行监管：金融部门问责机制》，10（2008）。

② 詹姆斯·C·摩尔：《经济全球化及对法律职业的影响》，79 N. Y. ST. B. A. J.，May 2007，at 35，35。

③ 戈登·R·沃克、马克·A·福克斯：《全球化：一个分析框架》，3 IND. J. GLOBAL LEGAL STUD. 375，382－83（1996）。

④ 摩尔，前注第30条，第36页。

境货币交易“以前所未有的水平发生着”。[①] 而作为快速整合的副产品，全球化已经不出所料地减少了独立国家的权力与自主权。[②] 国内监管者正在发现其只能“在较大的国际经济实体中的一小部分国内经济”进行监管，且他们的监管也受到限制。[③] 在银行业，监管者通常作为“可信赖的负责的国家公民资金的智囊人物被赋予确保金融市场安全稳定”的责任，这可能是令人不安的。[④] 不仅监管者控制自己的金融机构是困难的，这也意味着其施加在金融机构上的控制也“面临大量来自于监管者根本无法监管的机构和个人的交易风险”。[⑤] 因此产生这样的疑问：“当民族国家失去了话语权，问谁主沉浮？”[⑥]

但是，“无论我们是否喜欢，金融市场和机构的全球化是一个现实”，并且其不可能“以任何实质性的方式被逆转”。[⑦] 尽管市场和市场参与者能够轻松跨越国界，但是监管者“要这样做却十分困难”。[⑧] 事实上，即使政府和监管者能够继续追求其国际利益，这“也不能在真空中进行”，并且对于全球化或区域化协调所采取的必要措施自然而然地会进一步削弱国家主权。[⑨] 监管套利的担忧使得监管者在金融法律方面呈螺旋式“竞优或竞次”。[⑩] 尽管如此，区分国内和“外国”交易仍旧

---

① 克里斯·布鲁默：《国际金融法如何运作（以及为何失灵）》，99 GEO. L. J. 257, 265（2011），引用 马丁 D. D. 伊万斯和维多利亚·汉特托夫斯卡，国际资本流动、回归与世界金融一体化，92 J. INT'L ECON. 14，14（2014）（内部引用标注已省略）。

② 普腾，前注第 29 条，第 10 页。

③ 大卫·扎林：《在全球金融监管中发现法律原则》，52 VA. J. INT'L L. 683，689（2012）。

④ 同上。

⑤ 同上。

⑥ 普腾，前注第 29 条，第 3 页。

⑦ 沃克、福克斯，前注 31，第 381—82 页，引自《美国进入日本金融市场：美国参议院预算委员会听证会》，100th Cong. 4（1987）（纽约联邦储备银行主席葛瑞德·科里根的声明）（内部引用标注已省略）。

⑧ 扎林，前注第 35 条，第 689 页。

⑨ 沃克、福克斯，前注第 31 条，第 385 页。

⑩ 扎林，前注第 35 条，第 689 页。

是困难的。[①] 国内与国际的界限"在很大程度上是虚无的",[②] 并且"在地区或国家实体某方面"形成的国内法很容易被证明不仅是无效的甚至会适得其反[③]。国家没有自由与选择来决定国际金融体系是否影响他们。在当今全球化世界,一种新的监管模式或结构将需要被采用以确保国内法律改革与全球经济和政治力量的顺利啮合。[④]

如今,国际金融法可以涵盖从银行业与金融服务业的私法律关系到货币与外汇安排的国际公法领域。[⑤] 跨境金融市场、资本流动和金融交易的增加已不可避免地导致作为规制这种新的全球化模式的尝试的多边机构和国际标准制定机构的产生。[⑥] 虽然主权国家仍旧是经济政策和监管的主要参与者,但是国际法律人格的扩展已被广为接受,且事实上已被扩展至在银行家空间甚至别的领域的国际组织和其他关键性非国家参与者。[⑦]

尽管金融市场实现互联,我们现在的国际金融体制还是已被部门化或产业化组织起来。[⑧] 虽然巴塞尔银行监管委员会在全球范围内对银行业的部分进行规制,但是证券业却由国际证券委员会组织予以监管,保险业由国际保险监督官协会予以监管;[⑨] 三者每年会联合举行三次论坛。[⑩] 别的一些例子包括在全球范围内建立被广为采用的支付合作体系核心原则的国际支付结算体系委员会,[⑪] 规制洗钱的金融特别行动工作

---

① 叶莎·耶迪:《西西弗斯的幽灵:重塑全球金融危机之后的国际金融监管》, 24 EMORY INT'L L. REv. 83, 94 (2010)。

② 沃克、福克斯,前注第 31 条,第 410—411 页。

③ 同上, at 410 - 411 (省略强调标注),引用阿尔弗雷德·阿曼,引论, 1 IND. J. GLOBAL LEGAL STUD. 1, 2 (1993) (内部引用标注已省略)。

④ 沃克、福克斯,前注第 31 条,第 411 页。

⑤ 亚历山大,前注第 14 条,第 863 页。

⑥ 同上,第 865 页。

⑦ 同上,第 865—866 页。

⑧ 大卫、格林,前注第 9 条,第 32 页。

⑨ 同上,第 59—72 页 (noting the creation and significance of these organizations)。

⑩ 同上,第 81 页。

⑪ 同上,第 54 页。

组。[1] 证券交易所、信用评级机构、审计监管机构、会计准则以及其他更多的金融制度在国际层面被予以独立监管。[2] 国际监管机构以一种“零碎的方式”大量产生，[3] 每当全球监管的需求出现时，这些机构就已经着手开始对全球金融某一特殊方面进行监管了。[4] 同样地，无论是在理论层面还是在实践层面，全球范围内的银行业监管的协作需求的确在不断增加。

B. 全球化银行监管的需求

金融监管的全球化制度设计并非是想当然地立即实现，而仅仅是因为金融机构和企业实体已经全球化这一事实。[5] 尽管如此，还有一些强有力的理由论证了推进全球化银行业监管的日益增长的必要性。克里斯托弗·布鲁默提出了三个主要理由：套利、监管竞争、系统性风险。[6] 首先，全球化使得个人、企业实体以及资本可以轻易地从某一管辖区域内转移到另一管辖区域内，任何参与者发现其“不符合”某一管辖区域内的监管规则时通常能够轻易地转移至另一管辖区域内以提高监管套利的预期。[7] 它们不仅可以将自身物理定位于一个较弱的潜在的监管管辖区域内，也可以参与作为套利策略的复杂的跨境交易。[8] 一个简单的例子就是英国的栅栏原则提议，其建议银行的投资银行部门应与银行的储蓄部门的资本相分离，以防止更为安全的储蓄资本作为更高风险的投资活动的抵押。[9] 在该政策改革提议最终版本出台之前，总部位于伦敦

---

① 大卫、格林，前注第9条，第57页。

② 同上，第66—91页（将用于规制这些行业的规制方案进行编目）。

③ 同上，第3页。耶迪，前注第43条，第117页（为确保深思熟虑地推进改革，国际金融市场监管应当植根于支撑金融市场监管的法律和经济的基本原理，而非一时的或下意识的基础）。

④ 扎林，前注第35条，第693—694页。

⑤ 马库斯·布鲁纳米尔等人，《金融监管的基本原则》，2009年版，第X页。

⑥ 布鲁默，前注第33条，第267—268页。

⑦ 同上，第267页。

⑧ 同上。

⑨ 银行业改革：对英国最大银行的影响，英国广播公司（2011年12月19日，12：05PM），http：//www.bbc.co.uk/news/business－14879427。

的大型银行巴克莱告知金融界，如果该提议最终被采用，它将认真考虑是否将其总部迁往纽约，以避免遭受栅栏原则的监管。① 其次，正如前所述，监管者可能为吸引某些企业和大量外资进入其管辖范围内而竞次。② 显然，每一个国家都想要使其自身从外国直接投资中获益并利用全球化对经济增长的好处。最后，传染效应和"系统性风险"的问题已被视为推动全球金融监管制度建立的主要原因。③

C. 系统性风险问题

全球化不仅使得金融市场越发整合，同时也越发相互依存。④ 结果就是市场中的一个主要银行或者别的关键性参与者的破产可能导致严重的经济混乱或者对其他经济体的"传染效应"。⑤ 特别是银行业由于其在一个经济体"支付系统和金融资源配置中的中心地位"以及其金融结构的特殊性经常被视为系统性风险中的关键受害者。⑥ 考虑到"银行短期存款负债即存即取的特点、贷款组合流动性不足的性质以及经常保持的高杠杆率"，银行在市场信心方面是极易受损的。⑦ 举例来说，银行挤兑已被证明是"自我实现的预言"：如果没有人认为会发生银行挤

---

① 银行业改革：对英国最大银行的影响，英国广播公司（2011 年 12 月 19 日，12：05PM），http：//www. bbc. co. uk/news/business - 14879427。

② 布鲁默，前注第 33 条，第 267—268 页（internal quotations omitted）。

③ 见 Yaday，前注 43 条，第 109 页（"对系统性风险的担忧已成为金融危机之后所进行的诸多改革的中心"）；《越过巴塞尔的资本充足率：银行、证券和保险》3，6（Hal S. Scott ed.，2005）。（"银行监管整个系统都建立在系统性风险的可能性之上……"）

④ 沃克、福克斯，前注第 31 条，第 379 页。

⑤ 导论，前注第 65 条，第 6 页。

⑥ 同上，第 19 页。也见罗伯特·F·韦伯：《新的治理、金融监管和合法性挑战：以资本充足率监管的内部模型方法为例》，62 ADMIN. L. REV. 783，797（2010）。（"虽然所有金融机构都可能产生系统性风险，但是银行系统性风险是特别麻烦的，因为银行在支付系统和政府货币、信贷、外汇政策的传播上具有关键作用。"）

⑦ 理查德·赫林、提尔·斯库尔曼：《资本监管在银行、证券公司、保险公司的风险地位》，前注第 65 条，第 15、19 页，《越过巴塞尔的资本充足率：银行、证券和保险》。

兑，那就只有那些对于资金流动有迫切需求的人才会取回资金，并且如果银行有足够的流动资金满足这些正常流动需求，那么就不会有挤兑恐慌。但是这是一种脆弱的平衡状态。相反如果每个人都认为会发生银行挤兑，储户就会在因银行挤兑恐慌和随之而来的银行非流动性资产的抢售耗尽其银行资本之前冲向第一线取回自己的存款。①

而且，类似的冲击可能"传染性地传导"至其他银行，因为其他银行也可能面临类似的风险或通过银行间市场或清算程序与破产银行有直接接触。② 再次，发生自我实现的预言也是可能的，因为它的发生纯粹基于市场参与者担心"疑似接触到受损的银行"。③ 另外，多米诺骨牌模型也论证了相互依存性和银行间市场如何在经济系统中导致传染效应。

假设来说：A 银行从 B 银行处借款，B 银行除借给 A 银行的借款以外还有其他资产。假设 B 银行在其他贷款上遭受信用损失，但是 A 银行的信用评级保持不变。当面临这样的冲击时，B 银行通常采取的谨慎做法就是减少其整体曝光，以便资产可以调整到其可以用更少的股权资本进行适度操控的规模。确保 B 银行偿付能力的一种方式就是降低其包括对 A 银行的借款在内的整体借款。通过减少借款，B 银行就可以减少其风险曝光。然而，从 A 银行角度来看，B 银行借款的减少也就意味着资金的取回。除非 A 银行找到替代资金，否则它将不得不通过削减借款或者出售有价资产来减少其持有资金。④

如果这样的现象发生在足够多的银行，当 A 银行贷款违约，提供借款的 B 银行就会遭受损失。⑤ 如果该损失足以彻底耗尽 B 银行的资本，B 银行也会违约。⑥ 提供借款给 B 银行的 C 银行也会因此遭受损

① 理查德·赫林、提尔·斯库尔曼：《资本监管在银行、证券公司、保险公司的风险地位》，前注第 65 条，第 15、19 页，《越过巴塞尔的资本充足率：银行、证券和保险》。

② 同上，第 19—20 页。

③ 同上，第 20 页。

④ 布鲁纳米尔等人，前注第 8 条，第 15 页。

⑤ 同上，第 16 页。

⑥ 同上。

失，从而产生不幸的“多米诺”效应。[①] 通过这种传染效应或者说“多米诺”效应对经济中的其他部分所产生的不可避免的溢出效应将很可能导致严重的借款限制或削减，由此间接导致经济衰退。[②] 在当今复杂而又相互联系的金融世界，这样一种冲击能够在多边市场和司法管辖区域内产生更为广泛的连锁反应。

在银行业的全球化领域，巴塞尔银行监管委员会的工作可以说是适合处理所有这些全球化监管的理由。允许银行采用更高水平的资本准备金为其提供保护以应对银行危机，同时建立“一个公平竞争环境，以便位于一国的银行免受不公平竞争待遇，只因位于另一国的银行可以享受更低的资本充足率要求的竞争优势”，从而防止监管套利和“竞次”，是催生巴塞尔第一协定的主要诱因。[③] 虽然系统性风险的预防没有清楚地作为早期巴塞尔协定的基本原理、主要诱因或正当理由，[④] 但是在巴塞尔第三协定中其已特别清楚，全球监管确实适合用于在尽可能大的程度上降低全球经济的系统性风险和传染效应。[⑤]

【评论】

本文作者在导论部分为我们梳理了巴塞尔银行监管委员会的历史沿革，并阐述了银行和巴塞尔银行监管委员会在当今经济全球化中所扮演的角色及其功能。巴塞尔银行监管委员会是由美国、英国、法国、德国、意大利、日本、荷兰、加拿大、比利时、瑞典十国集团的中央银行于 1974 年底共同成立的，其总部位于瑞士巴塞尔。其作为国际清算银行的一个正式机构，虽然本身不具有进行银行业跨国监管的权力，但是

---

① 布鲁纳米尔等人，前注第 8 条，第 16 页。

② 赫林、斯库尔曼，前注第 69 条，第 20 页。也见韦伯，前注第 68 条，第 792 页。（“此外，不像其他工业……金融部门一连串的破产（或者一连串的违约）会威胁催生足以冻结信贷形成和经济增长的系统性风险。”）

③ 李，前注第 11 条，第 22 页。

④ 丹尼尔·塔鲁诺：《巴塞尔银行业：国际金融监管的未来》，22（2008）。

⑤ 见巴塞尔银行通讯，巴塞尔第三协定：《一个更具弹性的银行和银行系统的全球监管架构》2（2011），见 http：//www. bis. org/publ/bcbsl89. pdf。（“改革也有一个宏观审慎的焦点，着重于贯穿银行业在其基础上建立并随着时间顺势发展扩大的整体性系统风险。”）

由于其会员主要来自世界发达国家，因应全球经济一体化的世界趋势，巴塞尔银行监管委员会制定的监管标准与指导原则具有“软法规制”的功能。

而在全球化“银行家空间”的监管这一部分，作者从“银行家空间”的全球化本质和当今的监管模式、全球化银行监管的需求以及系统性风险问题三个方面论述了金融、市场、经济全球化的发生与变化如何影响“银行家空间”的监管。作者认为，随着人力、货物和信息在世界范围内的自由流动，各国经济逐渐融合交汇为全球经济体，而“银行家空间”的产生正是金融全球化的例证；由于金融领域内部的分业经营，因此对其监管也是以部门化形式进行的，由此产生了诸如巴塞尔银行监管委员会、国际证券委员会、国际保险监督官协会等金融监管组织。正是金融全球化的不断发展，套利行为、监管竞争以及系统性风险层出不穷，从而导致了不同程度的经济混乱，推进全球化银行业监管的需求与日俱增。在克里斯托弗·布鲁默提出的有关全球化银行监管的三个理由中，银行系统性风险能够在多边市场和司法管辖区域内产生可怕的连锁反应，严重阻碍全球经济的发展，而巴塞尔银行监管委员会则可以在尽可能大的程度上降低系统性风险。

除本文作者所言之外，译者经过文献梳理，总结出在金融领域推进全球化银行业监管的必要性：其一，金融领域的资源具有稀缺性，虽然市场机制的调节作用十分重要，但是由于各国市场经济具有不同的特征，在全球范围来看，市场失灵的发生也是很有可能的，因此应当将“看得见的手”和“看不见的手”结合起来，应对市场机制所带来的效率低下，分配失衡等问题；其二，银行领域也具有规模效应，因此银行基于逐利特征有向垄断发展的趋势，而银行业的垄断则会带来一系列问题，如服务水平下降、市场竞争减小、创新动力变弱等，因此有必要通过监管适度控制银行业的垄断现象；其三，从 1837 年美国金融恐慌、1907 年美国银行业危机、1929 年美国股市大崩盘、1987 年席卷全球股市的黑色星期一、1995 年墨西哥金融危机、1997 年亚洲金融危机以及 2007 年美国次贷危机等历次金融危机来看，一国银行的破产不仅会导致个人损失、企业倒闭、股市震荡，甚至引发社会恐慌，而这一切又通过“银行家空间”的连锁反应波及到世界各国，从而导致世界经济的衰退，由此有必要通过全球化协作对银行业的负外部性进行遏制；其四，银行业在不同程度上承受着包括信用风险、流动性风险、汇率风险、利率风险、财务风险、金融犯罪风险等十分广泛的金融风险，而由于世界范围内信息的不对称性，银行极易遭受其难以承受的巨额损失，而按照当下的银行运行模式来看，这些损失又会最终转嫁于普通民众，因此有必要通过全球化银行业监管实现安全性更高的金融体制。

我国目前在银行业监管方面虽已形成一定体制，主要由中国人民银行、银监会、财政部、外汇管理局、证监会、保监会以及审计署等机构执行银行业监管职能，但是我国银行业监管体制仍旧存在监管功能不健全、监管理念较落后以及监管机构不协调等问题，同时，未顺应金融全球化发展趋势的弊端日渐显露，因此我国银行业监管体制改革不仅要着眼于自身问题，同时要在坚持 WTO 金融服务贸易自由化的基础之上，顺应自身金融发展程度，不断协调国内银行业监管体制，以实现我国银行业监管体制的改革蜕变与对银行业全球化监管体系的动态协作。

附录五

萨班斯－奥克斯利法案第 307 节：对律师事务所和公司法务部门是怎样实施 SEC 的律师行为规则的进展报告

詹姆斯·L·桑尼[①]著

赵　悦　译评　黄莉娜　审校

概述

在最近的 10 年间，因备受关注的各色公司丑闻，公司法务的角色已经被更多地置于公众视野之下。在发生了安然公司、世界通讯公司、环球电讯公司以及其他大型上市公司引发公众关于其企业责任的强烈不满的系列欺诈事件后，国会通过了萨班斯－奥克斯利法案（SOX）来避免未来的经济崩溃和保持公众对美国资本市场的信心。[②] 针对律师和法务在这些给美国最负盛名的上市公司带来负面影响的丑闻中所起的作用，国会将第 307 节加入萨班斯－奥克斯利法案中，要求其在发现可能

① 乔治敦大学法律博士。

② Patrick W. Fitzgerald et. al.，Towards Understanding Sarbanes-Oxley and Business and Financial Ethics Requirements in a Post-Enron World，60 CONSUMER FIN. L. Q. REP. 64，65（2006）.

违反联邦担保法之行为时，采取各种形式的措施。

安然公司和它的法律顾问间有失妥洽的关系向我们展示了法律人是如何或积极或消极地在公司政策失误中起到了不可忽视之作用。[①] 一份关于安然公司丑闻的官方报告——“权力报告”，批评了文森埃尔斯律师事务所及其公司内部顾问在提供客观、专业建议方面的缺位与疏忽失职。[②]

通过挖掘有限的关于律所和顾问们如何在第 307 节的约束下改变行为的传来证据，本文意图完成对第 307 节在法治社会中所起作用进行整体评估的基础工作。本文将运用有关律所和内部顾问的访谈与文献，对私营法律行业在第 307 节通过 205 法令得以实施后对其之反应加以研究。

本文第一部分检视了律所对第 307 节的反应。第二部分评估上市公司内部法务部门对第 307 节的反应。因对第 307 节现实反应之研究已然颇具规模，所以我们主要是就性质问题初步有所发现。律所和内部顾问都一贯希望其所获知的信息能够准确表明可能触犯担保法的行为，而不希望有 SEC 报告规则去查证或创造新的有关第 307 节相关行为的公共报告。[③] 本文的主要调查包括对 5 位在第 307 节在私营法律行业及 SEC 中实施问题方面具有丰富经验的律师进行访谈。

1.307 节的历史沿革与目标

在萨班斯－奥克斯利法案之前，美国律师协会（ABA）支持一种缺乏监督的，允许律师在取悦公司管理者时具有最大灵活性的律师角色

---

① Christopher J. Whelan, Some Realism About Professionalism: Core Values, Legality and Corporate Law Practice, 54 BUFF. L. REV. 1067, 1090 (2007).

② William Powers Jr., Board of Directors of Enron, Report of the Special Investigative Committee of Enron, 17 (Feb. 1, 2002), available at http://news.findlaw.com/hdocs/docs/enron/sicreportindex.html.

③ Stephen Fraidin & Laura B. Mutterperl, Advice for Lawyers: Navigating the New Realm of Federal Regulation of Legal Ethics, 72 U. CIN, L. REv. 609, 658.

定位。[①] 然而，在2002年，ABA示范规则1.13通过要求公司律师必须服务于公司整体而非高级经理人员来规范律师在报告其委托人欺诈方面所扮演的角色。但律师通常对此感到困惑，[②] 并且批评这种指导过于狭隘和模糊以至于难以实现其目标。[③] 其他人则认为ABA示范规则1.13要求律师仅在其“知情”时报告是完全不够的，那些对不良行为抱有怀疑的人同样应有报告这些令人不安之事的义务。在2002年前，当国会正在辩论萨班斯-奥克斯利法案中的第307节的时候，法律从业人员表达了其对完善律师行为规范的渴求。40位法律专家签署了由哈维·皮特宣读的声明，而后则有SEC主席支持适用于公司律师的更严格的标准和信息披露规制。[④] 2002年3月7日的一份函件解释道，由于不“要求律师采取特殊行动”，关于专业规范的ABA示范规则1.13并不完善。[⑤]

虽然于此时，立法已然成为国会回应公司丑闻的惯用方式，但在当时，第307节的确是立法机关第一次对律师在公司丑闻中的角色表示特别关注。它适用于公司内部自有或外聘的顾问。正如SEC的前首席顾问乔瓦尼·普雷齐奥索所说，在第307节以前，SEC没有“对公司首席顾问或首席法务的直接责任作出明确说明的声明”，第307节的适用事实上代表着律师行为规范发展的新方向。[⑥] 在各方争执不下的情况下，当国会于2002年通过了萨班斯-奥克斯利法案，使得第307节成为国会授权联邦权威机构规范律师职业责任的首例。[⑦] 而在过去，这种规则

---

① Peter C. Kostant, From Lapdog to Watchdog: Sarbanes-OxleySection307 and a New Role for Corporate Lawyers, 52 N. Y. L. SCH. L. REV. 535, 538 (2008).

② Jenny E. Cieplak & Michael K. Hibey, The Sarbanes Oxley Regulations and Model Rule 1.13: Redundant or Complementary? 17 GEO. J. LEGAL ETmcs 715, 716 (2004).

③ Kostant, supra note 7, at 540.

④ See Hoch, supra note 10, at 689.

⑤ Letter to Harvey Pitt, Chairman, Securities and Exchange Commission, Mar. 7, 2002, available at http://www.abanet.org/buslaw/corporateresponsibility/pitt.pdf.

⑥ Giovanni P. Prezioso, General Counsel, U.S. Securities and Exchange Commission, Speech by SEC Staff: Remarks before the Spring Meeting of the Association of General Counsel, April 28, 2005, available at http://www.sec.gov/news/speech/spch042805gpp.htm.

⑦ Stephanie R. Patterson, Section 307 of the Sarbanes-Oxley Act: Eroding the Legal Profession's System of Self-Governance?, 7 N.C. BANKING INST. 155, 157 (2003).

的制定权属于各州的最高法庭，而各州对ABA示范规则的适用则有着不同的规定。①

萨班斯－奥克斯利法案第307节给SEC提供了180天的时间去制定相关实施细则，并且要求这一细则着重于促使律师报告可能违反担保法的行为，以使首席法务能够及时了解相关情况。如果顾问或者首席法务对此的回应令人不甚满意，则其便会被要求向SEC的审计委员会及相关机构上报相关证据。②

为了回应国会就第307节所予之授权，SEC制定了规范律师行为的205法令。205法令要求律师在代理上市公司时要先于SEC采取行动，以报告企业内部显露苗头的违反法律或信赖义务之行为。③ 其主要规则是：

“如果律师通过高管、董事、雇员或者代理人而较之委员会更早地意识到违法事实和指出问题，那么他应该立刻向该公司的首席法务官（或其他相当职务之人员）或者同时向其首席法务官和首席执行官（或其他相当职务之人员）说明情况。”④

SEC在决定是否上报的问题上给律师留下了可观的裁量空间。⑤ 作为要求律师举报违法行为的决定性标准，205法令在205.2（e）中包含了这样一个模糊的双重否定：“违法证据即可信证据，以此为基础，在这种情况下，一个谨慎且有能力的律师意识不到这种违法行为很可能已经、正在或即将发生是不可能的。”⑥

① David J. Beck, The Legal Profession at a Crossroads: Who Will Write the Future Rules Governing the Conduct of Lawyers Representing Public Corporations?, 34 ST. MARY's L. J. 873, 907 (2003).

② See Sarbanes-Oxley Act of 2002, Pub. L. No. 107－204, § 307, 116 Stat. 745, 776 (2002).

③ Roger Cramton, George Cohen & Susan Koniak, Legal and Ethical Duties of Lawyers After Sarbanes-Oxley, 49 VILL。L. REV. 725, 740 (2004) (describing the up-the-ladder reporting process required by Section 307).

④ 17 C. F. R. § 205. 3 (d) (1) (2009).

⑤ See generally Cramton et al., supra note 18, at 775－78 (describing various exceptions to the reporting up requirements of Section 205).

⑥ 17 C. F. R. § 205. 2 (e) (2009).

作为决定性标准的205.2（e）受到了猛烈的批评。[①] 一位评论家指出，这一双重否定标准过多地保留了律师的任意决定权，特别是考虑到律师并不愿上报相关情况的历史传统。[②] 他接着指出："任何一个合格的律师都会认为在明确法定规范含义前，进行证据判定实为荒谬。"[③] 在2002年7月的参议院会议中，参议员约翰·爱德华表述了第307节的立法目的：

"第307节意在确保除公司会计和行政人员外，其法务人员也不会违背法律。并且更重要的是，确保法律得以被遵行……如果发现经理人员违反法律，法务人员必须加以制止。若其拒不停止，则必须告知作为股东代表的董事会发生了这样的情况……"[④]

本文即试图分析第307节在实现如约翰·爱德华所言之政策预期方面取得的成效。

2. 律所对第307节的反应

在某种程度上讲，律所对第307节的回应是不甚一致的，但同样存在一些共同点。本文从第307节实施的三个不同阶段与层面来探讨律所

---

① Ralph A. Siciliano, SEC Rules Requiring Attorneys to Report Evidence of Violations, SL008 ALI-ABA 1053, 1058 (2006) (noting criticism of the Rule 205 (2) (e) evidence triggering standard).

② Robert J. Josen, Dealing with the Lawyer's Responsibilities Under the Sarbanes-Oxley Act of 2002: Ethical Dilemmas and Practical Considerations, SJ064 ALI-ABA 667, 699 (2003).

③ Id; see also Letter to Jonathan Katz, Secretary, U. S. Securities and Exchange Commission, Dec. 12, 2002, available at http: llwww. sec. gov/rules/proposed/s74502/skoniakl. htm. (last accessed Mar. 15, 2010) (noting criticism of the ambiguity in 205. 2 (e)'s treatment of the definition of evidence, which drafters of Section 307 meant to be "a trigger for action." Susan Koniak said: "[T] he Commission's definition at best renders the word 'evidence' ambiguous, and at worst reads the word out of the rule entirely.").

④ Remarks by Senator John Edwards, 148 CONG. REc. 56552 (July 10, 2002).

对其之反应：实施之初、生效时期，以及现今之第 307 节。实施最初涉及律所为回应 205 法令而采用的方针、程序和培训策略。对于评价实施效果，虽然由于律所对 205 法令之回应这一话题本身的敏感性而使其颇富挑战性，但传来证据以及同 SEC 人员的访谈却使我们得到了一些初步的结论。

（1）实施之初

律所制定了各种内部政策去解释第 307 节的要求与规定。律所间的关键共同点包括对预警报告规则文书写作政策与标准的创造与分配。① 律所也已经设立了合规委员会和培训项目来对其初、高级律师进行有关 205 法令的教育。

律所在对要求所有律师"先于"SEC 采取行动的 205.2 的解释中选择了不同的方式。② 在担保法的立法实践中，一位国有律所的合伙人说："当律所向它的所有律师告知 205 法令时，并不意味着 205 解释到了为所有人理解适用的地步。"③ 在一家大型律所，负责 205 法令实施的合伙人解释道，在形成了自身策略以使得所有律师适应于 205.2 后，律所已经"极大地超越了" 205 法令的要求。④ 另一家律所也已经明确了适用于律所内每一位，而非仅指那些可以"先于 SEC"的律师的 205 法令责任。⑤ 虽然依据前述，至少还存在一种例外，但让 205 法令适用于所有律师似乎已然成为大型律所采取的普遍行动。

国有律师事务所已然制定了培训计划来帮助初、高级律师理解和遵行 205 法令。培训计划适用于相关律所中所有处于 205.2 规范之内的律

---

① American Corporate Counsel Association, Emerging and Leading Practices in Sarbox Up-the-Ladder Reporting and Attorney Professional Conduct Programs: What Companies and Law Firms are Doing, p. 33, Sept. 4, 2003, available at http://www.acca.com/protected/article/ corpresp/lead-sarbox.pdf (access restricted) [hereinafter Leading Practices].

② 17C. F. R. §205.2 (2009).

③ Leading Practices, supra note 26, at 33.

④ Id.

⑤ Interview with former Managing Partner and Current Partner of a large, top－ranked law firm (Oct. 2009).

师。例如，一家大型律所开设了一门包括“规则解读，难点探析，讨论律所编写政策之效用，模拟或易或难之实务情况与判决”的长达一小时的网络培训课程。① 另一家律所将类似课程作为所内实务小组会议的独立组成部分。这类探讨至少每年会有一次，每次持续近一个小时，并且会进行实务模拟。② 还有一家大型律所则设置了现场的、强制性的时长60分钟的室内培训会。这些培训会由高级律师主讲，且常由创建该项目的高级合伙人主持。③

律所就第307节实施问题方面的另一共性体现于第307节委员会（简称“委员会”）的创立。这些委员会由专攻不同实务领域的约12位合伙人组成。培训项目指导律师及合伙人将直接向他们而非客户反映第307节相关问题。一位入选委员会的大所合伙人透露：“这是为了让经验丰富的律师参与到对涉第307节事件报告必要性的判断中来。”④

(2) 关于有效性的证明

国会为使公司顾问更好履职而制定了第307节。⑤ 在这种大背景下，律所使第307节能够以更为有效的方式满足其客户需要。理查德·休姆斯是负责向内部法务部门和律所推广SEC经国会第307节授权所制定之205法令的SEC副总顾问，在对他的访谈中，我们可以发现一个看待律所回应这项新规的行为之有效性的独特视角。⑥ 在205法令实施的3年中，休姆斯先生每年都要在15—20场会议上发言，也正是在那些会议上，他得以和最顶级的法务、律师一起解读与反馈205法令的实施状况。⑦ 休姆斯指出了评估律所应对205法令之有效性的一个关键障

---

① Leading Practices, supra note 26 at 22.

② Id. at 23.

③ Id. at 24.

④ Id. at 22.

⑤ Eric Hoch, The SEC's Section 307 Disclosure Rules for the Sarbanes-Oxley Act: A Step in the Right Direction, But Was It A Step Too Far?, 29 J. CORP. L. 685, 689 (2004); see also 148 CONG. REC. S6515, 6552.

⑥ Interview with Richard Humes, Associate General Counsel, Securities and Exchange Commission, Washington, D. C. (Oct. 2009) [hereinafter Humes Interview].

⑦ Id.

碍——在 SEC 看来，律所就报告行为制定的规定终究要对其客户的要求妥协。①

虽欲得更为明晰之结论，尚需一大型调研加以辅助，但就律所及其委托人间在规定实施前面临的道德难题，第 307 节已然进行了更为频繁与高水平的探讨。上文中提及的国有律所合伙人告诉我们，在其律所中曾出现过因第 307 节规定要求而终止同一个客户的委托关系的情况。这可以看做一个传来证据，用以表明第 307 节实施情况："对律师而言，他所面对的代表公司的委托人就真的只是他所代表的公司，而不是 CEO，或者其他行政人员，或者正在处理律师所处理之问题的人员"的。② 在这家大型律所中，在不涉及担保法的领域，客户并不会感受到政府主要调查行为公开的重要性。而一次伴随着传票和各种陷阱的调查则可能提高投资者的忧虑。③ 处罚该领域的违法行为由此便显得相当重要。

这个事务所最先制定了相应的预警报告流程。首先，这个律所和与他们已经就基础流程展开工作的诉讼顾问和内部法务部门表达了对于相关话题的关注。④ 当对收到的回应不甚满意时，所里的律师会给客户的顾问起草一封信。仍然不满意的话，律师就会终止和该客户的委托关系。这个客户随后便会委托一个新的与他们在其他事情上有过合作的律所。这家新的律所发文声明对此问题进行公开披露并无必要。因此，第一家律所的主张根本不会使这家公司进入 SEC 的视野。

唯一广为人知的律所基于第 307 节而终止同客户委托关系的例子出现在 2003 年 12 月，即艾金·甘普·施特劳斯·豪尔·菲尔德事务所（以下简称艾金·甘普事务所）和墨西哥第二大广播电视公司阿兹

---

① Interview with Richard Humes, Associate General Counsel, Securities and Exchange Commission, Washington, D. C. (Oct. 2009) [hereinafter Humes Interview].

② Speech by Harvey Goldschmid, Commissioner, Securities and Exchange Commission, A Lawyer's Role in Corporate Governance: The Myth of Absolute Confidentiality and the Complexity of the Counseling Task Orison S. Marden Lecture, Association of the Bar of the City of New York, Nov. 17, 2003, available at http://www.sec.gov/news/speech/spch111703hjg.htm.

③ Interview, supra note 36.

④ Id.

特克广播电视公司终止委托关系事件。[1] 虽然 SEC 从未对律师采取强制性措施，[2] 但艾金·甘普事务所的解约表明了其对 205 法令的支持。此次解约也受到了媒体的大量关注。之后，在要求阿兹特克广播电视公司就提供给其董事长理查德·B·萨利纳斯·普里戈的逾 100 万美金加以说明、公开其与潜在客户的交易信息时，艾金·甘普纽约办公室合伙人史蒂文·H·沙因曼便援引了 205 法令。[3] 律所指出，公司 CEO 进行的如此大规模的自我交易，理应将相关信息以某种形式披露给投资者。当阿兹特克广播电视公司拒绝公开该信息时，艾金·甘普事务所便终止了与其的委托关系。沙因曼先生拒绝从专业角度就他决定终止代理阿兹特克公司一事给出更多的解释，并且也从未透露他是否就此问题与 SEC 进行过沟通。[4] 继艾金·甘普事务所后，另外两家律所——佳利·戈特利布·斯坦·汉密尔顿律师事务所及霍根和哈特森律师事务所，也都要求阿兹特克公司增加信息披露量。[5]

大多数律所频繁地和客户接洽，试图找到一种方案能够同时满足第 307 节要求及客户的商业目的，避免两者的互相冲突。SEC 的副总顾问休姆斯先生指出，就他近年来为实施 205 法令对律所进行指导的经验看来[6]，大多数律所最终选择要求客户增加信息披露量，而非终止委托关系。[7] 有一个位于芝加哥的国际律所，该所的主任参与了一个非正式研讨会，在研讨会上这位先生指出，在 205 法令实施之初的 1—2 年中，律师向律所的第 307 节委员会提出了 12 个可能存在的问题。[8] 在其中的

① Susan Saab Fortney, Chicken Little Lives: The Anticipated and Actual Effect of Sarbanes-Oxley on Corporate Lawyers' Conduct, 33 CAP. U. L. REv. 61, 72 (2004).

② Interview with Thomas Karr, Assistant General Counsel, Securities and Exchange Commission, Washington, D. C. (Oct. 2009).

③ Patrick McGeehan, Lawyers Take Suspicions on TV Azteca to Its Board, N. Y. TIMEs, Dec. 24, 2003, at Cl.

④ Id.

⑤ Patrick McGeehan, The Agenda: Get the Wrong Answer Ask Another Lawyer, NY. TIMES Nov. 21., 2004, at C1.

⑥ Id.

⑦ Humes Interview, supra note 36.

⑧ Id.

二和三种情况下，律所成功地建议其客户加强信息公开。在“一到两例”情况中，这家位于芝加哥的律所“因为客户是个骗子”而选择终止委托关系。[①] 在剩下的情况中，律所的内部委员会决定无需采取行动。[②]

（3）现今之第 307 节

从 2003 年 205 法令颁行至今，律师报告制度可能从未成为律所的首要关注。事先发给律所备忘录来确切说明其想要律所如何回应第 307 节所带来的问题的客户已经不再告知律所他们的合规政策。[③] 新客户也似乎并不关心对报告制度相关问题的解释。[④] 如今，第 307 节相关活动仅仅零星存在于律所。但当然，我们若想得到关于此问题的确定性结论，尚需广泛调查之支持。

另一方面，休姆斯先生和作为其助手的另一位 SEC 副总顾问托马斯·卡尔，也谈到律师将第 307 节的报告制度形容为“同道高尚之事”来鼓励其客户去遵守法律。[⑤] 例如，一位律师告诉休姆斯先生，他和一位上市公司的中层经理为一个信息公开问题陷入了困境。[⑥] 这位律师一解释他所负有的上报公司信息的义务，该经理便很快同意了律师加强信息公开的意图（但却无所实际作为）。[⑦] 这正反映出休姆斯作为上市公司顶级管理人员所预见到的现实情况——“大多数的 CEO 都是诚信并希望遵守法律的。但他们会更喜欢在一个更低的水平上去解决这些问题”。

3. 内部顾问：初步的调查结果

为更好地达到第 307 节影响律师行为的立法预期，测试内部法务部

---

① Humes Interview, supra note 36.

② Id.

③ Interview, supra note 30.

④ Id.

⑤ Humes Interview, supra note 36.

⑥ Id.

⑦ Id.

门的反应便具有了十分的必要。从安然丑闻开始，公众注意到了内部律师并非以高级经理为主，而基本是公司董事会和股东的实际客户，并且对审查其面对客户时既不表示怀疑，也不加以理会的做法表示了关注。这种关注在205法令中便有所体现。[①] 通过对两位上市公司首席顾问的采访，再加上针对此话题所检索之现有文献，我们得以知晓内部法务如何就此规定关键部分作出回应。同律所的反应一道，本文将内部法务部门的反应分成了三个部分：（1）实施之初；（2）生效时期；（3）现今之第307节。

（1）实施之初

第一，培训。

所有中等规模上市公司的首席顾问都表示他们响应了第307节关于实施律师培训计划的规定和程序要求。一位首席顾问（“首席顾问1号”）说他的公司将第307节相关培训加入到了由顶级律师和公司非法务主管人员参加的为期两天的年度领导力培训大会中。[②] 这两天的培训中包含一个两小时的关于遵守萨班斯－奥克斯利法案的展示发言。这个展示中有大概10分钟的第307节预警报告规则直接相关内容。[③] 这位顾问在评价这此培训内容时解释到，“虽有些矫枉过正……（对萨班斯－奥克斯利法案第307节的培训）是一项富有智慧的创新……但更多的是对于学术层面上讲。”他也指出这种培训让法务人员在分辨萨班斯－奥克斯利法案第307节潜在问题时更为容易。采访中的另一位首席顾问（“首席顾问2号”）则指出，其公司里的初级律师已经从这些关于第307节的额外培训中获益。[④]

两家上市公司都和他们的外聘顾问就第307节规定进行了交流。首席顾问2号向所有为其公司服务的律所发出了备忘录。[⑤] 文件中载明任

① Sarah Helene Duggin, The Pivotal Role of the General Counsel in Promoting Corporate Integrity and ProfessionalResponsibility, 51 ST. Louis U. L. J. 989, 1027 (2007).

② Id.

③ Id.

④ Interview with General Counsel #2, Washington, DC, (Oct. 2009).

⑤ Id

何第307节相关的报告都应该直接发给公司的首席法务官。① 首席顾问1号也发函要求外聘顾问遵守此预警报告规则。但他表示，早在国会通过萨班斯－奥克斯利法案前，外聘顾问们就已经知道直接将问题反映给他。

第二，适格合法性审查委员会。

SEC颁行205法令之初，政府部门便鼓励上市公司成立适格合法性审查委员会（QLCC）。② QLCC允许律师向其成员递交关于潜在管理问题的证据以履行205法令的报告义务。③ QLCC由公司独立董事组成，并且必须包括公司审计委员会的一名成员。④ 205法令的第二部分规定，"对于任何违法证据的秘密接收、拒绝与核查"，QLCC都必须有一系列的书面指导和规则。⑤ SEC预计大约20%的适格上市公司会建立QLCC，但直到2005年，只有不到3%建立了这一委员会。⑥

这两位受访者也没有选择建立QLCC。首席顾问2号并不看好QLCC的作用，认为它会使首席法务官在"对现存状况负有实际责任"时，失去对公司的控制。⑦ 首席法务官1号则考虑过建立QLCC，但他所在的律所对此持反对意见。⑧

（2）展示效果的证据

作为SEC公司财务部主任所主导的条款，205法令的一个目标就是去引起首席顾问关注"对于由萨班斯－奥克斯利法案提出任何的问题，

---

① Interview with General Counsel #2, Washington, DC, (Oct. 2009).

② Robert Eli Rosen, Resistances to Reforming Corporate Governance: The Diffusion of QLCCs, 74 Fordham L. Rev. 1251, 1251 (2005) [hereinafter Rosen].

③ Jill E. Fisch & Caroline M. Gentile, The Qualified Legal Compliance Committee: Using the Attorney Conduct Rules to Restructure the Board of Directors, 53 DuKE L. J. 517, 521 (2003).

④ Rosen, supra note 63, at 1251.

⑤ 17 C. F. R. § 205 (2) (k) (2009).

⑥ Rosen, supra note 63, at 1252.

⑦ General Counsel Interview #2, supra note 60.

⑧ General Counsel Interview #1 (Oct. 2009).

(他或她）之公司都应以高度重视的态度加以讨论”。[①] 虽然没有特别提及第 307 节，但实际资本达 90 亿美元的上市公司——森林城市公司的首席顾问，指出萨班斯 - 奥克斯利法案已经“事实上加强了我和 CFO 以及列席董事会的不参与实际经营的独立董事的互动”。[②] 两位受访的首席顾问都将第 307 节及其在 205 法令中的实施细则视为改善公司行政人员同内部或外聘顾问交流的有效工具。然而，他们都没有发现这些法规使上市公司的商业模式发生大规模的改变。

(3）现今之第 307 节

离开对相关律所反应的讨论，我们很难对内部法务部门的工作方法进行准确评价。在实行第 307 节的过去几年中，内部法务部门似乎变得轻松了。一家大所（主要领域为担保法）的律师回想起，在 SEC 制定 205 法令后不久，他向大约 12 家上市公司中的 10 家作出了关于如何遵循第 307 节的指导。[③] 这位律师说他现在很少再收到这种通知。[④] 当然，这可能表明客户假设律所熟悉他们的内部合规过程及偏好。但这也可能表明萨班斯 - 奥克斯利法案第 307 节最先引发了将首要关注从公司和相关律所之关联转向其他更为急迫的问题的转变。随着首席顾问道德义务及责任的增加，[⑤] 内部顾问可能已经更少地同律所就第 307 节进行交流，这也可能表明，这些（第 307 节所倡导的）价值取向对其而言已经变得更加自然和内化。作为选择，它还可能表明，内部顾问对于客户和律所来讲已经变得更不重要。但究竟如何，尚有待更深入的调查来加以解释。

---

① Sung Hui Kim, The Banality of Fraud：Re-Situating the Inside Counsel As Gatekeeper，74 FORDHAM L. REV. 983，1033（2005）.

② Geralyn M. Presti，Current Ethical Issues for Securities Lawyers-A Comment on Humes，57 CASE W. REs. L. REV. 357，359（2007）.

③ Interview，supra note 29.

④ Id.

⑤ Duggin，supra note 57（noting post-Sarbanes-Oxley increased role of corporate general counsels in promoting corporate governance integrity）.

4. 结论

本文只是在基础调查的基础上得出的初步结论，并希望以此为进一步的研究和探索作出准备。有传来证据表明第 307 节已经为内部和外部顾问在监督公司信息公开和其他法律道德问题上变得更为尽职提供了动力。律所从两种角度讨论并解释 205 法令的第二部分背后的含义——在决定是否在内部第 307 节合规委员会议中启动逐级上报的预警报告流程时持消极态度。在得出结论——制定此流程相关标准时则是积极的。一个关于此话题的大规模调查也会帮助观察者们更好地理解是否客户、律所及内部顾问都已经开始在第 307 节合规方面缩减规模，或者是否该调查的初步发现对于大范围的法律行业缺乏代表性。就考察在公司和律所里面级别低一些的律师，来看是否他们对于 205 法令遵守和培训方面的观点反映了其上级的观点而言，此调查也具有相当的借鉴作用。在 2008 年到 2009 年的经济萧条中，提高财务公开水平的检验流程对于保持投资者信心显得尤为意义重大。

【评论】

文章通过对律师事务所和公司法务部门怎样实施 SEC 的律师行为规则进行考察，来观测萨班斯－奥克斯利法案第 307 节之实施现状。事实上即藉由律所和公司法务部门对于法律、行政性法规之态度来探究国家于经济、法律职业领域之干预的现实效果如何。于更为宏观的角度看，经济规制行政法及相关规定的实施效果亦可得以窥视。从实务中具体问题入手，不加过多观点性表述，以对客观现实之描述反映宏观之法律社会效果，朴拙之间留给读者更多的思考空间，可谓此文章匠心独运之处。

作者以律所和法务分别作为主要论述对象，各自又依实施之初、生效阶段、现今情况三部分加以论述。于此清晰的条理中，说明第 307 节实施过程中各方反应。从行文内容中，我们得以发现第 307 节、205 法令在实施过程中的成果和问题。通过阅读，我们似乎可以发现对于律师行为规则，虽确有实施效果，且于大、中型律所及上市公司，国有律师事务所之效果尤为明显；然此效用多见长于理论学术领域且持续时间有限，于今仍活跃者寥寥。究其原因，一是该规定本身有暧昧模糊、强制性不足之问题；二是规定同公司商业经营模式、习惯关联脱节；三是人性固有之缺陷使然。

于文章研读过程中，笔者不禁慨然：凡一事者，所欲同所能相左常有，内因共外因作用同在，此理于法律规则之制定实施亦然。在经济规制行政法的立法及实施过程中，立法目的同实施效果间的差异，立法选择、社会环境等主客观因素无不对最终效果影响深远。作为法律人，须得在理想主义与现实情况间清醒自知，尽力平衡，如此，最终方可得理想之收效。

文章平实详整，引人思索，优点有之。然但凡立法、规则，其无不以规范社会、完善秩序为追求要义；且现今时代背景下，经济、法律、社会诸因素彼此交融影响，相辅相成，故仅从法律制定与实施之层面考虑制度设计，未免狭隘。

诚然，文章行文须得专精深入，避免空泛，但作为读者，所思所想切不可囿于文章涉及内容。作为法律人，作为经济规制行政法领域之研究者，立身法律层面，结合经济、社会诸因素，多方考量，方为应有之义。

参考文献

（以姓氏拼音字母排序，同作者以出版物年份先后排序）

一、中文著作类

［1］陈新民著．宪法基本权利之基本理论（上）［M］．台湾：三民书局出版社，1992

［2］陈天本著．行政法对金融规制的调控［M］．北京：中国人民公安大学出版社，2007

［3］陈晓律著．欧洲政治经济之历史研究［M］．北京：中国大百科全书出版社，2010

［4］陈雨露，马勇著．现代金融体系下的中国金融业混业经营：路径、风险与监管体系［M］．北京：人民大学出版社，2009

［5］东艳著：欧洲经济：逐渐走出衰退阴影．2013年世界经济形势分析与预测［C］．北京：社科文献出版社，2013（1）

［6］龚祥瑞著．比较宪法与行政法［M］．北京：法律出版社，2012

［7］韩大元主编．外国宪法［M］．北京：中国人民大学出版社，2000

［8］韩大元等著．宪法学专题研究［M］．北京：中国人民大学出版社，2008

［9］韩大元编．比较宪法：宪法文本与宪法解释［M］．北京：中国人民大学出版社，2008

［10］何勤华著．西方法学史［M］．北京：中国政法大学出版

社，1996

［11］胡滨主编．中国金融监管报告（2012）［M］．北京：社会科学文献出版社，2012

［12］黄仁宇著．资本主义与二十一世纪［M］．北京：三联书店，1997

［13］黄仁宇著．现代中国的历程［M］．北京：中华书局，2011

［14］黄韬著．“金融抑制”与中国金融法治的逻辑［M］．北京：法律出版社，2012

［15］江必新著．行政法制的基本类型．［M］．北京：北京大学出版社，2005

［16］江必新主编．行政规制论丛．总第一卷［M］．北京：法律出版社，2010

［17］江必新主编．行政规制论丛．总第二卷［M］．北京：法律出版社，2010

［18］江必新主编．行政规制论丛．总第三卷［M］．北京：法律出版社，2010

［19］江必新主编．行政规制论丛．总第四卷［M］．北京：法律出版社，2010

［20］姜明安主编．行政法与行政诉讼法［M］．北京：北京大学出版社、高等教育出版社，1999

［21］姜明安著．行政程序研究．［M］．北京：北京大学出版社，2006

［22］金自宁编译．风险规制与行政法［M］．北京：法律出版社，2012

［23］李步云著．论人权［M］．北京：社会科学文献出版社，2010

［24］李步云著．论法治［M］．北京：社会科学文献出版社，2008

［25］李晓峰著．德沃金法律思想研究［M］．北京：人民法院出版社，2005

［26］李晓慧编著．资本市场会计信息披露案例［M］．北京：经

济科学出版社，2011

[27] 李扬，王国刚等编．中国金融发展报告（2013）[M]．北京：社会科学文献出版社，2012

[28] 刘刚编译．风险规制：德国的理论与实践 [M]．北京：法律出版社，2012

[29] 刘士余主编．美国金融监管改革概论——《多德—弗兰克华尔街改革与消费者保护法案》导读 [M]．北京：中国金融出版社，2011

[30] 刘文静著．WTO 规则国内实施的行政法问题 [M]．北京：北京大学出版社，2004

[31] 罗豪才主编．行政法学 [M]．北京：北京大学出版社，1996

[32] 罗豪才主编．行政法论丛 [M]（1—5 册）．北京：法律出版社，1998—2002

[33] 罗豪才主编．现代行政法的平衡理论 [M]．北京：北京大学出版社，1997

[34] 潘锐等著．美国国际经济政策研究 [M]．上海：上海人民出版社，2013

[35] 潘伟杰著．宪法的理念与制度 [M]．上海：上海人民出版社，2004

[36] 潘伟杰著．制度．制度变迁与政府规制研究 [M]．上海：上海三联书店，2005

[37] 钱穆著．国史新论 [M]．北京：三联书店，2001

[38] 钱穆著．中国历代政治得失 [M]．北京：九州出版社，2012

[39] 秦亚青著．权力·制度·文化——国际关系理论与方法研究文集 [M]．北京：北京大学出版社，2005

[40] 邱艾松著．商业银行信息披露的层次与边界 [M]．北京：中国金融出版社，2010

[41] 沈丁立等著．亚洲国际关系的重构 [M]．上海：上海人民出版社，2011

[42] 沈岿著．平衡论——一种行政法认知模式 [M]．北京：北

京大学出版社，1999

[43] 沈岿主编．风险规制与行政法新发展［M］．北京：法律出版社，2013

[44] 沈宗灵著．现代西方法律哲学［M］．北京：法律出版，1983

[45] 时寒冰著．欧债真相警示中国［M］．北京：机械工业出版社，2012

[46] 石佑启著．论公共行政与行政法学范式研究．［M］．北京：北京大学出版社，2003

[47] 宋功德著．论经济行政法的制度结构——交易费用的视角［M］．北京：北京大学出版社，2003

[48] 宋功德著．行政法的均衡之约［M］．北京：北京大学出版社，2004

[49] 宋国友著．中美金融关系研究［M］．北京：时事出版社，2013

[50] 苏力著．制度是如何形成的［M］．广州：中山大学出版社，1999

[51] 孙琬钟主编．WTO 法与中国论丛［M］．北京：知识产权出版社，2013

[52] 唐贤兴主编．近现代国际关系史［M］．上海：复旦大学出版社，2013

[53] 王广辉主编．比较宪法学［M］．北京：北京大学出版社，2007

[54] 王俊豪著．政府规制经济学导论［M］．北京：商务印书馆，2001

[55] 王克稳著．经济行政法论［M］．苏州：苏州大学出版社，1995

[56] 王名扬著．英国行政法［M］．北京：中国政法大学出版社，1987

[57] 王名扬著．法国行政法［M］．北京：中国政法大学出版社，1989

［58］王名扬著．行政法［M］．北京：中国法制出版社，2005

［59］［台湾］翁岳生著．行政法［M］．北京：中国法制出版社，2009

［60］［台湾］吴庚著．行政法之理论与实用［M］．自版，1996年增订版

［61］熊文钊著．大国地方—中国中央与地方关系宪政研究．［M］．北京：北京大学出版社，2005

［62］杨海坤主编．宪法基本权利新论［M］．北京：北京大学出版社，2004

［63］杨海坤，章志远著．中国行政法基本理论研究．［M］．北京：北京大学出版社，2004

［64］杨海坤，章志远著．中国特色政府法治论研究．［M］．北京：法律出版社，2008

［65］杨建顺著．行政规制与权利保障［M］．北京：中国人民大学出版社，2007

［66］杨松等著．银行法律制度改革与完善研究［M］．北京：北京大学出版社，2011

［67］叶必丰，周佑勇著．行政规范研究［M］．北京：法律出版社，2002

［68］叶必丰著．行政法的人文精神．［M］．北京：北京大学出版社，2005

［69］应松年主编．行政行为法［M］．北京：人民出版社，1993

［70］应松年主编．行政程序法［M］．北京：中国法制出版社，1999

［71］于津平，张雨著．欧洲经济一体化的基础与机制［M］．北京：中国大百科全书出版社，2010

［72］于文杰，成伯清著．欧洲社会的整合与欧洲认同［M］．北京：中国大百科全书出版社，2010

［73］翟同祖著．中国法律与中国社会［M］．北京：中华书局，2003

［74］瞿旭著．中国上市银行内部控制实质性漏洞信息披露机制研

究：基于公司治理及银行监管视角［M］．成都：西南财经大学出版社，2013

［75］湛中乐著．现代行政过程论［M］．北京：北京大学出版社，2005

［76］张乃根著．WTO法与中国涉案争端解决［M］．上海：上海人民出版社，2013

［77］张千帆主编，肖泽晟副主编．宪法学［M］．北京：法律出版社，2008

［78］张千帆著．宪法学导论［M］．北京：法律出版社，2008

［79］张文显著．法学基本范畴研究［M］．北京：中国政法大学出版社，1993

［80］张正钊，韩大元著．比较行政法［M］．北京：中国人民大学出版社，1998

［81］张志前，喇绍华著．欧债危机［M］．北京：社会科学文献出版社，2012

［82］赵立新，黄燕铭等著．构建以投资者需求为导向的上市公司信息披露体系［M］．北京：中国金融出版社，2013

［83］赵威，孟翔著．证券信息披露标准比较研究：以“重大性”为主要视角［M］．北京：中国政法大学出版社，2013

［84］中国证券委员会编著．欧盟金融监管体制改革法规汇编［M］．北京：法律出版社，2013

［85］中国证券委员会编著．境外资本市场重要法律文献译丛4·欧洲卷：欧盟证券监管法规汇编［M］．北京：法律出版社，2013

［86］中国银行业监督管理委员会编著．有效银行监管核心原则(2012)［M］．北京：中国金融出版社，2012

［87］周小川著．国际金融危机：观察、分析与应对［M］．北京：中国金融出版社，2012

［88］朱芒著．功能视角中的行政法．［M］．北京：北京大学出版社，2004

［89］朱淑娣主编．欧盟经济行政法通论．上海：东方出版中心，2000

［90］朱淑娣，万玲著．全球化与金融消费者权益保护［M］．北京：时事出版社，2013

［91］朱淑娣等著．中美知识产权行政法律保护制度比较－捷康公司主动参加美国337行政程序案［M］．北京：知识产权出版社，2012

［92］朱淑娣主著，袁勇参著．国际经济行政法［M］．上海：学林出版社，2008

［93］朱淑娣，刘峰主编．WTO与国际贸易行政诉讼法［M］．上海：学林出版社，2011

［94］朱淑娣著．WTO体制下国际贸易救济审查制度研究［M］．北京：时事出版社，2005

［95］朱淑娣主编．运行中的国际经济行政法［M］．北京：时事出版社，2002

［96］朱伟一著．美国证券法判例解析［M］．北京：中国法制出版社，2002

［97］庄玉友著．青年学术丛书．法律：日本金融商品交易法信息披露制度研究［M］．北京：人民出版社，2011

二、中文译著类

［1］［英］A. J. M. 米尔恩著．人的权利与人的多样性——人权哲学［M］．夏勇等译．北京：中国大百科全书出版社，1995

［2］［英］A. R. 拉德克里夫－布朗著．原始社会的结构与功能［M］．丁国勇译．北京：中国社会科学出版社，2009

［3］［美］安德鲁·罗斯·索尔金著．大而不倒［M］．巴曙松、陈剑等译．北京：中国人民大学出版社，2012

［4］［英］安东尼·奥格斯著．规制—法律形式与经济学理论［M］．骆梅英译．北京：中国人民出版社，2008

［5］［德］奥托·迈耶著．德国行政法［M］．罗豪才主编．北京：商务印书馆出版社，2013

［6］［德］奥托马·伊辛等著．欧元区的货币政策—欧洲中央银行的策略和决策方法［M］．康以同等译．北京：中国金融出版社，2010

［7］［英］保罗·肯尼迪著．大国的兴衰［M］．王保存等译．北

京：中信出版社，2013

[8]［美］彼得·S. 罗斯等著．金融市场学第10版［M］．陆军等译．北京：机械工业出版社，2011

[9]［英］边沁著．道德与立法原理导论［M］．时殷弘译．北京：商务印书馆，2000

[10]［意］波比奥著．民主与独裁：国家权力的性质与限度［M］．梁晓君译．长春：吉林人民出版社，2011

[11]［美］伯纳德·施瓦茨著．行政法［M］．徐炳译．北京：群众出版社，1986

[12]［芬兰］大卫·G. 梅斯等著．改进银行监管［M］．方文等译．北京：中国人民大学出版社，2006

[13]［英］大卫·李嘉图著．政治经济学及赋税原理［M］．周洁译．北京：华夏出版社，2005

[14]［英］戴维·马什著．欧元的故事：一个新全球货币的激荡岁月［M］．向松祚等译．北京：机械工业出版社，2012

[15]［美］戴维·约翰·法默尔著．公共行政的语言：官僚制、现代性和后现代性［M］．吴琼译．北京：中国人民大学出版社，2005

[16]［法］德尼·西蒙著．欧盟法律体系［M］．王玉芳等译．北京：北京大学出版社，2007

[17]［美］E. 博登海默著．法理学——法哲学及其方法［M］．邓正来等译．北京：华夏出版社，1987

[18]［德］E. U. 彼得斯曼著．宪政视域中的国际经济法［M］．何志鹏译．北京：高等教育出版社，2004

[19]［德］恩格斯著．劳动在从猿到人转变过程中的作用［M］．北京：人民出版社，1971

[20]［美］弗兰克·J. 古德诺著．政治与行政——一个对政府的研究［M］．王元译．上海：复旦大学出版社，2011

[21]［德］弗里德里希·李斯特著．政治经济学的国民体系［M］．邱伟立译．北京：华夏出版社，2009

[22]［美］福山著．政治秩序的起源：从前人类时代到法国大革命［M］．毛俊杰译．桂林：广西师范大学出版社，2012

[23]［美］福山著．历史的终结与最后的人［M］．毛俊杰译．桂林：广西师范大学出版社，2014

[24]［英］H. L. A. 哈特著．法律的概念［M］．许家馨等译．北京：法律出版社，2011

[25]［英］哈耶克著．自由秩序原理［M］．邓正来译．北京：三联书店，1997

[26]［英］哈耶克著．法律、立法与自由［M］．邓正来等译．北京：中国大百科全书出版社，2000

[27]［英］哈耶克著．致命的自负［M］．冯克利等译．北京：中国社会科学出版社，2000

[28]［英］哈耶克著．经济、科学与政治——哈耶克思想精粹［M］．冯克利译．南京：江苏人民出版社，2000

[29]［英］哈耶克著．通往奴役之路［M］．王明毅等译．北京：中国社会科学出版社，2013

[30]［德］汉斯·J. 沃尔夫等著．行政法［M］．高家伟译．北京：商务印书馆出版社，2002

[31]［美］汉斯·摩根索著．国家间政治——权力斗争与和平［M］．徐昕等译．北京：北京大学出版社，2006

[32]［美］郝伯特·B. 梅奥著．金融学基础［M］．［新西兰］钱炜青译．北京：清华大学出版社，2007

[33]［美］郝尔德著．民主的模式（最新修订版）［M］．燕继荣等译．北京：中央编译出版社，2008

[34]［美］郝尔曼·E. 戴利著．超越增长：可持续发展的经济学［M］．诸大建等译．上海：上海世纪出版集团，2006

[35]［美］亨利·基辛格著．论中国［M］．胡利平等译．北京：中信出版社，2012

[36]［美］亨利·基辛格著．大外交［M］．顾淑馨等译．海口：海南出版社，2012

[37]［英］霍华德·戴维斯，大卫·格林著．全球金融监管［M］．中国银行业监督管理委员会国际部译．北京：中国金融出版社，2009

[38]［美］杰克·戈德斯通著．为什么是欧洲？世界史视角下的

西方崛起［M］．关永强译．杭州：浙江大学出版社，2010

［39］［美］杰克逊等著．金融监管［M］．吴志攀等译．北京：中国政法大学出版社，2003

［40］［奥］凯尔森著．共产主义的法律理论［M］．王名扬译．北京：中国法制出版社，2004

［41］［奥］凯尔森著．法与国家的一般理论［M］．沈宗灵译．北京：商务印书馆出版社，2012

［42］［美］克里斯托弗·沃尔夫著．司法能动主义——自由的保障还是安全的威胁？［M］．黄金荣译．北京：中国政法大学出版社，2004

［43］［英］J. G. 斯塔克著．国际法导论［M］．赵维田译．北京：法律出版社，1984

［44］［美］拉古拉迈·拉詹著．断层线：全球经济潜在的危机［M］．刘念等译．北京：中信出版社，2011

［45］［法］莱昂·狄骥著．宪法学教程［M］．王文钊等译．沈阳：辽海出版社．春风文艺出版社，1999

［46］［美］理查德·B. 斯图尔特著．美国行政法的重构［M］．罗豪才主编．北京：商务印书馆出版社，2002

［47］［美］李普塞特著．共识与冲突［M］．张华青译．上海：上海人民出版社，2011

［48］［美］路易斯·罗斯著．美国证券监管法基础［M］．张璐等译．北京：法律出版社，2008

［49］［美］罗伯特著．罗伯特议事规则（第10版）［M］．袁天鹏等译．上海：格致出版社，2008

［50］［美］罗伯特·基欧汉著．霸权之后：世界政治经济中的合作与纷争［M］．苏长河等译．上海：上海世纪出版集团，2012

［51］［德］罗尔夫·施托贝尔著．经济宪法与经济行政法［M］．罗豪才主编．北京：商务印书馆出版社，2008

［52］［美］罗尔斯著．正义论［M］．何怀宏译．北京：中国社会科学出版社，1988

［53］［英］洛克著．政府论［M］．叶启芳，瞿菊农译．北京：商

务印书馆，1964

[54]［美］罗斯科·庞德著．法律与道德［M］．陈林林译．北京：中国政法大学出版社，2003

[55]［美］罗斯科·庞德著．通过法律的社会控制［M］．沈宗灵译．北京：商务印书馆，2010

[56]［德］马克思著．资本论［M］．郭大力、王亚南译．上海：上海三联书店，2011

[57]［德］马克斯·韦伯著．论经济与社会中的法律［M］．张乃根译．北京：中国大百科全书出版社，1998

[58]［德］马克思·韦伯著．新教伦理与资本主义精神［M］．李修建等译．北京：中国社会科学出版社，2009

[59]［德］马克思·韦伯著．经济与社会［M］．阎克文译．上海：上海人民出版社，2010

[60]［美］迈克尔·桑德尔著．公正该如何做是好？［M］．朱慧玲译．北京：中信出版社，2011

[61]［新西］迈克尔·塔格特编．行政法的范围［M］．金自宁译．北京：中国人民大学出版社，2006

[62]［美］曼昆著．经济学原理第5版［M］．梁小民等译．北京：北京大学出版社，2009

[63]［美］曼瑟尔·奥尔森著．集体行动的逻辑［M］．陈郁等译．上海：格致出版社，1995

[64]［美］美国金融危机调查委员会著．美国金融危机调查报告．俞利军等译［M］．北京：中信出版集团股份有限公司，2012

[65]［英］梅因著．古代法［M］．沈景一译．北京：商务印书馆，1959

[66]［法］孟德斯鸠著．论法的精神［M］．张雁深译．北京：商务印书馆，1963

[67]［美］米尔顿·弗里德曼等著．自由选择［M］．张琦译．北京：机械工业出版社，2013

[68]［美］默里·L. 韦登鲍姆著．全球市场中的企业与政府（第六版）［M］．张兆安译．上海：上海人民出版社，2006

[69] [法] 莫里斯·奥里乌著. 行政法与公法精要 [M]. 龚觅等译. 沈阳：辽海出版社、春风文艺出版社，1999

[70] [日] 南博方著. 行政法 [M]. 杨建顺译. 北京：中国人民大学出版社，2009

[71] [德] 尼克拉斯·卢曼著. 法社会学 [M]. 赵春燕译. 上海：上海世纪出版集团上海人民出版社，2013

[72] [美] O. C. 麦克斯怀特著. 公共行政的合法性——一种话语分析. 吴琼译. 北京：中国人民大学出版社，2002

[73] [德] 齐佩利乌斯著. 法学方法论 [M]. 金振豹译. 北京：法律出版社，2009

[74] [美] R. R. 帕尔默等著. 帕尔默现代世界史（共5册）[M]. 北京：世界图书出版社，2012

[75] [美] 塞缪尔·亨廷顿著. 文明的冲突与世界秩序的重建 [M]. 周琪等译. 北京：新华出版社，2010

[76] [美] 史蒂芬·布雷耶著. 打破恶性循环—政府如何有效规制风险 [M]. 宋华琳译. 北京：法律出版社，2009

[77] [德] 施密特·阿斯曼著. 一般行政法的改革 [M]. 霍夫曼. 李穆主编，1933

[78] [德] 施密特·阿斯曼著. 秩序理念下的行政法体系建构 [M]. 林明锵等译. 北京：北京大学出版社，2012

[79] [德] 斯宾格勒著. 西方的没落 [M]. 吴琼译. 上海：上海三联书店出版社，2014

[80] [美] 塔尔科特·帕森斯著. 社会行动的结构 [M]. 张明德等译. 南京：译林出版社，2012

[81] [美] 塔勒布著. 反脆弱性：从不确定性中受益 [M]. 雨珂译. 北京：中信出版社，2014

[82] [美] 小约瑟夫·奈，[加拿大] 戴维·韦尔奇著. 理解全球冲突与合作：理论与历史（第九版）[M]. 张小明译. 上海：上海世纪出版集团，2012

[83] [美] 韦恩·C. 布斯等著. 研究是一门艺术 [M]. 陈美霞等译. 北京：新华出版社，2009

［84］［加拿大］威尔·金里卡著．少数的权利：民族主义、多元文化主义和公民［M］．邓红风译．上海：上海世纪出版集团，2005

［85］［英］威廉·韦德著．行政法［M］．徐炳等译．北京：中国大百科全书出版社，1997

［86］［美］韦普肖特著．凯恩斯大战哈耶克［M］．闾佳译．北京：机械工业出版社，2013

［87］［英］亚当·斯密著．国民财富的性质和原因的研究［M］．郭大力等译．北京：商务印书馆，1974

［88］［英］亚当·斯密著．国富论［M］．郭大力等译．上海：上海三联书店，2009

［89］［古希腊］亚里士多德著．政治学［M］．吴寿彭译．北京：商务印书馆，1965

［90］［日］盐野宏著．行政法［M］．杨建顺译．北京：法律出版社，1999

［91］［英］伊丽莎白·费雪著．风险规制与行政宪政主义［M］．沈岿译．北京：法律出版社，2012

［92］［德］尤尔根·哈贝马斯著．在事实与规范之间——关于法律和民主法治国的商谈理论（2）［M］．童世骏译．北京：三联书店，2011

［93］［德］尤尔根·哈贝马斯著．重建历史唯物主义（修订版）［M］．郭官义译．北京：社会科学文献出版社，2013

［94］［奥］尤根·埃利希著．法律社会学基本原理［M］．叶名怡译．北京：中国社会科学出版社，2009

［95］［英］约翰·梅纳德．凯恩斯著．货币论［M］．邓传军等译．合肥：安徽人民出版社，2012

［96］［英］约翰·斯图亚特·穆勒著．政治经济学原理［M］．金镝、金熠译．北京：华夏出版社，2009

［97］［美］詹姆斯·R. 巴斯等著．金融守护人：监管机构如何捍卫公众利益［M］．杨农等译．上海：上海三联书店出版社，2014

［98］［日］植草益著．微观规制经济学［M］．朱绍文等译．北京：中国发展出版社，1992

［99］［美］朱迪．弗里曼著．合作治理与新行政法［M］．罗豪才主编．北京：商务印书馆出版社，2010

三、中文论文类

（一）连续出版物

［1］陈义真．证券市场信息披露制度若干问题之探析［J］．西华师范大学学报（哲社版），2004（3）

［2］崔卓兰，卢护锋．试论我国行政监管制度的重构［J］．学术研究，2009（6）

［3］董皞．我国行政法律规范冲突缘起探究［J］．中国法学，2013（2）

［4］董炯．政府管制研究——美国行政法学发展新趋势评介［J］．行政法学研究，1998（4）

［5］窦鹏娟．证券信息披露的投资者中心原则及其构想——以证券衍生交易为例［J］．金融经济学研究，2015（6）

［6］冯果，武俊桥．由“类推监管”到“网络导向”监管——论网络信息时代证券信息披露监管制度的建构［J］．现代法学，2010（3）

［7］甘培忠，雷驰．对金融创新的信义义务法律规制［J］．法学，2009（10）

［8］管斌．商业银行法律风险的产生及其规制———以英国北岩银行危机为分析蓝本［J］．法商研究，2012（5）

［9］关俭科．论证券市场信息披露监管制度之法律本质［J］．湖南行政学院学报（双月刊），2008（6）

［10］韩龙．美国金融危机的金融法根源——以审慎规制和监管为中心［J］．法商研究，2009（2）

［11］韩龙．防范金融风险和危机：金融法之重任［J］．金陵法律评论，2009 年秋季卷

［12］韩龙．当下国际金融监管法律制度改革的焦点与问题［J］．法学家，2010（5）

［13］《金融规制改革新基石：重构金融监管与规制》．韩龙、彭秀

坤、包勇恩译．河北法学，2009（10）

［14］何海波．具体行政行为的解释［J］．行政法学研究，2007（4）

［15］何海波．中国行政法学的外国法渊源［J］．比较法研究，2007（6）

［16］何海波．行政行为的合法要件——兼议行政行为司法审查根据的重构［J］．中国法学，2009（4）

［17］何海波．内部行政程序的法律规制（上）（下）［J］．交大法学，2012（1）（2）

［18］何青，房睿．内幕交易监管：国际经验与中国启示［J］．经济理论与经济管理，2013（7）

［19］黄辉．《巴塞尔协议》的演变：银行监管新问题与新对策［J］．环球法律评论，2006（1）

［20］黄先雄．德国行政诉讼中司法权的边界及其成因［J］．比较法研究，2013（2）

［21］江必新．司法解释对行政法学理论的发展［J］．中国法学，2001（4）

［22］江必新，李春燕．公众参与趋势对行政法与行政法学的挑战［J］．中国法学，2005（6）

［23］江必新．行政法学研究应如何回应服务型政府的实践［J］．现代法学，2009（1）

［24］江必新．行政法理念的反思与重构——以“支撑性概念”为分析基础［J］．法学，2009（12）

［25］江必新，邵长茂．社会治理新模式与行政法的第三形态［J］．法学研究，2010（6）

［26］江必新．论软法效力兼论法律效力之本源［J］．中外法学，2011（6）

［27］江必新．论行政规制基本理论［J］．法学，2012（12）

［28］江必新．法律行为效力制度的重构［J］．法学，2013（4）

［29］蒋红珍．论协商性政府规制——解读视角和研究疆域的初步厘定［J］．上海交通大学学报（哲学社会科学版），2008（5）

［30］柯静．经济全球化背景下金融行政规制的新对策［J］．行政与法，2013（12）

［31］柯静．中国（上海）自贸试验区的建设与我国政府职能转变［J］．行政与法，2014（04）．

［32］柯静．“光大乌龙指”诉讼案的行政法问题研究［J］．上海金融，2015（2）

［33］廖凡，张怡．英国金融监管体制改革的最新发展及其启示［J］．金融监管研究，2012（02）

［34］李建伟，姚晋升．论股东知情权的权利结构及其立法命题［J］．暨南学报（哲学社会科学版），2009（3）

［35］刘飞．行政诉讼类型制度的功能［J］．法学研究，2013（5）

［36］鲁篱，熊伟．后危机时代下国际金融监管法律规制比较研究——兼及对我国之启示［J］．现代法学，2010（7）

［37］鲁楠．全球化时代比较法的优势与缺陷［J］．中国法学，2014（1）

［38］罗豪才，周强．软法研究的多维思考［J］．中国法学，2013（5）

［39］罗英．基于共享权的共治型社会管理研究［J］．法学论坛，2013（1）

［40］马英娟．监管的语义辨析［J］．法学杂志，2005（9）

［41］梅黎明．西方国家的规制影响评价及其启示［J］．江西社会科学，2009（3）

［42］莫于川．法治视野中的行政指导行为——论我国行政指导的合法性问题与法治化路径［J］．现代法学，2004（3）

［43］彭真明，方妙．股东知情权的限制与保障——以股东查阅权为例［J］．法商研究，2010（3）

［44］彭真明，殷鑫．论金融消费者知情权的法律保护［J］．法商研究，2011（5）

［45］漆多俊．当前世界金融危机与经济法的理论和应用［J］．政治与法律，2010（2）

［46］盛学军．我国证券监管法律制度模式［J］．现代法学，2001

(4)

［47］盛学军．政府监管权的法律定位［J］．社会科学研究，2006(1)

［48］时建中．外资银行监管法律问题研究［J］．法学评论，2003(6)

［49］施天涛，李旭．从“选择披露”到“公平披露”——对美国证券监管新规则的评介与思考［J］．环球法律评论，2001年冬季号

［50］宋从文．股东知情权行使与限制之维［J］．法学论坛，2009(7)

［51］宋华琳．美国行政法上的独立规制机构［J］．清华法学，2010（6）

［52］［美］斯蒂格利茨著，宋华琳译．自由、知情权和公共话语——透明化在公共生活中的作用［J］．环球法律评，2002年秋季号

［53］谭砚．经济金融领域行政“软法”的法律责任问题研究［J］．区域金融研究，2010（6）

［54］王健，王红梅．中国特色政府规制理论新探［J］．中国行政管理，2009（3）

［55］魏晓菲．网络环境下证券信息披露的法律保障探析［J］．山东理工大学学报（社会科学版），2007（1）

［56］翁国民，汪成红．论隐私权与知情权的冲突［J］．浙江大学学报（ 人文社会科学版），2002（3）

［57］吴雷，杨解君．风险社会下的政府监管制度建设［J］．南京工业大学学报（社会科学版），2010（3）

［58］肖灵敏．《证券法》的修改与上市公司信息披露的规范［J］．西南农业大学学报（社会科学版），2006（6）

［59］肖玉英．试论隐私权与知情权［J］．法学杂志，2001（4）

［60］谢尚果．行政复议与行政诉讼衔接机制之反思与重构［J］．河北法学，2013（2）

［61］熊玉梅．论金融消费者知情权的保护———以美国CFPA法案为视角［J］．金融与经济，2010（3）

［62］徐胜强．论股份有限公司债权人知情权［J］．法学，2002

(9)

［63］闫建．对西方行政学说中行政管理内涵界定的回顾与再思考［J］．行政论坛，2003（11）

［64］杨东．论金融法的重构［J］．清华法学，2013（4）

［65］杨方．“软法”与“软组织”——对巴塞尔银行监管体制的再认识［J］．时代法学，2008（12）

［66］杨宏山．政府规制的理论发展评书［J］．学术界，2009（4）

［67］杨建顺．行政裁量的运作及其监督［J］．法学研究，2004（1）

［68］杨建顺．行政诉讼的类型与我国行政诉讼制度改革的视角［J］．河南省政法管理干部学院学报，2005（4）

［69］杨建顺．论行政规制的法制完善［J］．理论与研究，2012（9）

［70］杨建顺．《行政诉讼法》的修改与行政公益诉讼［J］．法律适用，2012（9）

［71］杨建顺．论《行政诉讼法》修改与法治行政理念［J］．政法论丛，2013（1）

［72］杨建顺．从四中全会《决定》看法治政府建设［J］．观察与思考，2014（12）

［73］应松年，何海波．我国行政法的渊源：反思与重述［J］．公法研究，2004（1）

［74］应松年．完善行政组织法制探索［J］．中国法学，2013（2）

［75］岳世忠．对完善我国商业银行监管体系的法律思考［J］．甘肃政法学院学报，2005（1）

［76］湛中乐，李凤英．证券监管与司法审查——海南凯立公司诉中国证监会案的法律分析［J］．中国法学，2002（5）

［77］湛中乐．论行政监管方式［J］．湖南社院学报，2009（4）

［78］张春荣．行政行为概念的反思与重构［J］．西南政法大学学报，2004（2）

［79］张骐．论完善法治化的法律监督体系［J］．中外法学，1998（6）

[80] 张树义，张力．迈向综合分析时代——行政诉讼的困境及法治行政的实现［J］．行政法学研究，2013（1）

[81] 张宇润，杨思斌．论证券法“三公”原则的制度内涵［J］．法商研究，2002（5）

[82] 郑利红．IOSCO《多边谅解备忘录》［J］．中国商界（下半月），2010（11）

[83] 周汉华．独立监管与大部制的关系［J］．公法研究，2007（8）

[84] 周宇知．信用衍生品的法律规制：国际改革趋向及启示［J］．社会科学，2011（5）

[85] 周仲飞．巴塞尔国际银行监管合作模式的缺陷及完善［J］．法学评论，2003（1）

[86] 周仲飞．银行监管机构独立性的法律保障机制［J］．法学研究，2008（1）

（二）学位论文

[1] 蔡丛光．我国上市公司内部控制信息披露研究［D］．西南财经大学，2008（4）

[2] 陈锦．我国商业银行信息披露监管研究——基于银行监管部门视角的分析［D］．西南财经大学，2008（5）

[3] 戴新华．我国上市银行信息披露监管研究［D］．湖南大学，2009（4）

[4] 柯静．行政程序中的公共利益与个人利益的平衡［D］．复旦大学，2015（4）

[5] 李延振．证券业规制的变革研究［D］．暨南大学，2002（4）

[6] 梁桂莲．在美上市中国公司 IPO 信息披露涉诉问题研究［D］．中南民族大学，2013（4）

[7] 刘斌．我国证券市场内幕交易监管若干问题研究——以内幕交易认定为重点［D］．复旦大学，2009

[8] 刘大宝．公司社会责任信息披露问题研究［D］．西南政法大学，2014

[9] 刘勤．中国上市公司信息披露监管的系统研究［D］．同济大学，2006（5）

[10] 丌盛楠．我国证券市场信息披露问题的研究［D］．大连海事大学，2012（6）

[11] 宋理升．上市公司信息披露透明度研究——基于实际控制人控制与制衡的视角［D］．山东大学，2009（3）

[12] 汤琦．上市公司信息披露质量问题研究［D］．山东大学，2010（9）

[13] 王鹏．中国金融规制问题研究［D］．吉林大学，2009

[14] 王任卫．内幕交易监管法律问题研究［D］．对外经济贸易大学，2011（5）

[15] 张琳．证券场外交易市场信息披露制度研究［D］．西南政法大学，2014（5）

[16] 张威．中国银行监管的问题与对策研究［D］．天津财经大学，2008（6）

（三）网络论文

[1] 毛玮．软法视野中的行政行为．载北大法律信息网．http：//article. chinalawinfo. com/ArticleFullText. aspx？ArticleId = 52827&listType = 0. 最后访问日期：2015. 1. 3

[2] 王利明．比较法之我见．载爱思想网．http：//www. aisixiang. com/data/78270. html. 最后访问日期：2015. 1. 3

[3] 张志成．保护知识产权就是保护创新．载北大法律网信息．最后访问日期：2014. 10. 17

四、英文文献类

（一）著作类

[1] Administrative Law：The American Public Law System Cases and Materials Fifth Edition

[2] Daniel C. ESTY and Damien Geradin. Regulatory Competition and Economic Integration［M］. Oxford University Press.（2001）

[3] Peter Katzenstein. Conclusion: Domestic Structures and Strategies of Foreign Economic Policy. Between Power and Plenty: Foreign Economic Policies of Advanced Industrial States. Madison: University of Wisconsin Press. (1978)

[4] Philip R Wood. Regulation of International Finance [M]. London. SWEET & MAXWELL. (2007)

[5] Stephen G. Breyer, Richard B. Steward, Cass R. Sunstein, Matthew L. Spitzer. "Administrative law and regulatory policy: problems, text, and cases" [M]. Aspen Law & Business. 7 (2002)

(二) 论文报告类

[1] Andrea M. Corcoran and Terry L. Hart. "The Regulation of Cross-border Financial Services in the EU Internal Market" [J]. 8 Columbia Journal of European Law 221 (2002)

[2] Andrew Sheng. "Regulation and Supervision in the Context of a Global Financial Environment" [R]. 8 Law & Business Review of the Americas 633 (2002)

[3] Ariel Meyerstein. "Transnational Private Financial Regulation and Sustainable Development: an Empirical Assessment of the Implementation of the Equator Principles" [J]. 45 N. Y. U. Journal of International Law and Politics 487 (2012–2013)

[4] Camelia Lopez-Fernandini. "Regulation FD of the SEC's Selective Disclosure and Insider Trading Rule: Finally, Full and Fair Disclosures" [J]. 53 Administrative Law Review 1353 (2001)

[5] Camden D. Burton. "An Inconvenient Risk: Climate Change Disclosure and the Burden on Corporations" [J]. 62 Administrative Law Review 1287 (2010)

[6] Caroline Bradley. "Transparency and Financial Regulation in the European Union: Crisis and Complexity" [J]. 35 Fordham International Law Journal 1171 (2011–2012)

[7] Charles P. Kindleberger. "International Public Goods without In-

ternational Government" [J] . Vol. 76, No. 1 the American Economic Review pp. 1 – 13 (Mar. , 1986),

[8] Cory Alpert. "Financial Services in the United States and United Kingdom: Comparative Approaches to Securities Regulation and Dispute Resolution" [J] . 5 International Law & Management Review 75 (2008 – 2009)

[9] Cristie Ford. "Principles-Based Securities Regulation in the Wake of the Global Financial Crisis" [J] . 55 McGill Law Journal. 257 (2010)

[10] Cristie Ford. "Macro-and Micro-Level Effects on Responsive Financial Regulation" [J] . 44 U. B. C. Law Review. 589 (2011)

[11] Dan Awry. "Macro-Prudential Financial Regulation: Panacea of Placebo?" [R] . 1 Amsterdam Law Forum 17 (2008 – 2009)

[12] David Zaring. "Finding Legal Principle in Global Financial Regulation" [J] . 52 Virginia Journal of International Law 683 (2011 – 2012)

[13] Dimity Kingsford Smith. "A Harder Nut to Crack? Responsive Regulation in the Financial Services Sector" [J] . 44 U. B. C. Law Review. 695 (2011)

[14] Donato Masciandaro, Marc Quintyn and Michael W. Taylor. "Inside and Outside of the Central Banks: Independence and Accountability in Financial Supervision. Trends and Determinants" [J] . Electronic copy available at: http: //ssrn. com/abstract = 1136146

[15] Douglas W Arner & Michael W Taylor. "The Global Financial Crisis and the Financial Stability Board: Hardening the Soft Law of International Financial Regulation?" [J] . 32 U. N. S. W. Law. Journal. 488 (2009)

[16] Eddy Wymeersch. "The future of financial regulation and supervision in Europe" [J] . Available at SSRN 728183, 3 (2005)

[17] Edward Balleisen. "The Global Financial Crisis and Responsive Regulation: Some Avenues for Historical Inquiry" [J] . 44 U. B. C. Law Review. 557 (2011)

[18] Emilios Avgouleas. "A Critical Evaluation of the New EC Financial-Market Regulation: Peaks, Troughs, and the Road Ahead" [J] . 18 the Transnational Lawyer 179 (2004 – 2005)

[19] Emilios Avgouleas. "Internation Financial Regualtion, Access to Finance, Systemic Stability, and Develipment" [J] . 2008 Lawasia Journal. 92 (2008)

[20] Erik Denters. "Regulation and Supervision of the Global Financial System" [R] . 1 Amsterdam Law Forum. 63 (2008 – 2009)

[21] Eric. J. Pan. "Structural Reform of Financial Regulation" [J] . 19 Transnational Law & Contemporary Problems 796 (2010 – 2011)

[22] Ernilios Avgouleas. "International Financial Regulation, Access to Finance, Systemic Stability, and Development" [J] . Law Asia Journal 92 (2008)

[23] Ethiopis Tafara. "The Man Who Shot Liberty Valance: The Future of Financial Regulation" [R] . 54 Virginia Journal of International Law 1 (2013)

[24] Fabio Recine and Pedro Gustavo Teixeira. "The new financial stability architecture in the EU", Paolo Baffi Centre Research Paper [J] . Electronic copy available at: http: //ssrn. com/abstract = 1509304, 1 (2009)

[25] Frank H. Easterbrook. "When does Competition Improve Regulation?" [R] . 52 Emory International Law Review 1297 (2003)

[26] Franso H van Zyl. "Some Thoughts on the Disclosure Approach to Regulation of the Financial Services Industry" [J] . 6 Stellenbosch Law Review 54 (1995)

[27] Fritz W. Scharpf. "Introduction: the problemsolving capacity of multi-level governance" [J] . 4: 4 December Journal of European Public Policy 520 – 538 (1997)

[28] Giorgio Di Giorgio & Carmine Di Noia. "Financial Market Regulation and Supervision: How Many Peaks for the Euro Area?" [J] . 28 Brook International Law Journal 463 (2002 – 2003)

[29] Hans von Reden. "Regulation of Securitised Products Post the Financial Crisis" [J] . 2 UCL Journal of Law and Jurisprudence 112 (2013)

[30] Harry McVea. "Financial Services Regulation under the Finan-

cial Services Authority: a Reassertion of the Market Failure Thesis?" [J]. 64 Cambridge Law Journal 413 (2005)

[31] IOSCO. "The Global Dilemma in Short Selling Regulation: IOSCO's Information Disclosure Proposals and the Potential for Regulatory Arbitrage" [R]. 35 Brook International Law Journal 965 (2010)

[32] Iris Chiu. "Securities Intermediaries in the Internet Age and the Traditional Principal-Agent Model of Regulation: Some Observations from the EU's Markets in the Financial Instruments Directive" [J]. 2 Journal of International Commercial Law and Technology 38 (2007)

[33] James D. Cox & Edward F. Greene. "Financial Regulation in a Global Market Place: Report of the Duke Global Capital Markets Roundtable" [R]. 18 Duke Journal of Comparative & Internation Law 239 (2007 - 2008)

[34] John D. Morley and Robert Romano. "The Future of financial regulation" [C]. Available at http://ssrn.com/abstract=1415144

[35] John H. Walsh. "Regulatory Supervision by the Securities and Exchange Commission: Examinations in a Disclosure Enforcement Agency" [J]. 51 Administrative Law Review. 1229 (1999)

[36] John H. Walsh. "Institution-Based Financial Regulation: A Third Paradigm" [J]. 49 Harvard International Law Journal 381 (2008)

[37] Joseph Stiglitz. "The Role of International Financial Institutions in the Current Global Economy" [R]. Available at http://www.worldbank.org/html/extdr/extme/jssp022798.htm

[38] June McLaughlin. "Taking Responsibility-Securities Regulation Reform and the Global Financial Crisis: The United States, United Kingdom, and East Africa" [J]. 19 Transnational Law & Contemporary Problems. 760 (2010 - 2011)

[39] Justin O'Brien. "The Future of Financial Regulation: Enhancing Integrity through Design" [J]. 32 Sydney Law Review. 63 (2010)

[40] Kenneth W. Dam. "The Subprime Crisis and Financial Regulation: International and Comparative Perspectives" [J]. 10 Chicago Journal

of International Law 581 (2009 - 2010)

[41] Lucia Dalla Pellegrina, Donato Masciandaro and Rosaria Vega Pansini. "Government, Central Bank and Banking Supervision Reforms: Does Independence Matter?" [R] Electronic copy available at: http: //ssrn. com/abstract = 1641091

[42] Mamiko YokoI-ARAI. "Regional Financial Institutionalization and the Creation of a Zone of Law: The Context of Financial Stability/Regulation in East Asia" [J] . 35 the International Lawyer 1627 (2001)

[43] Markus Brunnermeier, Andrew Crocker, Charles Goodhart, Martin Hellwig, Avinash D. Persaud&Hyun Shin. "The fundamental principles of financial regulation" [R] . Geneva Report on the World Economy 11 (2009)

[44] Mary Condon. "Canadian Securities Regulation and the Global Financial Crisis" [R] . 42 U. B. C. Law Review 473 (2009 - 2010)

[45] Matteo M. Winkler. "From Whipped Cream to Multibillion Euro Financial Collapse: The European Regulation on Transnational Insolvency in Action" [J] . 26 Berkeley Journal of International Law 352 (2008)

[46] Michael P. Malloy. "Emerging International Regime of Financial Services Regulation" [J] . 18 the Transnational Lawyer 329 (2004 - 2005)

[47] Robert P. Delonis. "International Financial Standards and Codes: Mandatory Regulation without Representation" [J] . 36 International Law and Politics 563 (2003 - 2004)

[48] Rolf H. Weber & Douglas W. Arner. "Toward a New Design for International Financial Regulation" [J] . 29 University of Pennsylvania Journal of International Law 391 (2007 - 2008)

[49] Stavros Gadinis. "The Financial Stability Board: The New Politics of International Financial Regulation" [J] . Texas International Law Journal 157 (2012 - 2013)

[50] Thomas Ishmael. "Securities and Exchange Commission Regulation Fair Disclosure-a Modern Law with Outmoded Methods: an Appeal for Dissemination of Material Dissemination of Material Information on Corporate Websites" [J] . 33 Oklahoma City University Law Review 629 (2008)